독자의 1초를
아껴주는 정성을
만나보세요!

세상이 아무리 바쁘게 돌아가더라도 책까지 아무렇게나 빨리 만들 수는 없습니다.
인스턴트 식품 같은 책보다 오래 익힌 술이나 장맛이 밴 책을 만들고 싶습니다.
땀 흘리며 일하는 당신을 위해 한 권 한 권 마음을 다해 만들겠습니다.
마지막 페이지에서 만날 새로운 당신을 위해 더 나은 길을 준비하겠습니다.

Let's Get IT SQL 프로그래밍
Let's Get IT SQL

초판 발행 · 2021년 10월 20일

지은이 · 홍형경
발행인 · 이종원
발행처 · (주)도서출판 길벗
출판사 등록일 · 1990년 12월 24일
주소 · 서울특별시 마포구 월드컵로10길 56(서교동)
대표전화 · 02)332-0931 | **팩스** · 02)323-0586
홈페이지 · www.gilbut.co.kr | **이메일** · gilbut@gilbut.co.kr

기획 및 책임편집 · 정지연(stopy@gilbut.co.kr) | **디자인** · 책돼지 | **제작** · 이준호, 손일순, 이진혁
영업마케팅 · 임태호, 전선하, 차명환, 박성용, 지운집 | **영업관리** · 김명자 | **독자지원** · 송혜란, 윤정아
교정교열 · 김창수 | **전산편집** · 책돼지 | **출력 및 인쇄** · 북솔루션 | **제본** · 북솔루션

- 잘못된 책은 구입한 서점에서 바꿔 드립니다.
- 이 책은 저작권법에 따라 보호받는 저작물이므로 무단전재와 무단복제를 금합니다. 이 책의 전부 또는 일부를 이용하려면 반드시 사전에 저작권자와 (주)도서출판 길벗의 서면 동의를 받아야 합니다.

ISBN 979-11-6521-721-1 93000
(길벗 도서번호 080268)

정가 25,000원

··

독자의 1초를 아껴주는 정성 길벗출판사

길벗 | IT실용서, IT/일반 수험서, IT전문서, 경제실용서, 취미실용서, 건강실용서, 자녀교육서
더퀘스트 | 인문교양서, 비즈니스서
길벗이지톡 | 어학단행본, 어학수험서
길벗스쿨 | 국어학습서, 수학학습서, 유아학습서, 어학학습서, 어린이교양서, 교과서

홈페이지 · https://www.gilbut.co.kr
페이스북 · https://www.facebook.com/gbitbook

Let's Get IT

SQL 프로그래밍

홍형경 지음

데이터 분석의 시작,
SQL로 데이터 다루기

길벗

지은이의 말

누군가는 이렇게 말하더군요. 지금이 단군 이래 가장 돈 벌기 쉬운 때라고 말이죠. 저는 이렇게 바꿔 말하고 싶습니다. 단군 이래 SQL이 가장 많은 관심을 받는 때라고 말이죠!

IT 분야에서는 시대별로 여러 가지 컴퓨터 언어가 사용되어 왔습니다. C와 C++에서 시작해 1990년대는 4세대 언어라 일컫는 비주얼 베이직(Visual Basic), 델파이(Delphi), 파워빌더(Powerbuilder)가 많이 사용되었습니다. 2000년대에 들어서는 자바(Java)가 이곳저곳에서 사용되기 시작하더니 현재는 전 세계적인 언어가 되었고, 비주얼 베이직, 델파이, 파워빌더 같은 언어는 찾아보기 힘들어졌습니다. 그리고 몇 년 전부터 머신러닝 바람이 불면서 파이썬(Python)이 큰 인기를 끌고 있습니다.

이렇게 다양한 언어가 개발되고 인기를 얻었다 사라지는 복잡한 컴퓨터 언어의 세계에서 지금까지 꾸준히 사용되는 언어가 있는데, 바로 이 책에서 다루는 SQL입니다. SQL은 관계형 데이터베이스에서 데이터를 입력, 수정, 삭제하는 데 사용되는 컴퓨터 언어입니다. 데이터를 다루지 않는 프로그램은 없습니다. 그러므로 자바를 사용하든 파이썬을 사용하든 프로그래머들은 SQL을 다루고 활용하는 능력이 있어야 합니다.

SQL은 다른 컴퓨터 언어와는 성격이 다르지만 다른 컴퓨터 언어보다 배우고 사용하기가 쉽습니다. 이런 이유 때문인지 SQL은 상당 기간 찬밥 신세를 면치 못했습니다. 예전에는 굳이 책을 사서 SQL을 공부할 필요가 없다고 생각하는 프로그래머도 있었고 시중에서 SQL 관련 서적을 찾기도 어려웠습니다.

그런데 이제는 데이터의 홍수 속에서 산다고 해도 과언이 아닐 정도로 우리 삶은 데이터에 둘러싸여 있죠. 우리의 일과는 데이터로 시작해서 데이터로 끝납니다. 출퇴근하거나 등하굣길에 버스나 지하철을 타고 내릴 때 교통카드를 찍죠. 그러면 어디에서 타서 어디에서 내렸는지, 요금이 얼마인지가 카드사의 데이터베이스에 저장됩니다. 카페에서 커피 한 잔을 먹더라도 카페의 결제 시스템에 관련 데이터가 저장되고요. 한 달 동안 사용한 카드 사용액은 한 달에 한 번씩 지정한 날짜에 은행 계좌에서 빠져나갑니다. 이런 모든 것이 데이터와 관련되어 있습니다. 그런데 모든 데이터 관련 작업은 SQL을 통해 처리됩니다. 따라서 SQL은 컴퓨터 시스템 세계에서 물이나 공기 같은 존재라고 할 수 있습니다. 배우기도 쉽고 사용하기도 쉽지만, 없으면 우리 생존이 위태롭게 되는 꼭 필요한 존재이죠.

하지만 SQL이 배우기 쉽고 사용하기 쉽다고 해서 책을 한 번 읽어서 정복할 수 있는 언어는 아닙니다. SQL을 잘 작성하려면 문법과 구문, SQL과 관련된 내용을 잘 익히고 충분히 이해해야 합니다. 그런 다음 많은 SQL 문장을 작성하고 실행해 그 결과를 확인하면서 같은 결과를 산출하기 위해 다른 방법들을 강구해 보는 훈련을 반복하고 나서야 비로소 SQL이 여러분의 품에 안길 것입니다. 혹시나 'SQL 완전 정복'이라는 책이 나온다면 믿고 거르기 바랍니다. 어떤 분야든 완전 정복하는 것은 여러분의 몫이지 책의 역할이 아닙니다. 책은 그 분야에 진입하기 위한 도구일 뿐입니다. 물론 이 책은 여러분을 SQL 세계로 안내하는 길잡이 역할을 충분히 해줄 겁니다.

마지막으로 이 책이 나오기까지 많은 도움을 준 도서출판 길벗의 IT전문서팀과 서형철 님, 정지연 님께 감사드립니다. 그리고 항상 큰 힘이 되어 주는 가족에게도 깊은 고마움을 표합니다.

홍형경

지은이 소개 홍형경

20여 년간 IT 분야에서 프로그래머로 일하며 많은 프로젝트를 수행했습니다. 지난 10여 년간 주로 SQL, PL/SQL을 사용한 다수의 프로젝트에 참여했고, 이기종 DBMS에서 오라클로 전환하는 프로젝트, 그리고 최근에는 주로 오라클 클라우드 관련 프로젝트를 수행했습니다. 저서로는 『뇌를 자극하는 오라클 프로그래밍 SQL&PL/SQL』(한빛미디어, 2008)과 『오라클 SQL과 PL/SQL을 다루는 기술』(길벗, 2015), 『누구나 쉽게 SQL』(길벗, 2019)이 있으며, 『SQL 코딩의 기술』(길벗, 2017), 『NoSQL 철저 입문』(길벗, 2015), 『Head First C#』(한빛미디어, 2011), 『Head First Physics』(한빛미디어, 2010), 『Head First JavaScript』(한빛미디어, 2008) 등 다수의 책을 번역했습니다.

베타 학습단의 한마디

SQL에 입문하는 분들께 추천합니다. 예제를 따라 하다 보면 금방 이해할 수 있을 겁니다. 그동안 데이터를 저장하고 조회하는 용도로만 SQL을 사용했다면, 데이터 분석을 연습할 수 있는 실습 예제도 포함되어 있으니 한번 읽어 보세요! - 김영현

SQL을 처음 접하거나 데이터 분석 기초를 공부하고 싶은 분들께 추천합니다. 쉽게 이해되는 자세한 설명과 알차고 풍부한 실습 예제로 SQL 기본기를 충분히 연습할 수 있습니다. - 김동원

많은 내용을 빠르게 학습할 수 있어서 굉장히 좋았습니다. 혼자서 학습하면 미루는 부분이 많았을 텐데 학습단을 하면서 매일매일 하루 1장씩 무조건 공부한다는 점도 굉장히 좋았습니다. SQL에 대해 부분적으로 비어 있는 지식도 채우고 새로 알게 된 부분도 있어서 큰 도움이 되었습니다. 이 책 덕분에 실제 현업에서 SQL을 사용할 수 있게 되었습니다. - 조대희

쉽고 자세한 설명으로 SQL을 배울 수 있는 훌륭한 책입니다. 프로그램의 설치부터 프로그래밍까지 완벽하게 한 권에 담은 훌륭한 책입니다. SQL도 하나의 언어입니다. 그래서 다른 언어와 마찬가지로 사용하려면 이해가 중요합니다. 이 책을 통해 SQL의 이론을 배울 수 있었고, 실습 예제를 통해 SQL을 이해하는 데 많은 도움이 됐습니다. - 이창준

학습단을 처음 해봤는데, 진행하면서 아는 내용은 복습하게 되고 모르는 내용은 새로 알아가는 과정이 재미있었습니다. 다음에도 이렇게 공부하면서 지식을 늘려가고 싶습니다. 특히 혼자 하는 게 아니라 다른 분들이 함께 참여하는 것을 보니 의욕도 생기고 더 열심히 하게 되네요. - 이아름

무언가를 배울 때 가장 중요한 것은 '동기 부여'와 '지속성'이라고 생각하는데, 이번에 학습단에 참여하면서 이 부분에서 많은 도움을 받았습니다. 처음에 SELECT 절부터 시작해 기초부터 천천히 단계를 밟아가지만, 어느 순간을 넘어서면 어렵다고 느껴집니다. 이럴 때 많은 사람이 포기하게 됩니다. 그런데 다른 학습단 참여자가 매일 꾸준하고 성실하게 학습하는 것을 보면 쉽게 포기하려는 마음도 사라집니다. 학습단 활동을 하면서 책임감과 의무감이 생긴 것 같아요. 여러 가지 복합 SQL 문을 이해하면서 각 장을 매일 끝내기 위해 도전하는 용기도 생겼습니다. - 임혁

베타 학습단에 참여해 주신 모든 분께 감사드립니다.
여러분의 소중한 의견이 모여 더 좋은 책을 만들 수 있었습니다.

이 책을 학습하는 방법

혼자 하기 어려운 프로그래밍 공부! 따라 해 보고, 같이 해 봐요!

문법을 배워도 뭘 만들지 모르겠어요!

구문과 예제로 개념을 이해하는 것은 물론, 1분 퀴즈와 셀프체크를 풀며 SQL 문장을 작성하는 방법을 익히고, 프로젝트를 실행하며 SQL로 데이터를 분석하는 방법을 배웁니다.

기초 이론 → 실습 → 1분 퀴즈 → 마무리 → 셀프체크

책이 없어도 언제 어디서나 웹북, 동영상으로 학습할 수 있어요!

웹북 https://thebook.io

동영상 강의
- 길벗_IT 전문서 채널 http://bit.ly/glibutIT
- 괴짜 SQL 채널 https://url.kr/zn7sau

혼자 공부하기 어려워요!

학습단과 함께 공부하면 어렵지 않습니다.

학습 프로그램에 맞춰 매일매일 조금씩 꾸준히 탄탄하게 프로그래밍 자신감을 키우세요!

학습단 카페 https://cafe.naver.com/gilbutitbook

─────────── **예제 파일로 확인해 보세요!** ───────────

프로그래밍 언어를 배우는 가장 확실한 방법은 손으로 직접 입력해 실행하고 작성한 코드가 어떻게 구현됐는지 결과를 눈으로 확인하는 것입니다. 먼저 코드를 직접 작성해 본 후 예제 파일을 내려받아 비교해 보세요.

깃허브에서 내려받기

① 웹 브라우저로 https://github.com/gilbutITbook/080268에 접속합니다.

② 화면 오른쪽에 보이는 [Code] 버튼을 클릭합니다.

③ 아래로 펼쳐지는 메뉴에서 [Download ZIP]을 클릭해 압축 파일을 내려받습니다.

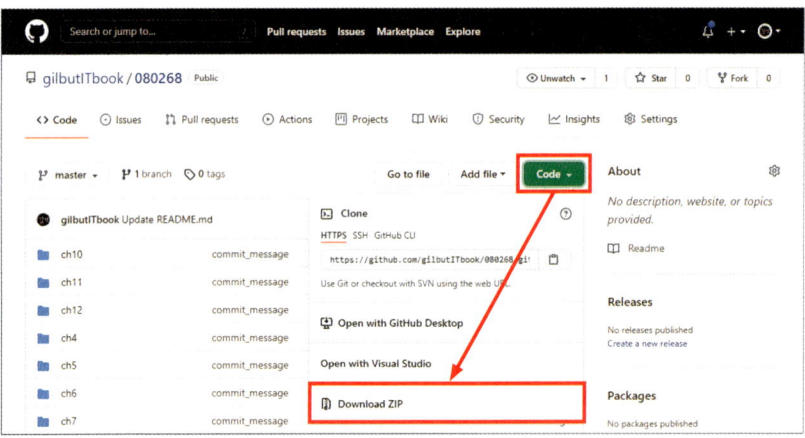

④ 내려받은 파일의 압축을 풀면 폴더 안에 장별로 예제 파일이 들어 있습니다.

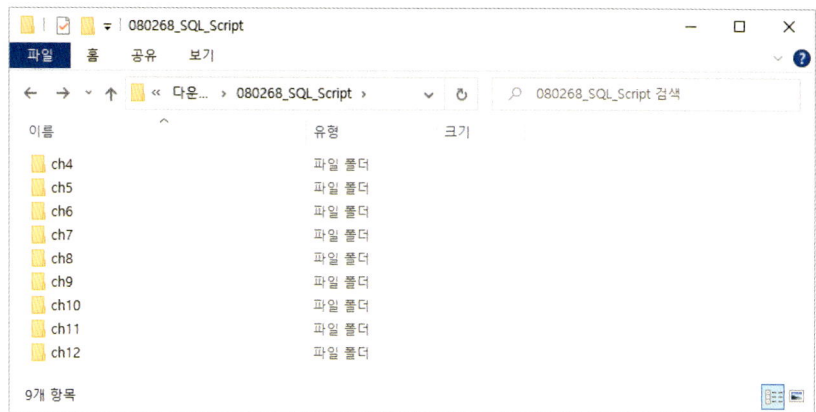

홈페이지 자료실에서 내려받기

① 웹 브라우저로 길벗 홈페이지(https://www.gilbut.co.kr)에 접속합니다.

② 검색창에 도서명을 입력하고 Enter 를 누릅니다.

③ 검색된 책을 클릭해 도서 페이지로 들어갑니다.

④ 표지 아래쪽에 보이는 [자료실] 버튼을 클릭합니다.

⑤ **실습예제**란에 보이는 [모두 다운로드] 버튼을 클릭해 압축 파일을 내려받습니다.

또는 검색된 결과로 나온 도서명 옆에 있는 **실습예제** 부분을 클릭하면 바로 자료실로 이동합니다.

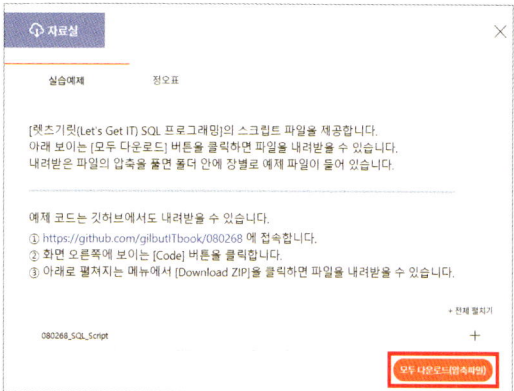

Let's Get IT 학습 프로그램

매일매일 꾸준히 공부하는 것을 목표로 학습 프로그램을 구성했습니다. 하루 학습량은 베타 학습단의 리뷰를 참고해 난이도에 맞춰 정했습니다. 주의 집중 시간은 각자 다르므로 하루 학습량은 학습 프로그램을 참고해 스스로 조절해 주세요.

효과적인 학습을 위해 하루 학습량을 정해 일자별 학습을 진행하면 좋습니다. 학습 시간이 여유롭다면 하루에 1개 장을 목표로 정하기를 추천합니다. 6장은 다루는 함수가 많아서 전체 내용을 하루에 끝내기 어려울 수 있습니다. 함수를 사용하는 방법만 익히고 개별 함수는 다른 장을 공부하다가 필요할 때 참고해도 됩니다.

학업이나 직장 생활을 병행한다면 학습 가능한 시간에 맞춰 학습량을 정해 주세요. 강제성을 부여하고 싶다면 마음이 맞는 사람끼리 스터디 모임을 하는 것도 효과적입니다. 함께 공부하는 사람이 있다는 것만으로도 이 책을 완독하는 데 큰 도움이 됩니다.

이 책은 자세한 설명과 다양한 예제를 실었기 때문에 책만으로도 충분히 학습할 수 있습니다. 책에 나온 SQL 문장을 직접 입력해 실행해 보고 설명을 보면서 차근차근 학습해 보세요. 개인 성향에 따라 책보다는 강의를 듣는 게 학습 효과가 더 좋은 경우도 있습니다. 이를 위해 동영상 강의를 준비했습니다. 먼저 동영상 강의를 시청한 후 책을 보면서 강의 내용을 복습해도 좋습니다.

처음부터 빨리 달리려고 하지 마세요. 쉽게 지칩니다. 가벼운 마음으로 워밍업하면서 프로그래밍 공부에 시동을 걸어 보세요. 하루가 쌓여 한 주가 되고 한 주가 쌓여 한 달이 지나면 어느새 공부 습관이 들어 있을 거예요. 주말에는 한 주 동안 공부한 내용을 정리해 보세요. 이해되지 않는 부분이 있다면 다시 읽어 보고, 풀지 못한 1분 퀴즈와 셀프체크가 있다면 다시 풀어 보세요.

1주차	1일	2일	3일	4일	5일
범위	1장 데이터베이스와 SQL 알아보기	2장 실습 환경 만들기	3장 테이블 살펴보기	4장 데이터베이스와 테이블 생성하기	5장 데이터 조회하고 정렬하기 5.1 데이터 조회하기 5.2 조건에 맞는 데이터 조회하기

2주차	1일	2일	3일	4일	5일
범위	5장 데이터 조회하고 정렬하기 5.3 데이터 정렬하기 5.4 데이터 조회 개수 제한하기: LIMIT 절	6장 반복적인 계산을 편리하게: SQL 함수 사용하기 6.1 SQL 함수란 6.2 기본 SQL 함수 살펴보기	6장 반복적인 계산을 편리하게: SQL 함수 사용하기 6.3 기타 함수	7장 데이터 집계하기: 집계 쿼리 7.1 집계 쿼리 다루기: 데이터 그룹화와 집계 함수	7장 데이터 집계하기: 집계 쿼리 7.2 총계 산출과 HAVING 절

3주차	1일	2일	3일	4일	5일
범위	8장 테이블끼리 관계 맺기: 조인 8.1 조인이란 8.2 내부 조인: 조인 칼럼 값이 같은 건 조회하기 8.3 외부 조인: 조인 칼럼 값이 같지 않은 건도 조회하기	8장 테이블끼리 관계 맺기: 조인 8.4 기타 조인 8.5 UNION 절 8.6 실습: 테이블 조인해 사원 기본 정보 조회하기	9장 쿼리 안의 또 다른 쿼리: 서브쿼리 9.1 서브쿼리 살펴보기 9.2 SELECT와 FROM 절의 서브쿼리	9장 쿼리 안의 또 다른 쿼리: 서브쿼리 9.3 WHERE 절의 서브쿼리	10장 데이터 입력/수정/삭제하고 트랜잭션 처리하기 10.1 INSERT 문으로 데이터 입력하기 10.2 UPDATE 문으로 데이터 수정하기

4주차	1일	2일	3일	4일	5일
범위	10장 데이터 입력/수정/삭제하고 트랜잭션 처리하기 10.3 DELETE 문으로 데이터 삭제하기 10.4 트랜잭션 처리하기	11장 데이터 분석에 유용한 분석 쿼리 사용하기 11.1 개선된 서브쿼리 CTE 사용하기 11.2 윈도우 함수로 다양한 집계 값 산출하기	11장 데이터 분석에 유용한 분석 쿼리 사용하기 11.3 뷰로 복잡한 쿼리 간단하게 사용하기	12장 SQL을 이용한 데이터 분석 프로젝트 12.1 코로나 데이터 분석하기	12장 SQL을 이용한 데이터 분석 프로젝트 12.2 타이타닉 데이터 분석하기

차례

Part 1 SQL 기본 익히기 021

1장 데이터베이스와 SQL 알아보기 023

1.1 데이터와 데이터베이스 024
- 1.1.1 데이터 024
- 1.1.2 데이터베이스 025

1.2 관계형 DBMS와 MySQL 026
- 1.2.1 관계형 DBMS 026
- 1.2.2 MySQL 029
- 1.2.3 MySQL의 자매, MariaDB `1분 퀴즈` 029

1.3 MySQL의 구조 031
- 1.3.1 MySQL 서버 031
- 1.3.2 사용자 032
- 1.3.3 데이터베이스와 스키마 033
- 1.3.4 데이터베이스 객체 033
- 1.3.5 MySQL의 버전과 에디션 `1분 퀴즈` 034

1.4 SQL 살펴보기 036
- 1.4.1 SQL이란 036
- 1.4.2 SQL의 특징 037
- 1.4.3 SQL 표준 038
- 1.4.4 SQL의 종류 `1분 퀴즈` 039

마무리 043
Self Check 044

2장 실습 환경 만들기 ············ 047

2.1 MySQL 내려받기 048

2.2 MySQL 설치하기 051

2.3 MySQL 사용하기 064
- 2.3.1 MySQL 실행하기 064
- 2.3.2 MySQL 중지하기 065
- 2.3.3 MySQL 접속하기 066

2.4 MySQL Workbench 사용하기 071
- 2.4.1 MySQL Workbench 실행하고 접속하기 071
- 2.4.2 MySQL Workbench 둘러보기 074

마무리 076

3장 테이블 살펴보기 ············ 077

3.1 데이터를 담는 그릇, 테이블 078
- 3.1.1 테이블이란 078
- 3.1.2 테이블 구조의 기본, 로우와 칼럼 080
- 3.1.3 중복 데이터 저장 최소화하기 1분 퀴즈 082

3.2 칼럼의 데이터 타입 086
- 3.2.1 문자형 086
- 3.2.2 숫자형 088
- 3.2.3 날짜형 1분 퀴즈 091

3.3 예제 테이블 확인하기 094
- 3.3.1 MySQL 접속하기 094
- 3.3.2 sakila 데이터베이스 097
- 3.3.3 world 데이터베이스 099

마무리 100
Self Check 101

4장 데이터베이스와 테이블 생성하기 … 103

4.1 데이터베이스 다루기 104
- 4.1.1 데이터베이스 생성하기 104
- 4.1.2 데이터베이스 삭제하기 106
- 4.1.3 데이터베이스 진입하기 107

4.2 테이블 다루기 108
- 4.2.1 테이블 설계하기 108
- 4.2.2 테이블 생성하기 110
- 4.2.3 테이블 생성 시 주의사항 112
- 4.2.4 테이블 삭제하기 1분 퀴즈 113

4.3 칼럼의 제약조건: NULL 처리 1분 퀴즈 114

4.4 칼럼의 제약조건: 기본 키 117
- 4.4.1 기본 키란 117
- 4.4.2 기본 키 생성하기(1) 118
- 4.4.3 기본 키 생성하기(2) 120
- 4.4.4 기본 키 생성하기(3) 121
- 4.4.5 기본 키 생성 시 주의사항 1분 퀴즈 123

4.5 실습용 테이블 생성하고 데이터 입력하기 124
- 4.5.1 실습용 테이블 생성하기 124
- 4.5.2 실습용 테이블에 데이터 입력하기 127

마무리 132
Self Check 134

5장 데이터 조회하고 정렬하기 ····· 135

5.1 데이터 조회하기 136
- 5.1.1 SELECT 문 사용하기 136
- 5.1.2 SELECT와 FROM의 의미 140
- 5.1.3 데이터베이스와 테이블의 관계 `1분 퀴즈` 141

5.2 조건에 맞는 데이터 조회하기 143
- 5.2.1 WHERE 절로 조회 조건 지정하기 143
- 5.2.2 조건에 연산자 사용하기 145
- 5.2.3 실습: 조건에 맞는 데이터 조회하기 `1분 퀴즈` 154

5.3 데이터 정렬하기 160
- 5.3.1 ORDER BY 절로 정렬하기 160
- 5.3.2 순번으로 정렬하기 `1분 퀴즈` 163

5.4 데이터 조회 개수 제한하기: LIMIT 절 `1분 퀴즈` 166

마무리 170
Self Check 172

Part 2 SQL 레벨업하기 173

6장 반복적인 계산을 편리하게: SQL 함수 사용하기 ····· 175

6.1 SQL 함수란 176
- 6.1.1 SQL 함수의 작동 방식 176
- 6.1.2 SQL 함수의 종류 `1분 퀴즈` 177

6.2 기본 SQL 함수 살펴보기 179
- 6.2.1 수식 연산자와 숫자형 함수 179
- 6.2.2 문자형 함수 `1분 퀴즈` 186
- 6.2.3 날짜형 함수 `1분 퀴즈` 195

6.3 기타 함수 212

- 6.3.1 형 변환 함수 212
- 6.3.2 흐름 제어 함수 214
- 6.3.3 기타 함수 218
- 6.3.4 실습: SQL 함수 사용하기 `1분 퀴즈` 219

마무리 222

Self Check 223

7장 데이터 집계하기: 집계 쿼리 225

7.1 집계 쿼리 다루기: 데이터 그룹화와 집계 함수 226

- 7.1.1 데이터 그룹화하기 226
- 7.1.2 집계 함수 사용하기 233
- 7.1.3 GROUP BY 절과 집계 함수로 집계 쿼리 완성하기 `1분 퀴즈` 236

7.2 총계 산출과 HAVING 절 241

- 7.2.1 WITH ROLLUP으로 소계와 총계 구하기 241
- 7.2.2 GROUPING() 함수 244
- 7.2.3 HAVING 절 `1분 퀴즈` 246

마무리 251

Self Check 252

8장 테이블끼리 관계 맺기: 조인 253

8.1 조인이란 254

- 8.1.1 조인의 작동 방식 254
- 8.1.2 조인의 특징 255
- 8.1.3 ERD로 테이블 간 연결 관계 파악하기 257
- 8.1.4 조인의 종류 `1분 퀴즈` 259

8.2 내부 조인: 조인 칼럼 값이 같은 건 조회하기 260

    8.2.1 INNER JOIN와 ON 절로 내부 조인하기 260

    8.2.2 FROM과 WHERE 절로 내부 조인하기 `1분 퀴즈` 267

8.3 외부 조인: 조인 칼럼 값이 같지 않은 건도 조회하기 270

    8.3.1 외부 조인이란 270

    8.3.2 LEFT 조인 272

    8.3.3 RIGHT 조인 `1분 퀴즈` 275

8.4 기타 조인 279

    8.4.1 자연 조인 279

    8.4.2 카티전 곱 `1분 퀴즈` 281

8.5 UNION 절 `1분 퀴즈` 284

8.6 실습: 테이블 조인해 사원 기본 정보 조회하기 290

    8.6.1 대상 테이블 살펴보기 290

    8.6.2 실습 쿼리 작성하기 291

마무리 298

Self Check 300

9장 쿼리 안의 또 다른 쿼리: 서브쿼리 · · · · · 301

9.1 서브쿼리 살펴보기 302

    9.1.1 서브쿼리란 302

    9.1.2 서브쿼리는 왜 필요한가 303

    9.1.3 서브쿼리의 유형 `1분 퀴즈` 305

9.2 SELECT와 FROM 절의 서브쿼리 307

    9.2.1 스칼라 서브쿼리 307

    9.2.2 파생 테이블 312

    9.2.3 LATERAL 파생 테이블 `1분 퀴즈` 319

9.3 WHERE 절의 서브쿼리 322

9.3.1 조건 서브쿼리 322

9.3.2 ANY, SOME, ALL 연산자를 사용한 조건 서브쿼리 324

9.3.3 IN과 EXISTS 연산자를 사용한 조건 서브쿼리 `1분 퀴즈` 327

마무리 333

Self Check 335

10장 데이터 입력/수정/삭제하고 트랜잭션 처리하기 337

10.1 INSERT 문으로 데이터 입력하기 338

10.1.1 단일 로우 입력 INSERT 문 338

10.1.2 다중 로우 입력 INSERT 문 343

10.1.3 SELECT 문이 결합된 INSERT 문 `1분 퀴즈` 345

10.2 UPDATE 문으로 데이터 수정하기 350

10.2.1 단일 테이블 데이터 수정하기 350

10.2.2 다중 테이블 데이터 수정하기 355

10.2.3 입력과 수정을 동시에 처리하기 `1분 퀴즈` 358

10.3 DELETE 문으로 데이터 삭제하기 361

10.3.1 단일 테이블 데이터 삭제하기 361

10.3.2 다중 테이블 데이터 삭제하기 `1분 퀴즈` 365

10.4 트랜잭션 처리하기 372

10.4.1 트랜잭션 처리 372

10.4.2 자동커밋 속성 373

10.4.3 자동커밋 비활성화 상태에서 트랜잭션 처리하기 375

10.4.4 자동커밋 활성화 상태에서 수동으로 트랜잭션 처리하기 `1분 퀴즈` 379

마무리 386

Self Check 388

Part 3 SQL로 데이터 분석하기 389

11장 데이터 분석에 유용한 분석 쿼리 사용하기 ········· 391

11.1 개선된 서브쿼리 CTE 사용하기 392
- 11.1.1 CTE란 392
- 11.1.2 CTE로 또 다른 서브쿼리 참조하기 394
- 11.1.3 CTE로 재귀 쿼리 만들기 `1분 퀴즈` 397

11.2 윈도우 함수로 다양한 집계 값 산출하기 408
- 11.2.1 윈도우 함수란 408
- 11.2.2 윈도우 함수 사용하기 412
- 11.2.3 프레임 절로 집계 범위 조정하기 424
- 11.2.4 프레임 절과 윈도우 함수 함께 사용하기 428
- 11.2.5 윈도우 별칭 사용하기 `1분 퀴즈` 432

11.3 뷰로 복잡한 쿼리 간단하게 사용하기 434
- 11.3.1 뷰 생성하고 사용하기 434
- 11.3.2 뷰 수정하고 삭제하기 `1분 퀴즈` 438

마무리 442
Self Check 443

12장 SQL을 이용한 데이터 분석 프로젝트 ········· 445

12.1 코로나 데이터 분석하기 446
- 12.1.1 데이터 수집하기 446
- 12.1.2 데이터 정제하기 451
- 12.1.3 데이터 분석하기 `1분 퀴즈` 455

12.2 타이타닉 데이터 분석하기 469
    12.2.1 데이터 수집하기 469
    12.2.2 데이터 정제하기 471
    12.2.3 데이터 분석하기 `1분 퀴즈` 473
마무리 483
Self Check 483

해설 노트 485

찾아보기 526

Let's Get IT

Part 1

SQL 기본 익히기

Part 1

- 1장 데이터베이스와 SQL 알아보기
- 2장 실습 환경 만들기
- 3장 테이블 살펴보기
- 4장 데이터베이스와 테이블 생성하기
- 5장 데이터 조회하고 정렬하기

데이터베이스와 SQL 알아보기

이 책은 데이터를 원하는 목적에 맞게 다루는 방법을 안내합니다. '데이터를 다루는 게 뭐가 어려워'라고 생각할 수도 있겠지만, 결론부터 말하면 생각만큼 그리 쉽지도 어렵지도 않습니다.

데이터를 잘 다루려면 먼저 데이터가 무엇인지 그리고 데이터를 어떻게 관리하는지 알아야겠죠? 이 문제에 관해서는 오래전부터 많은 사람이 고민해 왔고 좋은 해결책을 이미 만들어 놨습니다. 이 책을 통해 그 방법들을 배워 보겠습니다. 먼저 이 장에서는 데이터의 정의부터 시작해 데이터 관리를 위한 기초적인 내용을 알아보겠습니다.

데이터의 세계에 오신 것을 환영합니다!

1.1
데이터와 데이터베이스

1.1.1 데이터

데이터(data)란 무엇일까요? 일상 생활에서 흔히 사용하는 용어인데 막상 정의를 내리려고 하면 그리 쉽지 않을 겁니다. 이렇게 막막할 때는 위키피디아를 찾아보세요. 위키피디아에 나온 데이터에 대한 정의를 일부 발췌해 봤습니다.[1]

> In a more technical sense, data is a set of values of qualitative or quantitative variables about one or more persons or objects.

우리말로 바꾸면 '하나 이상의 사람이나 사물에 관한 정성적 또는 정량적 값의 집합'입니다. 알 듯 말 듯하니 역시 정의는 어렵습니다.

데이터는 한마디로 '필요한 자료'라고 할 수 있습니다. 좀 더 자세히 말하면 '기록해 놓고 필요할 때 찾아서 보는 자료'가 데이터입니다. 많은 사람이 필요한 자료가 있으면 잊지 않으려고 어딘가 기록해 놓고 필요할 때마다 찾아서 봅니다.

가령 하루 일정이나 가족 생일, 친구들과의 약속 날짜를 달력에 표시하는데, 일정과 생일, 약속 날짜 모두가 데이터입니다. 가계부에 적는 수입과 지출 내역, 브라우저의 북마크 정보, 좋아하는 유튜브 구독 정보 등도 데이터입니다. 이렇듯 우리는 온통 데이터에 둘러싸여 살고 있죠. 특히 요즘 같은 인터넷과 스마트폰 시대에는 데이터의 홍수 아니 바닷속에서 살고 있습니다.

---

[1] https://en.wikipedia.org/wiki/Data

1.1.2 데이터베이스

인류는 문자가 발명된 이후 끊임없이 데이터를 기록하고 찾아서 보는 일을 했습니다. 인구가 많아지고 사회가 복잡해짐에 따라 기록하고 관리해야 할 데이터는 점점 늘어나게 됐죠. 특히 컴퓨터의 발명 후, 점점 많아지는 데이터를 관리하기 위해 데이터베이스란 개념이 생겼습니다.

데이터베이스(database)란 여러 사람이 사용할 수 있도록 통합해 관리하는 데이터 집합을 말합니다. 쉽게 생각하면 데이터를 모아 놓은 데이터 덩어리입니다. 그런데 데이터베이스는 실체가 없는 논리적인 개념일 뿐이고, 이를 실제로 구현한 것이 바로 **데이터베이스 관리 시스템**(DBMS)입니다. 통상 데이터베이스라고 하면 데이터베이스 관리 시스템을 의미합니다. 사람마다 부르는 용어가 조금씩 다르긴 하지만, 일반적으로 데이터베이스나 DB라고 하면 대부분 DBMS를 뜻할 때가 많습니다.

DBMS(DataBase Management System)는 데이터를 모아 놓은 덩어리인 데이터베이스를 관리하는 시스템, 즉 소프트웨어나 컴퓨터 프로그램입니다. 앞으로 우리가 다룰 것이 바로 DBMS죠. DBMS는 1960년대에 처음 만들어졌습니다. 미국의 몇몇 회사에서 상용으로 만들어졌으며 특성에 따라 여러 가지 유형이 있습니다. DBMS 종류로는 계층형, 네트워크형, 관계형, 객체지향형, 객체관계형, NoSQL 등이 있는데, 이 중에서 우리는 관계형 DBMS를 배울 겁니다.

1.2 관계형 DBMS와 MySQL

1.2.1 관계형 DBMS

1960년대 처음 세상에 나온 DBMS는 탐색형(navigational) DBMS였는데, 데이터를 조회하고 탐색하는 성능이 그리 좋지 못했습니다. 이런 단점을 보완하고자 1970년대 초 IBM 소속의 에드거 커드(Edgar F. Codd) 박사가 자신의 논문에서 관계형 DBMS(Relational DBMS, 줄여서 RDBMS) 개념을 처음 소개했습니다. 이 논문을 보고 시장성이 있다고 판단한 한 회사(현 오라클)에서 1970년대 말 최초로 SQL을 기반으로 하는 RDBMS를 상용으로 출시했습니다. 이후 다른 회사들도 여러 제품을 선보이면서 RDBMS는 지금까지 가장 대표적인 DBMS로 사용되고 있습니다.

RDBMS의 특징

다른 DBMS와 비교해 RDBMS는 여러 가지 장점과 특징이 있는데요. 대표적인 특징은 다음과 같습니다.

1. 중복 데이터 저장을 최소화한다

RDBMS는 데이터의 성격에 맞게 데이터를 테이블(table)이라는 곳에 저장합니다. 그리고 중복 데이터는 최소화해 저장하고 관리합니다. DBMS의 초창기만 하더라도 컴퓨터 하드웨어의 성능이 그다지 좋지 못했고 저장장치 또한 고가였습니다. 따라서 중복 데이터는 되도록 한 번만 저장하는 게 좋겠죠. 그리고 데이터의 중복 저장을 최소화하면 저장장치를 아껴 쓸 수 있으니 큰 장점입니다.

2. SQL로 데이터를 손쉽게 처리할 수 있다

이 책에서 다루는 SQL은 RDBMS에서만 사용할 수 있습니다. SQL은 배우기 쉽고 사용하기도 쉬워서 각종 데이터 처리와 가공 작업을 손쉽게 할 수 있습니다.

3. 트랜잭션 처리를 할 수 있다

트랜잭션(transaction)은 우리말로 '거래'를 뜻하는데, RDBMS의 트랜잭션 처리도 은행의 이체 거래와 유사합니다. 예를 들어 A 은행 계좌에서 10만 원을 찾아 B 은행 계좌로 이체한다고 가정해 보죠. 간단히 A 은행에서 10만 원을 빼고 B 은행으로 10만 원을 넣으면 됩니다. 그런데 이체 과정 중 어떤 오류 때문에 A 은행에서는 10만 원이 빠져나갔는데, B 은행으로 10만 원이 입금되지 않았다면 어떻게 해야 할까요? 좀 난감한 상황이지만, 해결하는 방법은 의외로 간단합니다. 해당 이체 거래에 대해 B 은행 계좌에 10만 원이 들어온 것이 확인되면 거래를 성사시키고, 그렇지 않으면 거래 자체를 없었던 것으로 취소하면 됩니다. 이것이 바로 **트랜잭션 처리**입니다.

그림 1-1 트랜잭션 처리

오류 발생 시 거래 차제를 없던 것으로 처리
입금 계좌에 입금이 확인되면 거래 성사

RDBMS에서는 조회를 제외한 모든 데이터 가공 작업(데이터의 입력, 수정, 삭제) 후에 정상적으로 처리되면 작업 결과를 적용하고, 오류가 발생하면 작업 자체를 취소하는 방식으로 트랜잭션 처리를 하고 있습니다.

4. 데이터 무결성을 보장한다

용어가 어려운데, 데이터 무결성(integrity)이란 한마디로 데이터의 정확성을 보장한다는 개념입니다. 간단한 예를 들어 볼까요? 앞에서 데이터는 테이블에 입력한다고 했죠. 일별 지출 내역을 관리하려고 식비를 테이블에 입력한다고 해 봅시다. 그런데 금액(숫자 데이터)을 입력해야 하는 위치에 실수로 식당 이름(문자 데이터)을 입력하려고 하면 RDBMS에서는 입력 자체가 되지 않습니다. RDBMS에서는 문자 위치에는 문자 데이터가, 숫자 위치에는 숫자 데이터가, 날짜 위치는 날짜 데이터가 입력되어야 하고, 만약 잘못 입력하면 입력이 안 되게 하는 방식으로 막습니다. 이처럼 정확하고 올바른 데이터가 저장되도록 보장하는 것이 **데이터 무결성 보장**입니다.

RDBMS의 종류

1970년대 후반부터 에드거 커드 박사가 소개한 RDBMS 이론을 토대로 만든 DBMS 제품들이 출시됐습니다. 현재 많이 사용하는 주요 RDBMS 제품은 다음과 같습니다.

표 1-1 주요 RDBMS

제품명	회사(출시연도)	설명
오라클(Oracle)	오라클(1979)	SQL을 사용한 최초의 상용 RDBMS
MySQL	오라클(1995)	무료 버전과 상용 버전이 있음
SQL Server(MSSQL)	마이크로소프트(1989)	Sybase를 기반으로 만든 RDBMS
PostgreSQL	The PostgreSQL Global Development Group(1996)	오픈 소스
DB2	IBM(1983)	금융권에서 많이 사용함
MariaDB	MariaDB 재단(2010)	오픈 소스

대략적인 시장 점유율 순서대로 나열했는데, 오라클이 1위, MySQL이 2위, 마이크로소프트의 SQL Server가 3위입니다.

가장 대표적인 RDBMS 제품은 오라클로, 오라클은 제품 이름이자 이를 만든 회사 이름입니다. 역사가 가장 오래됐고 성능도 뛰어나며 안정적이지만, 다른 RDBMS 제품보다 가격이 비싸다는 단점이 있습니다.

2위인 MySQL은 현재 오라클에 속해 있으며, 이 책에서 배울 RDBMS입니다. 3위를 차지한 SQL Server는 1989년에 마이크로소프트에서 사이베이스(Sybase)라는 DBMS 엔진을 사서 만든 제품으로, 다른 제품보다 늦게 출시됐으나 기능을 꾸준히 개선해 현재는 많이 사용되고 있습니다.

PostgreSQL은 오픈 소스라서 무료로 사용할 수 있습니다. 최근에는 우리나라에서도 사용하는 곳이 점점 많아지고 있습니다. MariaDB 역시 오픈 소스라서 무료로 사용할 수 있습니다.

1.2.2 MySQL

앞에서도 언급했듯이 이 책에서 배울 RDBMS는 MySQL입니다. MySQL은 미카엘 몬티 비데니우스(Michael Monty Widenius)라는 핀란드 출신 프로그래머가 두 명의 공동 창업자와 함께 1995년 MySQL AB란 회사를 설립해 만든 오픈 소스 RDBMS입니다. MySQL AB는 2008년에 미국의 썬 마이크로시스템즈에 10억 달러에 인수됐습니다. MySQL을 개발한 몬티(Monty라는 애칭으로 불림)는 썬 마이크로시스템즈에서 일하다가 2009년에 나왔습니다. 그리고 2010년에 오라클이 썬 마이크로시스템즈를 인수하면서 MySQL은 오라클 소유가 됐죠.

MySQL은 오픈 소스 제품이어서 무료로 사용할 수 있고, 무료인데도 성능이 나쁘지 않아서 우리나라를 비롯해 전 세계적으로 큰 인기를 끌었습니다. 초기에는 다른 상용 RDBMS 제품보다 성능이 좀 떨어지긴 했지만, 거의 매년 새로운 버전을 발표하며 꾸준히 기능을 개선해 왔습니다. 현재는 다른 제품과 비교해도 성능이 떨어지지 않아서 많은 회사와 단체에서 사용하고 있습니다.

MySQL이 오라클로 넘어간 뒤로는 무료 버전과 상용 버전이 따로 나왔습니다. 따라서 업무용으로 사용하는 회사에서는 상용 버전을 사용해야 하지만, 개인이나 학생 등 학습용 사용자는 무료 버전을 사용해도 됩니다. 이 책에서는 무료 버전인 MySQL 8.0.25 Community를 사용합니다.

1.2.3 MySQL의 자매, MariaDB

MySQL을 논하면서 MariaDB를 얘기하지 않을 수 없군요. 지금부터 MySQL의 파란만장한 가족사를 얘기할까 합니다.

2010년 오라클이 썬 마이크로시스템즈를 인수하면서 MySQL은 오라클 소유가 됐죠. MySQL의 아버지라 할 수 있는 몬티는 썬 마이크로시스템즈를 떠나 다시 창업했습니다. 그리고 MySQL의 오픈 소스 사상을 계속 유지하고자 MariaDB를 만들었습니다.

초창기 MariaDB는 MySQL의 버전 번호 부여 방식을 따랐습니다. MariaDB 5.5 버전은 MySQL 5.5 버전에서 제공하는 모든 기능을 제공했습니다. 하지만 이 버전 후로 MySQL

과 MariaDB는 각자 다른 길을 걷게 됐습니다. 현재 무료 버전과 상용 버전이 따로 존재하는 MySQL과는 달리 MariaDB는 무료로 사용할 수 있습니다.

따라서 이 책에서 다루는 MySQL에 관한 전반적인 내용은 MariaDB에도 그대로 적용할 수 있습니다. 태생이 같아서 DBMS 내부 구조도 매우 흡사합니다. 특히 앞으로 학습하게 될 MySQL에서 사용하는 SQL 문장들은 MariaDB에서도 사용할 수 있습니다.

참고로 MySQL과 MariaDB 이름의 My와 Maria는 몬티의 딸 이름이라고 합니다.

1분 퀴즈 1

다음 중 RDBMS의 특징이 아닌 것을 고르세요.

① 데이터의 무결성을 보장한다.

② 중복 데이터가 저장되지 않게 한다.

③ 트랜잭션 처리를 지원한다.

④ SQL로 데이터를 쉽게 처리하고 가공할 수 있다.

정답 및 해설: 해설 노트 485쪽

1.3 MySQL의 구조

이 책에서 주로 배울 SQL은 RDBMS에서 데이터를 관리하는 역할을 합니다. 따라서 SQL을 배우기에 앞서 이 책에서 사용할 RDBMS인 MySQL을 알아야 합니다. MySQL을 사용하려면 먼저 컴퓨터에 설치해야 하는데, 설치는 2장에서 진행하고 이 절에서는 MySQL의 구조를 살펴보겠습니다.

MySQL의 구조는 꽤 복잡하지만, 이를 모두 알 필요는 없습니다. SQL을 배우고 사용할 때 필요한 내용만 선별해 간략히 알아봅시다.

1.3.1 MySQL 서버

MySQL 서버는 MySQL이라는 RDBMS를 말합니다. 이름에 서버가 붙은 이유는 DBMS 자체가 서버 역할을 하기 때문입니다. 서버(server)란 네트워크를 통해 클라이언트에 정보나 서비스를 제공하는 컴퓨터 시스템(프로그램)을 말합니다. 서버는 정보와 서비스를 제공하고, 클라이언트는 이를 받는 개념이죠. MySQL 서버 역시 클라이언트에 서비스를 제공하는데, 그중에서도 데이터에 관한 서비스를 제공합니다. 보통 MySQL이라고 하면 MySQL 서버를 의미하므로 이제부터는 서버를 뺀 MySQL이라고 하겠습니다.

앞으로 SQL을 배우면 문장을 작성해서 데이터를 조회하거나 입력, 수정, 삭제 작업을 할 텐데, 이때 MySQL에 접속해 SQL 문장을 실행합니다. 그러면 MySQL은 해당 문장을 분석하고 처리해 그 결과를 우리에게 보여줍니다. 여러분의 PC에 MySQL을 설치하면 그 PC가 서버가 되고, PC에서 다른 도구로 MySQL에 접속하면 그 PC가 클라이언트가 됩니다. 여러분의 PC가 서버인 동시에 클라이언트가 되는 것이죠.

1.3.2 사용자

MySQL을 사용하려면 사용자가 필요합니다. 구글이나 네이버 메일에서 계정을 만들어 로그인하듯이, MySQL도 사용하려면 사용자(계정)를 만들고 비밀번호를 입력해 접속(로그인)해야 합니다. 앞에서 언급한 클라이언트도 사용자 계정으로 접속해서 서비스를 받게 됩니다.

구글이나 네이버에서 새로운 사용자 계정을 생성하려면 계정 생성 페이지에서 각종 정보를 입력하고 생성 버튼을 클릭합니다. 그런데 MySQL에서는 사용자 계정을 생성하는 SQL 문을 입력해서 실행해야 합니다.

SQL 문을 입력하려면 MySQL에 접속해야 합니다. 처음에는 사용자 계정이 없는데 어떻게 접속할까요? 이때는 관리자 계정으로 접속하면 됩니다. MySQL을 설치하면 기본으로 **root**라는 사용자 계정이 만들어지는데, 이 계정이 관리자 계정입니다. 그리고 MySQL을 설치할 때 root말고도 새로운 사용자 계정을 만들 수 있습니다. 좀 더 자세한 내용은 **2장 실습 환경 만들기**에서 다룹니다.

그림 1-2 MySQL과 사용자

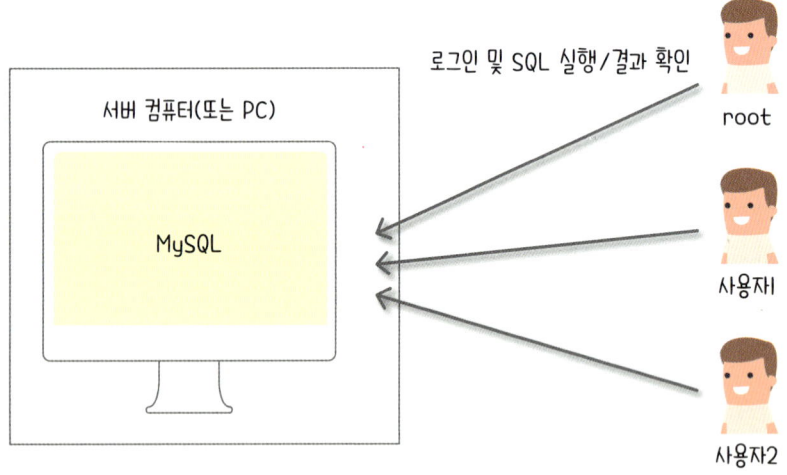

1.3.3 데이터베이스와 스키마

RDBMS는 데이터를 테이블에 저장합니다. 그리고 SQL을 사용한 작업은 주로 테이블을 대상으로 하므로 테이블을 만들어야 데이터를 사용할 수 있습니다. 그런데 MySQL은 데이터베이스나 스키마 안에 테이블을 보관하므로 테이블을 만들기 전에 먼저 데이터베이스 또는 스키마를 만들어야 합니다.

여기에서 말하는 데이터베이스는 앞에서 설명한 데이터베이스와 개념이 좀 다릅니다. 쉽게 말해서 MySQL의 데이터베이스는 테이블을 포함해 각종 데이터베이스 객체(데이터를 저장하거나 데이터와 관련 있는 구조체)를 담아 놓는 논리적인 저장 공간입니다.

MySQL을 커다란 공장이라고 생각해 볼까요? 공장에서 생산한 각종 제품을 창고에 보관하겠죠. 창고 안에는 다시 제품을 종류나 특성에 맞게 보관할 수 있는 별도의 선반이 마련되어 있습니다. 여기서 제품을 데이터라고 본다면 선반이 테이블, 창고가 데이터베이스에 해당합니다.

그럼 스키마(schema)는 무엇일까요? MySQL에서 스키마는 데이터베이스와 의미가 같습니다. 일종의 동의어라고 보면 됩니다. 공장 안에 여러 개의 창고를 둘 수 있듯이, MySQL에서는 여러 개의 데이터베이스나 스키마를 생성할 수 있습니다.

> TIP 데이터베이스나 스키마는 RDBMS 제품마다 그 개념이 조금씩 다릅니다. MySQL에서 둘은 같은 개념이지만, 오라클과 SQL Server에서는 서로 다른 개념입니다.

1.3.4 데이터베이스 객체

데이터베이스 객체는 데이터베이스 안에 생성할 수 있는 다양한 객체를 말합니다. 가장 대표적인 객체가 데이터를 저장하는 테이블이죠. 테이블 외에도 뷰, 인덱스 등의 객체가 있습니다. 각 데이터베이스 객체에 관해서는 뒤에서 자세히 다루겠습니다.

그림 1-3 MySQL의 데이터베이스 객체 구조

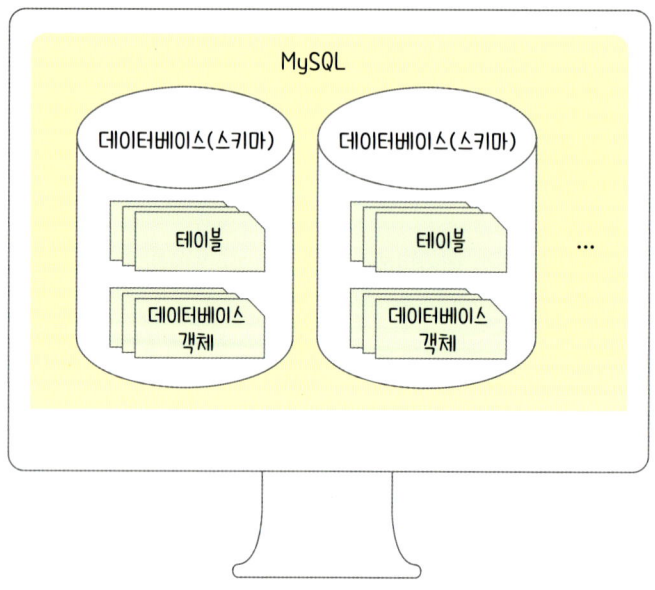

1.3.5 MySQL의 버전과 에디션

MySQL 버전(version)이란 제품 버전을 뜻합니다. 이 책에서 사용할 버전은 현재(집필 시) 최신 버전인 8.0입니다. 정확히는 8.0.25죠. MySQL은 3.23 버전을 시작으로 2015년에 5.7 버전이, 2018년에 8.0 버전이 출시됐습니다. 버전이 올라가면서 여러 가지 버그가 수정되고 새로운 기능이 탑재됩니다. 특히 8.0 버전에서 많은 기능이 추가됐는데, 그중에서 SQL과 관련 있는 주요 기능은 뒤에서 따로 소개하겠습니다.

버전과는 별도로 에디션(edition)이 있습니다. 앞에서 MySQL에 무료 버전과 상용 버전이 있다고 했는데, 사실 버전은 잘못된 표현이고 정확히 말하면 무료 에디션과 상용 에디션이 옳은 표현입니다. 상용 에디션은 다시 Standard, Enterprise, Cluster Carrier Grade 에디션으로 나뉩니다. 책에서는 무료인 Community 에디션을 사용합니다.

1분 퀴즈 2

다음 중 MySQL에 관한 설명 중 올바른 것을 모두 고르세요.

① MySQL은 오픈 소스 RDBMS로 누구나 무료로 사용할 수 있다.

② RDBMS는 데이터를 테이블에 저장하고, MySQL에서 테이블을 모아 놓은 논리적 저장소를 데이터베이스라고 한다.

③ RDBMS는 데이터를 테이블에 저장하고, MySQL에서 테이블을 모아 놓은 논리적 저장소를 스키마라고 한다.

④ MySQL에 접속하려면 사용자 계정이 필요한데, 관리자 계정인 root 외에 추가로 한 개의 사용자 계정만 생성할 수 있다.

⑤ MySQL을 자신의 PC에 설치하면 해당 PC는 MySQL 서버가 되는데, 이 PC에 접속해 MySQL을 사용하려면 별도의 컴퓨터나 PC가 필요하다.

정답 및 해설: 해설 노트 485쪽

1.4 SQL 살펴보기

이제 이 책의 핵심인 SQL을 알아보겠습니다. SQL이 무엇인지와 SQL의 종류 및 표준을 간략히 살펴봅시다.

1.4.1 SQL이란

SQL은 **Structured Query Language**의 약어로 우리말로 **구조적 질의 언어**라고 옮길 수 있습니다. 우리가 누군가와 대화할 때 언어를 사용하죠. 우리나라 사람끼리는 한국어를 사용하지만, 외국인과는 서로 소통할 수 있는 언어로 대화합니다. 마찬가지로 RDBMS와 데이터에 관해 소통할 때 사용하는 컴퓨터 언어가 SQL입니다.

그럼 SQL로 무엇을 할까요? 바로 데이터를 관리합니다. 데이터 관리란 어떤 작업일까요? 먼저 데이터를 기록해야겠죠. 기록하려면 기록할 공간이 필요합니다. 따라서 테이블이란 객체를 만들어야 합니다. 테이블을 만들고 난 후 테이블에 데이터를 기록합니다. 여기서 끝일까요? 아닙니다. 기록한 데이터를 찾아봐야죠. 이를 데이터를 **조회**한다고 합니다. 또한 새로운 데이터가 생기면 다시 기록해야 하는데, 이를 **입력** 또는 **삽입**이라고 합니다. 입력한 데이터를 변경하는 경우도 있습니다. 이때는 데이터를 **수정**해야 하고, 이미 입력한 데이터가 쓸모없어지거나 잘못 입력했다면 입력된 데이터를 **삭제**해야 합니다.

크게 보면, **데이터 관리**란 데이터를 담을 테이블을 생성하는 작업과 데이터를 입력(삽입), 조회, 수정, 삭제하는 작업으로 구분할 수 있습니다. SQL은 이런 작업을 할 때 사용하는 언어입니다.

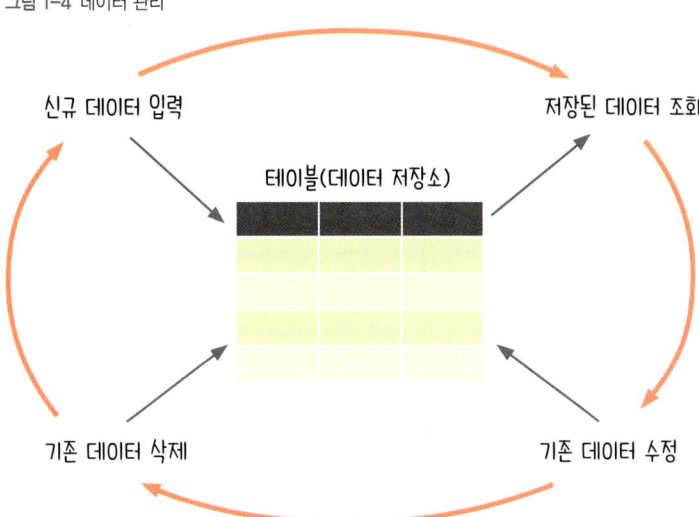

그림 1-4 데이터 관리

1.4.2 SQL의 특징

SQL은 컴퓨터 언어입니다. 사람이 컴퓨터와 의사소통하는 데 사용하는 언어죠. 이런 컴퓨터 언어가 SQL만 있는 것은 아닙니다. IT 분야에 관심이 있다면 C, 자바(Java), 파이썬(Python) 같은 이름을 들어 본 적이 있을 겁니다. 이들은 컴퓨터 프로그램, 즉 소프트웨어를 만드는 데 사용하는 언어로 **프로그래밍 언어**라고도 합니다. 사실 MySQL도 C 언어로 만들어졌습니다. 그런데 SQL은 소프트웨어를 만들지는 않고 데이터를 처리할 목적으로 RDBMS에서만 쓸 수 있게 특화된 언어입니다. 따라서 다른 프로그래밍 언어와 SQL을 비교해 보면 특징을 좀 더 명확하게 알 수 있습니다.

1. 배우고 사용하기 쉽다

SQL은 배우기도 쉽고 사용하기도 쉽습니다. 사실 이 부분은 다른 프로그래밍 언어를 배우거나 사용해 봐야 알 수 있습니다. 물론 프로그래밍 언어를 처음 접해 본다면 SQL을 어렵게 느낄 수도 있습니다. 새로운 개념과 내용을 배우기 때문이죠. 하지만 SQL은 다른 프로그래밍 언어보다 기본 구문이 간단하고 직관적입니다. 또한 문법도 간단한 편이어서 배우기도 쉽고 사용도 쉽습니다.

2. 집합적 언어다

C, 자바, 파이썬 같은 프로그래밍 언어로 프로그램을 만드는 작업을 **프로그래밍**이라고 합니다. C, 자바, 파이썬 같은 언어는 프로그램을 만들면 프로그래밍한 순서대로 실행되는 절차적 언어입니다. 이와 달리 SQL은 집합적 언어입니다. 집합적 언어란 어떤 조건에 맞는 데이터를 한 번에 모두 처리하는 언어라고 보면 됩니다. 아직은 이해가 되지 않겠지만, 앞으로 SQL을 배우면서 집합적 언어의 의미를 알게 될 겁니다. 지금은 SQL은 집합적 언어라고만 알면 됩니다.

3. 표준이 있다

SQL은 표준이 있어서 한번 배우면 다른 RDBMS에서도 그대로 사용할 수 있습니다. SQL 표준은 중요하니 바로 이어서 좀 더 자세히 알아보겠습니다.

1.4.3 SQL 표준

앞에서 말했듯이 SQL은 표준이 있습니다. 표준이 있다는 것은 하나의 RDBMS에서 SQL 사용법을 익히면 종류에 상관없이 어떤 RDBMS에서나 사용할 수 있다는 뜻입니다. 즉, MySQL에서 사용하는 SQL을 배워 두면 여기서 배운 내용을 오라클, SQL Server, PostgreSQL 등 다른 RDBMS에서도 동일하게 사용할 수 있습니다.

비슷한 예로, 국산 자동차를 운전할 줄 알면 전 세계 어느 회사의 자동차도 운전할 수 있습니다. 물론 운전 방법에 명시적인 표준이 있지는 않지만, 운전을 배우고 면허만 있으면 어떤 차든 운전할 수 있죠. 왜냐하면 대부분 자동차 제조사들이 자동차 내부 구조와 운전 방식을 거의 동일하게 만들기 때문입니다.

SQL 표준은 ANSI와 ISO 두 개가 있습니다. ANSI(American National Standards Institute)는 미국 국립표준협회고, ISO(International Organization for Standardization)는 국제표준화기구입니다. 1986년 ANSI에서 SQL-86이라는 최초의 표준을 제정했고, ISO는 이듬해에 표준을 제정했습니다. 가장 최근 표준은 2019년에 발표됐습니다.

그런데 문제가 있습니다. 표준이 있긴 해도 RDBMS 제품마다 사용하는 SQL 구문이 모두 같은 것은 아닙니다. 큰 틀은 같지만, 제품별로 세부적인 SQL 문법이 많이 다른 것이 현실입니다. 이렇게 된 가장 큰 이유는 RDBMS 제품보다(1970년대) SQL 표준이 늦게(1986년) 제정

됐기 때문이죠. 자동차 운전 방법은 같지만, 영국이나 일본은 좌측통행을 하므로 운전석이 오른쪽에 있는 것과 마찬가지입니다.

다행인 점은 각 RDBMS 제조사가 버전을 올리며 SQL 표준에 맞추려고 노력해 왔습니다. 그래서 요즘에는 표준 SQL 구문이 대부분 통용됩니다. 다만 제품별로 지원하는 기능에는 차이가 좀 있습니다. 그래도 MySQL과 MariaDB는 자매나 마찬가지여서 이 책에서 배우는 대부분의 SQL 문장은 MariaDB에서 그대로 사용할 수 있습니다.

1.4.4 SQL의 종류

SQL은 여러 개의 다양한 문장으로 구성되어 있는데, 성격과 쓰임새에 따라 다음과 같이 나눕니다.

데이터 정의어

데이터 정의어(DDL, Data Definition Language)는 이름 그대로 뭔가를 정의할 때 사용하는 SQL 문장입니다. 보통 약어만 사용해 DDL이라고 합니다. 그럼 무엇을 정의하는 것일까요? 대상은 테이블, 인덱스, 뷰 같은 데이터베이스 객체입니다. 즉, 테이블을 비롯해 어떤 객체를 생성할 때 사용하는 문장이죠. 생성만 하는 것이 아니라 이미 만들어진 객체를 수정하거나 삭제할 때도 DDL을 사용합니다. DDL 문장들은 다음과 같습니다.

표 1-2 DDL의 종류

종류	설명
CREATE	데이터베이스 객체를 생성할 때 사용함
ALTER	기존 객체를 수정할 때 사용함
DROP	기존 객체를 삭제할 때 사용함
TRUNCATE TABLE	테이블에 있는 데이터 전체를 삭제할 때 사용함
RENAME TABLE	테이블의 이름을 변경할 때 사용함

DDL은 객체를 생성, 수정, 삭제할 때 사용하므로 사용 빈도가 높지 않습니다.

데이터 조작어

데이터 조작어(DML, Data Manipulation Language)도 이름 그대로 데이터를 조작(가공)하는 데 사용하는 언어입니다. 데이터를 조작한다는 것은 데이터를 조회, 입력, 수정, 삭제하는 네 가지 작업을 일컫습니다. 따라서 DML은 데이터를 담고 있는 테이블(또는 뷰)을 대상으로 합니다. 제 경험상 SQL 전체 문장 중 실제로 사용되는 빈도를 보면 DML이 90%가 넘습니다. 따라서 앞으로는 DML을 중점적으로 배웁니다. DML의 종류는 다음과 같습니다.

표 1-3 DML의 종류

종류	설명
SELECT	테이블에 있는 데이터를 조회할 때 사용함. SQL 전체에서 DML이 90%를 차지하고 DML 전체에서 SELECT 문이 90% 이상 사용되므로 가장 기본이자 많이 사용하는 문장임
INSERT	테이블에 데이터를 새로 넣을 때(입력할 때) 사용함
UPDATE	테이블에 입력된 데이터를 수정할 때 사용함
DELETE	테이블에 있는 데이터를 삭제할 때 사용함

테이블에서 데이터를 삭제하는 방법은 두 가지입니다. DML인 DELETE 문을 사용하는 방법과 DDL인 TRUNCATE TABLE 문을 사용하는 방법이죠. 데이터 삭제는 주로 DELETE 문을 사용하지만, 어떨 때는 TRUNCATE TABLE 문을 사용하기도 합니다. DELETE 문은 테이블의 데이터 전체를 삭제할 수도 있고 조건에 맞는 일부 데이터만 삭제할 수도 있지만, TRUNCATE TABLE 문은 무조건 테이블의 데이터 전체를 삭제합니다. 그리고 DELETE 문으로 데이터를 삭제하더라도 트랜잭션 제어어인 ROLLBACK 문을 실행하면 삭제 전 상태로 돌아갈 수 있지만, TRUNCATE TABLE 문으로 테이블의 데이터를 삭제하면 삭제된 데이터를 복구할 수 없습니다.

이외에도 DML 문이 몇 개 더 있지만, 이들은 MySQL에서만 사용합니다. 특히 MySQL 8.0 버전에서 추가된 문장도 있는데, 이에 관해서는 **5장 데이터 조회하고 정렬하기**에서 소개합니다.

트랜잭션 제어어

트랜잭션 제어어(TCL, Transaction Control Language)는 RDBMS의 특징 중 하나인 트랜잭션 처리를 수행하는 SQL 문장입니다. MySQL에서는 공식적으로 TCL이란 용어를 사용하지는 않지만, 일반적으로 트랜잭션을 처리하는 문장을 TCL이라고 합니다. 종류는 다음과 같습니다.

표 1-4 TCL의 종류

종류	설명
COMMIT	데이터 조작 작업이 성공하면 모든 데이터 변경사항(입력, 수정, 삭제)을 반영하는 문장임
ROLLBACK	데이터 조작 작업이 실패하거나 작업을 취소하고 싶을 때 사용함. ROLLBACK 문을 실행하면 데이터를 입력하거나 수정, 삭제한 모든 작업이 취소되고 데이터는 변경 전 상태로 되돌아감
START TRANSACTION 또는 BEGIN	새로운 트랜잭션이 시작됨을 알리는 문장임. START TRANSACTION 또는 BEGIN 문이 실행된 후에 입력된 DML 문장부터 COMMIT 문이나 ROLLBACK 문을 만날 때까지가 하나의 트랜잭션이 됨
SAVEPOINT	트랜잭션에 이름을 부여하는 문장임. SAVEPOINT 문을 사용하면 지정된 이름으로 트랜잭션이 시작되고, COMMIT이나 ROLLBACK 문을 만나면 트랜잭션이 종료됨
SET autocommit	트랜잭션을 처리하는 문장이 아니라 MySQL에서 자동 커밋(autocommit) 모드를 설정하는 문장임. 자동 커밋이 활성화되면 모든 DML 문장을 실행하고, 별도로 COMMIT 문을 실행하지 않아도 자동으로 데이터의 변경사항이 적용됨. MySQL은 기본으로 자동 커밋 모드가 활성화되어 있음

TCL은 데이터의 변경사항을 최종으로 적용하는 역할을 합니다. 따라서 DML 중 SELECT를 제외한 INSERT, UPDATE, DELETE 문을 수행한 후 TCL 문장들을 사용합니다. 여기서 소개한 트랜잭션 처리 문장의 사용법은 **10장 데이터를 입력/수정/삭제하고 트랜잭션 처리하기**에서 자세히 다룹니다.

데이터 제어어

데이터 제어어(DCL, Data Control Language)는 데이터에 대한 접근이나 기타 권한을 제어하는 문장으로, MySQL에서 공식적으로 사용하는 용어는 아닙니다. DCL의 종류는 다음과 같습니다.

표 1-5 DCL의 종류

종류	설명
GRANT	특정 사용자에게 특정 작업을 수행할 수 있는 권한을 부여함
REVOKE	부여된 권한을 회수함

지금까지 SQL 문장을 간략히 살펴봤습니다. 이론적인 내용이 대부분이어서 이해가 쉽지 않겠지만, 앞으로 여기에서 소개한 문장들을 사용하는 방법을 자세히 배웁니다. 따라서 이 장에서는 개념을 이해하는 데 집중하세요.

> **1분 퀴즈 3**
>
> **SQL에 대한 설명 중 옳지 않은 것을 모두 고르세요.**
>
> ① SQL은 집합적 언어다.
>
> ② SQL 중 데이터의 입력, 수정, 삭제, 조회 등을 처리하는 문장은 DML이다.
>
> ③ 데이터를 삭제할 때 DELETE 문과 TRUNCATE TABLE 문을 사용할 수 있는데, 이 중 트랜잭션 처리가 필요한 문장은 TRUNCATE TABLE 문이다.
>
> ④ MySQL은 기본으로 자동 커밋(autocommit)이 활성화되어 있다.
>
> ⑤ 테이블을 잘못 만든 경우에 테이블을 삭제하려면 DELETE 문을 사용한다.
>
> 정답 및 해설: 해설 노트 485쪽

1 마무리

이 장에서 배운 내용을 정리해 보겠습니다.

1 RDBMS

관계형 DBMS인 RDBMS(Relational DataBase Management System)는 데이터를 효율적으로 관리하기 위한 데이터베이스 관리 시스템, 즉 컴퓨터 프로그램입니다.

2 RDBMS의 특징

특징	설명
데이터 중복 최소화	테이블에 데이터를 저장해 데이터의 중복 저장을 최소화함
SQL을 이용한 처리	SQL로 데이터를 손쉽게 처리함
트랜잭션 처리	트랜잭션 처리로 오류 발생 시 오류 데이터가 저장되지 않음
데이터 무결성 보장	데이터의 정확성을 보장함

3 RDBMS의 종류

오라클, MySQL, SQL Server, PostgreSQL, DB2, MariaDB 등이 있습니다.

4 MySQL의 데이터베이스 객체 구조

MySQL 서버 → 데이터베이스 또는 스키마 → 테이블을 포함한 데이터베이스 객체 순으로 구성됩니다.

5 SQL

SQL(Structured Query Language, 구조적 질의 언어)은 배우기 쉽고 데이터 조작 작업도 쉽게 처리할 수 있습니다. 표준이 있어서 RDBMS 종류와 상관없이 사용할 수 있으나 제품별로 조금씩 다른 부분이 있습니다.

6 MariaDB

MySQL과 자매 관계인 RDBMS로, MySQL의 많은 기능을 그대로 사용할 수 있습니다.

7 SQL의 종류

종류	설명	해당 문장
DDL (데이터 정의어)	데이터베이스 객체의 생성, 수정, 삭제 시 사용	CREATE: 객체 생성 ALTER: 객체 수정 DROP: 객체 삭제 TRUNCATE TABLE: 테이블의 데이터 전체 삭제 RENAME TABLE: 테이블 이름 변경
DML (데이터 조작어)	데이터 조작 작업 시 사용	SELECT: 데이터 조회 INSERT: 데이터 신규 입력 UPDATE: 데이터 수정 DELETE: 데이터 삭제
TCL (트랜잭션 제어어)	트랜잭션 처리 시 사용	COMMIT: 데이터 변경사항 적용 ROLLBACK: 데이터 변경사항 취소 START TRANSACTION: 트랜잭션 시작 SAVEPOINT: 명시적으로 트랜잭션 이름 부여 SET autocommit: 자동 커밋 모드 설정
DCL (데이터 제어어)	특정 사용자에게 데이터나 각종 작업에 대한 권한 부여 및 회수 시 사용	GRANT: 권한 부여 REVOKE: 권한 회수

Self Check

1 RDBMS에 관한 설명 중 잘못된 것을 고르세요.

① RDBMS는 최초의 DBMS로 1960년대 처음 선보인 후 꾸준히 인기를 끌며 사용되고 있다.

② RDBMS의 특징으로는 데이터 중복 최소화, 트랜잭션 처리, 데이터 무결성 보장 등이 있다.

③ RDBMS는 테이블이라는 객체에 데이터를 저장하고 SQL로 데이터 가공 작업을 처리한다.

④ MySQL은 기본으로 자동 커밋(autocommit) 모드가 활성화되어 있다.

2 DDL인 CREATE 문으로 테이블을 생성했는데, 생성된 테이블의 내용이 잘못되어 수정하려면 어떻게 하는 것이 가장 좋을까요?

① 잘못된 테이블은 내버려 두고 올바른 정보를 바탕으로 새로운 테이블을 생성한다.

② ALTER 문으로 테이블을 변경한다.

③ TRUNCATE TABLE 문으로 입력된 데이터를 모두 삭제한다.

④ UPDATE 문으로 잘못된 데이터를 수정한다.

3 SQL 중 데이터 조작어인 DML에 관한 설명 중 <u>틀린</u> 것을 고르세요.

① DML은 테이블에 있는 데이터를 대상으로 데이터의 조회, 입력, 수정, 삭제 작업을 할 때 사용한다.

② 테이블에 새로운 데이터를 입력할 때는 INSERT 문을 사용한다.

③ 테이블에 저장된 데이터를 수정할 때는 MODIFY 문을 사용한다.

④ 데이터 조회를 제외하고 입력, 수정 삭제 작업 후에는 트랜잭션 처리를 해야 한다.

정답 및 해설: 해설 노트 485쪽

실습 환경 만들기

이 장에서는 앞으로 우리와 친하게 지낼 MySQL을 PC에 설치해 보겠습니다.

2.1 MySQL 내려받기

MySQL은 컴퓨터 프로그램입니다. 따라서 MySQL을 설치하려면 설치 파일이 있어야 합니다. MySQL 설치 파일은 MySQL 홈페이지에서 내려받을 수 있습니다.

1. 브라우저를 열고 https://www.mysql.com/downloads를 입력해 MySQL 다운로드 페이지로 갑니다. MySQL은 무료와 상용 에디션이 있다고 했죠. 여기서는 무료인 커뮤니티(Community) 에디션을 설치합니다. 해당 페이지의 아래쪽을 보면 **MySQL Community (GPL) Downloads**란 항목이 보입니다. 이 부분을 클릭하세요.

그림 2-1 MySQL 다운로드 페이지

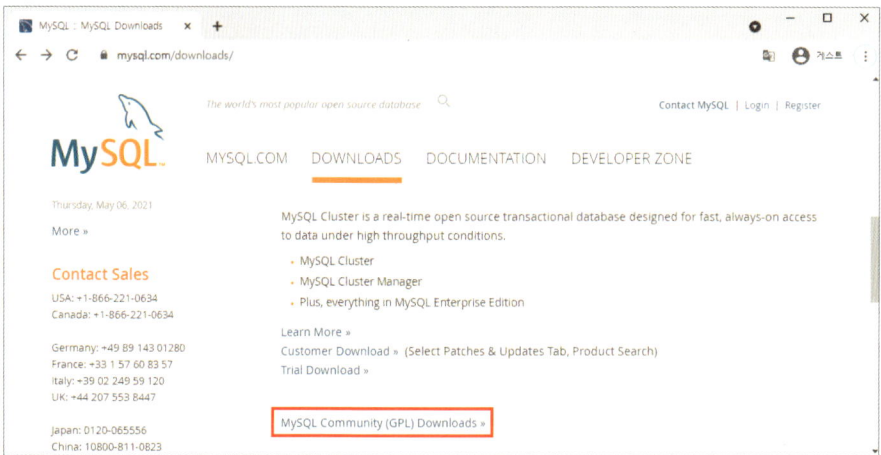

2. 이동된 페이지에서 **MySQL Community Server** 항목을 클릭합니다.

그림 2-2 MySQL Community Server 선택

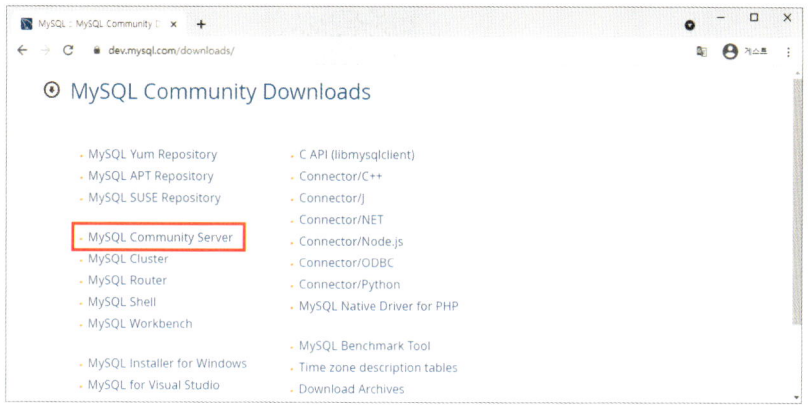

3. MySQL Community Downloads 페이지가 열리고 화면 상단에 **MySQL Community Server 8.0.25**라는 글자가 보입니다. 현재 MySQL Community 에디션의 최신 버전이 8.0.25임을 의미합니다. 신규 버전이 출시되면 페이지에 보이는 버전 번호가 바뀌므로 표시된 버전이 다를 수도 있습니다. 따라서 화면에 보이는 최신 버전을 설치하면 됩니다. 그리고 바로 아래에 운영체제를 고르는 **Select Operating System** 항목이 있습니다. 기본으로 **Microsoft Windows**가 선택되어 있습니다. 이 책에서는 Windows를 기준으로 설명하므로 그대로 둡니다. 여러분은 각자 PC의 운영체제에 맞는 항목을 고르세요. 좀 더 아래에 [Go To Download Page] 버튼이 보이는데, 이 버튼을 클릭합니다.

그림 2-3 운영체제 선택

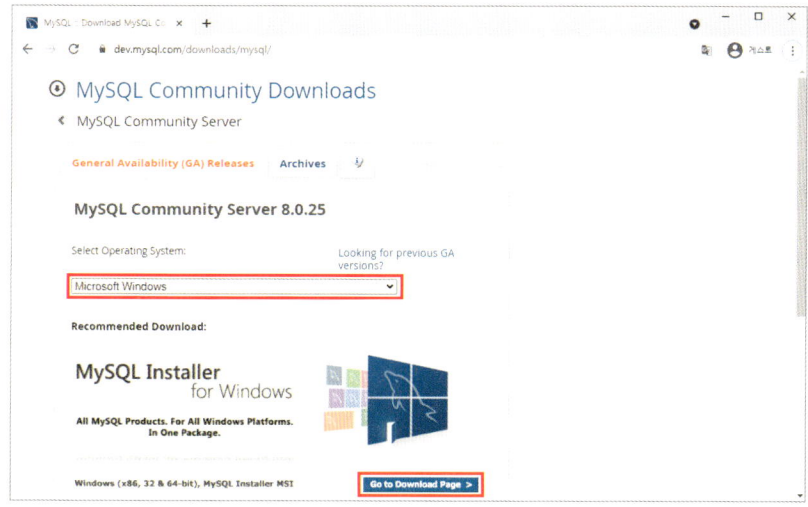

4. 페이지가 바뀌면서 [Download] 버튼이 2개 보입니다. 이 중에서 두 번째 **Windows (x86, 32 bit), MSI Installer**(mysql-installer-community-8.0.25.0.msi) 옆에 있는 [Download] 버튼을 클릭합니다.

그림 2-4 MySQL 설치 파일 선택

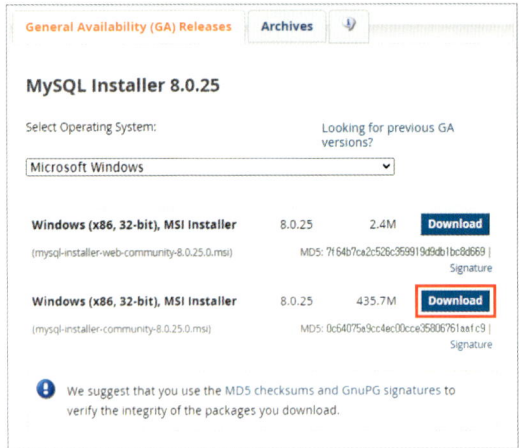

5. [Download] 버튼을 클릭하면 로그인 화면이 나옵니다. 회원가입을 해도 되지만, 로그인 없이도 파일을 내려받을 수 있습니다. 로그인하지 않고 파일을 내려받으려면 화면 아래쪽에 있는 **No thanks, just start my download.** 항목을 클릭합니다.

그림 2-5 로그인 없이 MySQL 설치 파일 내려받기

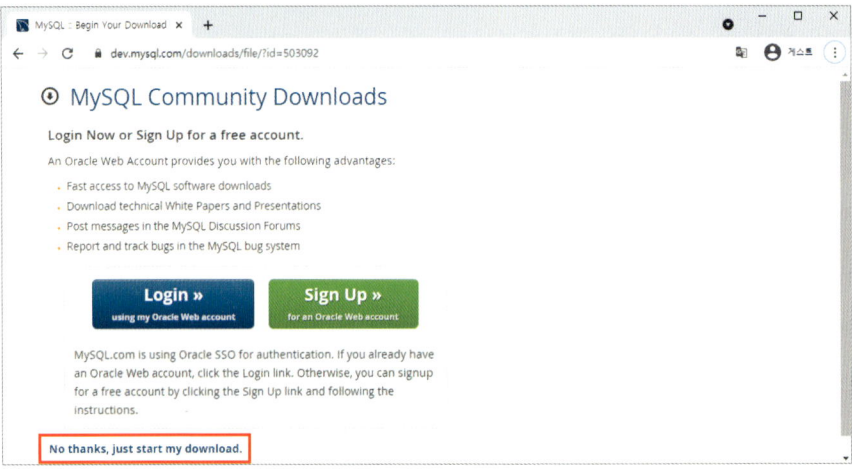

파일 내려받기가 끝나면 폴더에 **mysql-installer-community-8.0.25.0.msi** 파일이 보입니다.

2.2 MySQL 설치하기

앞에서 내려받은 파일로 MySQL을 설치해 봅시다.

1. 설치 파일(mysql-installer-community-8.0.25.0.msi)을 더블 클릭하면 설치 마법사가 실행됩니다. 설치 마법사의 첫 화면에서는 설치 유형을 선택합니다. 마지막 항목인 **Custom**을 선택하고 [Next] 버튼을 클릭합니다.

그림 2-6 설치 유형 선택

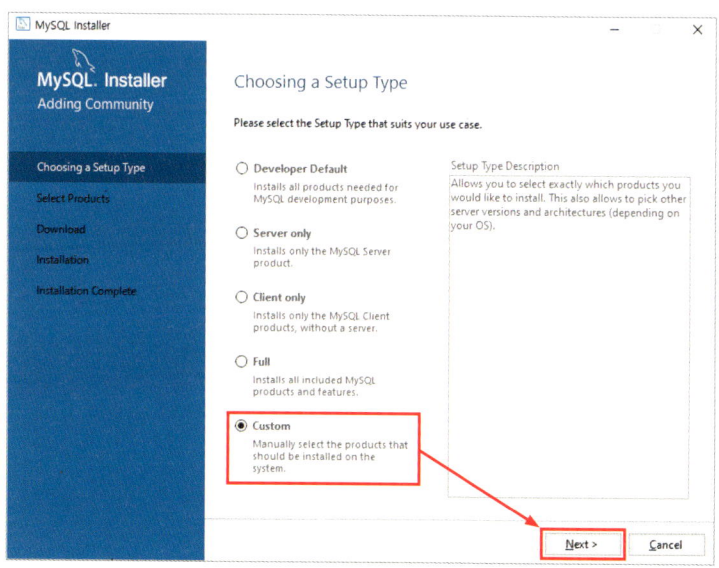

2. 설치할 제품을 선택하는 화면이 나옵니다. 왼쪽에 있는 **Available Products** 박스에 항목 옆의 + 버튼을 클릭하면 하위 항목이 나타납니다. 최하위 항목이 나올 때까지 + 버튼을 클릭합니다. 최하위 항목에서 다음 3개를 선택하고 오른쪽 화살표 키(➡)를 클릭합니다. 선택한 항목이 오른쪽에 있는 **Products To Be Installed** 박스로 이동합니다. **Products To Be Installed** 박스에 3개 항목이 이동됐으면 [Next] 버튼을 클릭합니다.

선택한 항목은 다음과 같습니다.

- **MySQL Server 8.0.25 - X64** MySQL 서버 프로그램(MySQL Servers → MySQL Server → MySQL Server 8.0 → MySQL Sever 8.0.25 - X64)
- **MySQL Workbench 8.0.25 - X64** SQL 문을 작성하고 실행해 결과를 보는 프로그램 (Applications → MySQL Workbench → MySQL Workbench 8.0 → MySQL Workbench 8.0.25 - X64)
- **Samples and Examples 8.0.25 - X86** MySQL에서 SQL 문을 실행하고 테스트할 수 있는 예제 테이블과 데이터(Documentation → Samples and Examples → Samples and Examples 8.0 → Samples and Examples 8.0.25 - X86)

그림 2-7 설치 제품 선택

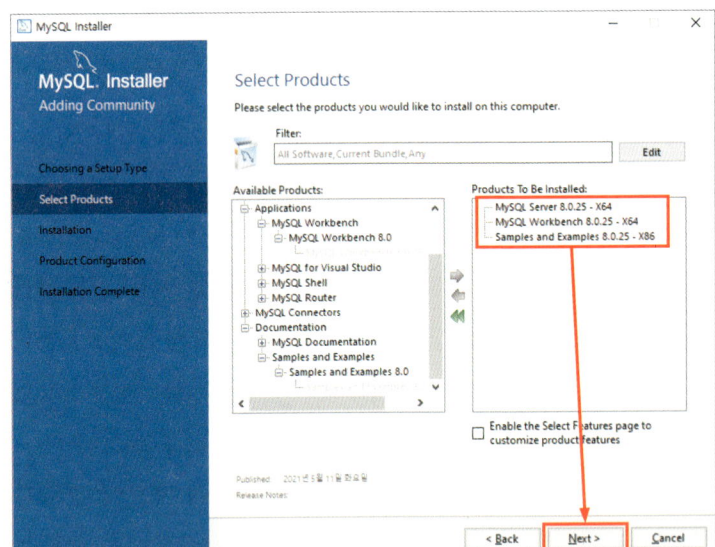

3. MySQL 설치 전 필수 프로그램을 체크하는 화면이 나옵니다. MySQL Server와 MySQL Workbench를 사용하려면 Microsoft Visual C++ 관련 프로그램을 설치해야 합니다(이 화면은 MySQL을 처음 설치할 때만 나옵니다. Microsoft Visual C++ 관련 프로그램이 설치되어 있다면 이 부분은 나오지 않으니 7번으로 건너뜁니다). 화면 하단의 [Execute] 버튼을 클릭합니다.

그림 2-8 필수 프로그램 설치

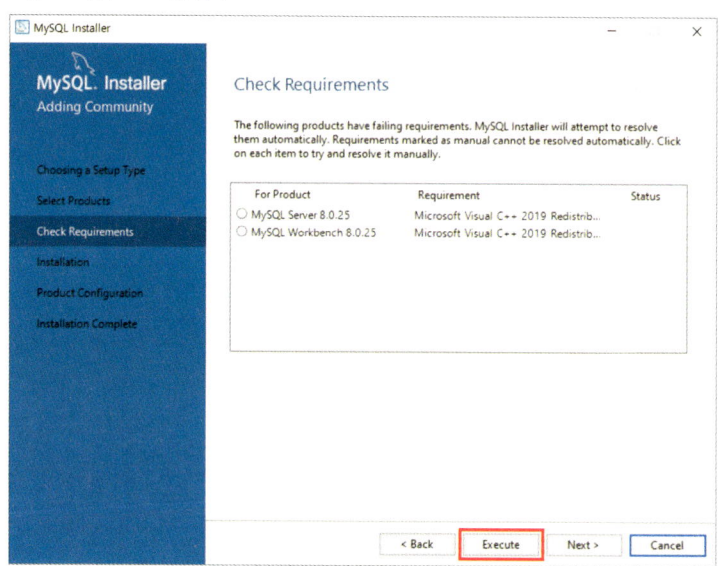

4. 필수 프로그램이 설치되다가 다음과 같은 사용권 계약 동의 화면이 나오면 **동의함** 항목을 체크하고 [설치] 버튼을 클릭합니다.

그림 2-9 사용권 계약 동의

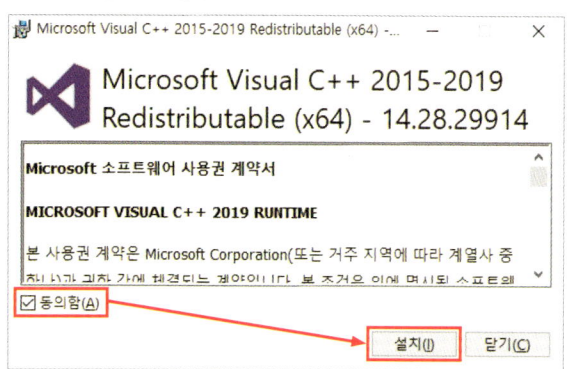

5. 설치가 완료되면 [닫기] 버튼을 클릭합니다.

그림 2-10 필수 프로그램 설치 완료

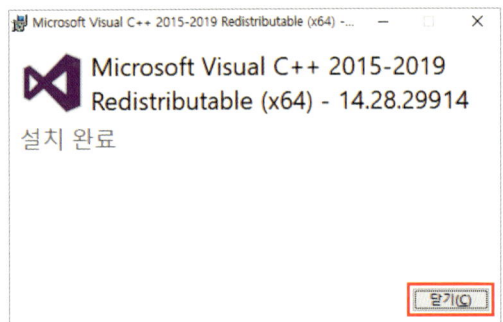

6. 다시 설치 마법사 화면이 보이고 **Status** 항목에 **INSTL DONE**이라고 뜹니다. 제대로 설치가 됐다는 뜻이죠. [Next] 버튼을 클릭합니다.

그림 2-11 필수 프로그램 설치 확인

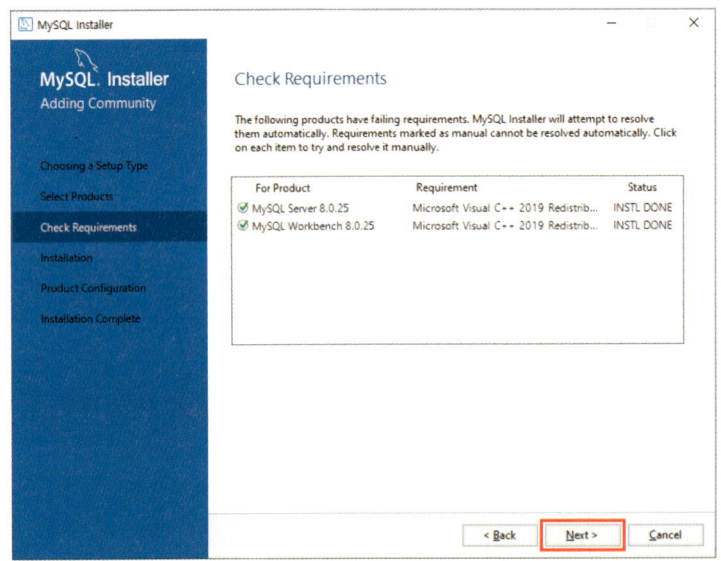

7. 설치해야 하는 3개 프로그램이 준비됐다는 표시(Ready to Install)가 나옵니다. 화면의 [Execute] 버튼을 클릭해 MySQL을 설치합니다.

그림 2-12 MySQL 설치

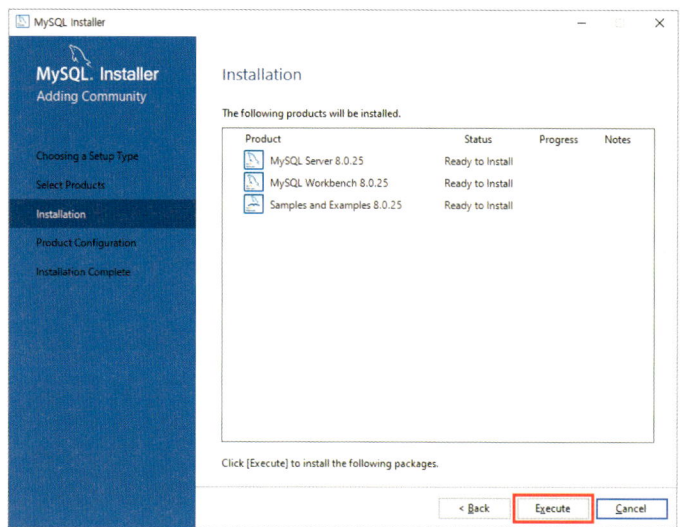

8. 화면에 나온 순서대로 제품을 설치합니다. 완료될 때까지 기다리세요. 설치가 끝나면 **Status** 항목이 모두 **Complete**로 바뀝니다. 모두 바뀌고 나면 [Next] 버튼을 클릭합니다.

그림 2-13 MySQL 설치 완료

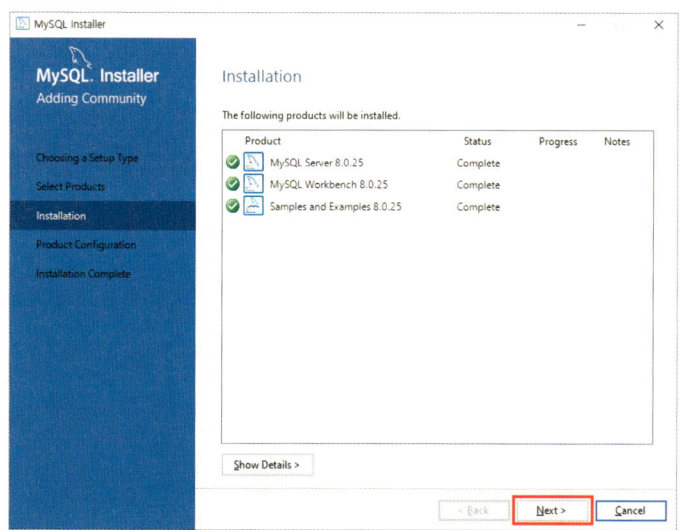

9. 이제 MySQL 설치는 끝났습니다. 다음 화면부터 MySQL 구성 단계로 넘어갑니다. [Next] 버튼을 클릭합니다.

그림 2-14 MySQL 구성하기

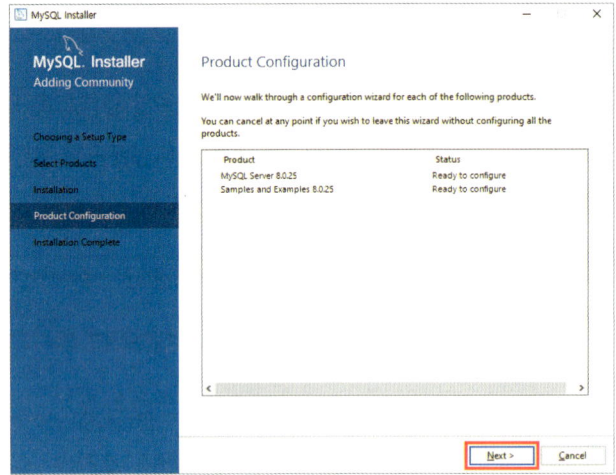

10. 네트워크 설정 화면이 나옵니다. **Config Type** 항목을 보면 **Development Computer**가 선택되어 있습니다. 이는 지금 설치하는 MySQL을 개발용 컴퓨터로 사용한다는 의미입니다. 그리고 **Connectivity** 항목을 보면 **TCP/IP**가 선택되어 있고 **Port**는 **3306**으로 설정되어 있습니다. 이는 MySQL 서버가 TCP/IP 프로토콜과 3306번 포트를 이용해 통신한다는 의미입니다. 기본값을 그대로 두고 [Next] 버튼을 클릭합니다.

그림 2-15 MySQL 네트워크 설정

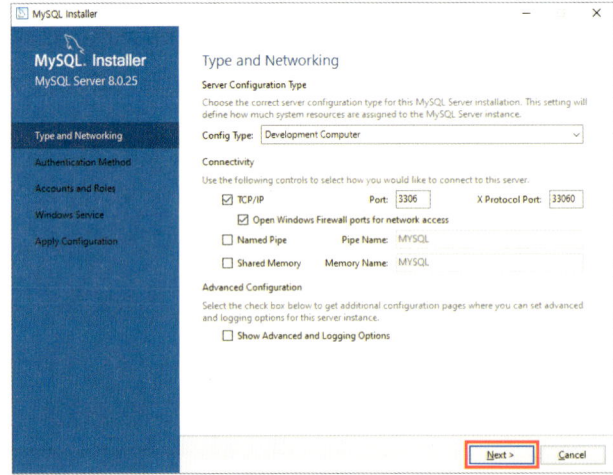

11. 인증 방법 설정 화면에서는 사용자 비밀번호를 암호화할지 선택할 수 있습니다. **Use Strong Password Encryption for Authentication (RECOMMENDED)** 항목이 선택된 그대로 두고 [Next] 버튼을 클릭합니다.

그림 2-16 MySQL 인증 설정

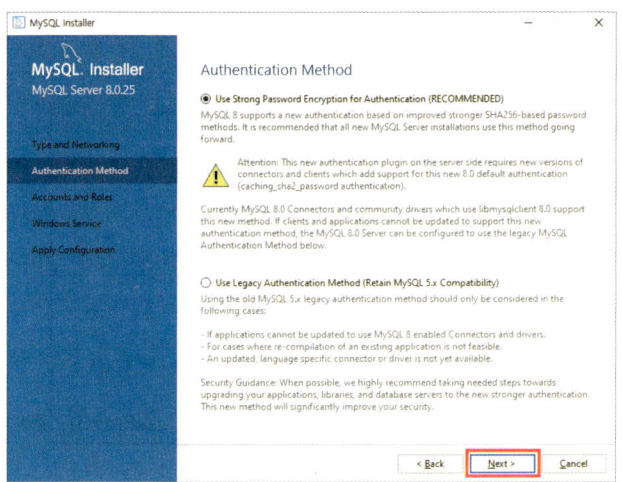

12. MySQL를 설치할 때 관리자 계정인 **root**가 자동으로 만들어지는데, 계정 설정 화면에서 root 사용자 계정의 **비밀번호**를 설정합니다. 비밀번호를 입력하고 확인을 위해 다시 입력합니다. root 계정의 비밀번호는 매우 중요하니 비밀번호를 꼭 기억하세요. root 외에도 사용자를 추가로 만들 수 있습니다. 아래쪽에 있는 [Add User] 버튼을 클릭합니다.

그림 2-17 root 비밀번호 설정

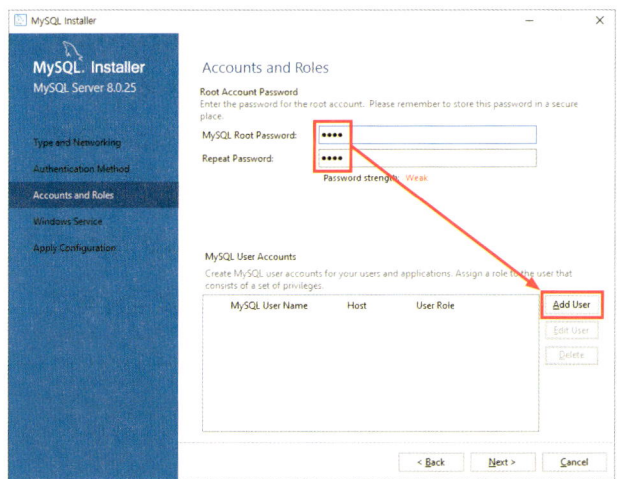

13. 새로운 사용자를 입력하는 창이 뜨면 해당 항목에 다음과 같이 입력합니다. 모든 항목을 입력하고 나면 [OK] 버튼을 클릭합니다.

- **User Name** 추가할 사용자 이름을 입력합니다. 여기서는 **myuser**를 사용합니다.
- **Host** 선택되어 있는 〈**All Hosts (%)**〉를 그대로 둡니다.
- **Role** 사용자 계정 권한으로, 선택되어 있는 **DB Admin**은 관리자를 뜻합니다. 즉, myuser 사용자가 관리자 권한을 갖는다는 뜻이죠. 역시 그대로 둡니다.
- **Authentication** 선택되어 있는 **MySQL**을 그대로 둡니다.
- **Password/Confirm Password** myuser 사용자의 비밀번호를 입력합니다.

그림 2-18 사용자 추가

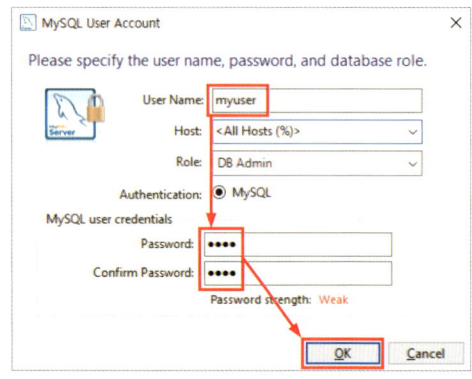

14. 사용자 입력창이 사라지고 계정 설정 화면의 MySQL User Accounts 항목에 앞에서 입력한 사용자 정보가 추가되어 있습니다. [Next] 버튼을 클릭해 다음 화면으로 이동합니다.

그림 2-19 사용자 추가 확인

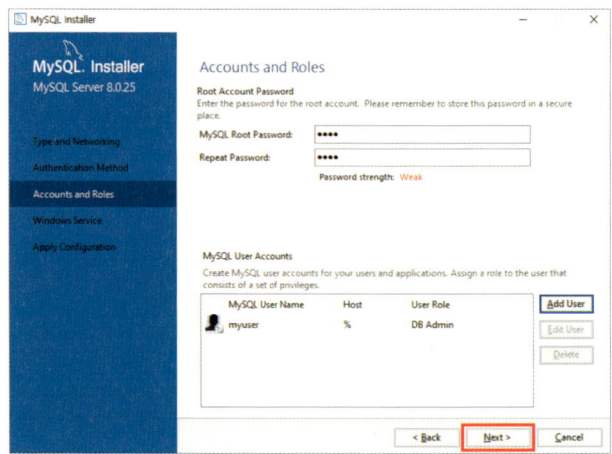

15. Windows Service 설정 화면이 나옵니다. 우리는 Windows에 MySQL을 설치하고 있죠. 이 화면은 Windows 운영체제의 서비스(제어판 → 시스템 및 보안 → 관리도구 → 서비스)에 표시할 내용을 입력하는 부분입니다. **Windows Service Name** 항목에 **MySQL80**이라고 이미 입력되어 있는데, 그대로 두고 [Next] 버튼을 클릭합니다.

그림 2-20 서비스 이름 설정

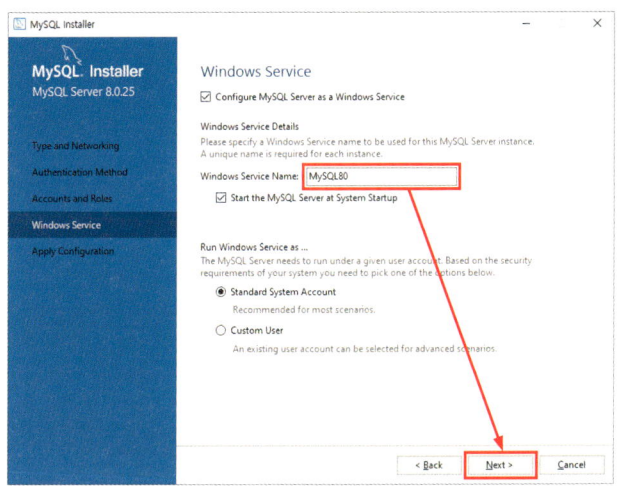

16. [Execute] 버튼을 클릭해 지금까지 지정한 설정을 모두 적용합니다.

그림 2-21 MySQL 설정 적용

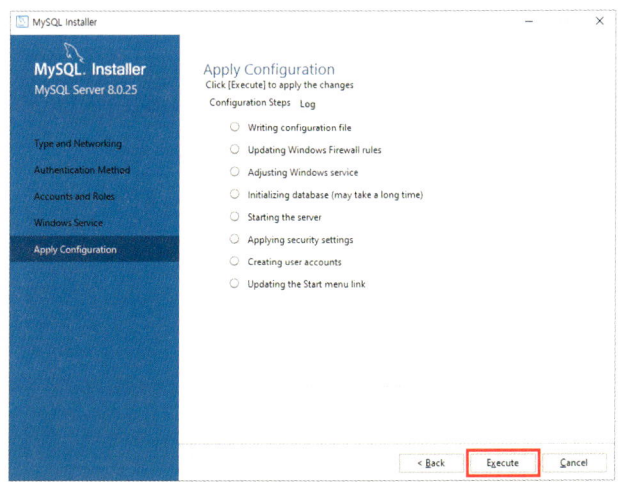

17. 잠시 기다리면 항목들이 순차적으로 적용되며 완료된 항목 앞에 연두색 체크 기호(✅)가 표시됩니다. 적용이 끝나면 [Finish] 버튼을 클릭합니다.

그림 2-22 MySQL 설정 적용 완료

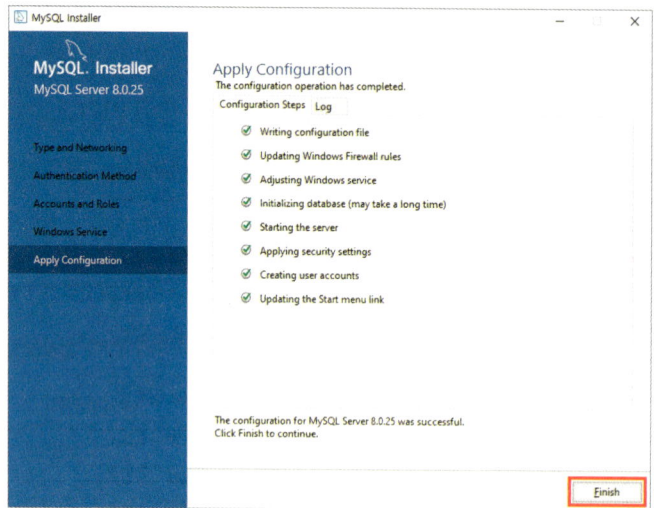

18. 구성 작업이 끝났습니다. 이제 MySQL에 설치된 샘플 스키마(샘플 테이블과 데이터)를 설정하는 단계로 넘어갑니다. [Next] 버튼을 클릭합니다.

그림 2-23 샘플 스키마 설정

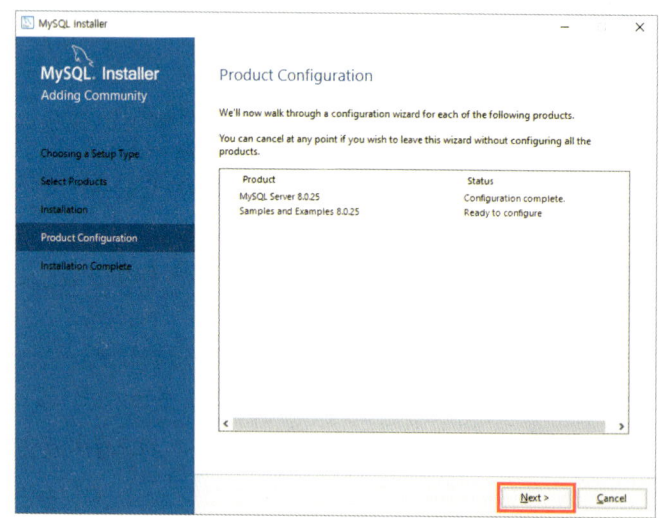

19. MySQL 서버와의 연결을 테스트하는 화면이 나옵니다. 아래쪽에 root 계정 정보가 있는데, 앞에서 설정한 root 사용자의 비밀번호를 입력하고 [Check] 버튼을 클릭합니다. 이상이 없다면 상단의 **Status** 항목에 **Connection succeeded**라고 나옵니다. 확인 후 [Next] 버튼을 클릭합니다.

그림 2-24 MySQL 연결 테스트

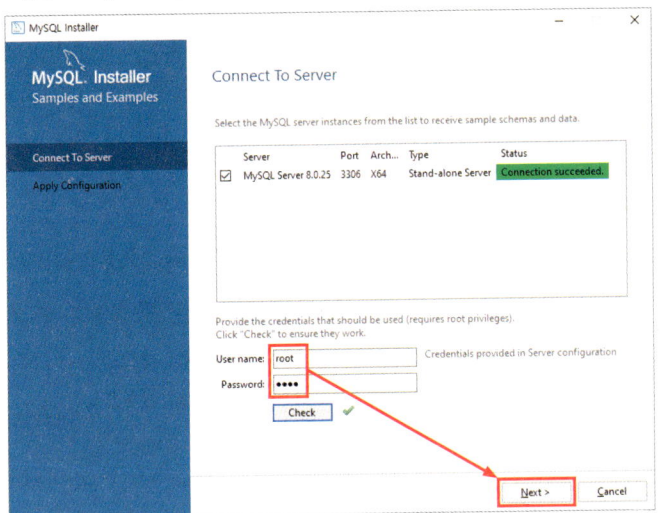

20. 다음 화면에서는 [Execute] 버튼을 클릭해 변경사항을 적용합니다.

그림 2-25 변경사항 적용

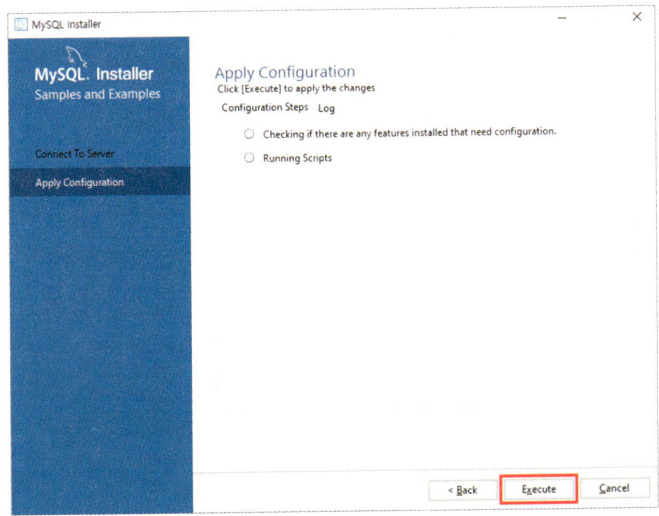

21. 적용이 끝나서 항목에 모두 연두색 체크 기호(✓)가 표시되면 [Finish] 버튼을 클릭합니다.

그림 2-26 변경사항 적용 완료

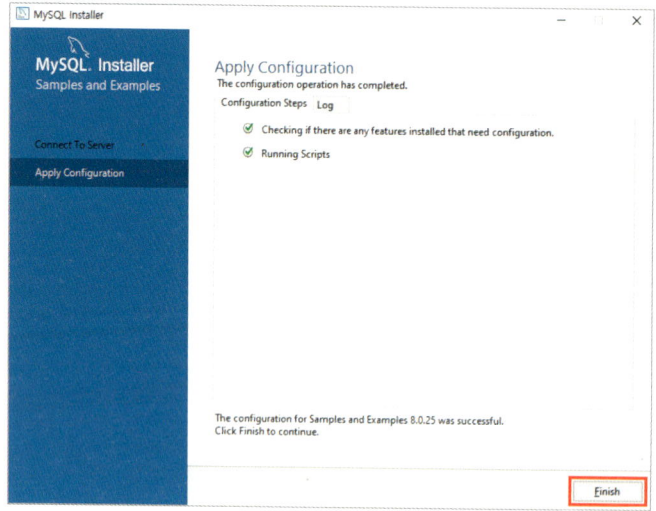

22. 샘플 스키마 설정이 완료되면 샘플 스키마의 **Status** 항목에도 **Configuration complete**라고 나옵니다. [Next] 버튼을 클릭합니다.

그림 2-27 샘플 스키마 설정 완료 확인

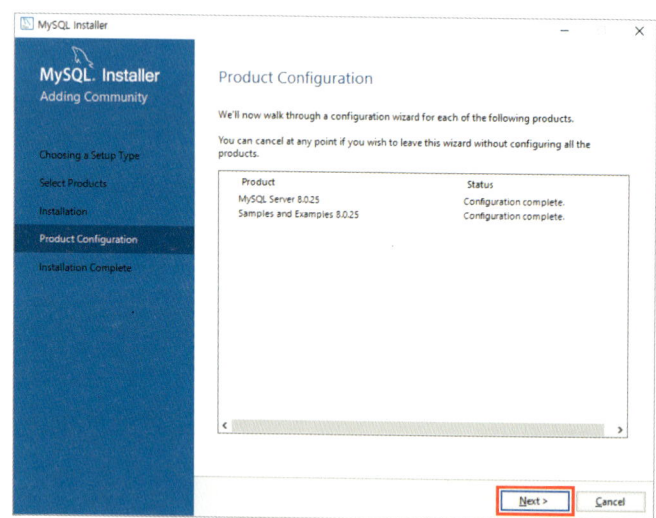

23. 마지막으로 설치 완료 화면이 나옵니다. 체크 표시된 **Start MySQL Workbench after Setup**은 MySQL 설치가 끝난 후 MySQL Workbench 프로그램을 실행할지를 선택하는 항목입니다. 체크된 상태로 두고 [Finish] 버튼을 클릭하면 설치 마법사가 종료되고 MySQL Workbench 프로그램이 실행됩니다.

그림 2-28 MySQL 설치 완료

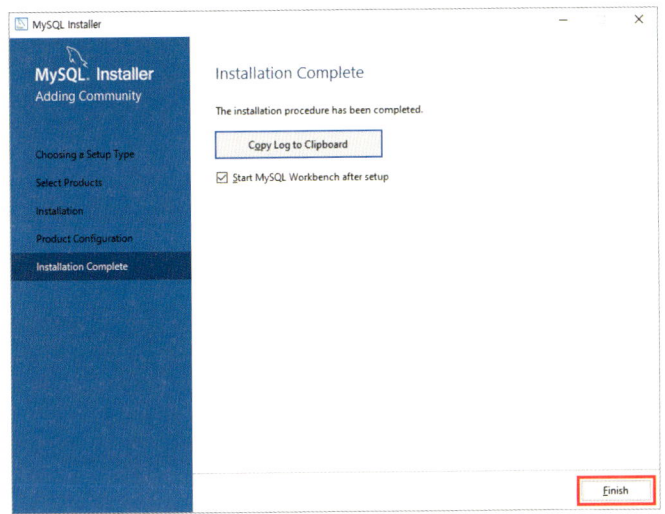

이로써 MySQL 설치 작업이 모두 끝났습니다. 설치 옵션이 꽤 많지만, 그대로 따라 하면 어렵지 않습니다.

2.3 MySQL 사용하기

PC에 MySQL이 설치됐으니 이제 사용해 보겠습니다.

2.3.1 MySQL 실행하기

설치가 끝나면 MySQL이 구동됩니다. 이 프로그램이 DBMS 프로그램이며 PC를 켜면 자동으로 실행됩니다. MySQL이 실행되고 있는지 확인하려면 PC에서 Windows의 서비스를 보면 됩니다.

서비스 창을 띄우려면 [제어판 → 시스템 및 보안 → 관리 도구 → 서비스]를 실행합니다. 서비스 창이 뜨면 MySQL로 시작하는 서비스를 찾아보세요. 서비스 이름이 알파벳순으로 되어 있으니 찾기 어렵지 않습니다. 스크롤을 내려 보면 이름 중에 **MySQL80**이 있습니다. MySQL80은 MySQL을 설치할 때 자동 입력한 서비스 이름입니다(그림 2-20 참고).

그림 2-29 MySQL 서비스

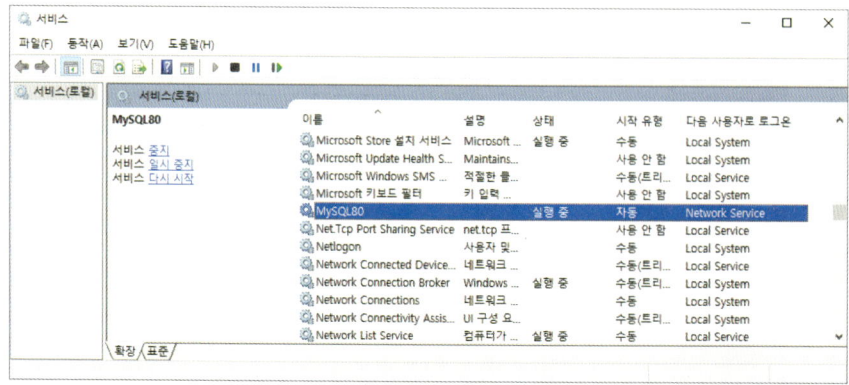

그림을 보면 MySQL80이란 서비스가 **실행 중**임을 알 수 있습니다. 그리고 MySQL80 서비스는 시작 유형 항목이 **자동**으로 설정되어 있습니다. 이처럼 시작 유형 항목이 자동으로 설정되면 해당 서비스는 컴퓨터가 켜질 때 자동으로 실행됩니다.

2.3.2 MySQL 중지하기

자동으로 실행되는 MySQL 프로그램을 멈출 수도 있습니다. 서비스 창에서 MySQL80 서비스를 선택하고 마우스로 더블 클릭하면 MySQL80 속성 창이 뜹니다. 가운데 있는 [중지] 버튼을 클릭하면 MySQL이 중지됩니다.

그림 2-30 MySQL 서비스 중지하기

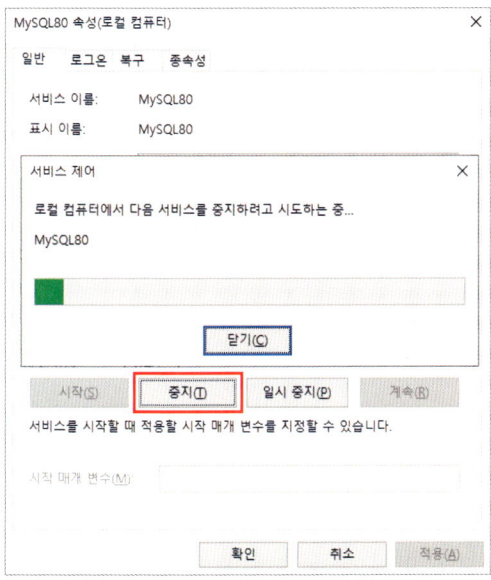

그리고 컴퓨터 시작 시 MySQL이 자동 실행되는 것도 막을 수 있습니다. 속성 창 중간의 시작 유형 항목을 **수동**으로 바꾸고 [적용] 버튼을 클릭하면 됩니다.

그림 2-31 MySQL 서비스를 수동 시작으로 전환하기

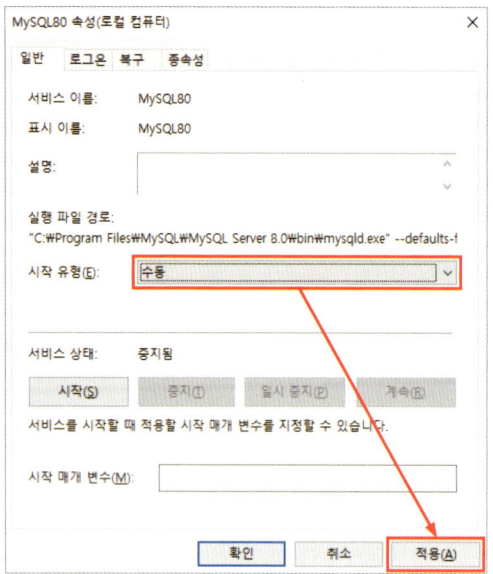

수동으로 설정하면 MySQL은 직접 실행해야만 작동합니다. 우리는 MySQL에 접속해 SQL을 공부해야 하므로 자동 실행되도록 그대로 두세요.

2.3.3 MySQL 접속하기

MySQL이 실행되는 것은 확인했으니 이번에는 MySQL에 접속해 보겠습니다. Windows 화면의 작업 표시줄 왼쪽을 보면 돋보기 모양의 검색창이 있습니다. 여기에 **cmd**라고 입력하면 **명령 프롬프트** 프로그램이 검색됩니다. 검색된 프로그램 이름이나 **열기**를 클릭하면 명령 프롬프트 창이 열립니다. 명령 프롬프트에 **mysql**이라고 입력하고 Enter 를 치면 다음과 같은 오류 메시지가 나옵니다.

그림 2-32 mysql 실행 오류

오류가 나는 이유는 MySQL의 경로를 지정하지 않았기 때문입니다. MySQL이 설치됐음을 컴퓨터가 알도록 MySQL이 설치된 폴더를 **Windows Path에 지정**해야 합니다. MySQL은 기본으로 C:\Program Files\MySQL 폴더에 설치됩니다.

그럼 경로를 지정해 보죠. Windows 화면 하단에 있는 돋보기 모양의 검색 창에 **고급 시스템 설정**이라고 입력하면(고급만 입력해도 바로 검색됩니다.) **고급 시스템 설정 보기** 항목이 검색되는데, 이를 클릭합니다.

그림 2-33 고급 시스템 설정 보기 실행

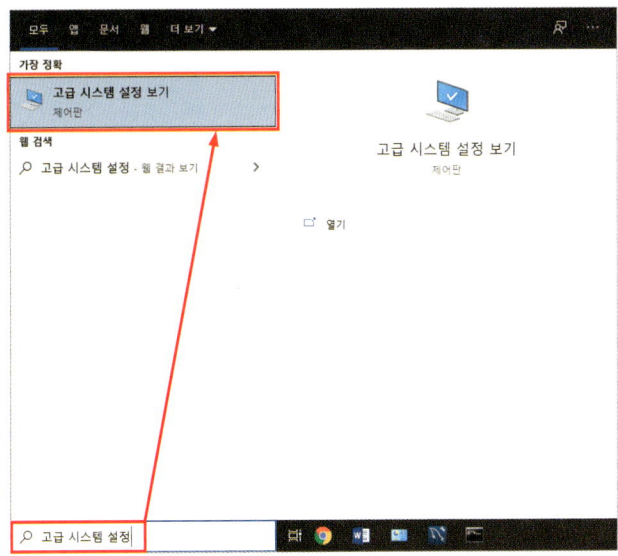

시스템 속성 창이 뜨면 아래쪽에 있는 [환경 변수] 버튼을 클릭합니다. 그러면 **환경 변수**라는 또 다른 창이 뜹니다. 이 창 아래쪽에 있는 **시스템 변수** 항목에서 스크롤을 내려 **Path** 변수를 찾습니다. Path를 선택한 상태에서 [편집] 버튼을 클릭합니다.

그림 2-34 환경 변수 편집

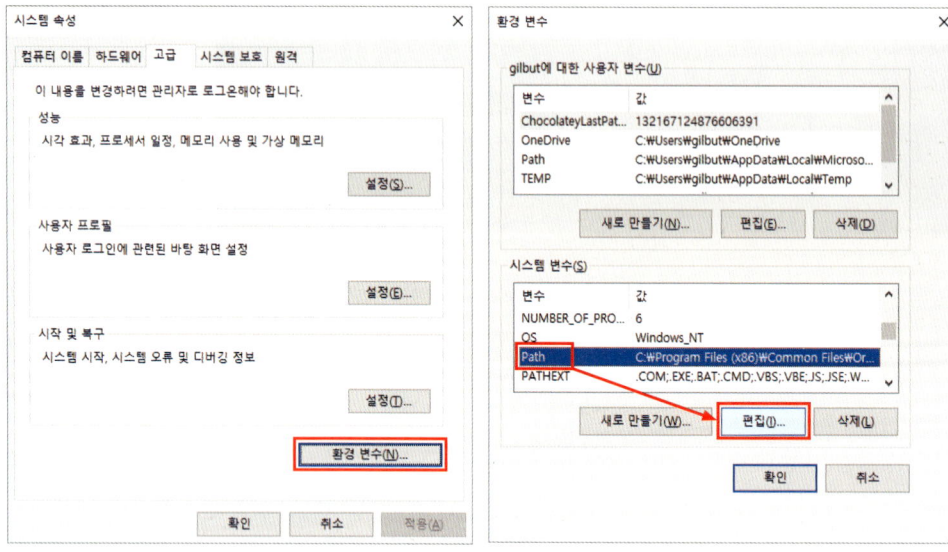

환경 변수 편집 창이 뜨면 오른쪽에 있는 [새로 만들기] 버튼을 클릭합니다. MySQL이 설치된 폴더의 경로인 **C:\Program Files\MySQL\MySQL Server 8.0\bin**을 입력하고 [확인] 버튼을 클릭합니다. 떠 있던 다른 창들도 모두 [확인] 버튼을 클릭해 닫습니다.

그림 2-35 Path에 MySQL 경로 추가

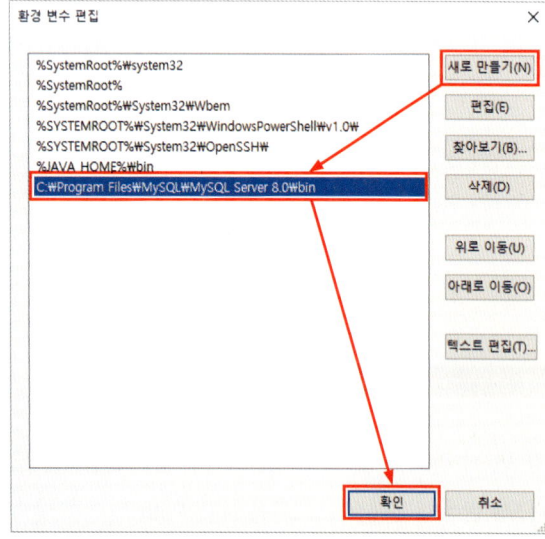

기존에 열어 둔 명령 프롬프트 창을 닫고 새로운 명령 프롬프트 창을 띄웁니다. 명령 프롬프트에 **mysql**을 입력하면 이전과는 다른 오류 메시지가 보입니다.

그림 2-36 명령 프롬프트에서 MySQL 접속하기

메시지를 보니 사용자 계정과 비밀번호를 입력하지 않아서 오류가 발생했습니다. MySQL에 접속한다는 것은 사용자 계정으로 MySQL에 로그인하는 것입니다. 앞 절에서 MySQL을 설치할 때 사용자 계정이 두 개 있었죠. 하나는 root고, 다른 하나는 myuser입니다. root는 MySQL 설치 시 자동으로 만들어지므로 비밀번호만 설정했고, myuser는 설치 과정에서 새로 추가한 계정입니다.

명령 프롬프트에 다음 형식으로 명령어를 입력합니다.

형식
```
> mysql -u<사용자 계정> -p<비밀번호>
```

- **mysql** MySQL에 접속하기 위한 명령어입니다.
- **-u<사용자 계정>** -u 다음에 접속할 계정 이름을 넣습니다. 여기서는 **root**를 입력합니다.
- **-p<비밀번호>** -p 다음에 입력한 사용자 계정에 설정한 비밀번호를 입력합니다.

여기서는 root 계정으로 접속해 보겠습니다. 만약 비밀번호를 hong라고 설정했다면 다음과 같이 입력하면 됩니다.

```
> mysql -uroot -phong
```

앞의 명령어를 실행하면 다음 그림과 같이 mysql>이란 프롬프트(입력 대기 표시)가 뜹니다. 여기까지 나온다면 MySQL에 접속하는 데 성공한 겁니다. MySQL 접속을 끊을 때는 프롬프트에 **exit**를 입력하고 Enter를 누릅니다.

그림 2-37 명령 프롬프트에서 MySQL 접속하기

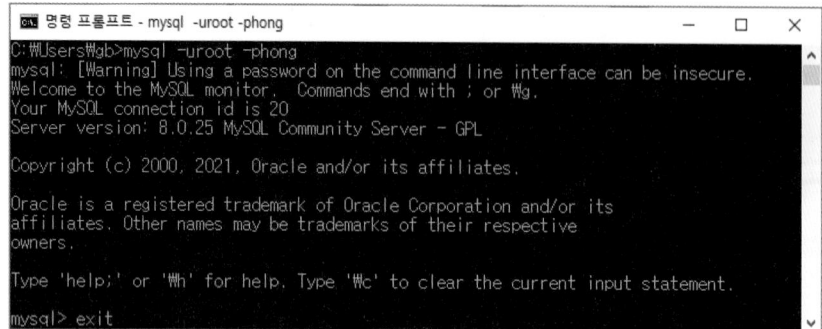

이처럼 명령 프롬프트 창에서도 MySQL의 명령어나 SQL 문을 입력하고 실행해 그 결과를 볼 수 있습니다. 하지만 이 책에서는 결과 보기가 편한 MySQL Workbench 프로그램을 사용합니다.

2.4 MySQL Workbench 사용하기

MySQL 설치가 끝나면 MySQL Workbench가 자동으로 실행됩니다. MySQL Workbench는 MySQL에 접속해 데이터베이스(스키마)는 물론 테이블 등의 각종 데이터베이스 객체를 생성, 수정, 삭제하고 테이블의 데이터를 조회, 입력, 수정, 삭제할 때 사용하는 GUI(Graphic User Interface) 프로그램입니다. 물론 이런 작업은 SQL로 처리하죠. 따라서 앞으로는 MySQL Workbench 프로그램으로 SQL 문을 작성하고 실행결과를 확인합니다.

2.4.1 MySQL Workbench 실행하고 접속하기

그럼 MySQL Workbench 프로그램으로 MySQL에 접속해 보겠습니다. MySQL Workbench 역시 MySQL이 설치된 폴더(C:\Program Files\MySQL\MySQL Workbench 8.0)에 있습니다. 이 폴더에 있는 **MySQLWorkbench.exe** 파일을 더블 클릭하면 MySQL Workbench 프로그램이 실행됩니다. 또는 Windows 검색 창(돋보기 모양)에 **MySQL Workbench**를 입력하면 해당 프로그램이 검색되고 마우스로 클릭해 실행할 수 있습니다.

그림 2-38 Windows 검색 창에서 MySQL Workbench 실행

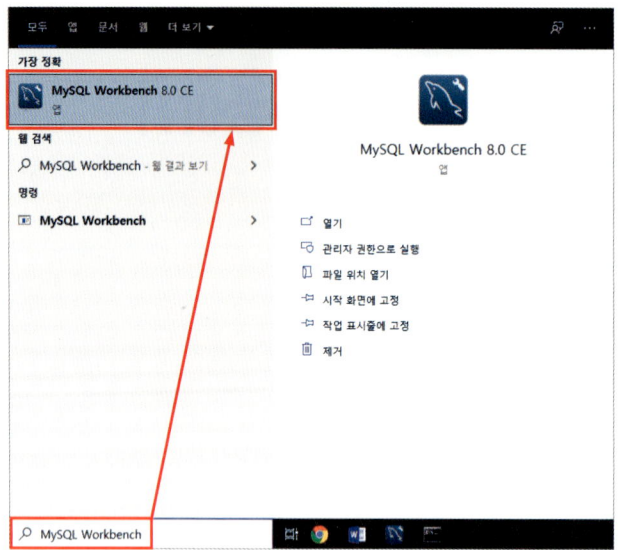

MySQL Workbench 프로그램을 실행하면 다음과 같이 초기 화면이 뜹니다. 초기 화면에서 상단에 있는 **Database → Connect to Database** 메뉴를 선택합니다.

그림 2-39 MySQL Workbench 초기 화면에서 MySQL 접속 메뉴 선택

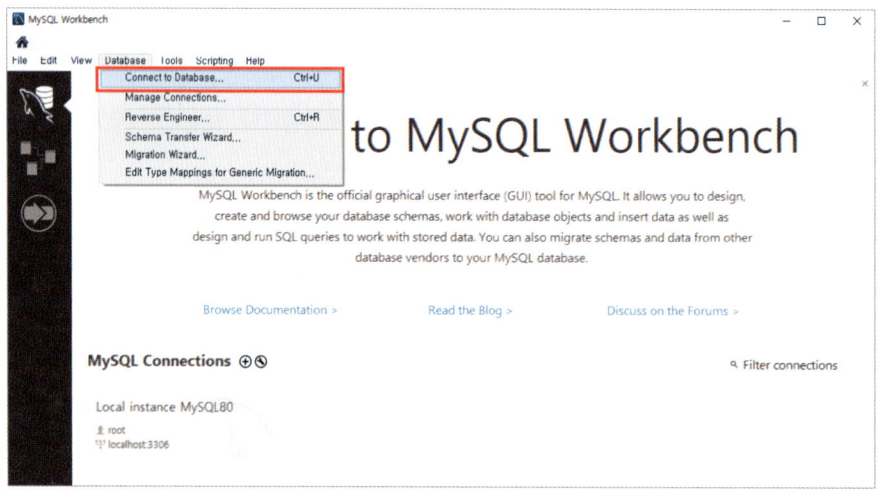

MySQL 접속 창이 뜨는데, 접속하는 데 필요한 정보가 이미 입력되어 있습니다(**Stored Connection**에 설정된 값이 없으면 드롭다운 메뉴를 직접 클릭해 **Local instance MySQL80**을 선택하세요). **Hostname** 항목에 있는 **localhost**는 여러분의 PC를 뜻합니다. localhost 대신

127.0.0.1로 표시될 수도 있는데, 마찬가지로 여러분의 PC를 뜻합니다. 다른 MySQL과 연결해야 한다면 Hostname 항목에 해당 서버의 IP 주소를 넣습니다. **Connection Method**는 **Standard (TCP/IP)**, **Port**는 **3306**으로 입력되어 있습니다. 이는 TCP/IP 프로토콜을 사용해 3306번 포트로 MySQL과 연결(접속)하겠다는 의미입니다. **Username**에도 **root**가 자동 입력되어 있습니다. 확인했으면 [OK] 버튼을 클릭합니다.

그림 2-40 MySQL 접속 창

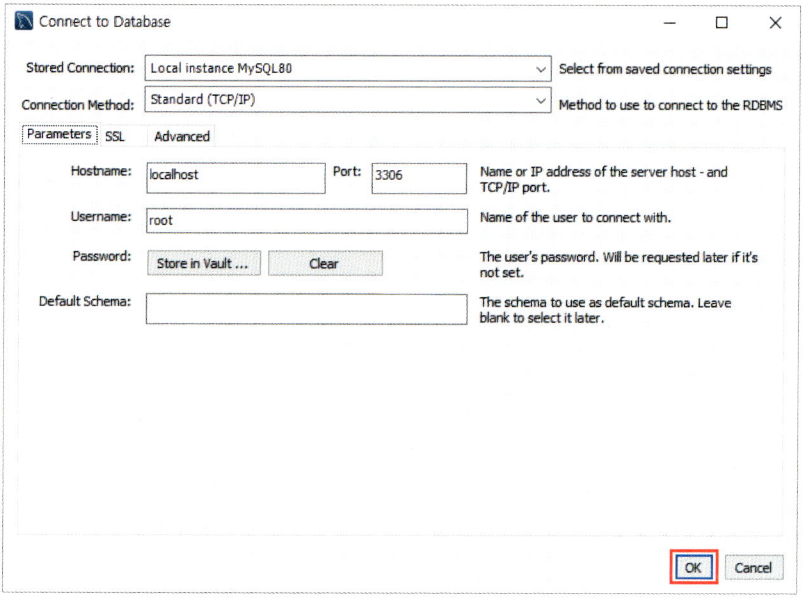

비밀번호 입력창이 나오면 root 계정의 비밀번호를 입력하고, [OK] 버튼을 클릭하면 MySQL에 접속됩니다.

그림 2-41 계정 비밀번호 입력

2.4.2 MySQL Workbench 둘러보기

MySQL Workbench로 MySQL에 접속하면 다음 그림과 같은 화면이 보입니다. 화면이 여러 부분으로 나뉘어 있는데, 이 중에서 앞으로 자주 사용할 부분을 살펴보겠습니다.

그림 2-42 MySQL Workbench로 MySQL에 접속한 화면

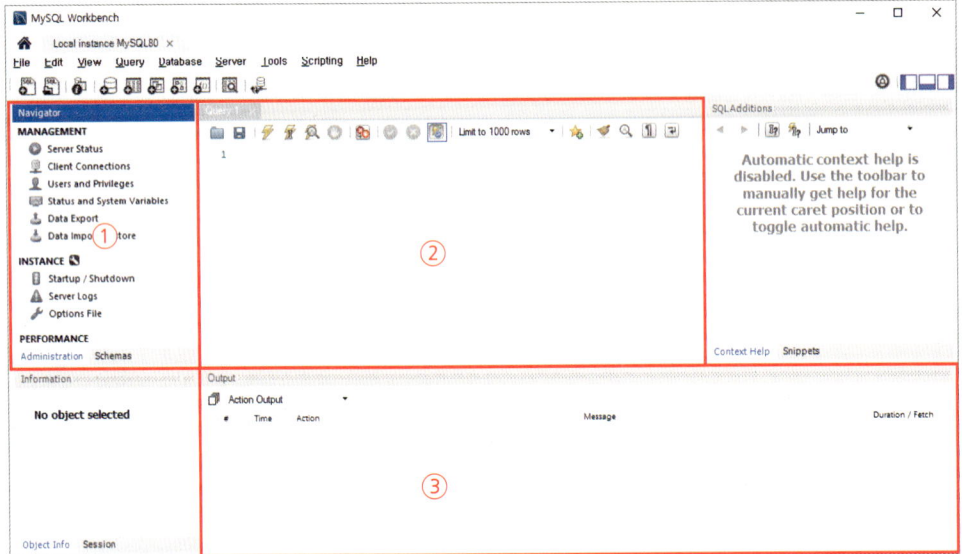

상단 왼쪽의 **Navigator** 창(①)은 2개 탭으로 구성되어 있습니다. 이 중에서 **Administration** 탭에는 MySQL 서비스를 실행하거나 중단하고 각종 서버 정보를 모니터링하는 **MySQL 관리 메뉴**가 들어 있습니다. 그리고 **Schemas** 탭을 선택하면 현재 MySQL에 있는 데이터베이스(스키마)와 해당 객체(테이블, 뷰 등) 정보를 볼 수 있습니다. 이 책에서는 MySQL이 아니라 SQL을 배우므로 Schemas 탭을 주로 사용합니다.

그림 2-43 Schemas 탭의 데이터베이스와 객체

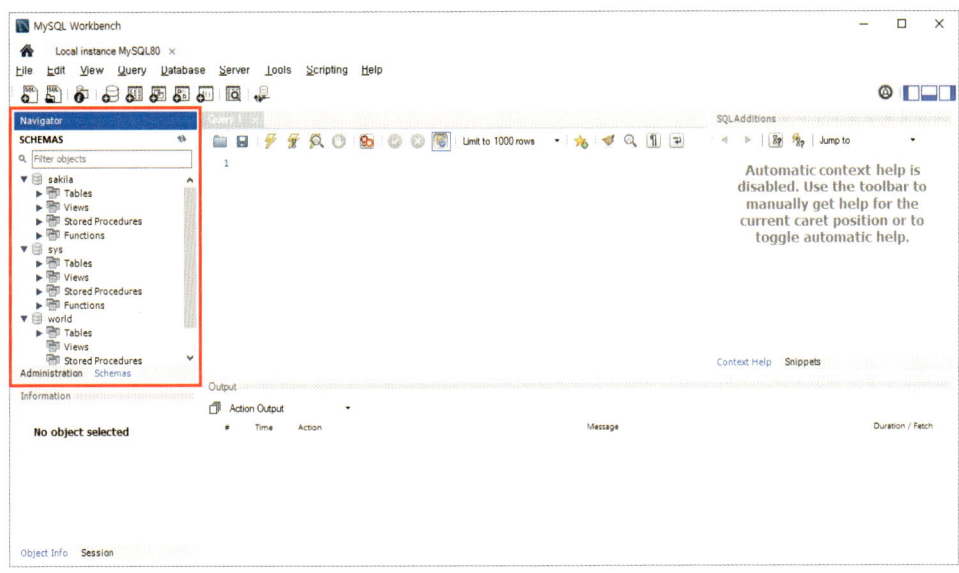

가운데 창은 SQL이나 각종 명령어를 입력하는 **SQL 입력창**(②)입니다. 여기서 해당 내용을 입력하고 실행하면 화면 아래쪽에 있는 **결과창**(③)에서 결과를 볼 수 있습니다. 이 창은 SQL 입력창에서 입력한 SQL과 명령어를 수행한 결과를 보여줍니다. 성공적으로 수행됐다는 로그나 오류 정보가 나옵니다.

2장에서는 실습 환경을 구성해 봤습니다. MySQL을 설치하고 구성한 후 MySQL Workbench 프로그램으로 MySQL에 접속했습니다. 이제 SQL을 배울 기본적인 준비는 모두 마쳤습니다.

2 마무리

이 장에서 배운 내용을 간단히 정리해 보겠습니다.

1 MySQL 설치 프로그램

프로그램	설명
MySQL Server	MySQL 서버 프로그램
MySQL Workbench	SQL문을 작성하고 실행해 결과를 보는 프로그램
Samples and Examples	예제 데이터베이스, 테이블 및 데이터

2 사용자 계정

MySQL에 접속하려면 사용자 계정이 필요한데, MySQL 설치 시 관리자 계정인 root 계정이 자동으로 만들어집니다. root 계정의 비밀번호는 MySQL을 설치할 때 설정해야 하며, 새로운 사용자를 추가할 수 있습니다.

3 MySQL 접속 방법

명령 프롬프트에서 명령어를 입력해 접속하는 방법과 MySQL Workbench 프로그램으로 간단하게 접속하는 방법이 있습니다.

4 MySQL Workbench

MySQL에 접속해 SQL 문을 작성하고 그 실행결과를 한 화면으로 볼 수 있는 GUI 프로그램입니다.

테이블 살펴보기

관계형 DBMS(이후 RDBMS)는 데이터를 테이블에 저장하며, 대부분의 SQL 문장은 테이블을 대상으로 수행됩니다. 즉, 모든 작업이 테이블을 중심으로 이뤄집니다. 그래서 이 장에서는 테이블을 자세히 살펴보겠습니다.

3.1 데이터를 담는 그릇, 테이블

3.1.1 테이블이란

테이블(table)은 RDBMS에서 데이터를 저장하는 2차원 형태의 데이터베이스 객체로, 우리말로는 표입니다. 이름만 표가 아니라 생긴 모양도 표와 같습니다. 그런데 데이터를 테이블에 넣어 관리하는 이유가 대체 무엇일까요? 데이터를 테이블로 정리하면 보기가 한결 쉽기 때문입니다. 보기 쉽다는 것은 데이터를 파악하기 쉽다는 것이고, 파악하기 쉬우면 관리하기도 쉽습니다.

예를 들어 보죠. 다음 그림은 위키피디아에서 일부 발췌한 내용으로, 임진왜란 당시 이순신 장군이 참여한 해전에 관한 정보입니다.

그림 3-1 이순신 장군이 참여한 해전[1]

옥포 해전 [편집]

이 부분의 본문은 옥포 해전입니다

옥포해전은 이순신의 첫 승전을 알리게 된 해전이다. 6월 16일(음력 5월 7일) 정오 옥포항에서 정박하여 육포에 침략했던 왜군을 공격하여 모두 26척을 침몰시켰으며, 잡혀있던 포로들을 구해내었다. 같은 날 오후에는 웅천현의 합포 앞바다에서 큰 배 한 척을 만나 이 또한 격파하였다. 전투는 17일(음력 5월 8일)에도 계속되었으며, 적진포에서 왜선 13척을 침몰시켰으나, 전세가 불리하여 육지로 도망간 적들을 쫓지는 못하였다. 이때 조선 조정은 이미 한양에서 철수하여 평안도로 후퇴하고 있었다. 27일(음력 5월 18일)에는 도원수 김명원(金命元)이 임진강 방어에 실패하여 조선반도의 대부분은 왜군에 의하여 유린되고 있었다.

사천 해전 [편집]

이 부분의 본문은 사천 해전입니다.

전라우수영군의 합류가 늦어지자, 7월 8일(음력 5월 29일)에 이순신은 뱃머리를 돌려 노량으로 향하였다. 그곳에서 원균의 경상우수영군을 만났다. 이날 사천 선창에 있던 왜군을 공격하여 적선 30여 척을 쳐부수었다. 이것이 바로 사천 해전이다. 이 전투에서 이순신은 왼쪽 어깨 위에 관통상을 입었다. 이 해전은 두번째 출동하여 벌어진 첫 번째 전투였고, 또한 거북선이 출전한 첫 번째 전투다.

이순신 함대는 7월 10일(음력 6월 2일)에도 전투를 벌여 승리하였는데, 왜군이 보유하던 화포에 비하여 성능이 우수한 지자총통 등의 화력이 승리의 원인이었다. 이순신의 함대는 계속하여 적을 추격하여 개도로 협공하였으며, 7월 12일(음력 6월 4일)에는 전라우수사와 합류하는 데 성공하였다. 13일(음력 6월 5일) 적 함대를 만나 큰 배 한 척과 중간 크기의 배 0척 작은 크기의 배 100척을 공격하였다. 16일(음력 6월 8일)까지 수색과 공격은 계속되었다.

한산도 대첩 [편집]

이 부분의 본문은 한산도 대첩입니다.

한산도대첩은 임진왜란의 3대 대첩 중 하나로, 1592년(선조 25) 8월 14일(음력 7월 8일) 한산도 앞바다에서 이순신 휘하의 조선 수군이 왜나라의 수군을 크게 무찌른 해전이다. 이 전투에서 육전에서 사용되던 포위 섬멸 전술 형태인 학익진을 처음으로 펼쳤다.

이순신 함대는 8월 10일(음력 7월 4일)에 출발하여 12일(음력 7월 6일)에 노량이르렀고, 이곳에서 경상우수사 원균과 합류하였다. 이 때 적선이 출몰하였다는 첩보를 얻어 14일(음력 7월 8일) 큰배 36척 중간배 24척 작은배 13척을 만나 전투가 벌어졌다. 조선군의 연합함대는 거짓으로 후퇴하는 척하여 적들을 큰 바다로 끌어 낸 다음, 모든 군선이 일제히 학익진 진형을 갖춰 지자총통, 현자총통, 승자총통을 발포하여 적함선을 궤멸시키는 데 성공하였다. 포격으로 적함을 깨뜨린 뒤 적함의 갑판에서 백병전을 벌여 일본군을 격퇴하였으며, 여러 명의 포로들을 구해내었다. 이날 일본 수군은 큰 배 한 척, 중간 배 일곱 척, 작은 배 여섯 척만이 후방에 있어 도망을 칠 수 있었다.

8월 15일(음력 7월 9일) 안골포에 적선 40여 척이 정박해 있다는 보고를 받아 16일(음력 7월 10일) 학익진을 펼친채 진격하여 왜선 59척을 침몰시켰다.

일본군은 조선의 용맹한 군인들에게 꼴이 상한채 돌아갔다.

한편, 음력 7월 말에 이르러서야 육전에서도 홍의장군 곽재우(郭再祐)가 승리하였으며, 홍계남(洪季男)이 안성에서 승리하였다.

1 https://ko.wikipedia.org/wiki/이순신#임진왜란

순서대로 정리되긴 했지만, 한눈에 내용을 파악하기가 쉽지 않죠. 내용을 파악하려면 모두 꼼꼼히 읽어 봐야 하고 내용을 비교하기도 어렵습니다. 하지만 표로 정리한다면 어떨까요? 다음 그림을 봅시다.

그림 3-2 표로 정리한 임진왜란 해전 목록[2]

날짜	전장	조선군			일본군			비고
		장교	병력	피해	장교	병력	피해	
옥포 해전 1592년 음력 5월 4일(양력 6월 13일)	거제시 옥포			1명 부상	도도 다카토라, 호리노우치 우지요시	군함 50척	군함 26척 격침, 4,080명 전사	조선군 및 조선 수군의 첫 승리
합포 해전 1592년 음력 5월 7일(양력 6월 16일)	창원시 진해구 웅천동	이순신, 원균, 권준, 정운, 이순신, 어영담, 이영남	전선 28척, 협선 17척	없음	불명		군함 5척 격침	
적진포 해전 1592년 음력 5월 8일(양력 6월 17일)	통영시 광도면			없음		군함 13척	군함 11척 격침, 2,840명 전사	
사천 해전 1592년 음력 5월 29일(양력 7월 9일)	사천시 용현면 선진리	이순신, 원균, 권준, 정운, 이순신, 어영담, 송희립, 이영남, 김완	전선 26척, 거북선 2척	3명 부상(이순신, 나대용 포함)	도도 다카토라, 구루시마 미치유키, 가메이 고레노리	군함 13척	군함 13척 격침, 2,600명 전사	거북선의 첫 사용
당포 해전 1592년 음력 6월 2일(양력 7월 10일)	통영시 산양읍				가메이 고레노리, 구루시마 미치유키 †	군함 21척	군함 21척	
당항포 해전 1592년 음력 6월 2일(양력 7월 10일)	경상도 고성 당항포	이순신, 원균, 권준	전라좌수영 전선 23척, 전라우수영 전선 25척, 경상우수영 전선 3척	불명	모리 무라하루 †	군함 26척	전멸	
율포 해전 1592년 음력 6월 7일(양력 7월 15일)	거제 장목면					대선 5척, 소선 2척	전멸	

그림 3-2는 각 해전에 관한 내용을 일목요연하게 표로 정리했습니다. 표로 정리하니 문장으로 나열한 것보다 각 해전에 관한 중요 정보를 파악하기가 쉬워졌습니다. 군더더기를 빼고 필요한 내용만 정리해서 표에 담아 두니 파악하기가 훨씬 쉽죠.

또한 날짜, 전장, 조선군과 일본군의 장교, 병력, 피해 내용을 구분해 놓으니 특정 데이터를 빠르게 찾을 수 있습니다. 가령 옥포 해전에서 격파한 일본 군함 수를 찾으려면 그림 3-1에서는 첫 문장을 모두 읽어야 하지만 그림 3-2에서는 옥포 해전의 일본군 피해 항목을 보면 바로 26척의 군함이 격침된 것을 알 수 있죠.

이처럼 데이터를 테이블이라는 구조체에 정리해 담아 놓으면 특정 데이터를 찾는 것은 물론, 신규 데이터를 입력하거나 기존 데이터를 수정 또는 삭제하는 데이터 관리 작업을 쉽게 처리할 수 있습니다.

---

[2] https://ko.wikipedia.org/wiki/임진왜란_해전_목록

3.1.2 테이블 구조의 기본, 로우와 칼럼

앞에서 봤듯이 테이블은 표, 즉 2차원 형태입니다. 이런 구조 덕분에 데이터 관리가 한결 편합니다. 3차원에 익숙한 우리가 그보다 한 차원 낮은 2차원의 테이블을 보면 간단하고 쉬워 보일 수밖에 없습니다. 그럼 테이블은 어떤 구조로 되어 있을까요? 그림 3-3에 테이블 구조가 나와 있습니다. 테이블은 로우(row)와 칼럼(column), 즉 행과 열로 구성됩니다. 로우와 칼럼은 특성이 다른데, 데이터 저장과 관리 관점에서는 칼럼이 중요합니다.

그림 3-3 테이블의 구조

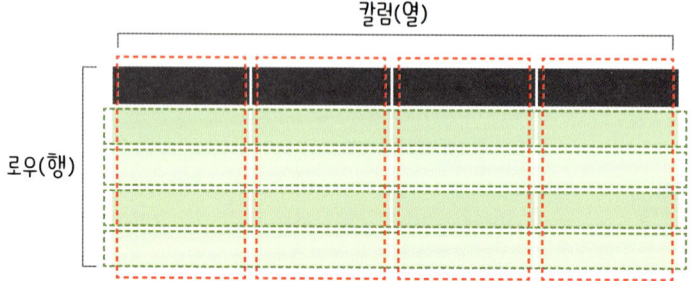

칼럼은 테이블에서 세로 항목에 해당하며 데이터의 속성, 좀 더 자세히 말하면 데이터의 유형을 나타냅니다. 이름이라는 칼럼이 있다면 이 칼럼에는 이름이 들어가고, 입사일자라는 칼럼이 있다면 날짜 데이터가 들어가겠죠.

가령 사원 테이블을 만들어 사원명, 나이, 직급, 성별, 입사일자라는 총 5개 항목의 데이터를 관리하려면 5개 항목에 대한 칼럼을 만들면 됩니다. 따라서 테이블을 만든다는 것은 어떤 칼럼을 만들 것인지를 정의하는 것으로, 칼럼명과 해당 칼럼에 들어갈 데이터 유형을 명시합니다.

로우는 테이블에서 가로 항목에 해당하며 여러 개의 칼럼이 모여 하나의 로우를 구성합니다. 사원 테이블에 칼럼이 5개 있다면 5개의 칼럼 값이 모여 하나의 로우가 되죠. 각 칼럼이 데이터의 속성을 나타낸다면, 로우는 여러 칼럼이 모여 하나의 정보가 됩니다.

다른 예를 들어 볼까요?

표 3-1 city(도시) 테이블

ID	Name	CountryCode	District	Population
2331	Seoul	KOR	Seoul	9981619
2332	Pusan	KOR	Pusan	3804522
2333	Inchon	KOR	Inchon	2559424
2334	Taegu	KOR	Taegu	2548568
2335	Taejon	KOR	Taejon	1425835
2336	Kwangju	KOR	Kwangju	1368341

표 3-1은 MySQL 설치 시 자동으로 설치되는 샘플 테이블 중 city 테이블의 일부 데이터입니다. city는 각 나라의 도시 정보를 저장하는 테이블로, 총 5개의 칼럼으로 구성되어 있습니다. 각 칼럼은 다음과 같습니다.

- **ID** 각 도시의 식별 아이디(숫자)
- **Name** 도시명(문자)
- **CountryCode** 도시가 속한 국가 코드(문자)
- **District** 도시가 속한 지역으로 광역시나 도의 이름(문자)
- **Population** 인구수(숫자)

그림에서 첫 행은 실제 입력된 값은 아니고 칼럼 이름을 나타냅니다. 실제 값은 두 번째 행부터입니다. 각 칼럼에는 해당 칼럼에 맞는 데이터가 들어 있습니다. ID 칼럼에 입력된 값은 각 도시에 부여된 아이디로, 숫자로 되어 있죠. 즉, ID 칼럼은 숫자형 칼럼입니다. Name, CountryCode, District 칼럼은 문자형이고, Population은 숫자형입니다. 각 칼럼에는 데이터 타입에 맞는 데이터가 입력되어 있습니다.

로우는 칼럼 값들이 합쳐져 하나의 정보가 된다고 했습니다. 가령 첫 번째 로우는 ID 값이 2331인 서울(Seoul)에 대한 정보를 나타내고 있습니다. 서울은 한국(KOR)에 있고 인구가 9,981,619명이라는 정보를 알 수 있습니다(이 데이터는 오래 전에 만들어진 것으로 추정되며 따라서 현 시점의 데이터와는 차이가 있습니다).

1장에서 SQL의 특징 중 하나가 집합적 언어라고 했습니다. 집합적 언어는 조건에 맞는 데이터를 한 번에 처리한다고 했죠. 여기서 '한 번에'라는 말은 조건에 맞는 여러 개의 로우를 대상으로 한 번에 작업할 수 있다는 의미입니다. 표 3-1은 city 테이블에서 한국에 있는 도시 일부를 가져왔습니다. 이는 CountryCode 칼럼 값이 'KOR'인 건만 조회하는 SQL 한 문장을 실행한 결과입니다. 단 한 문장을 실행해서 조건에 맞는 여러 건의 데이터를 가져온 것이죠. 참고로 city 테이블에는 총 4,079건의 데이터가 있습니다. 이는 총 로우 수가 4,079라는 의미입니다. 이 중에서 한국에 속한 도시는 70개입니다.

칼럼과 로우가 무엇인지 감이 잡히나요? 설명이 좀 길어졌지만, 그림 3-3과 표 3-1을 보면 이해될 겁니다.

3.1.3 중복 데이터 저장 최소화하기

지금까지 봤듯이 데이터를 관리하는 데 테이블을 사용하면 편리합니다. 그런데 한 가지 더 짚고 넘어갈 내용이 있습니다. 1장에서 RDBMS의 특징 중 하나는 '테이블을 이용해 중복 데이터 저장을 최소화한다'였습니다. 도대체 어떤 식으로 중복 데이터를 최소화해서 테이블에 저장하는지 알아보죠.

표 3-1에 우리나라에 있는 도시가 나와 있는데, 이는 데이터베이스에서 우리나라의 도시만 가져오기 위해 CountryCode 칼럼 값이 'KOR'인 건을 조회한 결과입니다. 그런데 'KOR'은 국가 코드이지 국가명이 아닙니다.

예제 데이터에 담긴 우리나라의 영문 국가명은 'South Korea'입니다. 따라서 다음처럼 국가명이 South Korea로 나와야 하는데, 왜 city 테이블을 만든 사람은 KOR이라고 넣었을까요?

표 3-2 국가명을 도시 정보에 담은 예

ID	Name	CountryName	District	Population
2331	Seoul	South Korea	Seoul	9981619
2332	Pusan	South Korea	Pusan	3804522
2333	Incheon	South Korea	Incheon	2559424
2334	Taegu	South Korea	Taegu	2548568
2335	Taejon	South Korea	Taejon	1425835
2336	Kwangju	South Korea	Kwangju	1368341

테이블에 KOR 대신 South Korea를 넣으면 저장 공간을 많이 차지합니다. KOR은 3글자지만, South Korea는 공백 포함 11글자입니다. 우리나라는 영문 국가명이 11자로 짧은 편에 속하지만, 아주 긴 영문 국가명을 가진 나라도 있습니다. 도미니카 공화국은 Dominican Republic으로 18자, 콩고는 Congo, The Democratic Republic of the로 37자나 되죠.

만약 city 테이블 로우가 4,079건이 아니라 몇 십만 건이 있고 국가명 전체를 담고 있다면 데이터 저장 용량이 너무 커지겠죠? 그런데 모든 국가명을 3글자로 코드화해 저장하면 저장 용량이 훨씬 줄어듭니다. 그래서 city 테이블에는 국가 정보를 국가명 대신에 국가 코드로만 저장합니다.

표 3-3 국가명 저장 VS 국가 코드 저장

ID	Name	CountryName	District	Population
2331	Seoul	South Korea	Seoul	9981619
2332	Pusan	South Korea	Pusan	3804522
2333	Incheon	South Korea	Incheon	2559424
2334	Taegu	South Korea	Taegu	2548568
2335	Taejon	South Korea	Taejon	1425835
2336	Kwangju	South Korea	Kwangju	1368341
...	...	...	...	...

국가명 저장 시

ID	Name	CountryCode	District	Population
2331	Seoul	KOR	Seoul	9981619
2332	Pusan	KOR	Pusan	3804522
2333	Incheon	KOR	Incheon	2559424
2334	Taegu	KOR	Taegu	2548568
2335	Taejon	KOR	Taejon	1425835
2336	Kwangju	KOR	Kwangju	1368341
...	...	...	...	...

3자리 국가 코드 저장 시

city 테이블에서는 도시 정보를 관리하고, 국가 정보는 따로 관리하면 됩니다. 실제로 국가에 관한 세부 정보는 country라는 샘플 테이블에 있습니다.

표 3-4 국가 정보가 저장된 country 테이블

Code	Name	Continent	Region	SurfaceArea	...
CHN	China	Asia	Eastern Asia	9572900.00	...
FRA	France	Europe	Western Europe	551500.00	...
KOR	South Korea	Asia	Eastern Asia	99434.00	...
RUS	Russian Federation	Europe	Eastern Europe	17075400.00	...
USA	United States	North America	North America	9363520.00	...
...	...	...	...	...	...

country 테이블의 Code 칼럼에는 city 테이블의 CountryCode 칼럼과 같은 3자리 국가 코드가 들어 있습니다. 그러므로 필요할 때마다 두 칼럼을 연결고리로 원하는 정보를 가져오면

됩니다. 이런 방식을 사용하면 국가명은 물론 해당 국가의 다른 정보(대륙, 지역 등)도 가져올 수 있습니다. 다음 그림을 볼까요?

그림 3-4 city와 country 테이블을 연결해 도시 정보 조회하기

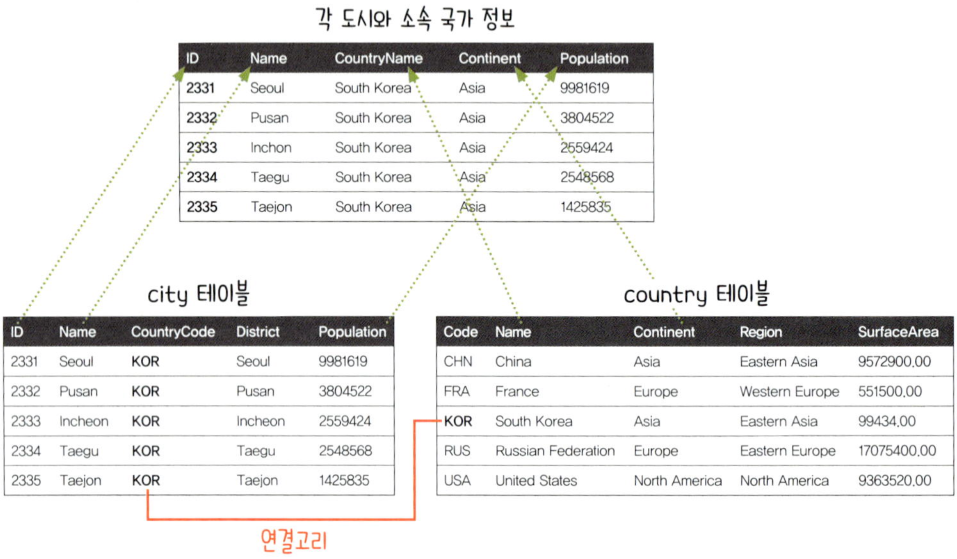

각 도시와 소속 국가 정보

ID	Name	CountryName	Continent	Population
2331	Seoul	South Korea	Asia	9981619
2332	Pusan	South Korea	Asia	3804522
2333	Inchon	South Korea	Asia	2559424
2334	Taegu	South Korea	Asia	2548568
2335	Taejon	South Korea	Asia	1425835

city 테이블

ID	Name	CountryCode	District	Population
2331	Seoul	KOR	Seoul	9981619
2332	Pusan	KOR	Pusan	3804522
2333	Incheon	KOR	Incheon	2559424
2334	Taegu	KOR	Taegu	2548568
2335	Taejon	KOR	Taejon	1425835

country 테이블

Code	Name	Continent	Region	SurfaceArea
CHN	China	Asia	Eastern Asia	9572900.00
FRA	France	Europe	Western Europe	551500.00
KOR	South Korea	Asia	Eastern Asia	99434.00
RUS	Russian Federation	Europe	Eastern Europe	17075400.00
USA	United States	North America	North America	9363520.00

연결고리

우리나라의 도시 정보를 가져오는데, 도시 아이디와 도시명, 인구수는 city 테이블에서, 국가명과 대륙 정보는 country 테이블에서 가져옵니다. 이때 국가 코드가 들어 있는 CountryCode와 Code 칼럼을 연결고리로 도시와 국가 데이터를 정확히 가져옵니다.

이렇게 관리하려는 데이터의 성격(도시, 국가)에 따라 테이블을 분리(city와 country)해서 저장하고, 필요할 때마다 같은 값을 가진 칼럼(CountryCode와 Code)을 이용해 두 테이블에서 데이터를 가져올 수 있습니다. 만약 회사 정보를 관리하는 company란 테이블이 있고 각 회사가 속한 국가 정보도 관리해야 한다면, city 테이블과 마찬가지로 CountryCode 칼럼을 만들어서 언제든지 회사가 소속된 국가 정보를 가져올 수 있습니다. 결국 국가 정보를 사용하는 테이블은 두 개지만, 실제 국가 정보는 country 테이블 한 곳에만 저장합니다. 이렇게 함으로써 데이터의 중복 저장을 최소화할 수 있습니다. 이처럼 두 테이블을 연결해 데이터를 가져오는 것을 **조인**(join)이라고 하는데, 이에 관해서는 **8장 테이블끼리 관계 맺기: 조인**에서 자세히 다룹니다.

1분 퀴즈 1

다음은 테이블에 관한 설명입니다. 잘못 설명된 항목을 고르세요.

① 테이블은 RDBMS에서 데이터를 저장하는 데 사용하는 2차원 형태의 객체다.

② 테이블은 로우와 칼럼으로 구성되고, 이 중에서 칼럼은 데이터의 속성을 나타낸다.

③ SQL은 집합적 언어로, 테이블을 대상으로 조건에 들어맞는 여러 칼럼 데이터를 한 번에 처리할 수 있다.

④ 관리하려는 데이터의 성격에 따라 테이블을 구성해 데이터를 입력하는데, 중복된 데이터의 저장은 되도록 최소화해야 한다.

정답 및 해설: 해설 노트 486쪽

3.2
칼럼의 데이터 타입

테이블을 살펴보니 테이블에 저장된 각 데이터가 칼럼별로 관리되는 것을 알 수 있죠. 예를 들어 city 테이블에서 도시 아이디, 도시명, 인구수는 각각 ID, Name, Population 칼럼에 들어 있습니다. 앞에서 테이블은 칼럼으로 구성되고 테이블을 정의하는 것은 칼럼을 정의하는 것이라고 했습니다. 그런데 칼럼을 정의하는 것은 구체적으로 무엇을 하는 걸까요?

일단 ID, Name, Population처럼 칼럼명이 필요합니다. 또 무엇이 필요할까요? 바로 데이터 타입이 필요합니다. **데이터 타입**(data type)은 우리말로 자료형이라고도 하는데, 칼럼에 저장될 데이터의 유형을 말합니다. city 테이블에서 ID와 Population 칼럼은 숫자형, Name과 나머지 칼럼은 문자형입니다.

데이터 타입에는 크게 문자형, 숫자형, 날짜형이 있습니다. 물론 이 외에도 다양한 유형이 있긴 하지만 기본은 이 세 가지입니다. 그럼 MySQL에서 제공하는 기본 데이터 타입 세 가지를 알아보죠.

3.2.1 문자형

기본이면서 가장 많이 사용하는 것이 문자형입니다. MySQL에서 제공하는 문자형은 다음과 같습니다.

CHAR(n)

CHAR는 고정 길이 문자형으로, 소괄호 안의 숫자 n은 저장될 문자 값의 길이를 뜻합니다. 예를 들어 Name CHAR(10)이라고 칼럼을 정의하면 Name 칼럼에는 최대 10개의 문자를 입력할 수 있습니다. 물론 10개 이하의 문자도 입력할 수 있습니다. 다만 고정 길이이므로 몇 개의 문자를 입력하든지 10자리를 차지합니다. CHAR(10)이라고 선언하고 'abcd'라는 4개의 문자를 입력하더라도 나머지는 공백(space)으로 채워집니다. 즉, 'abcd   '처럼 'abcd' 4개의 문자와 6개의 공백으로 저장되죠. 단, 이 데이터를 조회하면 공백이 사라진 채 보입니다. n의 최댓값은 255이므로 최대 255개의 문자를 저장할 수 있습니다.

VARCHAR(n)

VARCHAR는 가변 길이 문자형으로, 실제 입력되는 문자의 길이만큼 저장됩니다. 예를 들어 VARCHAR(10)이라고 선언하고 'abcd'를 입력하면 공백 없이 'abcd' 4개의 문자가 저장됩니다. n의 최댓값은 65,535(64KB)입니다. VARCHAR 타입은 실제 값의 길이만큼 저장될 뿐만 아니라 CHAR보다 더 많은 값을 저장할 수 있어서 CHAR보다는 VARCHAR 타입을 주로 사용합니다.

TEXT

TEXT는 VARCHAR보다 더 큰 문자 값을 저장할 때 사용하며, 저장할 수 있는 최대 크기에 따라 TINYTEXT, TEXT, MEDIUMTEXT, LONGTEXT로 나뉩니다. 각 문자형에서 저장할 수 있는 최대 크기는 다음과 같습니다.

- **TINYTEXT** 255Byte(255개 문자)
- **TEXT** 64KB(65,535개 문자)
- **MEDIUMTEXT** 16MB(16,777,215개 문자)
- **LONGTEXT** 4GB(4,294,967,295개 문자)

BLOB

BLOB은 Binary Large Object의 약어로, 이미지처럼 크기가 큰 데이터를 저장할 때 사용합니다. BLOB은 저장할 수 있는 최대 크기에 따라 TINYBLOB, BLOB, MEDIUMBLOB, LONGBLOB으로 나뉩니다.

- **TINYBLOB** 255Byte
- **BLOB** 64KB
- **MEDIUMBLOB** 16MB
- **LONGBLOB** 4GB

ENUM

ENUM은 특정 값의 목록을 정해 놓고 이 목록에 있는 값들만 입력할 수 있는 문자열 객체 타입입니다. 예를 들어 ENUM('small', 'medium', 'large')라고 선언했다면 이 칼럼에는 이 3가지 값만 입력할 수 있습니다.

여기서 소개한 문자형 외에도 BINARY, VARBINARY, SET이 있지만, 주로 사용하는 문자형은 VARCHAR입니다. 이 책에서도 VARCHAR 타입을 주로 사용합니다.

3.2.2 숫자형

숫자형 역시 문자형처럼 많이 사용하는 데이터 타입입니다. MySQL에서 제공하는 숫자형은 크게 정수형과 실수형으로 나뉩니다. 숫자형 데이터를 선언할 때 MySQL에서는 2가지 옵션을 붙일 수 있는데, 이 내용을 먼저 짚고 넘어가겠습니다.

숫자형 선언 시 옵션

숫자형을 선언할 때 붙일 수 있는 옵션은 UNSIGNED와 ZEROFILL입니다.

첫 번째 옵션인 UNSIGNED는 부호가 없다는 뜻으로, 0과 0보다 큰 수만 입력할 수 있습니다. 따라서 UNSIGNED를 명시하면 양수만, 명시하지 않으면 양수와 음수 모두 입력할 수 있습니다. 예를 들어 저장 가능한 수의 범위가 –10에서 10까지라고 했을 때 UNSIGNED가 붙으면 0에서 20까지입니다. 즉, 숫자 범위는 유지한 채 음수가 저장될 공간을 양수로 넓힌다고 보면 됩니다.

두 번째 옵션인 ZEROFILL은 빈자리를 0으로 채워 저장한다는 뜻으로, 선언된 크기에서 입력된 숫자의 자리를 빼고 남은 나머지 자리를 0으로 채웁니다. ZEROFILL을 붙이면 MySQL은 자동으로 UNSIGNED 옵션을 추가합니다. 그런데 ZEROFILL 옵션은 없어질 예정이라고 하므로 이 책에서는 **ZEROFILL 옵션을 사용하지 않습니다.**

그럼 숫자형에는 어떤 것들이 있는지 알아봅시다.

정수형

TINYINT[(M)] [UNSIGNED] [ZEROFILL]

TINYINT는 -128에서 127 사이의 정수를 저장할 수 있는 데이터 타입입니다. 만약 UNSIGNED 옵션을 붙이면 0에서 255까지 저장할 수 있습니다. [ ]로 표시한 부분은 생략할 수 있다는 뜻으로, 다른 데이터 타입에서도 [ ] 부분은 같은 의미입니다.

M에는 저장할 수 있는 크기를 명시하는데, 모든 정수형 데이터 타입에서 크기를 지정하는 부분은 향후 버전에서 없어진다고 합니다. TINYINT(1)이나 TINYINT(3)이나 저장할 수 있는 최대 정수는 127입니다(UNSIGNED인 경우는 255)입니다. 따라서 M은 명시하지 말고 TINYINT만 사용하세요.

SMALLINT[(M)] [UNSIGNED] [ZEROFILL]

SMALLINT는 -32,768에서 32,767까지의 정수를 저장할 수 있는 데이터 타입입니다. UNSIGNED를 붙이면 0에서 65,535까지 저장할 수 있습니다. 여기서도 M은 사용하지 말고 SMALLINT만 명시하세요.

MEDIUMINT[(M)] [UNSIGNED] [ZEROFILL]

MEDIUMINT는 SMALLINT보다 더 큰 정수를 입력할 때 사용합니다. -8,388,608에서 8,388,607까지 저장할 수 있고, UNSIGNED를 명시하면 0에서 16,777,215까지 저장할 수 있습니다.

INT[(M)] [UNSIGNED] [ZEROFILL]

INT는 -2,147,483,648에서 2,147,483,647까지, UNSIGNED를 명시하면 0에서 4,294,967,295까지 저장할 수 있습니다. 음수를 포함하면 대략 -21억에서 21억까지입니다. INT 대신 INTEGER라고 명시해도 되며 이 둘은 같은 의미입니다.

BIGINT[(M)] [UNSIGNED] [ZEROFILL]

BIGINT는 숫자 범위가 -9,223,372,036,854,775,808에서 9,223,372,036,854,775,807까지로, 조를 넘어서 경까지 숫자를 저장할 수 있습니다. UNSIGNED를 명시하면 0에서 18,446,744,073,709,551,615까지 가능합니다. 이름처럼 큰 정수를 입력할 수 있지만, 커도 너무 크죠. 이처럼 음수를 포함해 21억이 넘는 정수는 BIGINT를 사용하면 됩니다.

지금까지 숫자형 데이터 타입 중에서 정수형을 알아봤습니다. 아무리 큰 숫자를 입력하더라도 정수형은 정수만 입력할 수 있습니다. 소수점이 있는 실수는 사용할 수 없죠. 가령 INT로 선언한 후 10.43이란 값을 입력하면 소수점 이하 첫째 자리를 기준으로 반올림해 소수점 이하 숫자는 잘리고 10이 입력됩니다. 10.53은 소수점 이하 첫째 자리가 5이므로 반올림해 11이 입력됩니다. 입력할 때 오류는 발생하지 않지만, 정확한 값이 입력되지 않죠. 그래서 소수점이 있는 실수는 실수형을 사용해야 합니다.

실수형

DECIMAL[(M, D)] [UNSIGNED] [ZEROFILL]

DECIMAL은 고정 소수 실수형으로, M은 전체 자릿수를, D는 소수점 이하 자릿수를 의미합니다. M은 소수점 이하 자릿수를 포함해 최대 65자리까지 저장할 수 있습니다. M을 생략하면 기본으로 10이 적용됩니다. D는 최대 30자리까지 지정 가능합니다. D를 명시하지 않거나 0을 명시하면 소수점 이하 숫자는 없다는 뜻입니다. DECIMAL 대신 DEC, FIXED, NUMERIC을 써도 되며, 모두 DECIMAL과 같은 데이터 타입입니다. 하지만 혼란스러울 수 있으니 앞으로는 DECIMAL만 사용합시다.

DOUBLE[(M, D)] [UNSIGNED] [ZEROFILL]

DOUBLE은 부동 소수 실수형으로, M과 D는 각각 전체 자릿수와 소수점 이하 자릿수를 의미합니다. DOUBLE은 DECIMAL과 달리 근사값을 저장합니다. 따라서 입력하는 값의 자릿수가 15자리를 넘어가면 부정확한 값이 저장됩니다. DOUBLE은 1.7976931348623157E+308에서 -2.2250738585072014E-308, 0, 2.2250738585072014E-308에서 1.7976931348623157E+308까지의 실수를 저장할 수 있습니다.

DOUBLE보다 작은 크기의 값을 저장하는 FLOAT도 있습니다.

숫자형 데이터 타입 중 정수형과 실수형을 살펴봤는데, 이 외에도 몇 가지가 더 있습니다. 그러나 모든 데이터 타입을 소개하지 않은 이유는 불필요하기 때문입니다. SQL에서 일반적인 숫자 값을 저장하고 연산하는 데는 이 정도면 충분합니다. 오히려 이 정도도 많다고 볼 수 있죠.

주로 실수형은 정확한 값을 저장하는 DECIMAL을, 정수형은 INT를 사용하면 됩니다. 단, 정수형은 입력하려는 값의 크기에 따라 다른 정수형을 사용해도 됩니다.

3.2.3 날짜형

날짜형 데이터 타입은 날짜와 시간을 입력하는 데 사용합니다.

DATE

DATE는 1000-01-01부터 9999-12-31까지 날짜를 지원합니다. 날짜를 표시하는 형식은 국가마다 다른데, MySQL에서는 기본으로 'YYYY-MM-DD' 형식을 사용합니다. 4자리 연도와 2자리 월, 2자리 일을 사용하죠. 예를 들어 2021년 1월 1일은 2021-01-01로 표시합니다.

DATETIME[(fsp)]

DATETIME은 날짜뿐만 아니라 시간까지 입력할 수 있습니다. MySQL에서 사용하는 기본 형식은 'YYYY-MM-DD hh:mm:ss[.fraction]'입니다. 여기서 hh는 시간을, mm은 분을, ss는 초를, fraction은 소수점 이하 초를 의미합니다. fsp는 fractional seconds precision으로, 소수점 이하 초의 정밀도 자릿수를 뜻합니다. 0에서 6까지 넣을 수 있고, 생략하면 0이 적용됩니다. 만약 6을 명시하면 소수점 이하 여섯째 자리까지 초를 저장할 수 있습니다. 따라서 DATETIME은 1000-01-01 00:00:00.000000부터 9999-12-31 11:59:59.999999까지 지원합니다.

> **TIP** MySQL 공식 문서에 따르면 DATE와 DATETIME이 지원하는 값의 범위는 1000년 1월 1일부터지만, 그 이전 날짜(예. 0001년 1월 1일)를 넣는 것도 가능합니다. 다만, 이런 경우에는 입력된 값을 보장하지 않는다고 명시하고 있습니다.

TIME[(fsp)]

TIME은 시간, 즉 시, 분, 초를 입력하는 데이터 타입입니다. 여기서도 fsp는 0에서 6까지 넣을 수 있고, 생략하면 0이 적용됩니다. 기본 형식은 hh:mm:ss[.fraction]으로 -838:59:59.000000에서 838:59:59.000000까지의 시간 값을 입력할 수 있습니다.

YEAR

YEAR는 4자리 연도를 입력할 수 있는 데이터 타입으로, 0000년과 1901년부터 2155년까지 입력할 수 있습니다.

일반적으로 날짜만 사용하기보다는 날짜와 시간을 같이 사용하는 경우가 많아서 날짜형에서는 DATETIME을 가장 많이 사용합니다. 이 외에도 TIMESTAMP가 있는데, TIMESTAMP는 DATETIME을 확장한 타입으로 시간대(TimeZone) 정보까지 입력할 수 있습니다.

지금까지 MySQL에서 제공하는 데이터 타입을 살펴봤습니다. 더 많은 데이터 타입이 있지만, 그중에서 가장 기본이자 많이 사용하는 데이터 타입을 엄선해서 소개했습니다. 이 정도만 알아도 웬만한 데이터는 사용할 수 있습니다.

앞에서 배운 데이터 타입을 정리하면 다음과 같습니다.

표 3-5 MySQL에서 제공하는 주요 데이터 타입

구분	데이터 타입	설명	(최대) 크기(범위)
문자형	CHAR(n)	고정 길이	n <= 255
	VARCHAR(n)	가변 길이	n <= 65,535
	TINYTEXT		255Byte
	TEXT		64KB
	MEDIUMTEXT		16MB
	LONGTEXT		4GB
	TINYBLOB		255Byte
	BLOB		64KB
	MEDIUMBLOB		16MB
	LONGBLOB		4GB
	ENUM	목록에 있는 값만 입력 가능	
숫자형	TINYINT	정수	−128~127 UNSINGED 0~255
	SMALLINT	정수	−32,768~32,767 UNSINGED 0~65,535
	MEDIUMINT	정수	−8,388,608~8,388,607 UNSINGED 0~16,777,215
	INT	정수	−2,147,483,648~2,147,483,647 UNSINGED 0~4,294,967,295

구분	데이터 타입	설명	(최대) 크기(범위)
숫자형	BIGINT	정수	−9,223,372,036,854,775,808 ~9,223,372,036,854,775,807 UNSIGNED 0~18,446,744,073,709,551,615
	DECIMAL[(M,D)]	실수	소수점 이하 자릿수 포함 최대 65자리 숫자
	DOUBLE[(M,D)]	실수	−1.7976931348623157E+308~ −2.2250738585072014E−308, 0, 2.2250738585072014E−308 ~1.7976931348623157E+308
날짜형	DATE	날짜	1000−01−01~9999−12−31 (1000−01−01 이전 날짜 입력 가능)
	DATETIME	날짜와 시간	1000−01−01 00:00:00.000000 ~9999−12−31 11:59:59.999999 (1000−01−01 이전 날짜 입력 가능)
	TIME	시간	−838:59:59.000000 ~838:59:59.000000
	YEAR	연도	0000, 1901~2155

1분 퀴즈 2

다음 설명 중 잘못된 것을 고르세요.

① MySQL에서 제공하는 대표적인 데이터 타입에는 크게 문자형, 숫자형, 날짜형이 있다.

② 기본 문자형에는 CHAR와 VARCHAR가 있는데, 이 중에서 VARCHAR를 많이 사용한다.

③ 숫자형을 선언할 때 UNSIGNED 옵션을 추가하면 양수만 입력할 수 있다.

④ MySQL은 날짜형 중에서 연도나 시간만 입력하는 데이터 타입을 제공한다.

정답 및 해설: 해설 노트 486쪽

3.3 예제 테이블 확인하기

2장에서 MySQL을 설치할 때 예제 테이블과 데이터가 자동으로 설치됐습니다. 앞으로 이 예제 테이블을 대상으로 SQL문을 작성할 텐데, 어떤 테이블들이 만들어졌는지 간단히 살펴봅시다.

MySQL에서는 테이블을 포함해 데이터베이스 객체들이 데이터베이스(스키마)에 만들어진다고 했죠. 예제 테이블도 sakila와 world란 데이터베이스에 각각 만들어졌습니다. 테이블만 만들어진 것이 아니라 각 테이블에 이미 데이터가 들어 있습니다. 그럼 MySQL Workbench 프로그램을 실행해 이들을 살펴보겠습니다.

3.3.1 MySQL 접속하기

MySQL을 설치할 때 관리자 계정인 root가 자동으로 만들어졌고 myuser라는 사용자도 추가했습니다. 이번에는 추가한 myuser 계정으로 접속해 보죠. 먼저 MySQL Workbench 프로그램을 실행합니다. 그리고 **Database → Manage Connections** 메뉴를 클릭합니다. 이 메뉴는 MySQL Workbench에서 사용자 계정별 접속 정보를 관리합니다.

그림 3-5 MySQL Workbench에서 Manage Connections 메뉴 선택

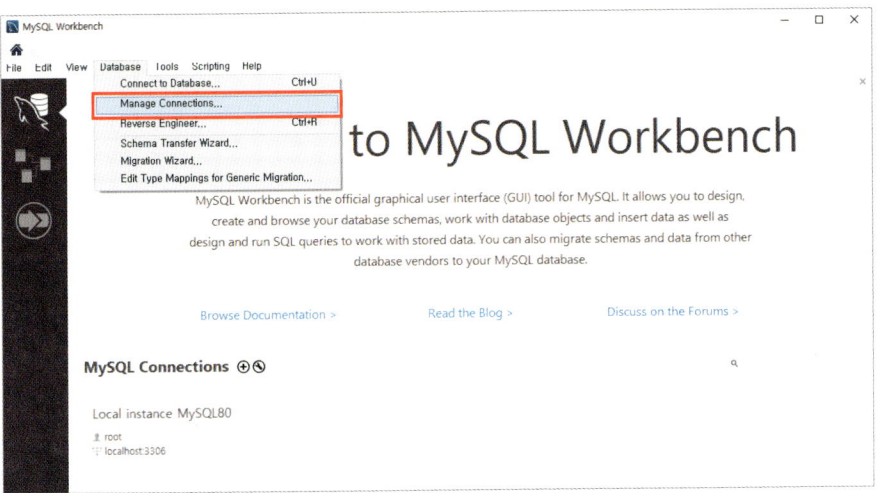

접속 설정 창이 뜨면 아래쪽에 있는 [New] 버튼을 클릭합니다.

그림 3-6 Manage Connections 화면

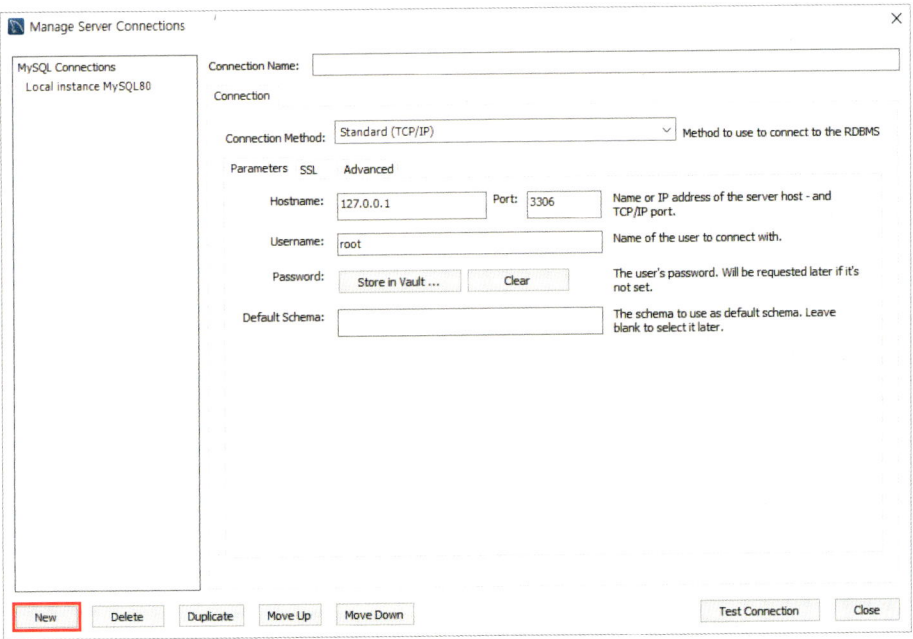

창이 새로 뜨면 **Connection Name**에는 **myuser_접속**을, **Username**에는 **myuser**를 입력하고 [Close] 버튼을 클릭해 창을 닫습니다.

그림 3-7 myuser_접속 생성하기

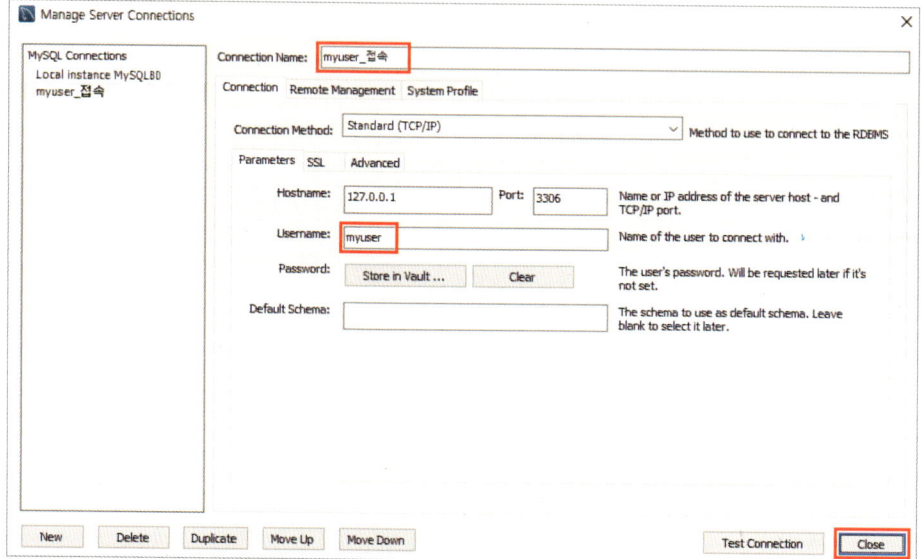

이제 root 사용자로 로그인할 때처럼 **Database → Connect to Database** 메뉴를 클릭합니다. MySQL 접속 창이 뜨면 **Stored Connection** 항목에서 방금 만들었던 **myuser_접속**을 선택하고 [OK] 버튼을 클릭합니다.

그림 3-8 myuser 사용자로 접속하기

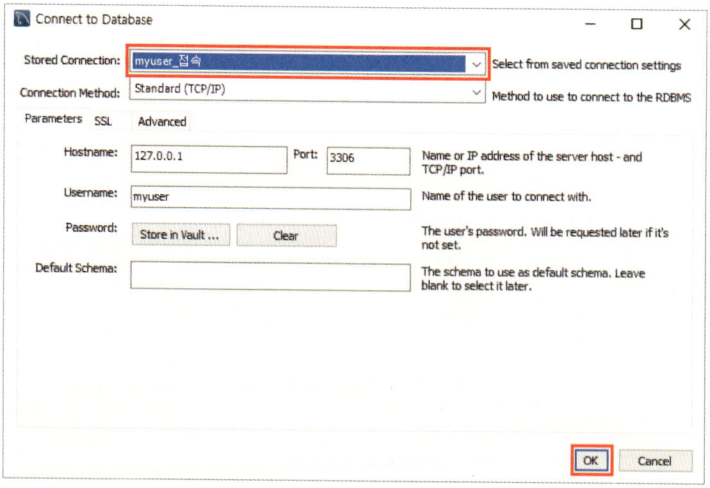

비밀번호 입력창이 나오면 설정한 비밀번호를 입력하고 [OK] 버튼을 클릭해 MySQL에 접속합니다.

3.3.2 sakila 데이터베이스

MySQL Workbench의 MySQL 관리 메뉴에서 왼쪽 Schemas 탭을 선택하면 sakila, sys, world가 보입니다. 이 중에서 sakila와 world가 예제 테이블이 설치된 데이터베이스인데, 하나씩 살펴보죠.

sakila 글자의 왼쪽에 있는 ▶ 버튼을 클릭하면 Tables, Views, Stored Procedures, Functions로 된 목록이 펼쳐집니다. 여기서 다시 Tables 옆의 ▶ 버튼을 클릭하면 sakila 데이터베이스에 생성된 예제 테이블 목록이 보입니다.

그림 3-9 sakila 데이터베이스에 있는 예제 테이블

총 16개 테이블이 있습니다. 어떤 용도로 사용하는 테이블인지 아직 알 수 없지만, actor, film 등의 테이블 이름을 보면 영화와 관련된 테이블이란 것을 짐작할 수 있습니다. 사실 sakila 데이터베이스에는 DVD 대여 정보를 관리하기 위한 테이블이 들어 있습니다. 예전에

는 비디오 가게에서 비디오나 DVD를 빌려 봤는데, 그 당시에 만들어진 예제 테이블임을 유추할 수 있죠. 각 테이블에 관한 설명을 표 3-6에 간단히 정리했습니다.

표 3-6 sakila 데이터베이스의 테이블

테이블명	테이블 설명
actor	배우 정보
address	고객, 직원, 매장 주소 정보
category	영화 카테고리 정보
city	도시 정보
country	국가 정보
customer	고객 정보
film	영화 정보(DVD)
film_actor	영화와 출연 배우 정보
film_category	영화와 영화 카테고리 정보
film_text	영화와 그에 관한 설명
inventory	대여 매장에 있는 영화(DVD) 재고 정보
language	영화에 대한 언어 정보
payment	고객의 DVD 영화 대여 시 지급 내역 정보
rental	고객의 DVD 영화 대여 상세 정보
staff	대여 매장 직원 정보
store	대여 매장 정보

표에서 보듯이 sakila 데이터베이스에 있는 테이블은 수도 많고 좀 복잡합니다. 개별 테이블만 참조해서 특정 정보를 찾을 수도 있지만, 대부분은 다른 테이블과 연결해야 원하는 정보를 찾을 수 있죠. 예를 들어 actor 테이블에는 배우, film 테이블에는 영화 정보가 있습니다. 그런데 어떤 영화에 어떤 배우가 출연했는지는 film_actor 테이블을 참조해야 합니다. 하지만 film_actor 테이블에는 배우와 출연 영화에 대한 연결 정보만 있습니다. 따라서 영화 제목과 출연 배우의 이름을 알려면 3개 테이블을 모두 참조해야 합니다. 테이블 참조 부분은 **8장 테이블끼리 관계 맺기: 조인**에서 자세히 다룹니다.

3.3.3 world 데이터베이스

sakila 데이터베이스와 마찬가지로 world 데이터베이스를 펼쳐 보면 city, country, countrylanguage라는 총 3개의 테이블이 있습니다.

표 3-7 world 데이터베이스의 테이블

테이블명	테이블 설명
city	전 세계 도시 정보
country	전 세계 국가 정보
countrylanguage	각 국가에서 사용하는 언어 정보

sakila 데이터베이스에 있는 테이블보다 훨씬 간단합니다. 사실 sakila 데이터베이스의 테이블들은 SQL을 처음 배우고 바로 실습하기에는 너무 복잡합니다. 따라서 world 데이터베이스의 테이블과 이 책의 실습을 위해 별도로 구성한 테이블을 주로 사용할 겁니다.

> **TIP** 그림 3-9를 보면 sakila와 world 데이터베이스 외에도 sys라는 데이터베이스가 있습니다. sys 데이터베이스에는 예제 테이블이 아니라 MySQL 내부 관리용 데이터베이스 객체들이 들어 있습니다.

3 마무리

이 장에서 배운 내용을 정리해 보겠습니다.

1 테이블(table)
RDBMS에서 데이터를 저장하는 데 사용하는 객체로, 로우와 칼럼으로 구성되어 있습니다.

2 칼럼과 로우
테이블은 여러 개의 칼럼(column)으로 이뤄지는데, 칼럼은 데이터의 속성을 나타내고 칼럼 값들이 모여 하나의 로우(row)를 구성합니다.

3 중복 데이터 저장 최소화
관리하려는 데이터의 성격에 따라 테이블을 만들고, 원하는 정보를 추출할 때는 테이블을 연결해 데이터를 가져옴으로써 중복 데이터가 저장되는 것을 최소화할 수 있습니다.

4 테이블 정의
칼럼을 정의하는 것으로, 칼럼을 정의할 때는 칼럼명과 데이터 타입을 명시해야 합니다.

5 데이터 타입
칼럼에 저장될 데이터의 유형으로, MySQL에서 제공하는 데이터 타입은 크게 문자형, 숫자형, 날짜형으로 나뉩니다. 숫자형을 정의할 때 UNSIGNED 옵션을 붙이면 0과 0보다 큰 수만 입력할 수 있습니다. MySQL의 대표적인 데이터 타입은 다음과 같습니다.

데이터 타입	설명	범위	
문자형	VARCHAR(n)	가변 길이	n <= 65,535
숫자형	INT	정수	-2,147,483,648~2,147,483,647 UNSINGED 0~4,294,967,295
숫자형	DECIMAL[(M,D)]	실수	소수점 포함 최대 65자리 숫자
날짜형	DATETIME[fsp]	날짜와 시간	1000-01-01 00:00:00.000000~ 9999-12-31 11:59:59.999999

6 예제 테이블

MySQL을 설치하면 sakila와 world 데이터베이스에 예제 테이블이 만들어집니다. sys 데이터베이스에는 MySQL을 관리하는 용도의 데이터베이스 객체들이 들어 있습니다.

Self Check

1 다음 설명 중 <u>잘못된</u> 것을 고르세요.

① 테이블을 정의한다는 것은 칼럼을 정의하는 것으로, 칼럼을 정의할 때는 칼럼명과 칼럼에 들어갈 데이터 타입을 정의해야 한다.

② 데이터 성격에 맞게 테이블을 분할해 만들었을 때 2개 이상의 테이블을 연결해 정보를 가져오려면 두 테이블에서 공통 값을 가진 칼럼이 있어야 한다.

③ MySQL에서 실수를 저장하는 데이터 타입으로는 DECIMAL, DOUBLE이 있고, 이 중에서 정확한 값을 저장하는 데이터 타입은 DECIMAL이다.

④ MySQL의 정수형 데이터 타입에서 INTEGER는 INT보다 저장할 수 있는 값의 범위가 넓다.

2 MySQL의 데이터 타입에 관한 설명입니다. <u>잘못된</u> 것을 고르세요.

① VARCHAR 타입은 최대 65,535개의 문자를 저장할 수 있다.

② 원 달러 대비 환율을 저장하는 칼럼을 정의하려면 BIGINT를 사용한다.

③ 사원 테이블에서 각 사원의 생일을 입력하는 birth_date라는 칼럼을 생성하려는데, 이때는 DATE 타입을 사용한다.

④ 사람의 키를 저장하려면 해당 칼럼의 데이터 타입을 SMALLINT UNSIGNED로 선언한다.

3 MySQL의 데이터베이스(스키마)에 대한 설명 중 <u>잘못된</u> 것을 고르세요.

① MySQL을 설치할 때 자동으로 설치되는 예제 데이터베이스는 sakila, sys, world 3개다.

② world 데이터베이스의 city 테이블에 있는 CountryCode 칼럼에는 해당 도시가 속한 국가 코드인 3자리 문자 값이 들어 있다.

③ city 테이블만 참조해서는 도시가 속한 국가명을 알 수 없으므로 country 테이블을 참조해야 한다.

④ 두 테이블에서 연결고리 역할을 하는 칼럼을 이용해 데이터를 가져오는 것을 조인(join)이라고 한다.

정답 및 해설: 해설 노트 486쪽

데이터베이스와 테이블 생성하기

지금까지 배운 내용을 바탕으로 테이블을 직접 만들어 봅니다. SQL 문으로 이 책에서 사용할 실습용 테이블을 만들고 데이터도 입력합니다.

4.1 데이터베이스 다루기

테이블은 데이터베이스 객체 중 하나입니다. MySQL에는 이런 객체들이 데이터베이스 안에 들어 있죠. 따라서 테이블을 생성하려면 테이블을 담을 데이터베이스를 먼저 만들어야 합니다. 물론 이미 있는 예제 데이터베이스인 sakila나 world 데이터베이스에 만들어도 되지만, 혼동될 수 있으니 새로운 데이터베이스를 만들겠습니다.

4.1.1 데이터베이스 생성하기

데이터베이스나 테이블 등의 데이터베이스 객체를 생성하려면 SQL 중 DDL인 CREATE 문을 사용합니다. 데이터베이스를 생성하는 SQL 문장은 다음과 같습니다.

구문 4-1

CREATE {DATABASE|SCHEMA} [IF NOT EXISTS] 데이터베이스명;

구문을 한 부분씩 살펴봅시다.

- **CREATE {DATABASE|SCHEMA}** {A|B}는 둘 중 하나를 선택한다는 표시입니다. 즉, MySQL에서 데이터베이스와 스키마는 의미가 같으므로 CREATE DATABASE라고 해도 되고 SCHEMA라고 해도 된다는 뜻입니다.
- **[IF NOT EXISTS]** [ ]는 해당 내용을 생략할 수 있다는 표시입니다. 즉, 구문에서 IF NOT EXISTS를 써도 되고 안 써도 됩니다. IF NOT EXISTS는 생성하려는 데이터베이스가 존재하지 않은 경우에만 생성하라는 뜻입니다.

- **데이터베이스명** 만들려는 데이터베이스의 이름을 넣습니다.
- **;(세미콜론)** 세미콜론은 한 문장의 끝을 알리는 역할을 합니다. 모든 SQL 문장은 맨 끝에 세미콜론을 붙여야 합니다.

그럼 데이터베이스를 생성해보겠습니다. mywork란 이름으로 데이터베이스를 만들려면 다음과 같이 SQL 문장을 작성합니다.

코드 4-1
```
CREATE DATABASE mywork;
```

MySQL Workbench를 실행해 myuser 사용자로 접속합니다. 앞의 문장을 SQL 입력창에 작성하고 실행하세요. MySQL Workbench에서 SQL 문장 하나를 실행하려면 해당 문장에 커서를 놓고 Ctrl + Enter 를 누르거나 입력창 위에 I 표시가 있는 번개 모양 아이콘(⚡)을 클릭합니다.

문장을 실행하면 결과창에 SQL 문장의 실행결과가 나타납니다. 실행하는 데 성공하면 성공했다는 메시지가, 실패했다면 실패한 원인이 표시됩니다. 성공했다는 메시지가 표시되면 왼쪽 Schema 탭에서 새로고침 버튼을 클릭합니다. 기존 데이터베이스 위에 새로 생성한 mywork 데이터베이스가 보입니다.

그림 4-1 MySQL Workbench에서 mywork 데이터베이스 생성

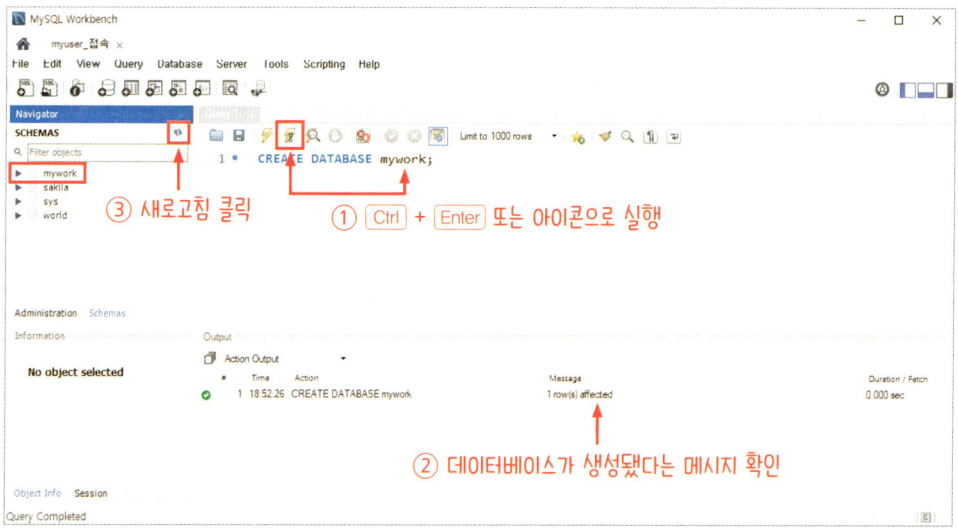

이번에는 IF NOT EXISTS 옵션을 붙여서 생성해 보죠. SQL 입력창에 다음 문장을 넣고 실행해 보세요.

코드 4-2
```
CREATE DATABASE IF NOT EXISTS mywork;
```

실행결과

#	Time	Action	Message	Duration / Fetch
✓	1 15:18:57	CREATE DATABASE mywork	1 row(s) affected	0.032 sec
⚠	2 15:24:58	CREATE DATABASE IF NOT EXISTS mywork	1 row(s) affected, 1 warning(s): 1007 Can't create database 'mywork'; ...	0.000 sec

문장을 실행하면 결과창에 "Can't create database 'mywork'; database exists"라는 메시지가 뜹니다. '이미 mywork 데이터베이스가 있으니 같은 이름으로 데이터베이스를 생성할 수 없다'는 의미입니다.

4.1.2 데이터베이스 삭제하기

그럼 방금 만든 mywork 데이터베이스를 삭제해 보겠습니다. 삭제는 DDL인 DROP 문을 사용합니다.

구문 4-2
```
DROP {DATABASE|SCHEMA} [IF EXISTS] 데이터베이스명;
```

CREATE 대신 DROP을 사용했고, IF NOT EXISTS 옵션 대신 IF EXISTS 옵션이 있습니다. 이 옵션은 해당 데이터베이스가 존재하면 삭제하라는 의미입니다.

그럼 mywork 데이터베이스를 삭제해 봅시다. SQL 입력창에 다음 문장을 넣고 다시 실행해 보세요.

코드 4-3
```
DROP DATABASE mywork;
```

앞의 문장을 실행하면 왼쪽 Schema 탭에서 mywork 데이터베이스가 사라집니다.

데이터베이스를 생성하고 삭제해 봤습니다. 그리 어렵지 않죠? 테이블을 만들어야 하니 삭제한 데이터베이스를 다시 만듭시다. 이번에는 코드 4-2를 실행해서 생성해 보세요. 문장을 실행하고 Schema 탭의 새로고침 버튼을 클릭하면 mywork 데이터베이스가 보입니다.

4.1.3 데이터베이스 진입하기

우리는 mywork 데이터베이스 안에 테이블을 만듭니다. 따라서 mywork란 데이터베이스 안으로 들어가야 합니다. 다음 문장을 실행해 보세요.

코드 4-4
```sql
USE mywork;
```

이 문장은 **mywork란 데이터베이스를 사용하겠다**는 의미입니다. 실행하면 왼쪽 Schema 탭에서 mywork 데이터베이스가 펼쳐지면서 Tables, Views, Stored Procedures, Functions 항목이 나타납니다. 이 문장을 실행한 후부터는 MySQL Workbench를 종료할 때까지 mywork 데이터베이스를 사용합니다. 만약 다른 데이터베이스를 사용하려면 USE 다음에 사용하려면 데이터베이스명을 명시해 실행합니다.

> **TIP** USE는 SQL 표준 문장이 아니라 MySQL이나 SQL Server에서만 사용할 수 있는 문장입니다. 1장에서 설명했듯이 RDBMS마다 해당 DBMS에서만 사용할 수 있는 문장들이 있습니다. 또한 MySQL에서는 SQL 문장에 대한 대소문자 구분이 없습니다. 따라서 use나 USE 둘 중 어떤 것을 사용해도 됩니다. 이 책에서는 대문자를 사용합니다.

mywork 데이터베이스에 진입하는 데 성공했습니다. 준비 작업이 다 끝났네요. 이제 테이블을 만들면 됩니다.

4.2 테이블 다루기

4.2.1 테이블 설계하기

데이터베이스 준비 작업이 끝났지만, 테이블을 무작정 만들 수는 없습니다. 어떤 용도의 테이블을 어떤 구조로 만들 것인지 먼저 정해야죠. 어떤 정보를 담을 것인지 결정하고, 그에 따라 어떤 칼럼을 사용할 것인지도 결정해야 합니다. 이런 작업을 **테이블 설계**라고 합니다.

여기서는 어느 고등학교의 학생 정보를 담을 highschool_students라는 테이블을 만들어 보겠습니다. 먼저 고등학생 정보를 담는 데 필요한 항목에 무엇이 있을지 생각해 봅시다. 학번, 이름, 학년, 반, 성별, 나이, 입학일이 필요할 것 같군요. 더 세부적인 데이터까지 관리할 수도 있지만, 처음이니 일단 이 정도 항목만 만들어 보죠.

그다음 각 항목을 좀 더 자세히 정의해야 합니다. 결국 이 항목들이 칼럼이 되므로 각 항목에 어떤 데이터를 담을 것인지 생각하고 데이터 타입도 결정해야 합니다. 이 내용을 표로 정리해 볼까요?

표 4-1 학생 정보 관리 항목

항목	데이터 형태
학번	번호이므로 숫자로 볼 수 있으나 문자와 숫자가 결합된 형태도 많이 사용되므로 문자형으로 처리 (예: A10001)
이름	이름이므로 문자형
학년	1, 2, 3학년에서 학년이라는 문자는 필요 없으니 1, 2, 3처럼 숫자형으로 처리

항목	데이터 형태
반	1, 2, 3반처럼 숫자로 관리하는 것이 보통이나 그렇지 않은 경우도(한글 학급 이름도 존재) 있으므로 문자형으로 처리
성별	남성, 여성 중 하나이므로 문자형
나이	나이이므로 숫자형
입학일	날짜형

꼭 표 4-1대로 데이터를 관리할 필요는 없습니다. 학번을 문자가 아닌 숫자로만 처리할 수도 있고, 반도 마찬가지죠. 어떤 항목을 어떤 식으로 관리할 것인가는 전적으로 테이블을 만드는(설계하는) 사람이 결정합니다.

표 4-1의 내용을 토대로 실제 칼럼을 정의해 봅시다. 칼럼을 정의한다는 것은 칼럼명과 칼럼의 데이터 타입을 정의하는 것입니다. 항목별 칼럼명과 데이터 타입을 표 4-2에 정리했습니다. 한글 칼럼명도 사용할 수 있지만, 칼럼명은 영어로 짓는 것이 보통입니다.

표 4-2 학생 정보 칼럼 정의

항목	칼럼명	데이터 타입
학번	student_no	VARCHAR(20)
이름	student_name	VARCHAR(100)
학년	grade	TINYINT
반	class	VARCHAR(50)
성별	gender	VARCHAR(20)
나이	age	SMALLINT
입학일	enter_date	DATE

각 칼럼의 데이터 타입과 크기를 지정했습니다. 해당 칼럼에 입력될 정확한 값을 알 수 없으니 크기를 넉넉히 잡았습니다. 이름은 VARCHAR(100)으로 100자리까지 지정했는데, 이름이 100자인 사람은 거의 없죠. 하지만 존재할 수도 있으므로 크게 잡았습니다. VARCHAR는 실제 입력되는 값의 크기만큼 용량을 차지하므로 별문제는 없습니다.

학년은 1, 2, 3이 될 테니 정수형 중 가장 작은 TINYINT를, 나이는 그보다 큰 SMALLINT를 지정했습니다. 꼭 입력 값의 크기에 맞게 지정할 필요는 없습니다. 두 칼럼 모두 더 큰 정수형인

INT로 지정해도 됩니다. 하지만 가급적 크기에 맞춰 지정하는 것이 좋겠죠. 입학일도 마찬가지입니다. DATE를 써도 되고 DATETIME을 써도 됩니다.

다시 강조하지만, 크기 지정 시 입력될 값의 최대 크기를 잘 모른다면 일단 **넉넉히 크게 지정**하는 것이 좋습니다. 크게 지정해 놓고 실제로는 작은 값이 들어가는 것은 전혀 문제가 안 됩니다. 하지만 작게 지정해 놨는데 큰 값을 입력하면 오류가 발생합니다. 따라서 항상 넉넉하게 지정하세요.

4.2.2 테이블 생성하기

테이블을 설계했으니 이제 실제로 테이블을 만들어야죠. 테이블 생성도 DDL인 CREATE 문을 사용합니다. 데이터베이스를 생성할 때는 CREATE DATABASE 문을 사용한다면, 테이블은 CREATE TABLE 문을 사용합니다.

구문 4-3

```
CREATE TABLE [IF NOT EXISTS] 테이블명
(
    칼럼1 데이터타입,
    칼럼2 데이터타입,
    칼럼3 데이터타입,
    ...
);
```

CREATE TABLE 다음에 테이블명을 명시하고 소괄호를 붙입니다. 그리고 괄호 안에 테이블에 들어갈 칼럼명과 데이터 타입을 명시하면 됩니다. 데이터 타입은 2장에서 배운 데이터 타입을 넣습니다. 그리고 칼럼을 구분하는 데 **콤마(,)**를 사용합니다.

우리가 만들 테이블명은 highschool_students고, 칼럼 정보는 표 4-2에 나와 있습니다. 표 내용을 토대로 테이블을 다음과 같이 생성합니다. MySQL Workbench의 SQL 입력창에 다음 문장을 넣고 실행하면 됩니다. 데이터베이스를 생성할 때 설명했듯이 SQL 문장 하나를 실행할 때는 해당 문장에 커서를 놓고 Ctrl + Enter를 누르거나 입력창 위에 I 표시가 있는 번개 모양 아이콘을 클릭하면 됩니다

코드 4-5
```sql
CREATE TABLE highschool_students
(
    student_no      VARCHAR(20),
    student_name    VARCHAR(100),
    grade           TINYINT,
    class           VARCHAR(50),
    gender          VARCHAR(20),
    age             SMALLINT,
    enter_date      DATE
);
```

문장을 실행하면 테이블이 생성됩니다. Schema 탭에서 새로고침 버튼을 클릭하면 mywork 데이터베이스의 Tables 항목에 highschool_students 테이블이 추가된 것이 보입니다.

그림 4-2 mywork 데이터베이스에 추가된 highschool_students 테이블

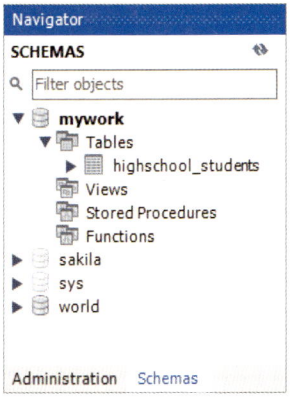

다음 문장을 실행해 highschool_students 테이블의 구조를 봅시다.

코드 4-6
```sql
DESCRIBE highschool_students;
```

실행결과

Field	Type	Null	Key	Default	Extra
student_no	varchar(20)	YES		NULL	
student_name	varchar(100)	YES		NULL	
grade	tinyint	YES		NULL	
class	varchar(50)	YES		NULL	
gender	varchar(20)	YES		NULL	
age	smallint	YES		NULL	
enter_date	date	YES		NULL	

DESCRIBE 다음에 테이블명을 명시하고 실행하면 해당 테이블의 칼럼 정보가 SQL 입력창 아래에 나타납니다. 이때 DESCRIBE 대신 DESC를 써도 됩니다.

테이블 생성 구문은 의외로 간단하죠? 테이블명과 칼럼명, 칼럼의 데이터 타입을 기술하면 끝납니다. 사실 여기서 사용한 테이블 생성 구문은 제일 간단한 형태입니다. 이 외에도 추가할 수 있는 구문이 많지만, 나머지는 차근차근 알아보겠습니다.

4.2.3 테이블 생성 시 주의사항

CREATE TABLE 문으로 테이블을 생성할 때 반드시 알아야 할 내용이 있습니다. 이 내용을 알아야 정확히 원하는 구조로 테이블을 만들 수 있습니다. 어떤 주의사항이 있는지 살펴봅시다.

식별자 명명 규칙

앞에서 데이터베이스와 테이블을 각각 생성했는데, 이때 사용한 mywork, highschool_students라는 이름을 **식별자**(identifier)라고 합니다. 이뿐만 아니라 데이터베이스 객체명과 칼럼명도 모두 식별자입니다. 식별자를 지을 때는 그냥 마음 내키는 대로 지으면 안 되고, MySQL의 명명 규칙을 따라야 합니다. MySQL의 명명 규칙은 다음과 같습니다.

- **길이** 최대 64글자까지 가능합니다.
- **사용 가능 문자** 0~9, 영문자, 한글, $, _(언더스코어)를 사용할 수 있습니다.
- **예약어 사용 불가** 예약어를 식별자로 사용할 수 없습니다. **예약어**란 MySQL에서 특별한 용도로 사용하는 단어입니다. 예를 들어 테이블명을 VARCHAR라고 만들 수 없습니다. VARCHAR는 데이터 타입을 나타낼 때 사용하는 예약어이기 때문입니다.
- **대소문자 구분** MySQL을 Windows에 설치하면 대소문자를 구분하지 않지만, 리눅스나 유닉스에서는 대소문자를 구분합니다.

칼럼 생성 시 주의사항

칼럼을 생성할 때도 주의사항이 있습니다.

- **칼럼 개수** 한 테이블에서 최대 4,096개까지 칼럼을 만들 수 있습니다.
- **칼럼명 중복 불가** 한 테이블에서 같은 칼럼명을 사용할 수 없습니다.

추가로, 한 데이터베이스에서도 테이블을 포함해 객체명은 중복될 수 없습니다.

4.2.4 테이블 삭제하기

테이블 삭제도 데이터베이스 삭제처럼 DROP 문을 사용합니다.

구문 4-4
```
DROP TABLE 테이블명;
```

앞에서 만든 highschool_students 테이블을 삭제해 봅시다. SQL 입력창에 있는 내용을 모두 지우고 다음 문장을 작성합니다.

코드 4-7
```
DROP TABLE highschool_students;
```

이 문장을 실행하면 highschool_students 테이블이 삭제됩니다. 테이블을 생성할 때 데이터를 넣지 않았지만, 해당 테이블에 데이터가 들어 있다면 삭제할 때 테이블은 물론 데이터까지 모두 사라집니다.

> **1분 퀴즈** 1
>
> highschool_students 테이블을 참조해 highschool_students2 테이블을 만들어 보세요. highschool_students2 테이블은 highschool_students 테이블의 모든 칼럼이 있고, 추가로 졸업일자(graduate_date) 칼럼이 더 있습니다.
>
> 정답 및 해설: 해설 노트 487쪽

4.3 칼럼의 제약조건: NULL 처리

테이블을 생성하고 삭제하는 가장 기본적인 문장을 실습해 봤습니다. 이제 좀 더 깊이 들어가 칼럼에 대한 제약조건을 알아보겠습니다. **제약조건**이란 말 그대로 칼럼의 내용을 제한하는 조건을 말합니다. 가장 대표적인 제약조건은 **NULL 처리**입니다.

NULL이란 데이터가 없음을 의미합니다. 예를 들어 highschool_students 테이블에서 '홍길동'이라는 학생의 데이터를 입력하는데, 나이를 빼고 입력했다고 해 보죠. 그러면 홍길동의 나이 칼럼(age)에는 아무 값도 들어 있지 않습니다. 이 값을 NULL이라고 합니다. 또는 이런 상태를 NULL 값이 입력됐다고 표현하기도 합니다.

이번에는 학생 이름 칼럼인 student_name 칼럼에 아무 값을 입력하지 않았다고 합시다. 좀 이상하지 않을까요? 코드 4-5에서는 테이블을 생성한 후 이름을 입력하지 않아도 아무런 문제가 없었습니다. 하지만 학생 정보를 관리하는 테이블에 학생 이름을 넣지 않으면 과연 무슨 의미가 있을까요? highschool_students 테이블에서 최소한 이름과 학번, 두 칼럼에는 반드시 데이터를 입력해야 의미 있는 정보가 됩니다.

그래서 값을 반드시 입력해야 하는 칼럼에 값을 입력하지 않으면 오류가 발생하게 하고 입력 자체가 안 되도록 NOT NULL 옵션을 사용합니다. 테이블을 생성할 때 NOT NULL 옵션은 다음과 같이 적용합니다.

코드 4-8
```
CREATE TABLE highschool_students
(
    student_no      VARCHAR(20)     NOT NULL,
    student_name    VARCHAR(100)    NOT NULL,
    grade           TINYINT         NULL,
```

```
    class          VARCHAR(50)     NULL,
    gender         VARCHAR(20)     NULL,
    age            SMALLINT        NULL,
    enter_date     DATE
);
```

이전과 다르게 칼럼의 데이터 타입 다음에 NOT NULL 또는 NULL을 추가했습니다. NOT NULL은 해당 칼럼에는 반드시 값을 입력해야 한다는 뜻입니다. 따라서 학번과 이름 칼럼인 student_no, student_name 칼럼에는 반드시 값을 입력해야 하고, 입력하지 않으면 오류가 납니다. 나머지 칼럼에는 NULL을 명시했는데, 해당 칼럼에 값을 입력하지 않아도 오류가 발생하지 않습니다. 물론 값을 입력하는 것이 더 좋습니다. 이렇게 NULL을 명시한 칼럼을 **NULL 허용 칼럼**이라고 합니다.

입학일을 뜻하는 enter_date 칼럼에는 아무것도 명시하지 않았죠. 이처럼 **옵션을 생략하면 자동으로 NULL이 적용**됩니다. 즉, NULL을 명시하거나 명시하지 않으면 해당 칼럼은 NULL 허용 칼럼이 됩니다. 하지만 **NOT NULL은 반드시 명시**해야 합니다.

이렇게 DBMS 자체에서 정확한 값이 입력되도록 처리하면 RDBMS의 특징 중 하나인 데이터 무결성을 보장하게 됩니다. 즉, NULL 처리는 데이터 무결성을 보장하는 한 가지 방법입니다.

'그럼 모든 칼럼에 NOT NULL을 설정하면 되지 않을까?'라고 생각할 수 있습니다. 물론 그렇습니다. 하지만 현실적으로 모든 칼럼에 NOT NULL을 설정하는 것은 그리 바람직하지 않습니다. 예를 들어, 입학했지만 아직 반이 배정되지 않은 상태에서 데이터를 입력해야 하는 경우가 있을 수 있습니다. 이때 모든 칼럼에 NOT NULL을 적용하면 데이터를 입력할 수 없겠죠. 따라서 일단 NOT NULL이 설정된 칼럼에만 데이터를 입력하고 나중에 입력하지 않는 다른 칼럼에 데이터를 입력(실제로는 수정)하는 것이 더 좋은 방법입니다.

코드 4-8을 실행해서 테이블을 만들고 이 테이블이 어떻게 생겼는지 확인해 봅시다. 어떻게 확인하면 될까요? 코드 4-6에서 했던 것처럼 DESCRIBE를 사용하면 됩니다. DESCRIBE 대신 DESC를 사용해도 되고요.

코드 4-9
```
DESC highschool_students;
```

실행결과

Field	Type	Null	Key	Default	Extra
student_no	varchar(20)	NO		NULL	
student_name	varchar(100)	NO		NULL	
grade	tinyint	YES		NULL	
class	varchar(50)	YES		NULL	
gender	varchar(20)	YES		NULL	
age	smallint	YES		NULL	
enter_date	date	YES		NULL	

실행결과를 보면 student_no와 student_name의 Null 항목이 NO로 되어 있죠. 이는 NULL을 허용하지 않겠다는 의미입니다. 이 칼럼은 반드시 값을 입력해야 합니다. YES로 되어 있는 나머지 칼럼은 값을 입력해도 되고 하지 않아도 됩니다.

1분 퀴즈 2

NULL에 대한 설명 중 잘못된 것을 고르세요.

① NULL은 데이터가 없음을 의미한다.

② 테이블의 칼럼에 NULL이나 NOT NULL을 설정할 수 있다.

③ 칼럼을 정의할 때 NULL을 명시하지 않으면 기본으로 NULL이 적용된다.

④ NOT NULL이 설정된 칼럼에 값을 입력하지 않으면 해당 칼럼을 제외한 나머지 칼럼에는 값이 입력된다.

정답 및 해설: 해설 노트 487쪽

4.4 칼럼의 제약조건: 기본 키

4.4.1 기본 키란

기본 키(primary key)는 한 테이블에서 유일한 값이 들어가야 하는 칼럼에 지정하는 제약조건입니다. 기본 키로 설정된 칼럼에는 같은 테이블에서 동일한 값이 들어갈 수 없으며, 중복 값이 입력되면 오류가 나고 데이터 입력 작업이 모두 취소됩니다.

그런데 기본 키는 왜 필요할까요? 예를 들어 보죠. highschool_students 테이블에 학생 정보를 입력하는데, 해당 학교에 홍길동이라는 학생이 동시에 2명 입학했다고 합시다. 같이 입학했으니 둘은 나이도 같고 이름도 같습니다. 그렇다면 2명의 홍길동 중 A동에 사는 홍길동과 B동에 사는 홍길동이 누구인지 구별할 수 있을까요? 이름만 보고는 알 수 없습니다. 따라서 이름 외에 두 학생을 식별할 수 있는 정보가 필요합니다. highschool_students 테이블에서는 학번이 들어 있는 student_no 칼럼이 이 역할을 합니다. 이름이 같다고 하더라도 학번은 각 학생에게 부여되는 고유하며 유일한 번호입니다.

이렇게 테이블에서 한 로우(1명의 학생)를 식별할 수 있는 칼럼(student_no)을 기본 키로 만들고 칼럼에 유일한 번호를 입력하면 학생을 구별할 수 있습니다. A동 사는 홍길동은 1001번, B동 사는 홍길동은 1002번이라고 학번을 입력하면 됩니다. 학생 정보를 입력할 당시에는 반 편성이 되지 않았더라도 나중에 A동 홍길동은 1반, B동 홍길동은 2반으로 배정된다면 1001번은 1반, 1002번은 2반으로 데이터를 수정하면 됩니다. 그런데 학번이 없다면 2명의 홍길동을 구별해 반을 배정할 수 없겠죠.

그리고 student_no 칼럼을 기본 키로 설정하면 학번에는 중복 값을 입력할 수 없습니다. A동 홍길동의 학번에 1001을 입력하고 나서 B동 홍길동의 학번에 1001을 입력하면 두 번째 입력에서 오류가 나고 입력 작업이 취소됩니다.

RDBMS는 기본 키로 설정한 칼럼에 중복 값이 입력되는 즉시 오류를 반환함으로써 잘못된 데이터가 들어가는 것을 방지합니다. 이처럼 기본 키 역시 NULL 처리와 함께 데이터베이스의 무결성을 보장하는 주요 기능입니다.

또한, 학번처럼 1개 칼럼만을 기본 키로 만들 수 있고, 2개 이상의 칼럼을 기본 키로 지정할 수도 있습니다. 2개 칼럼을 기본 키로 지정한다면 테이블에서 두 칼럼을 조합한 값은 유일해야 합니다. 그렇지 않으면 입력할 때 오류를 반환합니다.

기본 키 개념이 이해되나요? 한마디로 기본 키는 중복 값을 허용하지 않으며 한 테이블에서 하나의 로우를 식별할 수 있는 칼럼의 제약조건입니다. 기본 키로 가장 흔한 예가 주민등록번호입니다. 주민등록번호는 국민 각자에게 부여하는 고유한 값이니까요.

4.4.2 기본 키 생성하기(1)

기본 키를 생성하는 방법은 여러 가지입니다. 사실 방법이라기보다는 기본 키를 생성하는 문법이 여러 가지인데, 그 문법들을 배우는 것입니다. 가장 기본적인 방법은 테이블을 생성할 때 추가하는 방법입니다. 기본 키도 NULL 처리처럼 칼럼에 지정합니다.

그럼 highschool_students 테이블에 기본 키를 생성해 봅시다. SQL 입력창에 있는 내용을 모두 지우고 코드 4-10에 있는 내용을 MySQL Workbench의 SQL 입력창에 넣고 Ctrl + Shift + Enter 를 누르세요.

코드 4-10

```sql
-- 테이블 삭제
DROP TABLE highschool_students;

-- 테이블 생성, 기본키 추가
CREATE TABLE highschool_students
(
    student_no      VARCHAR(20)  NOT NULL PRIMARY KEY,
    student_name    VARCHAR(100) NOT NULL,
```

```
    grade           TINYINT         NULL,
    class           VARCHAR(50)     NULL,
    gender          VARCHAR(20)     NULL,
    age             SMALLINT        NULL,
    enter_date      DATE
);

-- 테이블 구조 조회
DESC highschool_students;
```

이렇게 하면 현재 SQL 입력창에 있는 모든 문장이 차례대로 실행됩니다. 지금까지는 실행할 문장이 하나였지만, 이번에는 여러 개 있습니다. 여러 개의 문장을 한 번에 실행하려면 Ctrl + Shift + Enter 를 누르거나 아무 표시가 없는 번개 아이콘(⚡)을 클릭합니다. 그리고 각 SQL 문장이 끝나는 지점에는 반드시 세미콜론(;)을 붙여야 합니다.

코드 4-10에 -- 표시가 있는데, 이는 **한 줄 주석**(comment)입니다. 주석으로 표시된 부분은 SQL 문장에 포함되지 않아서 결과에 영향을 미치지 않습니다. 보통 SQL 문장에 간략한 설명을 달 때 한 줄 주석을 사용합니다.

코드 4-10을 보면 이미 만들어 놓은 highschool_students 테이블을 삭제합니다. 그리고 highschool_students 테이블을 다시 생성하면서 student_no 칼럼 맨 뒤에 **PRIMARY KEY**를 붙였습니다. 이는 학번을 담은 student_no 칼럼을 기본 키로 지정한다는 의미죠. 그리고 마지막으로 DESC 문으로 테이블 구조를 살펴봅니다. 모든 문장이 성공적으로 실행되면 다음과 같은 결과가 나옵니다.

그림 4-3 기본 키 생성 결과

Field	Type	Null	Key	Default	Extra
student_no	varchar(20)	NO	PRI	NULL	
student_name	varchar(100)	NO		NULL	
grade	tinyint	YES		NULL	
class	varchar(50)	YES		NULL	
gender	varchar(20)	YES		NULL	
age	smallint	YES		NULL	
enter_date	date	YES		NULL	

결과를 보면 student_no 칼럼의 Key 항목에 **PRI**라는 글자가 있습니다. 이는 PRIMARY KEY에서 앞 글자 3개만 따와 표시한 것으로, student_no 칼럼이 기본 키라는 뜻입니다. 한 가지 주의해야 하는데, 기본 키로 설정할 칼럼은 NOT NULL로 설정합니다. 기본 키로 설정된 칼

럼은 유일한 값이 들어가야 하고 동시에 반드시 값이 입력되어야 합니다. 이를 위반하면 데이터를 입력할 때 오류가 발생합니다.

4.4.3 기본 키 생성하기(2)

기본 키를 생성하는 두 번째 방법을 알아봅시다.

코드 4-11

```sql
-- 테이블 삭제
DROP TABLE highschool_students;

-- 테이블 생성, 기본 키 추가
CREATE TABLE highschool_students
(
    student_no      VARCHAR(20)     NOT NULL,
    student_name    VARCHAR(100)    NOT NULL,
    grade           TINYINT         NULL,
    class           VARCHAR(50)     NULL,
    gender          VARCHAR(20)     NULL,
    age             SMALLINT        NULL,
    enter_date      DATE,
    PRIMARY KEY (student_no)
);
```

두 번째 방법은 문장 맨 마지막 줄에 따로 기본 키 생성 구문을 두는 것입니다. PRIMARY KEY 다음에 소괄호를 넣고 소괄호 안에 기본 키로 생성할 칼럼을 명시합니다. 이때 enter_date DATE 다음에 콤마(,)를 넣는 것을 잊지 말아야 합니다. 기본 키 생성 구문을 문장 끝에 넣어야 하므로 마지막 칼럼 뒤에도 콤마를 넣습니다.

일반적으로 1개 칼럼을 기본 키로 설정하지만, 2개 이상의 칼럼을 기본 키로 지정하기도 합니다. 몇 개의 칼럼을 기본 키로 설정할지는 테이블을 어떻게 설계하는냐에 따라 달라집니다. 기본 키로 설정할 칼럼이 2개 이상이라면 PRIMARY KEY (칼럼명1, 칼럼명2, ...)처럼 PRIMARY KEY 다음 소괄호 안에 기본 키로 설정할 칼럼을 콤마로 구분해 넣으면 됩니다.

코드 4-11과 비슷한 구문을 사용하면서 기본 키를 생성하는 또 다른 방법이 있습니다. 다음 코드를 보죠.

코드 4-12
```sql
-- 테이블 삭제
DROP TABLE highschool_students;

-- 테이블 생성, 기본 키 추가
CREATE TABLE highschool_students
(
    student_no      VARCHAR(20)     NOT NULL,
    student_name    VARCHAR(100)    NOT NULL,
    grade           TINYINT         NULL,
    class           VARCHAR(50)     NULL,
    gender          VARCHAR(20)     NULL,
    age             SMALLINT        NULL,
    enter_date      DATE,
    CONSTRAINT PRIMARY KEY (student_no)
);
```

이전 문장과 달리 PRIMARY KEY 앞에 CONSTRAINT가 추가됐습니다. 여기서 CONSTRAINT는 제약조건을 뜻하는데, 기본 키가 제약조건에 해당됩니다. 기본 키 같은 제약조건(CONSTRAINT)도 RDBMS에서 하나의 데이터베이스 객체입니다. 그래서 MySQL에서는 기본 키를 생성하면 자동으로 PRIMARY라는 이름으로 만들어집니다. 참고로 다른 RDBMS에서는 기본 키가 별도의 이름을 갖고 있으며, 기본 키 생성 시 이름을 지정할 수 있습니다.

4.4.4 기본 키 생성하기(3)

기본 키를 생성하는 세 번째 방법을 알아봅시다. 앞의 방법들은 테이블을 삭제하고 테이블 생성 문장에 기본 키 추가 구문을 넣었는데, 이번에는 테이블은 그대로 두고 기본 키만 삭제했다가 다시 생성합니다.

기본 키는 테이블에 종속적이지만, ALTER TABLE 구문을 사용하면 테이블을 그대로 유지한 채 기본 키만 삭제할 수 있습니다. ALTER TABLE은 테이블의 구성 정보를 변경하는 DDL 문으로, 구문에 명시된 테이블에서 칼럼을 추가, 삭제, 변경할 수 있게 합니다. 또한, 테이블과 연관된 제약조건을 추가하거나 삭제할 때도 사용합니다.

ALTER TABLE 다음에 삭제할 기본 키가 있는 테이블명을 넣고 DROP PRIMARY KEY 구문을 추가합니다.

코드 4-13
```sql
-- 기본 키 삭제
ALTER TABLE highschool_students
DROP PRIMARY KEY;

-- 테이블 구조 조회
DESC highschool_students;
```

실행결과

Field	Type	Null	Key	Default	Extra
student_no	varchar(20)	NO		NULL	
student_name	varchar(100)	NO		NULL	
grade	tinyint	YES		NULL	
class	varchar(50)	YES		NULL	
gender	varchar(20)	YES		NULL	
age	smallint	YES		NULL	
enter_date	date	YES		NULL	

문장을 실행하면 기본 키가 삭제됩니다. 테이블 구조를 조회해 보니 기본 키가 제거됐습니다.

이제 삭제된 기본 키 대신 새로운 기본 키를 생성합니다. ALTER TABLE 다음에 기본 키를 생성할 테이블명을 명시하는데, 다만 새로 기본 키를 추가하는 것이니 DROP 대신 ADD를 사용합니다. ADD PRIMARY KEY 다음 소괄호 안에 기본 키로 사용할 칼럼을 명시합니다. 기본 키로 설정할 칼럼이 2개 이상이면 콤마로 구분해 해당 칼럼들을 명시합니다.

코드 4-14
```sql
-- 기본 키 추가
ALTER TABLE highschool_students
ADD PRIMARY KEY (student_no);
```

하나 더, 기본 키를 변경할 때도(예를 들어 기본 키를 student_no 칼럼으로 생성했는데 이를 student_name 칼럼으로 변경하려면) 기존 기본 키를 삭제하고 새로 생성하면 됩니다. 물론 기본 키는 테이블에서 매우 중요한 제약조건이기 때문에 테이블 설계할 때부터 어떤 칼럼을 기본 키로 만들 것인지 신중히 결정하고 생성해야 합니다.

4.4.5 기본 키 생성 시 주의사항

테이블에 기본 키를 생성하는 방법을 알아봤습니다. 마지막으로 기본 키를 생성할 때 주의해야 할 내용을 알아보겠습니다.

1. 한 테이블에서 기본 키는 1개만 생성할 수 있다

기본 키는 한 테이블에서 오직 1개만 만들 수 있습니다. 기본 키는 한 테이블에서 유일한 로우를 식별하는 기능을 수행하므로 당연한 이야기죠.

2. 1개 이상의 칼럼으로 기본 키를 생성할 수 있다

일반적으로는 1개의 칼럼으로 기본 키를 만들지만, 테이블 설계 내용에 따라 여러 개의 칼럼으로 기본 키를 만들 수도 있습니다. 이때 기본 키가 되는, 칼럼들이 조합된 값은 한 테이블에서 유일한 값을 갖습니다.

3. 기본 키 칼럼에는 NOT NULL을 적용한다

기본 키로 만드는 칼럼은 NOT NULL 옵션을 설정합니다. 기본 키는 유일한 값을 가져야 하고 반드시 값이 있어야 하기 때문입니다. 물론 NOT NULL 옵션을 주지 않아도 기본 키를 생성하면 해당 칼럼에 NOT NULL 옵션이 적용됩니다.

테이블에 추가할 수 있는 제약조건에는 4장에서 소개한 NULL 처리와 기본 키 외에 몇 가지가 더 있는데, 나머지 제약조건은 **10장 데이터를 입력/수정/삭제하고 트랜잭션 처리하기**에서 설명하겠습니다. 그리고 기본 키와 NULL 처리 제약조건에 따라 데이터를 입력할 때 어떤 현상이 발생하는지도 10장에서 자세히 알아보겠습니다.

1분 퀴즈 3

다음 설명 중 잘못된 것을 고르세요.

① 기본 키는 한 테이블에서 유일한 로우를 식별하는 역할을 한다.

② 한 테이블에는 기본 키를 1개만 만들 수 있다.

③ 기본 키를 여러 개의 칼럼을 사용해 만들 수 있다.

④ 기본 키를 생성했다가 삭제하려면 기본 키가 생성된 테이블을 삭제해야 한다.

정답 및 해설: 해설 노트 487쪽

4.5 실습용 테이블 생성하고 데이터 입력하기

테이블을 생성하는 방법과 칼럼의 제약조건을 살펴봤습니다. 이번에는 MySQL을 설치할 때 자동으로 설치된 예제 테이블이 아니라 이 책에서 사용할 실습용 테이블과 데이터를 생성해 보겠습니다.

4.5.1 실습용 테이블 생성하기

먼저 데이터를 입력할 실습용 테이블을 다음과 같이 생성합니다. 문장이 길어서 직접 작성하기 어렵다면 따로 제공하는 스크립트 파일을 사용해도 됩니다. 스크립트는 실행할 SQL 문을 모아 만든 텍스트 파일로, 이 책의 자료실에서 내려받을 수 있습니다(자료실에 관한 설명은 목차 앞에 있는 **이 책을 학습하는 방법**을 참고하세요). 내려받은 파일의 압축을 풀고 ch4 폴더로 갑니다. ch4 폴더로 가면 **예제 테이블 생성.sql** 파일이 있습니다. 이 파일을 메모장으로 열고 안에 있는 다음 내용을 모두 복사합니다.

코드 4-15 예제 테이블 생성.sql
```
USE mywork;

-- box_office 테이블 생성
CREATE TABLE box_office
(
    seq_no          INT PRIMARY KEY,
    years           SMALLINT,
    ranks           INT,
    movie_name      VARCHAR(200),
```

```sql
    release_date        DATETIME,
    sale_amt            DOUBLE,
    share_rate          DOUBLE,
    audience_num        INT,
    screen_num          SMALLINT,
    showing_count       INT,
    rep_country         VARCHAR(50),
    countries           VARCHAR(100),
    distributor         VARCHAR(300),
    movie_type          VARCHAR(100),
    genre               VARCHAR(100),
    director            VARCHAR(1000)
);


-- employees 테이블 생성
CREATE TABLE employees
(
    emp_no              INT             NOT NULL,
    birth_date          DATE            NOT NULL,
    first_name          VARCHAR(14)     NOT NULL,
    last_name           VARCHAR(16)     NOT NULL,
    gender              ENUM ('M', 'F') NOT NULL,
    hire_date           DATE            NOT NULL,
    PRIMARY KEY (emp_no)
);


-- departments 테이블 생성
CREATE TABLE departments
(
    dept_no             CHAR(4)         NOT NULL,
    dept_name           VARCHAR(40)     NOT NULL,
    PRIMARY KEY (dept_no),
    UNIQUE KEY  (dept_name)
);


-- dept_manager 테이블 생성
CREATE TABLE dept_manager
(
    emp_no              INT             NOT NULL,
    dept_no             CHAR(4)         NOT NULL,
```

```sql
    from_date       DATE            NOT NULL,
    to_date         DATE            NOT NULL,
    FOREIGN KEY (emp_no) REFERENCES employees (emp_no)   ON DELETE CASCADE,
    FOREIGN KEY (dept_no) REFERENCES departments (dept_no) ON DELETE CASCADE,
    PRIMARY KEY (emp_no,dept_no)
);

-- dept_emp 테이블 생성
CREATE TABLE dept_emp
(
    emp_no          INT             NOT NULL,
    dept_no         CHAR(4)         NOT NULL,
    from_date       DATE            NOT NULL,
    to_date         DATE            NOT NULL,
    FOREIGN KEY (emp_no) REFERENCES employees  (emp_no)   ON DELETE CASCADE,
    FOREIGN KEY (dept_no) REFERENCES departments (dept_no) ON DELETE CASCADE,
    PRIMARY KEY (emp_no,dept_no)
);

-- titles 테이블 생성
CREATE TABLE titles
(
    emp_no          INT             NOT NULL,
    title           VARCHAR(50)     NOT NULL,
    from_date       DATE            NOT NULL,
    to_date         DATE,
    FOREIGN KEY (emp_no) REFERENCES employees (emp_no) ON DELETE CASCADE,
    PRIMARY KEY (emp_no,title, from_date)
);

-- salaries 테이블 생성
CREATE TABLE salaries
(
    emp_no          INT             NOT NULL,
    salary          INT             NOT NULL,
    from_date       DATE            NOT NULL,
    to_date         DATE            NOT NULL,
    FOREIGN KEY (emp_no) REFERENCES employees (emp_no) ON DELETE CASCADE,
    PRIMARY KEY (emp_no, from_date)
);
```

MySQL Workbench 프로그램의 **SQL 입력창에 있는 내용을 모두 지운 후, 복사한 내용을 붙여 넣습니다.** 전체 문장을 실행해야 하므로 Ctrl + Shift + Enter 를 누릅니다. 실행하고 나서 Schema 탭의 새로고침 버튼을 클릭합니다.

그림 4-4 실습용 테이블 생성 확인

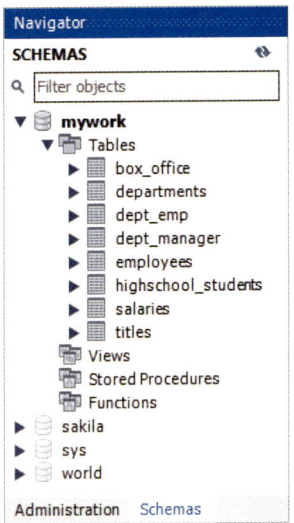

box_office, employees, departments, dept_manager, dept_emp, titles, salaries 총 7개 테이블이 새로 만들어졌습니다. 테이블을 생성하기만 해서 현재는 데이터가 없는 빈 테이블입니다.

4.5.2 실습용 테이블에 데이터 입력하기

빈 테이블에 차례대로 데이터를 입력해 보겠습니다. 입력할 데이터도 스크립트를 제공합니다. ch4 폴더에는 예제 테이블 생성.sql 파일 외에도 01.box_office_insert.sql, 02.employees_insert.sql, 03.departments_insert.sql, 04.dept_manager_insert.sql, 05.dept_emp_insert.sql, 06.titles_insert.sql, 07.salaries_insert.sql 파일이 들어 있습니다.

이 중에서 **01.box_office.sql** 파일을 메모장으로 열고 안에 있는 내용을 복사합니다. MySQL Workbench 프로그램의 SQL 입력창에 있는 내용을 모두 지운 후, 복사한 코드를 붙여 넣고

Ctrl + Shift + Enter 를 눌러 전체 실행하세요.

코드 4-16 01.box_office_insert.sql(일부)

```sql
INSERT INTO BOX_OFFICE (SEQ_NO, YEARS, RANKS, MOVIE_NAME, RELEASE_DATE,
SALE_AMT, SHARE_RATE, AUDIENCE_NUM, SCREEN_NUM, SHOWING_COUNT, REP_COUNTRY,
COUNTRIES, DISTRIBUTOR, MOVIE_TYPE, GENRE, DIRECTOR)
VALUES (1, 2004, 196, '아웃 오브 타임', '2004-03-12 00:00:00', 37610000, 0, 5770,
7, 272, '미국', '미국', '이십세기폭스필름코퍼레이션', '장편', '스릴러', '칼 프랭클린');
INSERT INTO BOX_OFFICE (SEQ_NO, YEARS, RANKS, MOVIE_NAME, RELEASE_DATE,
SALE_AMT, SHARE_RATE, AUDIENCE_NUM, SCREEN_NUM, SHOWING_COUNT, REP_COUNTRY,
COUNTRIES, DISTRIBUTOR, MOVIE_TYPE, GENRE, DIRECTOR)
VALUES (2, 2004, 197, '퍼니셔', '2004-09-10 00:00:00', 36507500, 0, 5664, 10, 358,
'미국', '미국', '한국소니픽쳐스릴리징브에나비스타영화㈜', '장편', '액션', '조나단 헨슬라이');
INSERT INTO BOX_OFFICE (SEQ_NO, YEARS, RANKS, MOVIE_NAME, RELEASE_DATE,
SALE_AMT, SHARE_RATE, AUDIENCE_NUM, SCREEN_NUM, SHOWING_COUNT, REP_COUNTRY,
COUNTRIES, DISTRIBUTOR, MOVIE_TYPE, GENRE, DIRECTOR)
VALUES (3, 2004, 198, '카우 삼총사', '2004-08-06 00:00:00', 34027500, 0, 5592, 9,
201, '미국', '미국', '한국소니픽쳐스릴리징브에나비스타영화㈜', '장편', '애니메이션', '윌 핀,
존 샌포드');
...
```

실행결과

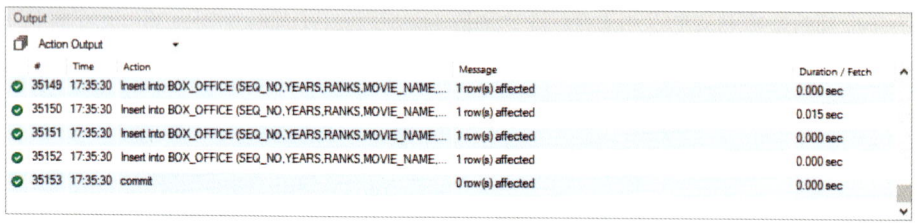

이 파일에는 DML인 INSERT 문으로 box_office 테이블에 데이터를 넣는 문장이 들어 있습니다. INSERT 문은 **10장 데이터를 입력/수정/삭제하고 트랜잭션 처리하기**에서 배울 예정이니 지금은 문장을 실행만 하면 됩니다. 입력하는 데이터가 많아 실행이 끝날 때까지 몇 분 정도 걸립니다. 입력하는 데 성공하면 MySQL Workbench의 결과창 끝에 commit 메시지가 나옵니다.

같은 방법으로 나머지 파일을 각각 복사해 붙여 넣고 실행해 보세요. 02.employees_insert. sql, 03.departments_insert.sql, 04.dept_manager_insert.sql, 05.dept_emp_ insert.sql, 06.titles_insert.sql, 07.salaries_insert.sql 파일을 차례대로 하나씩 작업

하면 됩니다. SQL 문장을 복사해서 붙여 넣을 때는 기존에 실행한 내역을 모두 지우고 실행해야 합니다.

코드 4-17 02.employees_insert.sql(일부)

```sql
INSERT INTO `employees` VALUES
(10001, '1953-09-02', 'Georgi', 'Facello', 'M', '1986-06-26'),
(10002, '1964-06-02', 'Bezalel', 'Simmel', 'F', '1985-11-21'),
(10003, '1959-12-03', 'Parto', 'Bamford', 'M', '1986-08-28'),
(10004, '1954-05-01', 'Chirstian', 'Koblick', 'M', '1986-12-01'),
(10005, '1955-01-21', 'Kyoichi', 'Maliniak', 'M', '1989-09-12'),
(10006, '1953-04-20', 'Anneke', 'Preusig', 'F', '1989-06-02'),
...
```

코드 4-18 03.departments_insert.sql(일부)

```sql
INSERT INTO `departments` VALUES
('d001', 'Marketing'),
('d002', 'Finance'),
('d003', 'Human Resources'),
('d004', 'Production'),
('d005', 'Development'),
('d006', 'Quality Management'),
...
```

코드 4-19 04.dept_manager_insert.sql(일부)

```sql
INSERT INTO `dept_manager` VALUES
(110022, 'd001', '1985-01-01', '1991-10-01'),
(110039, 'd001', '1991-10-01', '9999-01-01'),
(110085, 'd002', '1985-01-01', '1989-12-17'),
(110114, 'd002', '1989-12-17', '9999-01-01'),
(110183, 'd003', '1985-01-01', '1992-03-21'),
(110228, 'd003', '1992-03-21', '9999-01-01'),
...
```

코드 4-20 05.dept_emp_insert.sql(일부)

```sql
INSERT INTO `dept_emp` VALUES
(10001, 'd005', '1986-06-26', '9999-01-01'),
(10002, 'd007', '1996-08-03', '9999-01-01'),
```

```
(10003, 'd004', '1995-12-03', '9999-01-01'),
(10004, 'd004', '1986-12-01', '9999-01-01'),
(10005, 'd003', '1989-09-12', '9999-01-01'),
(10006, 'd005', '1990-08-05', '9999-01-01'),
...
```

코드 4-21 06.titles_insert.sql(일부)

```sql
INSERT INTO `titles` VALUES
(10001, 'Senior Engineer', '1986-06-26', '9999-01-01'),
(10002, 'Staff', '1996-08-03', '9999-01-01'),
(10003, 'Senior Engineer', '1995-12-03', '9999-01-01'),
(10004, 'Engineer', '1986-12-01', '1995-12-01'),
(10004, 'Senior Engineer', '1995-12-01', '9999-01-01'),
(10005, 'Senior Staff', '1996-09-12', '9999-01-01'),
...
```

코드 4-22 07.salaries_insert.sql(일부)

```sql
INSERT INTO `salaries` VALUES
(10001, 60117, '1986-06-26', '1987-06-26'),
(10001, 62102, '1987-06-26', '1988-06-25'),
(10001, 66074, '1988-06-25', '1989-06-25'),
(10001, 66596, '1989-06-25', '1990-06-25'),
(10001, 66961, '1990-06-25', '1991-06-25'),
(10001, 71046, '1991-06-25', '1992-06-24'),
...
```

입력 작업이 모두 끝나면 다음 문장을 한 줄씩 실행해 보세요.

코드 4-23

```sql
-- 실습용 테이블의 데이터 건수 조회
SELECT COUNT(*) FROM box_office;

SELECT COUNT(*) FROM employees;

SELECT COUNT(*) FROM departments;

SELECT COUNT(*) FROM dept_manager;
```

```sql
SELECT COUNT(*) FROM dept_emp;

SELECT COUNT(*) FROM titles;

SELECT COUNT(*) FROM salaries;
```

코드 4-23은 각 실습용 테이블에 입력된 데이터의 총 건수, 즉 로우 수를 조회하는 SQL 문장입니다. 문장을 실행해 각 테이블에 데이터가 제대로 입력됐는지 확인합니다. 이 문장들 역시 아직 배우지 않았는데, 문장에 대한 설명과 사용법은 **7장 데이터 집계하기: 집계 쿼리**에서 자세히 배울 테니 우선 실행해서 결과만 확인해 보세요.

생성한 실습용 테이블을 정리하면 다음과 같습니다.

표 4-3 실습용 테이블

테이블명	설명	총 건수(로우 수)
box_office	2004~2019년 개봉한 영화 관련 정보	35,151
employees	직원 정보	30,023
departments	부서 정보	10
dept_manager	부서 관리자 정보	24
dept_emp	부서 소속 사원 정보	33,188
titles	사원 직급 정보	44,423
salaries	직원 급여 정보	285,271

box_office 테이블에 있는 데이터는 영화관입장권통합전산망인 KOBIS(https://www.kobis.or.kr)의 박스오피스 항목에서 2004년부터 2019년까지 개봉한 영화 데이터를 내려받아 만들었습니다. 실습용으로 데이터 일부를 삭제하거나 가공했으니 정확한 데이터는 아닙니다.

4 마무리

이 장에서 배운 내용을 정리해 보겠습니다.

1 데이터베이스 생성

MySQL에서 테이블을 비롯한 각종 데이터베이스 객체는 데이터베이스 안에 들어 있으며, DDL인 CREATE(CREATE DATABASE 또는 CREATE SCHEMA) 문으로 데이터베이스를 생성합니다.

2 테이블 생성

DDL인 CREATE(CREATE TABLE) 문으로 테이블을 생성합니다.

3 테이블 생성 시 주의사항

주의사항	설명
테이블명, 칼럼명	최대 64글자 같은 데이터베이스에서 유일한 이름 사용
명명 규칙	0~9, 영문자, 한글, $, _(언더스코어) 예약어 사용 불가 Windows에서는 대소문자 구분 없음
칼럼 개수	최대 4,096개까지 생성 가능
칼럼명	한 테이블에서 같은 칼럼명 사용 불가

4 테이블 삭제

DDL인 DROP(DROP TABLE) 문으로 테이블을 삭제합니다.

5 NULL 처리

① NULL은 칼럼의 제약조건으로, 데이터가 없음을 의미합니다.

② NULL을 명시하거나 생략하면 해당 칼럼에는 데이터를 입력해도 되고 입력하지 않아도 됩니다.

③ NOT NULL을 명시하면 해당 칼럼에는 반드시 데이터를 입력해야 하고, 입력하지 않으면 오류가 발생하며 입력 작업이 취소됩니다.

6 기본 키

① 한 테이블에서 유일한 값이 입력될 칼럼을 기본 키로 생성할 수 있습니다.

② 테이블 설계를 어떻게 하는가에 따라 기본 키는 한 개 이상의 칼럼으로 만들 수 있습니다.

③ 한 테이블에서 기본 키는 1개만 만들 수 있습니다.

④ 기본 키를 생성할 칼럼에는 NOT NULL 옵션을 적용합니다.

7 기본 키 생성과 삭제, 수정

구분	설명
기본 키 생성 1	칼럼명 데이터 타입 NOT NULL PRIMARY KEY
기본 키 생성 2	PRIMARY KEY (칼럼1, 칼럼2, ...) CONSTRAINT 기본키명 PRIMARY KEY (칼럼1, 칼럼2, ...)
기본 키 생성 3	ALTER TABLE 테이블명 ADD PRIMARY KEY (칼럼1, 칼럼2, ...);
기본 키 삭제	ALTER TABLE 테이블명 DROP PRIMARY KEY;
기본 키 수정 (기본 키 삭제 후 재생성)	ALTER TABLE 테이블명 DROP PRIMARY KEY; ALTER TABLE 테이블명 ADD PRIMARY KEY (칼럼1, 칼럼2, ...);

8 테이블 삭제

테이블을 삭제하면 테이블에 있는 데이터는 물론 기본 키를 포함해 테이블과 관련된 각종 제약조건도 모두 삭제됩니다.

Self Check

1. my_first_table이라는 테이블을 만들려고 합니다. 각 칼럼의 내용을 보고 어떤 데이터 타입을 사용하면 될지 데이터 타입 항목을 채우세요.

항목	칼럼명	칼럼 설명	데이터 타입
사번	employee_id	숫자 1에서 300까지 할당	
이름	employee_name	문자	
급여	salary	사원의 급여	
입사일	hire_date	날짜	

2. 1번 문제를 푼 다음, my_first_table을 생성하는 SQL 문을 작성하세요.

3. my_first_table 테이블을 생성하는 데 성공했다면 다시 이 테이블을 삭제하는 SQL 문을 작성하세요.

4. 2번에서 작성한 테이블 생성 문장을 참고해 사번 칼럼(employee_id)을 기본 키로 하는 테이블을 다시 만드세요.

정답 및 해설: 해설 노트 488쪽

데이터 조회하고 정렬하기

테이블에 데이터를 저장했으니 이제 본격적으로 SQL 문으로 데이터를 처리하는 방법을 알아보겠습니다. 데이터를 처리한다는 것은 테이블에 데이터를 입력해 저장한 후, 이를 수정하거나 삭제하며 테이블에 있는 데이터를 조회하는 것입니다. 이 중에서 데이터를 조회하는 것이 가장 중요한데, 결국 데이터를 저장하는 목적은 필요할 때 원하는 데이터를 꺼내 보기 위해서니까요. 그럼 데이터를 조회하고 정렬하는 방법부터 알아봅시다.

5.1 데이터 조회하기

테이블에 저장된 데이터를 조회할 때는 SQL 문 중 DML인 SELECT 문을 사용합니다. SELECT 문은 SQL 문 전체에서 가장 사용 빈도가 높습니다. SQL은 SELECT에서 시작해 SELECT로 끝난 다고 해도 과언이 아니죠.

5.1.1 SELECT 문 사용하기

SELECT 문의 기본 구문은 다음과 같습니다.

구문 5-1
```
SELECT 칼럼1, 칼럼2, ...
  FROM 테이블;
```

구문이 아주 간단합니다. SELECT와 FROM으로 구성되며, 이들을 각각 SELECT 절, FROM 절이라고 합니다. 데이터 조회는 테이블에 담긴 데이터를 가져온다는 뜻입니다. 따라서 어느 테이블에서 데이터를 가져올지를 먼저 결정해야 하죠. 그래서 FROM 다음에 원하는 데이터가 담겨 있는 **테이블명**을 명시합니다. 그리고 SELECT 다음에는 FROM 절에 기술한 테이블의 **칼럼명**을 적습니다. 테이블에는 여러 개의 칼럼이 있으므로 조회하고자 하는 값이 있는 칼럼명을 명시합니다. 2개 이상의 칼럼을 명시할 때는 각 칼럼 다음에 **콤마(,)**를 붙입니다.

그럼 SELECT 문으로 실제 테이블에 있는 데이터를 조회해 봅시다. MySQL Workbench 프로그램으로 MySQL에 접속합니다. 먼저 world 데이터베이스에 있는 city라는 테이블을 조회합니다.

코드 5-1
```sql
-- world 데이터베이스 접속
USE world;

-- 테이블 구조
DESC city;
```

실행결과

Field	Type	Null	Key	Default	Extra
ID	int	NO	PRI	NULL	auto_increment
Name	char(35)	NO			
CountryCode	char(3)	NO	MUL		
District	char(20)	NO			
Population	int	NO		0	

결과를 보면 city 테이블에는 총 5개의 칼럼이 있습니다. city 테이블의 id와 name 칼럼에 있는 데이터를 조회해 볼까요? 칼럼 2개를 조회하므로 SELECT 다음에 id와 name 칼럼을 콤마로 구분하고, FROM 절에는 city 테이블을 명시합니다.

코드 5-2
```sql
SELECT id, name
  FROM city;
```

실행결과

id	name
1	Kabul
2	Qandahar
3	Herat
4	Mazar-e-Sharif
5	Amsterdam
6	Rotterdam
7	Haag
8	Utrecht
9	Eindhoven
10	Tilburg
11	Groningen
12	Breda

city 테이블에 저장된 id와 name 칼럼 값이 조회됐습니다. 조회된 내역을 보니 id 칼럼에는 순번이, name 칼럼에는 각국의 도시명이 저장되어 있습니다. 결과에는 12건의 데이터만 나왔는데, 실제로는 더 많은 데이터가 조회됩니다. 지면상 결과에서 일부만 발췌했습니다. 앞으로도 SELECT 문의 실행결과는 일부만 표시하니 전체 결과는 직접 확인해 주세요.

이번에는 city 테이블의 모든 칼럼 데이터를 조회해 보죠. 어떻게 하면 될까요? city 테이블의 모든 칼럼을 SELECT 절에 기술하면 됩니다.

코드 5-3
```sql
SELECT id, name, countrycode, district, population
  FROM city;
```

실행결과

id	name	countrycode	district	population
1	Kabul	AFG	Kabol	1780000
2	Qandahar	AFG	Qandahar	237500
3	Herat	AFG	Herat	186800
4	Mazar-e-Sharif	AFG	Balkh	127800
5	Amsterdam	NLD	Noord-Holland	731200
6	Rotterdam	NLD	Zuid-Holland	593321
7	Haag	NLD	Zuid-Holland	440900
8	Utrecht	NLD	Utrecht	234323
9	Eindhoven	NLD	Noord-Brabant	201843
10	Tilburg	NLD	Noord-Brabant	193238
11	Groningen	NLD	Groningen	172701
12	Breda	NLD	Noord-Brabant	160398

조회된 데이터를 보면 countrycode와 district 칼럼은 각 도시가 속한 국가 코드와 지역명을, population은 인구를 나타낸다는 것을 알 수 있습니다.

이렇게 칼럼명을 모두 명시하지 않고도 테이블에 있는 모든 칼럼 데이터를 조회하는 방법이 있습니다. 어떤 테이블에 칼럼이 30개가 있다면 기존 방법대로 하면 SELECT 절에 30개의 칼럼명을 모두 명시해야 하지만, 이 방법을 사용하면 그럴 필요가 없습니다. 어떻게 하는지 알아보죠.

구문 5-2
```sql
SELECT *
  FROM 테이블;
```

SELECT 다음에 *를 넣으면 테이블에 있는 전체 칼럼을 조회합니다. *는 **스타**라고도 하고 칼럼 전체를 뜻해서 **ALL**이라고 합니다. 이 방법으로 city 테이블에 있는 전체 칼럼을 조회해 보죠.

코드 5-4
```sql
SELECT *
  FROM city;
```

실행결과

ID	Name	CountryCode	District	Population
1	Kabul	AFG	Kabol	1780000
2	Qandahar	AFG	Qandahar	237500
3	Herat	AFG	Herat	186800
4	Mazar-e-Sharif	AFG	Balkh	127800
5	Amsterdam	NLD	Noord-Holland	731200
6	Rotterdam	NLD	Zuid-Holland	593321
7	Haag	NLD	Zuid-Holland	440900
8	Utrecht	NLD	Utrecht	234323
9	Eindhoven	NLD	Noord-Brabant	201843
10	Tilburg	NLD	Noord-Brabant	193238
11	Groningen	NLD	Groningen	172701
12	Breda	NLD	Noord-Brabant	160398

결과를 보면 SELECT 절에 모든 칼럼을 명시했던 방법과 같은 데이터가 조회됐습니다. 또한 SELECT 절에 *를 넣고 조회하면 해당 테이블을 생성할 때 정의한 칼럼의 순서대로 데이터가 조회됩니다.

하지만 칼럼명을 직접 명시하면 테이블을 생성할 때 정의한 순서와 상관없이 SELECT 절에 명시한 칼럼의 순서대로 데이터가 조회됩니다.

코드 5-5
```sql
SELECT district, countrycode, name, id
  FROM city;
```

실행결과

district	countrycode	name	id
Kabol	AFG	Kabul	1
Qandahar	AFG	Qandahar	2
Herat	AFG	Herat	3
Balkh	AFG	Mazar-e-Sharif	4
Noord-Holland	NLD	Amsterdam	5
Zuid-Holland	NLD	Rotterdam	6
Zuid-Holland	NLD	Haag	7
Utrecht	NLD	Utrecht	8
Noord-Brabant	NLD	Eindhoven	9
Noord-Brabant	NLD	Tilburg	10
Groningen	NLD	Groningen	11
Noord-Brabant	NLD	Breda	12

SELECT 절에 명시한 칼럼의 순서대로 데이터가 조회됐습니다.

이번에는 다른 테이블에 있는 데이터를 조회해 봅시다. world 데이터베이스에는 city 외에도 country와 countrylanguage 테이블이 있습니다. country 테이블은 국가, countrylanguage

테이블은 국가에서 사용하는 언어 데이터가 들어 있습니다. country 테이블을 조회해 보죠.

코드 5-6
```sql
SELECT *
  FROM country;
```

실행결과

Code	Name	Continent	Region	SurfaceArea	IndepYear	Population	LifeExpectancy	GNP	GNPOld	LocalName
ABW	Aruba	North America	Caribbean	193.00	NULL	103000	78.4	828.00	793.00	Aruba
AFG	Afghanistan	Asia	Southern and Central Asia	652090.00	1919	22720000	45.9	5976.00	NULL	Afganistan/Afqanestan
AGO	Angola	Africa	Central Africa	1246700.00	1975	12878000	38.3	6648.00	7984.00	Angola
AIA	Anguilla	North America	Caribbean	96.00	NULL	8000	76.1	63.20	NULL	Anguilla
ALB	Albania	Europe	Southern Europe	28748.00	1912	3401200	71.6	3205.00	2500.00	Shqipëria
AND	Andorra	Europe	Southern Europe	468.00	1278	78000	83.5	1630.00	NULL	Andorra
ANT	Netherlands Antilles	North America	Caribbean	800.00	NULL	217000	74.7	1941.00	NULL	Nederlandse Antillen
ARE	United Arab Emirates	Asia	Middle East	83600.00	1971	2441000	74.1	37966.00	36846.00	Al-Imarat al-´A`Arabiya al-Muttahida
ARG	Argentina	South America	South America	2780400.00	1816	37032000	75.1	340238.00	323310.00	Argentina
ARM	Armenia	Asia	Middle East	29800.00	1991	3520000	66.4	1813.00	1627.00	Hajastan
ASM	American Samoa	Oceania	Polynesia	199.00	NULL	68000	75.1	334.00	NULL	Amerika Samoa
ATA	Antarctica	Antarctica	Antarctica	13120000.00	NULL	0	NULL	0.00	NULL	–

country 테이블의 전체 데이터를 조회하는 쿼리입니다. 결과에는 country 테이블의 칼럼 일부만 나와 있지만, 실제 결과를 보면 country 테이블에 칼럼이 꽤 많습니다. 칼럼 개수가 많아서 모두 보려면 하단의 스크롤 바를 오른쪽으로 움직여야 할 정도네요. 하지만 * 덕분에 모든 칼럼명을 일일이 적지 않고도 전부 조회할 수 있습니다.

TIP SELECT 문을 쿼리(query)라고도 합니다. 앞으로 쿼리라는 용어가 나오면 SELECT 문을 지칭한다고 생각하면 됩니다.

5.1.2 SELECT와 FROM의 의미

데이터를 조회하는 SELECT 문은 앞에서 봤듯이 상당히 간단합니다. SELECT와 FROM, 딱 두 단어와 조회하려는 테이블명만 알면 어떤 테이블에 있는 데이터라도 조회할 수 있습니다.

그런데 데이터를 조회하는 SQL 문에 하필이면 SELECT와 FROM이란 단어를 썼을까요? 선택한다는 의미의 SELECT보다는 FIND, LOOK, SEARCH 같은 단어가 조회한다는 의미에 더 맞고 사용자도 좀 더 이해하기 쉬울 텐데요. 최초로 SELECT와 FROM이란 단어를 선택한 사람의 의도를 정확히 알 수는 없지만 추측해 볼 수는 있습니다.

1장에서 데이터베이스와 스키마를 설명하면서 MySQL은 커다란 공장이고, 창고는 데이터베이스, 테이블은 선반에 해당한다고 설명했습니다. 공장(MySQL)에서 생산한 각종 제품(데이터)을 창고(데이터베이스) 안에 있는 선반(테이블)에 보관한다고 한다면, 테이블에 있는 데이터를 조회하는 것은 창고 안의 선반에서 제품을 꺼내 오는 것이라고 볼 수 있죠. 즉, 특정 위치에 있는 제품을 꺼낸다는 개념으로 데이터 조회 작업을 본다면 SELECT와 FROM이란 단어를 사용한 이유를 이해할 수 있을 거예요.

앞에서 world 데이터베이스에 있는 city 테이블을 조회했는데, 이는 MySQL 공장의 world 창고 안에 있는 city 선반에서 제품을 꺼내 오는 작업이라고 볼 수 있습니다. 이렇게 위치와 장소 개념을 적용해 이해하면 데이터를 조회하는 SELECT 문의 구문을 잊어버리는 일은 없을 겁니다.

그림 5-1 SELECT 문의 개념

5.1.3 데이터베이스와 테이블의 관계

SELECT 문에서 FROM 절에 데이터를 조회할 테이블명을 넣는데, 사실 테이블명을 기술하는 정확한 형식은 데이터베이스명.테이블명입니다. MySQL에서 모든 테이블은 특정 데이터베이스에 속하기 때문이죠.

코드 5-7
```
SELECT *
  FROM world.country;
```

코드 5-7을 실행하면 코드 5-6과 결과가 같습니다. 앞에서 데이터베이스명.을 생략하고 테이블명만 적은 이유는 코드 5-1에서 USE 명령어로 이미 world 데이터베이스 안에 들어와 있기 때문입니다. 따라서 현재 사용 중인 데이터베이스의 테이블을 조회할 때는 테이블명만 기술해도 됩니다.

하지만 다른 데이터베이스에 있는 테이블을 조회하려면 FROM 절에 반드시 데이터베이스명을 함께 명시해야 합니다. mywork 데이터베이스에 있는 box_office 테이블을 조회해 보죠.

코드 5-8
```sql
SELECT *
    FROM box_office;
```

실행결과

#	Time	Action	Message	Duration / Fetch
⊗	3 21:35:40	SELECT * FROM box_office LIMIT 0, 1000	Error Code: 1146. Table 'world.box_office' doesn't exist	0.000 sec

오류가 났습니다. 결과창의 Message 항목을 보면 world.box_office 테이블이 존재하지 않는다고 나옵니다. 현재 world 데이터베이스를 사용하므로 box_office 테이블이 없는 것이 당연하죠. 이 테이블은 mywork 데이터베이스에 있습니다. 따라서 FROM 절에 mywork. box_office라고 명시해야 합니다.

코드 5-9
```sql
SELECT *
    FROM mywork.box_office;
```

실행결과

seq_no	years	ranks	movie_name	release_date	sale_amt	share_rate	audience_num	screen_num	showing_count	rep_country	countries	distributor
1	2004	196	아웃 오브 타임	2004-03-12 00:00:00	3761000	0	5770	7	272	미국	미국	이십세기폭스쿨
2	2004	197	퍼니셔	2004-09-10 00:00:00	36507500	0	5664	10	358	미국	미국	한국소니픽쳐스
3	2004	198	카우 삼촌사	2004-08-06 00:00:00	34027500	0	5592	9	201	미국	미국	한국소니픽쳐스
4	2004	199	내겐 너무 아찔한 그녀	NULL	38127500	0	5522	9	358	미국	미국	이십세기폭스코
5	2004	200	천년여우	2004-07-09 00:00:00	33891000	0	5472	10	263	일본	일본	무비즈엔터테인
6	2004	201	날으는 돼지 - 해적 마테오	2004-07-24 00:00:00	34216000	0	5466	6	180	한국	한국	에이아이씨코리
7	2004	202	러브 인 아프리카	2004-12-10 00:00:00	29207000	0	4590	6	198	독일	독일	(주)튜브엔터테
8	2004	204	풀어야 산다	2004-02-27 00:00:00	29152000	0	4581	12	272	미국	미국	이십세기폭스쿨
9	2004	205	더 블루스:소울 오브 맨	2004-05-14 00:00:00	29099000	0	4361	2	175	독일	독일	(주)스폰지이현
10	2004	206	호텔 비너스	2004-09-10 00:00:00	28389500	0	4358	4	135	일본	일본	씨제이엔터테인
11	2004	207	섹스 이즈 코메디	2004-09-16 00:00:00	28148500	0	4139	2	129	프랑스	프랑스	㈜영화사 벽두
12	2004	208	슈퍼 사이즈 미	2004-11-12 00:00:00	23545000	0	3914	16	406	미국	미국	(주)스튜디오이

정리하면, SELECT 문의 FROM 절에 테이블명을 데이터베이스명.테이블명 형태로 명시해야 하지만, 현재 특정 데이터베이스를 사용하고 있다면(들어와 있다면) 해당 데이터베이스에 있는 테이블을 조회할 때는 데이터베이스명을 생략할 수 있습니다.

1분 퀴즈 1

world 데이터베이스에는 countrylanguage 테이블이 있습니다. 이 테이블의 countrycode 칼럼을 제외한 나머지 칼럼의 데이터를 조회하는 SELECT 문을 작성하세요.

정답 및 해설: 해설 노트 489쪽

5.2 조건에 맞는 데이터 조회하기

앞 절에서 배운 SELECT 문의 기본 구문을 사용하면 테이블에 저장된 데이터 전체를 조회합니다. 테이블에 10건의 데이터가 저장되어 있다면 10개의 로우가, 100만 건의 데이터가 저장되어 있다면 100만 건의 로우가 조회되죠. 하지만 일반적으로 우리가 필요한 데이터는 전체가 아닌 특정한 일부 데이터입니다. 그래서 이번에는 테이블에서 원하는 일부 데이터만 조회하는 방법을 알아보겠습니다.

5.2.1 WHERE 절로 조회 조건 지정하기

테이블에서 특정 조건을 지정해 조건에 부합하는 데이터만 조회할 수 있습니다. 이때 사용하는 것이 **WHERE** 절입니다.

구문 5-3
```
SELECT *
  FROM 테이블
 WHERE 조회 조건;
```

WHERE 절은 FROM 절 다음에 위치하며, WHERE 다음에 조회할 조건을 기술합니다. 조회 조건은 보통 테이블의 특정 칼럼 값을 비교해 해당 조건을 만족하는지를 확인하는 역할을 합니다. 즉, 조회 조건에 맞는 데이터를 찾아 해당 로우만 조회하는 것이죠. 조회 조건을 만족한다는 것은 조회 조건의 확인 결과가 **참**(TRUE)임을 의미합니다.

WHERE 절이 어떻게 작동하는지 예를 들어 살펴보겠습니다. city 테이블에는 전 세계 도시 데이터가 저장되어 있고, city 테이블에 속한 countrycode 칼럼에는 각 도시가 속한 국가 코드 데이터가 들어 있습니다. 그럼 이 중에서 우리나라에 속한 도시만 조회해 볼까요?

코드 5-10
```sql
SELECT *
  FROM city
 WHERE countrycode = 'KOR';
```

실행결과

ID	Name	CountryCode	District	Population
2331	Seoul	KOR	Seoul	9981619
2332	Pusan	KOR	Pusan	3804522
2333	Inchon	KOR	Inchon	2559424
2334	Taegu	KOR	Taegu	2548568
2335	Taejon	KOR	Taejon	1425835
2336	Kwangju	KOR	Kwangju	1368341
2337	Ulsan	KOR	Kyongsangnam	1084891
2338	Songnam	KOR	Kyonggi	869094
2339	Puchon	KOR	Kyonggi	779412
2340	Suwon	KOR	Kyonggi	755550
2341	Anyang	KOR	Kyonggi	591106
2342	Chonju	KOR	Chollabuk	563153

코드를 보면 WHERE 다음에 국가 코드가 저장된 countrycode 칼럼을 명시했습니다. 그다음에 동등 연산자(=)와 'KOR'을 이어서 명시했죠. **동등 연산자**는 자신을 기준으로 좌측과 우측의 값이 같으면 참(TRUE)을, 다르면 거짓(FALSE)를 반환합니다.

여기서 WHERE 절의 조회 조건을 만족한다는 것은 countrycode = 'KOR' 조건의 연산 결과가 참임을 의미합니다. 따라서 countrycode 칼럼에 저장된 값이 KOR인 건만 참이 됩니다. countrycode는 문자형 칼럼입니다. 이렇게 칼럼의 값이 문자형일 때는 값의 앞뒤로 작은따옴표를 붙입니다. 따라서 비교하는 값인 KOR 앞뒤로 **작은따옴표**를 붙였습니다. 그리고 SELECT 절에 *를 붙여 모든 칼럼을, 그리고 countrycode 칼럼 값이 KOR인 데이터만 조회합니다.

문장을 실행한 결과를 보면 countrycode 값이 모두 KOR인 건(로우)만 조회됐습니다. 이처럼 WHERE 절의 조회 조건은 여러 가지 연산자를 사용해 다양한 형태로 만들 수 있으며, 여러 개의 조건을 명시할 수도 있습니다.

5.2.2 조건에 연산자 사용하기

WHERE 절의 조회 조건을 구성하는 요소는 크게 **칼럼, 연산자, 값**으로 나눌 수 있습니다. 이 중에서 **연산자**(operator)는 피연산자를 대상으로 연산을 수행하고 그 결과를 반환합니다. SQL에서 사용하는 연산자는 수학에서 덧셈, 뺄셈을 할 때 사용하는 +, - 부호와 개념이 같습니다. MySQL에서는 연산 대상과 기능에 따라 다양한 연산자를 제공하는데, 그중 기본적인 연산자들을 살펴보겠습니다.

비교 연산자

맨 먼저 소개할 연산자는 비교 연산자로, 연산 대상인 피연산자들의 값을 비교한 결과를 반환하는 연산자입니다. 여기서 비교 결과는 참이나 거짓, 둘 중 하나입니다. 가령 값이 같은지를 비교하는 연산에서 같으면 참을, 같지 않으면 거짓을 반환합니다. 반대로 값이 같지 않은지를 비교하는 경우에는 같으면 거짓을, 같지 않으면 참을 반환하겠죠. 이러한 비교 연산자의 종류와 그 쓰임새는 다음 표에 나와 있습니다.

표 5-1 비교 연산자

연산자	설명	사용 예
=	두 값이 같은지 확인	2 = 2 → 참(TRUE) 2 = 3 → 거짓(FALSE)
<>, !=	두 값이 다른지 확인	2 <> 3 → 참(TRUE) 2 <> 2 → 거짓(FALSE)
>	값이 큰지 확인	3 > 2 → 참(TRUE) 2 > 3 → 거짓(FALSE)
>=	값이 크거나 같은지 확인	3 >= 3 → 참(TRUE) 2 >= 3 → 거짓(FALSE)
<	값이 작은지 확인	2 < 3 → 참(TRUE) 2 < 2 → 거짓(FALSE)
<=	값이 작거나 같은지 확인	2 <= 3 → 참(TRUE) 2 <= 1 → 거짓(FALSE)
BETWEEN 값1 AND 값2	비교 값이 값1과 값2 사이에 있는지 확인	5 BETWEEN 1 AND 5 → 참(TRUE) 10 BETWEEN 1 AND 5 → 거짓(FALSE)

○ 계속

연산자	설명	사용 예
LIKE	비교 값에 특정 문자가 포함됐는지 확인	column LIKE 'A%' → column 값이 A로 시작하는 모든 건 검색
IN ( )	비교 값이 ( )에 명시한 값에 포함되는지 확인	column IN ('A','B','C') → column 값이 'A' 또는 'B' 또는 'C'인 건을 검색

소개한 비교 연산자 중에서 주로 사용되는 연산자를 좀 더 자세히 살펴보겠습니다.

LIKE 연산자

LIKE 연산자는 문자형 데이터를 비교할 때 사용하는 연산자로, 특정 문자가 포함된 데이터를 검색할 때 유용합니다. 예를 들어 앞에서 우리나라의 도시들을 조회했죠. 이 중에서 도나 광역시명이 'K'로 시작하는 도시만 조회하려면 어떻게 해야 할까요? 이때 LIKE 연산자를 사용합니다. 다음 쿼리를 작성하고 실행해 봅시다.

코드 5-11
```sql
SELECT *
  FROM city
 WHERE countrycode = 'KOR'
   AND district LIKE 'K%';
```

실행결과

ID	Name	CountryCode	District	Population
2336	Kwangju	KOR	Kwangju	1368341
2337	Ulsan	KOR	Kyongsangnam	1084891
2338	Songnam	KOR	Kyonggi	869094
2339	Puchon	KOR	Kyonggi	779412
2340	Suwon	KOR	Kyonggi	755550
2341	Anyang	KOR	Kyonggi	591106
2344	Koyang	KOR	Kyonggi	518282
2345	Ansan	KOR	Kyonggi	510314
2346	Pohang	KOR	Kyongsangbuk	508899
2347	Chang-won	KOR	Kyongsangnam	481694
2348	Masan	KOR	Kyongsangnam	441242
2349	Kwangmyong	KOR	Kyonggi	350914

쿼리에서 마지막 줄에 굵게 표시한 부분을 보면 도시가 속한 도나 광역시명이 저장된 district 칼럼과 LIKE 'K%'를 기술했습니다. 여기서 %는 모든 문자를 의미하므로 'K%'는 K로 시작하는 모든 데이터를 찾으라는 뜻입니다. 따라서 district 칼럼 값이 K로 시작되는 모든 건을 조회

하라는 의미입니다. like가 '~과 같은'이라는 뜻이니 district 칼럼 값이 'K~'와 같은 건을 찾으라는 의미로 해석하면 됩니다.

결과를 보면 district 칼럼 값이 K로 시작하는 건만 모두 조회됐습니다. MySQL에서 데이터를 비교할 때 대소문자를 구분하지 않습니다. 따라서 조회 조건에서 대문자 K, 또는 소문자 k를 기술해도 같은 결과를 얻게 됩니다.

이번에는 반대로 K로 끝나는 건만 조회해 봅시다. 어떻게 해야 할까요? K로 시작하는 경우와 반대로 하면 됩니다. 즉, LIKE 연산자와 함께 'K%'가 아니라 '%K'를 기술하면 됩니다.

코드 5-12
```sql
SELECT *
  FROM city
 WHERE countrycode = 'KOR'
   AND district LIKE '%K';
```

실행결과

ID	Name	CountryCode	District	Population
2342	Chonju	KOR	Chollabuk	563153
2343	Chongju	KOR	Chungchongbuk	531376
2346	Pohang	KOR	Kyongsangbuk	508899
2352	Iksan	KOR	Chollabuk	322685
2354	Kumi	KOR	Kyongsangbuk	311431
2356	Kyongju	KOR	Kyongsangbuk	272968
2357	Kunsan	KOR	Chollabuk	266569
2368	Chungju	KOR	Chungchongbuk	205206
2369	Andong	KOR	Kyongsangbuk	188443
2371	Kyongsan	KOR	Kyongsangbuk	173746
2377	Kimchon	KOR	Kyongsangbuk	147027
2380	Chong-up	KOR	Chollabuk	139111

쿼리 수행 결과를 보면 district 칼럼 값이 모두 K로 끝나는 건만 조회됐습니다. 그런데 district 칼럼 중간에 유독 'ong'가 들어간 건이 많네요. 이런 건만 조회해 봅시다. 어떻게 하면 될까요? %가 모든 문자를 의미한다고 했으니 ong 앞뒤로 %를 넣으면 되겠죠?

코드 5-13
```sql
SELECT *
  FROM city
 WHERE countrycode = 'KOR'
   AND district LIKE '%ong%';
```

실행결과

ID	Name	CountryCode	District	Population
2337	Ulsan	KOR	Kyongsangnam	1084891
2338	Songnam	KOR	Kyonggi	869094
2339	Puchon	KOR	Kyonggi	779412
2340	Suwon	KOR	Kyonggi	755550
2341	Anyang	KOR	Kyonggi	591106
2343	Chongju	KOR	Chungchongbuk	531376
2344	Koyang	KOR	Kyonggi	518282
2345	Ansan	KOR	Kyonggi	510314
2346	Pohang	KOR	Kyongsangbuk	508899
2347	Chang-won	KOR	Kyongsangnam	481694
2348	Masan	KOR	Kyongsangnam	441242
2349	Kwangmyong	KOR	Kyonggi	350914

결과의 district 칼럼 값을 보면 ong란 문자가 포함된 건만 모두 조회됐습니다. 이처럼 LIKE 연산자는 문자형 데이터가 저장된 칼럼에서 특정 문자가 포함된 건을 조회할 때 매우 유용합니다.

논리 연산자

비교 연산자를 계속 알아보기 전에 논리 연산자를 먼저 살펴보겠습니다. 논리 연산자는 여러 개의 조건을 연결해 그 결과를 참이나 거짓으로 반환합니다. SQL에서 사용하는 논리 연산자는 다음과 같이 3개가 있습니다.

표 5-2 논리 연산자

연산자	설명	사용 예
AND, &&	연결되는 조건이 모두 참(TRUE)이면 참(TRUE)	1 = 1 AND 2 = 2 → 참(TRUE) 1 = 1 AND 2 = 3 → 거짓(FALSE)
OR, ||	연결되는 조건이 하나라도 참(TRUE)이면 참(TRUE)	1 = 1 OR 2 = 2 → 참(TRUE) 1 = 1 OR 2 = 3 → 참(TRUE)
NOT, !	조건이 결과와 반대인 것이 참(TRUE)	NOT 2 > 3 → 참(TRUE) NOT 3 > 2 → 거짓(FALSE)

코드 5-13을 보면 WHERE 절에는 countrycode = 'KOR'이라는 조건과 district LIKE '%ong%'라는 2개의 조건이 AND로 연결되어 있습니다. 여기서 사용한 AND도 하나의 연산자로, 논리 연산자에 속합니다. AND 연산자는 연결되는 두 개의 조건이 모두 참, 즉 두 조건을 모두 만족해야 참이 됩니다. countrycode = 'KOR' AND district LIKE '%ong%'는 city 테이블에서 countrycode 값이 KOR이고 district 값에 ong가 포함된 건만 조회됩니다. 만약 AND로 연

결되는 두 조건 중 하나라도 만족하지 않는다면 해당 건은 조회되지 않습니다. AND 대신 &&를 넣어도 같은 결과가 나옵니다.

두 번째 논리 연산자인 OR는 두 조건 중 하나만 참이면 참이 됩니다. countrycode = 'KOR' OR district LIKE '%ong%'라고 조건을 준다면 city 테이블에서 countrycode 값이 KOR이거나 district 값에 ong가 포함된 건만 조회됩니다. 앞의 쿼리에서 AND를 OR로 바꾸고 실행해 봅시다.

코드 5-14
```sql
SELECT *
  FROM city
 WHERE countrycode = 'KOR'
    OR district LIKE '%ong%';
```

실행결과

ID	Name	CountryCode	District	Population
2324	Phyongsong	PRK	Pyongan N	272934
2328	Kimchaek	PRK	Hamgyong P	179000
2330	Kaesong	PRK	Kaesong-si	171500
2331	Seoul	KOR	Seoul	9981619
2332	Pusan	KOR	Pusan	3804522
2333	Inchon	KOR	Inchon	2559424
2334	Taegu	KOR	Taegu	2548568
2335	Taejon	KOR	Taejon	1425835
2336	Kwangju	KOR	Kwangju	1368341
2337	Ulsan	KOR	Kyongsang…	1084891
2338	Songnam	KOR	Kyonggi	869094
2339	Puchon	KOR	Kyonggi	779412

쿼리의 조회 결과를 보니 우리나라가 아닌 다른 나라의 도시도 조회됐군요. 결과에서 위쪽을 보면 countrycode 값은 KOR이 아니지만, district 칼럼 값에 ong가 포함된 건이 조회됐습니다. 그리고 결과의 아래쪽을 보면 countrycode 값은 KOR이지만, district 칼럼 값에 ong가 포함되지 않은 건도 조회됐습니다. OR 논리 연산자를 사용해서 두 조건 중 하나라도 만족하는 건이 모두 조회돼서 그렇습니다. 물론 Ulsan처럼 두 조건을 모두 만족해도 조회됩니다. 또한 OR 대신 ||를 사용해도 동일한 결과를 볼 수 있습니다.

세 번째 논리 연산자는 NOT입니다. NOT 연산자는 AND나 OR과 달리 두 개가 아닌 하나의 조건을 검사해 해당 조건이 참이면 거짓을, 거짓이면 참을 반환합니다. not이 '아니다'라는 뜻이니 기존 조건의 결과를 반대로 바꾸는 역할을 한다고 보면 됩니다.

코드 5-15
```sql
SELECT *
  FROM city
 WHERE countrycode = 'KOR'
   AND 2 > 3;
```

실행결과

ID	Name	CountryCode	District	Population
NULL	NULL	NULL	NULL	NULL

쿼리를 실행하면 조회되는 데이터가 없습니다. 왜일까요? 두 번째 조회 조건에 2 > 3이란 조건을 주었기 때문입니다. 2는 3보다 크지 않으니 연산 결과는 거짓입니다. 첫 번째 조건인 countrycode = 'KOR'를 만족하더라도 두 번째 조건 때문에 조회되는 결과가 없습니다. 어떤 SELECT 문장이라도 AND 2 > 3이란 조건을 주면 언제나 결과는 0건입니다.

하지만 NOT 연산자를 사용하면 결과를 바꿀 수 있습니다.

코드 5-16
```sql
SELECT *
  FROM city
 WHERE countrycode = 'KOR'
   AND NOT 2 > 3;
```

실행결과

ID	Name	CountryCode	District	Population
2331	Seoul	KOR	Seoul	9981619
2332	Pusan	KOR	Pusan	3804522
2333	Inchon	KOR	Inchon	2559424
2334	Taegu	KOR	Taegu	2548568
2335	Taejon	KOR	Taejon	1425835
2336	Kwangju	KOR	Kwangju	1368341
2337	Ulsan	KOR	Kyongsangnam	1084891
2338	Songnam	KOR	Kyonggi	869094
2339	Puchon	KOR	Kyonggi	779412
2340	Suwon	KOR	Kyonggi	755550
2341	Anyang	KOR	Kyonggi	591106
2342	Chonju	KOR	Chollabuk	563153

쿼리의 두 번째 조건에 NOT 연산자를 사용했습니다. 2 > 3은 언제나 거짓이므로 이 앞에 NOT을 붙이면 거짓이 참으로 바뀝니다. 따라서 두 번째 조건은 언제나 참이므로 결국 이 문장은 우리

나라에 속하는 도시, 즉 countrycode = 'KOR' 조건을 만족하는 건이 조회됩니다. NOT 대신 !를 사용해도 결과는 같습니다.

이처럼 논리 연산자는 다른 비교 조건과 결합해 논리 연산을 할 때 사용합니다. AND나 OR는 비교 조건이 2개 이상일 때 사용할 수 있고, NOT은 비교 조건이 1개일 때 조건 앞에 붙여 연산 결과를 정반대로 바꿉니다.

IN 연산자

IN은 칼럼에 여러 개의 값이 포함되어 있는지를 확인할 때 사용하는 비교 연산자입니다. 동등 연산자나 부등호 연산자, LIKE 연산자처럼 비교하는 값이 1개가 아닌 여러 개입니다. 예제를 살펴볼까요?

코드 5-17
```sql
SELECT *
  FROM city
 WHERE countrycode = 'KOR'
   AND district IN ('seoul', 'kyonggi');
```

실행결과

ID	Name	CountryCode	District	Population
2331	Seoul	KOR	Seoul	9981619
2338	Songnam	KOR	Kyonggi	869094
2339	Puchon	KOR	Kyonggi	779412
2340	Suwon	KOR	Kyonggi	755550
2341	Anyang	KOR	Kyonggi	591106
2344	Koyang	KOR	Kyonggi	518282
2345	Ansan	KOR	Kyonggi	510314
2349	Kwangmyong	KOR	Kyonggi	350914
2353	Pyongtaek	KOR	Kyonggi	312927
2355	Uijongbu	KOR	Kyonggi	276111
2362	Yong-in	KOR	Kyonggi	242643
2364	Kunpo	KOR	Kyonggi	235233

쿼리의 두 번째 조건 절을 보면 district IN 다음에 seoul과 kyonggi를 콤마로 구분해 소괄호 안에 넣습니다. 이는 district 칼럼 값이 seoul이거나 kyonggi인 것을 확인하는 조건입니다.

결과를 보면 서울과 경기도에 속한 모든 도시가 조회됐습니다. 이처럼 IN 연산자는 비교할 값이 여러 개일 때 소괄호 안에 콤마로 구분해 나열할 수 있습니다. 또한 IN 연산자는 문자형, 숫자형, 날짜형 데이터를 모두 확인할 수 있습니다.

서울이나(또는) 경기도에 속한 도시를 조회했는데, 여기서 눈에 띄는 점은 바로 '이나(또는)'입니다. IN 다음에 오는 소괄호에 나열한 값을 비교할 때 AND가 아닌 OR로 비교함을 알 수 있죠. 따라서 다음과 같이 바꿔 쓸 수 있습니다.

코드 5-18
```sql
SELECT *
  FROM city
 WHERE countrycode = 'KOR'
   AND (district = 'seoul' OR district = 'kyonggi');
```

IN 연산자로 확인했던 조건을 논리 연산자인 OR로 변경했습니다. 이처럼 IN 연산자는 OR 연산자로 바꿔 쓸 수 있지만, 코드가 길어지는 단점이 있죠. 비교하는 값이 많아지면 계속 OR 연산자를 추가해야 하므로 코드가 더 길어집니다. 따라서 IN 연산자를 사용하는 게 훨씬 더 직관적이고 알아보기 쉽습니다.

부등호 연산자

칼럼 값의 범위를 확인할 때는 비교 연산자 중에서 부등호 연산자를 사용합니다. 수학 시간에 배운 부등호와 같습니다. 부등호 연산자는 >, <, >=, <= 네 가지가 있는데, 이들은 각각 '크다, 작다, 크거나 같다, 작거나 같다'라는 뜻입니다. 그럼 부등호 연산자로 조회 조건을 만들어 볼까요?

코드 5-19
```sql
SELECT code, name, continent, region, population
  FROM country
 WHERE population > 100000000;
```

실행결과

code	name	continent	region	population
BGD	Bangladesh	Asia	Southern and Central Asia	129155000
BRA	Brazil	South America	South America	170115000
CHN	China	Asia	Eastern Asia	1277558000
IDN	Indonesia	Asia	Southeast Asia	212107000
IND	India	Asia	Southern and Central Asia	1013662000
JPN	Japan	Asia	Eastern Asia	126714000
NGA	Nigeria	Africa	Western Africa	111506000
PAK	Pakistan	Asia	Southern and Central Asia	156483000
RUS	Russian Federation	Europe	Eastern Europe	146934000
USA	United States	North America	North America	278357000

앞의 쿼리는 전 세계 국가 데이터가 있는 country 테이블에서 인구가 1억 명이 넘는 국가를 조회하는 문장입니다. 여기서는 1억보다 큰 조건을 주었으므로 인구가 정확히 1억 명인 국가가 있다면 이 나라는 조회 결과에 포함되지 않습니다.

결과를 보면 총 10개 국가가 조회됐군요. 우리나라 인구는 얼마나 될까요? 대략 5,000만 명 정도이니 우리나라 인구와 비슷한 국가를 조회해 봅시다.

코드 5-20
```sql
SELECT code, name, continent, region, population
  FROM country
 WHERE population >= 45000000
   AND population <= 55000000;
```

실행결과

code	name	continent	region	population
COD	Congo, The Democratic Republic of the	Africa	Central Africa	51654000
KOR	South Korea	Asia	Eastern Asia	46844000
MMR	Myanmar	Asia	Southeast Asia	45611000
UKR	Ukraine	Europe	Eastern Europe	50456000

WHERE 절을 보면 두 개의 조건이 있는데 AND 연산자로 연결되어 있습니다. 하나는 인구가 4,500만보다 크거나 같은 조건이고 다른 하나는 5,500만보다 작거나 같은 조건입니다. 따라서 이 쿼리는 인구가 4,500만 명에서 5,500만 명 사이인 국가를 조회합니다. >=, <= 연산자를 사용했으므로 정확히 4,500만 명이나 5,500만 명인 건도 조회됩니다.

결과를 보면 총 4개 국가가 있네요. 우리나라를 포함해 콩고, 우크라이나, 미얀마가 조건에 해당합니다. 우리나라 인구가 약 4,600만 명으로 나오는데, 현재 인구가 5,200만 명 정도이니 MySQL에 담긴 예제 데이터가 오래전에 만들어졌음을 짐작할 수 있습니다.

이처럼 칼럼 값의 크기나 그 범위를 확인할 때는 부등호와 AND 연산자를 사용합니다.

BETWEEN... AND 연산자

값의 범위를 확인할 때 부등호와 AND 연산자 대신에 사용할 수 있는 연산자가 있습니다. BETWEEN... AND 연산자인데, 칼럼값 BETWEEN A AND B 형식으로 조건 절을 기술합니다. 이는 해당 칼럼 값이 A부터 B까지 범위에 속하는 모든 건을 찾아내는 조건입니다. 따라서 BETWEEN... AND 연산자는 >= AND <=로 바꿔 쓸 수 있습니다.

우리나라와 비슷한 인구를 가진 나라를 조회하는 코드 5-20을 BETWEEN... AND 연산자로 바꿔 써 볼까요?

코드 5-21
```sql
SELECT code, name, continent, region, population
  FROM country
 WHERE population BETWEEN 45000000 AND 55000000;
```

실행결과

code	name	continent	region	population
COD	Congo, The Democratic Republic of the	Africa	Central Africa	51654000
KOR	South Korea	Asia	Eastern Asia	46844000
MMR	Myanmar	Asia	Southeast Asia	45611000
UKR	Ukraine	Europe	Eastern Europe	50456000

코드 5-20과 정확히 같은 결과를 반환합니다. 여기서도 인구가 정확히 4,500만 명이거나 5,000만 명인 국가가 있다면 해당 국가도 조회됩니다. 일반적으로 값의 범위를 확인할 때는 부등호 연산자보다는 BETWEEN... AND 연산자를 더 많이 사용합니다. 문장을 알아보기 좀 더 쉽기 때문이죠.

지금까지 대표적인 비교 연산자와 논리 연산자를 살펴봤습니다. 여기서 소개한 연산자만 잘 사용해도 테이블에서 데이터를 조회할 때 충분히 원하는 조건으로 지정해 조회할 수 있습니다.

5.2.3 실습: 조건에 맞는 데이터 조회하기

지금까지 배운 내용을 토대로 다양한 조회 조건을 만들어 데이터를 조회해 봅시다. 이번에는 mywork 데이터베이스에 있는 box_office 테이블을 대상으로 쿼리를 만들어 보겠습니다. box_office 테이블에는 2004년부터 2019년까지 개봉된 영화 정보가 담겨 있는데, 이 테이블의 칼럼은 다음과 같습니다.

표 5-3 box_office 테이블

칼럼명	데이터 타입	NULL 허용	PK 여부	설명
seq_no	INT	No	Yes	일련번호, 기본 키
years	SMALLINT	Yes		제작연도
ranks	INT	Yes		순위
movie_name	VARCHAR(200)	Yes		영화명
release_date	DATETIME	Yes		개봉일
sale_amt	DOUBLE	Yes		매출액
share_rate	DOUBLE	Yes		점유율(매출액 기준)
audience_num	INT	Yes		관객수
screen_num	SMALLINT	Yes		스크린수
showing_count	INT	Yes		상영횟수
rep_country	VARCHAR(50)	Yes		대표국적
countries	VARCHAR(100)	Yes		국적
distributor	VARCHAR(300)	Yes		배급사
movie_type	VARCHAR(100)	Yes		유형(장편, 단편, 옴니버스, 기타)
genre	VARCHAR(100)	Yes		장르(액션, 스릴러...)
director	VARCHAR(100)	Yes		감독

표 5-3을 참조해 다양한 조회 조건을 가진 문장을 만들어 보겠습니다.

2018년 개봉한 한국 영화 조회하기

첫 번째로 2018년 개봉한 한국 영화 목록을 뽑아 보죠. 2018년 개봉과 한국 영화라는 2가지 조건을 걸어야 합니다. box_office 테이블에서 이에 맞는 값은 개봉일(release_date)과 대표국적(rep_country) 칼럼에 있습니다. 따라서 두 칼럼으로 WHERE 절에 조건을 만듭니다.

코드 5-22
```
USE mywork;

SELECT *
  FROM box_office
```

```
WHERE release_date >= '2018-01-01'
  AND release_date <= '2018-12-31'
  AND rep_country = '한국';
```

실행결과

seq_no	years	ranks	movie_name	release_date	sale_amt	share_rate	audience_num	screen_num	showing_count	rep_country
12788	2016	1848	눈꺼풀	2018-04-12 00:00:00	814000	0	119	1	8	한국
12909	2017	1113	그것만이 내 세상	2018-01-17 00:00:00	3312000	0	414	1	1	한국
12935	2017	1153	죄 많은 소녀	2018-09-13 00:00:00	2761000	0	383	1	4	한국
12975	2016	1929	안투 더 나잇	2018-03-29 00:00:00	630000	0	105	1	3	한국
13088	2017	1154	공동정범	2018-01-25 00:00:00	2279000	0	382	2	7	한국
13335	2017	1283	박화영	2018-07-19 00:00:00	2054300	0	299	1	3	한국
13530	2017	1347	소공녀	2018-03-22 00:00:00	1790500	0	264	1	2	한국
13543	2017	1366	수성못	2018-04-19 00:00:00	2106500	0	256	1	15	한국
13552	2017	1381	누에치던 방	2018-01-31 00:00:00	1611000	0	244	1	6	한국
13560	2017	1397	호랑이보다 무서운 겨울손님	2018-04-12 00:00:00	1609000	0	239	1	3	한국
13569	2017	1408	너와 극장에서	2018-06-28 00:00:00	1618000	0	235	1	2	한국
14351	2017	1575	살아남은 아이	2018-08-30 00:00:00	1236000	0	180	1	3	한국

먼저 mywork 데이터베이스에 있는 테이블을 사용하니 USE로 mywork 데이터베이스에 들어갑니다. 그리고 조회할 내용을 담은 SELECT 문을 작성합니다. SELECT 절에는 조회할 칼럼을, FROM 절에는 조회할 box_office 테이블을 명시합니다.

첫 번째 조건이 2018년 개봉 영화이므로 개봉일(release_date)이 2018년 1월 1일부터 2018년 12월 31일 사이에 있는지를 확인합니다. 따라서 부등호 연산자로 release_date 칼럼 값이 2018년 1월 1일보다 크거나 같고 2018년 12월 31일보다 작거나 같은 건을 찾습니다. 두 번째로 rep_country(대표국가) 칼럼 값이 '한국'인 건을 확인합니다. 두 조건을 모두 만족해야 하므로 두 조건을 AND 연산자로 연결합니다.

결과를 보면 원하는 조건에 맞는 데이터가 조회됐습니다. 총 784건이 조회되는데, 책에는 그중 일부만 담았습니다. 조회된 결과를 자세히 보면 영화에 따라 제작연도(years)와 개봉연도가 다른 건들도 있습니다. 제작연도에 개봉한 영화도 있고 그 후에 개봉한 영화도 있다는 의미겠죠?

2019년 개봉 영화 중 관객수가 500만 명 이상인 영화 조회하기

이번에는 2019년에 개봉한 영화 중에서 500만 명 이상이 본 영화를 조회해 볼까요? 관객수는 audience_num 칼럼에 정보가 있습니다. 따라서 이 칼럼 값이 500만 명 이상인 건을 조회하면 됩니다.

코드 5-23

```
SELECT *
  FROM box_office
```

```sql
WHERE release_date BETWEEN '2019-01-01' AND '2019-12-31'
  AND audience_num >= 5000000;
```

실행결과

seq_no	years	ranks	movie_name	release_date	sale_amt	share_rate	audience_num	screen_num	showing_count	rep_country
20256	2019	1	극한직업	2019-01-23 00:00:00	139651845516	0.073	16265618	2003	292584	한국
20257	2019	2	어벤져스: 엔드게임	2019-04-24 00:00:00	122182694160	0.064	13934592	2835	242001	미국
20258	2019	3	겨울왕국 2	2019-11-21 00:00:00	111596248720	0.058	13369064	2648	282557	미국
20259	2019	4	알라딘	2019-05-23 00:00:00	106955138359	0.056	12552283	1409	266469	미국
20260	2019	5	기생충	2019-05-30 00:00:00	85883963645	0.045	10085275	1948	192855	한국
20261	2019	6	엑시트	2019-07-31 00:00:00	79232012162	0.041	9426011	1660	202223	한국
20262	2019	7	스파이더맨: 파 프롬 홈	2019-07-02 00:00:00	69010000100	0.036	8021145	2142	180474	미국
20263	2019	8	백두산	2019-12-19 00:00:00	52905789770	0.028	6290502	1971	99915	한국
20264	2019	10	조커	2019-10-02 00:00:00	45381075450	0.024	5247874	1418	147380	미국
28734	2019	9	캡틴 마블	2019-03-06 00:00:00	51507488723	0.027	5802810	2100	186382	미국
NULL	NULL	NULL	NULL	NULL	NULL	NULL	NULL	NULL	NULL	NULL

여기도 두 개의 조건이 있습니다. 하나는 개봉일이고, 다른 하나는 관객수입니다. 첫 번째로 2019년 개봉 영화를 확인하는 조건에서는 부등호 연산자 대신 BETWEEN... AND 연산자로 2019년 1월 1일부터 12월 31일까지 범위를 확인합니다. 두 번째 조건은 audience_num 칼럼 값이 500만 이상인 건입니다. 그리고 두 조건을 AND로 연결합니다.

결과를 보면 총 10개 영화가 조회됐습니다. 2019년에 개봉해서 500만 명 이상의 관객을 동원한 영화는 총 10편이라는 뜻입니다. ranks(순위) 칼럼의 값을 보면 〈극한직업〉, 〈어벤져스: 엔드게임〉, 〈겨울왕국 2〉 순으로 관객을 많이 동원했음을 알 수 있습니다.

> **TIP** 코드 5-23의 실행결과에서 맨 마지막 행이 NULL로 보이는데, 이는 실제 테이블의 로우가 아닙니다. NULL로 표시된 마지막 로우는 MySQL Workbench에 있는 기능으로 기본 키가 설정된 테이블을 조회했을 때만 보입니다.

2019년 개봉 영화 중 관객수가 500만 명 이상이거나 매출액이 400억 원 이상인 영화 조회하기

이전 문제와 비슷한데 한 가지 조건이 더 붙었습니다. 바로 매출액 400억 원 이상인 조건이죠. 주의할 점은 관객수가 500만 명이거나 매출액이 400억 원 이상입니다. 어떻게 하면 될까요?

코드 5-24

```sql
SELECT years, ranks, movie_name, release_date, audience_num,
       sale_amt / 100000000 AS sales
  FROM box_office
 WHERE release_date BETWEEN '2019-01-01' AND '2019-12-31'   -- ①
   AND (audience_num >= 5000000                              -- ②-①
        OR sale_amt >= 40000000000);                         -- ②-②
```

실행결과

years	ranks	movie_name	release_date	audience_num	sales
2019	1	극한직업	2019-01-23 00:00:00	16265618	1396.51845516
2019	2	어벤져스: 엔드게임	2019-04-24 00:00:00	13934592	1221.8269416
2019	3	겨울왕국 2	2019-11-21 00:00:00	13369064	1115.9624872
2019	4	알라딘	2019-05-23 00:00:00	12552283	1069.55138359
2019	5	기생충	2019-05-30 00:00:00	10085275	858.83963645
2019	6	엑시트	2019-07-31 00:00:00	9426011	792.32012162
2019	7	스파이더맨: 파 프롬 홈	2019-07-02 00:00:00	8021145	690.100001
2019	8	백두산	2019-12-19 00:00:00	6290502	529.0578977
2019	10	조커	2019-10-02 00:00:00	5247874	453.8107545
2019	11	봉오동 전투	2019-08-07 00:00:00	4787538	405.88648538
2019	12	라이온 킹	2019-07-17 00:00:00	4743264	415.1945743
2019	9	캡틴 마블	2019-03-06 00:00:00	5802810	515.07488723

WHERE 절을 먼저 살펴볼까요? 설명하기 쉽게 조건에 각각 번호를 붙였습니다. 먼저 두 번째 조건이 관객수가 500만 명이거나 매출액이 400억 원 이상이므로 둘 중 하나라도 만족하는 건을 확인하면 됩니다. 따라서 ②-①과 ②-②를 OR 연산자로 연결하고 ②-①과 ②-②가 한 조건이 되도록 소괄호로 묶었습니다. 또한 첫 번째 조건인 2019년 개봉 영화 중에서 고르므로 첫 번째 조건과 두 번째 조건을 모두 만족하도록 두 조건을 논리 연산자 AND로 연결했습니다. 결국 WHERE 절의 조건은 ① AND (②-① OR ②-②)입니다. 이를 다시 풀어 쓰면 (① AND ②-①) OR (① AND ②-②)가 됩니다. 즉, (2019년 개봉 영화 중 관객수 500만 명 이상)이거나 (2019년 개봉 영화 중 매출액 400억 원 이상)인 조건이 되죠. 여기서 소괄호를 빼면 원하는 결과가 나오지 않습니다. WHERE 절에서 AND와 OR 연산자를 혼합해 사용할 때는 적절한 위치에 소괄호를 붙여야 올바른 결과를 얻을 수 있습니다.

그리고 매출액을 담은 sales_amt 칼럼은 값이 너무 커서 결과를 보면 한눈에 들어오지 않습니다. 그래서 SELECT 절에서 매출액 칼럼인 sales_amt를 1억으로 나눠 조회합니다.

MySQL에서 사칙연산을 하는 방법은 수학의 사칙연산과 비슷합니다. 더하기, 빼기는 그대로 +, - 연산자를 사용하고 곱하기는 *, 나누기는 / 연산자로 바뀝니다. 여기서는 나누기 연산을 하므로 / 연산자를 사용합니다. 1억으로 나누니 숫자가 줄어들어 한결 숫자를 알아보기 편하죠.

sale_amt / 100000000 뒤에는 AS sales를 붙였는데, 이를 칼럼의 **별칭**(alias)이라고 합니다. 칼럼 AS 별칭 형식으로 사용하고, 별칭을 사용할 때 AS는 생략할 수 있습니다. 별칭을 사용하면 최종 결과가 해당 칼럼명이 아닌 별칭으로 조회됩니다. 별칭을 사용하지 않으면 조회 결과가 'sale_amt / 100000000'처럼 보이므로 결과에서 보기 좋게 이런 표현식에는 별칭을 종종 사용합니다.

결과를 보면 총 12건의 데이터가 조회됐습니다. 특히 봉오동 전투나 라이온 킹은 관객수가 500만 명보다 적지만, 매출액이 400억 원이 넘어서 조회됐습니다. 또한 매출액을 1억으로 나눈 결과에 별칭을 사용하므로 조회 결과에서 칼럼명이 sales로 나옵니다.

1분 퀴즈 2

mywork 데이터베이스에 있는 box_office 테이블에서 2012년 제작됐지만, 2019년에 개봉된 영화를 조회하는 쿼리를 작성하세요.

정답 및 해설: 해설 노트 490쪽

5.3 데이터 정렬하기

SELECT와 WHERE 절을 사용하면 테이블에서 원하는 데이터만 선별해 조회할 수 있습니다. 하지만 조회된 데이터가 많으면 데이터를 한눈에 파악하기가 그리 쉽지 않습니다. 이때 데이터를 정렬하면 데이터를 파악하기가 좀 더 쉽습니다. 그래서 이 절에서는 데이터를 정렬해 조회하는 방법을 살펴보겠습니다.

5.3.1 ORDER BY 절로 정렬하기

SELECT 문에서 데이터를 정렬할 때는 ORDER BY 절을 사용합니다. ORDER BY 절의 구문은 다음과 같습니다.

구문 5-4
```
SELECT *
  FROM 테이블
 WHERE 조회 조건
 ORDER BY 칼럼1 [ASC|DESC], 칼럼2 [ASC|DESC];
```

ORDER BY 절은 SELECT 문에서 가장 마지막에 작성합니다. ORDER BY 다음에 칼럼명과 정렬 방법을 명시하면 칼럼에 들어 있는 값을 기준으로 정렬됩니다. 정렬 방법은 두 가지로, 오름차순과 내림차순이 있습니다. 오름차순 정렬은 칼럼 값 기준으로 값이 작은 건부터 큰 건순으로 조회됩니다. 반대로 내림차순 정렬은 값이 큰 건부터 작은 건 순으로 조회되겠죠.

오름차순으로 정렬하려면 칼럼명 다음에 ASC, 내림차순으로 정렬하려면 DESC를 붙입니다. ASC

는 ascending의 약자이고 DESC는 descending의 약자입니다. 그리고 오름차순으로 정렬할 때는 칼럼명만 명시해도 됩니다. ASC를 생략하면 오름차순으로 정렬되지만, 내림차순으로 정렬하려면 반드시 DESC를 붙여야 합니다. 그럼 ORDER BY 절을 사용해 볼까요?

코드 5-25
```sql
USE world;

SELECT code, name, continent, region, population
  FROM country
 WHERE population > 100000000
 ORDER BY population ASC;
```

실행결과

code	name	continent	region	population
NGA	Nigeria	Africa	Western Africa	111506000
JPN	Japan	Asia	Eastern Asia	126714000
BGD	Bangladesh	Asia	Southern and Central Asia	129155000
RUS	Russian Federation	Europe	Eastern Europe	146934000
PAK	Pakistan	Asia	Southern and Central Asia	156483000
BRA	Brazil	South America	South America	170115000
IDN	Indonesia	Asia	Southeast Asia	212107000
USA	United States	North America	North America	278357000
IND	India	Asia	Southern and Central Asia	1013662000
CHN	China	Asia	Eastern Asia	1277558000

코드 5-25는 코드 5-21을 수정한 쿼리로, ORDER BY 다음에 population ASC를 명시했습니다. 이는 population 칼럼 값을 기준으로 오름차순 정렬한다는 뜻입니다.

결과를 보면 인구가 1억 명보다 많은 국가 중 인구가 적은 국가부터 많은 국가 순으로 조회됐습니다. 이 쿼리에서 ASC를 빼도 결과는 같습니다. 정렬 방법을 생략하면 기본으로 오름차순이 적용되기 때문이죠.

ORDER BY 절 다음에는 칼럼을 여러 개 명시할 수 있습니다. 즉, 여러 개의 칼럼 값으로 정렬할 수 있습니다. ORDER BY 다음에 먼저 오는 칼럼으로 정렬하고 그다음 칼럼 값 기준으로 정렬합니다. 칼럼을 2개 이상 명시할 때는 각 칼럼을 콤마(,)로 구분합니다.

코드 5-26
```sql
SELECT name, continent, region
  FROM country
 WHERE population > 50000000
 ORDER BY continent, region;
```

실행결과

name	continent	region
China	Asia	Eastern Asia
Japan	Asia	Eastern Asia
Turkey	Asia	Middle East
Indonesia	Asia	Southeast Asia
Philippines	Asia	Southeast Asia
Thailand	Asia	Southeast Asia
Vietnam	Asia	Southeast Asia
Bangladesh	Asia	Southern and Central Asia
India	Asia	Southern and Central Asia
Iran	Asia	Southern and Central Asia
Pakistan	Asia	Southern and Central Asia
United Kin…	Europe	British Islands

코드 5-26은 country 테이블에서 인구가 5천만 명 초과인 국가를 조회하는 쿼리로, ORDER BY 절에 continent와 region 칼럼을 명시했습니다. 이렇게 하면 continent 칼럼 값으로 먼저 오름차순 정렬을 한 후, region 칼럼 값으로 오름차순 정렬하라는 의미입니다.

결과를 보면 continent 칼럼 값이 A로 시작하는 Asia에 속한 국가들이 먼저 조회됐고, 같은 Asia 국가 중에서는 region 값의 알파벳 순서인 Eastern Asia, Middle East 순으로 정렬됐습니다. 첫 번째 칼럼인 continent 값으로 먼저 정렬하고, 두 번째 칼럼인 region 값으로 오름차순 정렬했음을 알 수 있습니다.

코드 5-27

```sql
SELECT name, continent, region
  FROM country
 WHERE population > 50000000
 ORDER BY continent, region DESC;
```

실행결과

name	continent	region
Bangladesh	Asia	Southern and Central Asia
India	Asia	Southern and Central Asia
Iran	Asia	Southern and Central Asia
Pakistan	Asia	Southern and Central Asia
Indonesia	Asia	Southeast Asia
Philippines	Asia	Southeast Asia
Thailand	Asia	Southeast Asia
Vietnam	Asia	Southeast Asia
Turkey	Asia	Middle East
China	Asia	Eastern Asia
Japan	Asia	Eastern Asia
Germany	Europe	Western Europe

코드 5-27은 코드 5-26과 거의 비슷한데 한 부분이 다릅니다. ORDER BY 절에서 두 번째 칼럼인 region 다음에 DESC를 붙였죠. DESC를 붙이면 오름차순이 아닌 내림차순으로 정렬됩니다. 따라서 이번에는 continent 칼럼 값으로 오름차순 정렬한 후, region 값으로 내림차순 정렬합니다.

결과를 보면 Asia의 경우 이전과는 반대로 Southern and Central Asia가 먼저 등장하고 Eastern Asia가 가장 나중에 보이죠. 이처럼 어떤 칼럼을 기준으로, 어떤 방식으로 정렬할 것인지 결정해서 ORDER BY 다음에 해당 내용을 명시해 데이터를 정렬합니다.

5.3.2 순번으로 정렬하기

ORDER BY 절 다음에 정렬하려는 칼럼을 명시하는 대신 1, 2, 3, 4처럼 숫자를 명시해 데이터를 정렬할 수도 있습니다. 이 숫자는 무엇을 의미할까요? 예를 보죠.

코드 5-28
```sql
SELECT code, name, continent, region, population
  FROM country
 WHERE population > 100000000
 ORDER BY 5 ASC;
```

실행결과

code	name	continent	region	population
NGA	Nigeria	Africa	Western Africa	111506000
JPN	Japan	Asia	Eastern Asia	126714000
BGD	Bangladesh	Asia	Southern and Central Asia	129155000
RUS	Russian Federation	Europe	Eastern Europe	146934000
PAK	Pakistan	Asia	Southern and Central Asia	156483000
BRA	Brazil	South America	South America	170115000
IDN	Indonesia	Asia	Southeast Asia	212107000
USA	United States	North America	North America	278357000
IND	India	Asia	Southern and Central Asia	1013662000
CHN	China	Asia	Eastern Asia	1277558000

코드 5-28은 코드 5-25와 거의 같지만, ORDER BY 다음에 population 대신 숫자 5를 넣었습니다. 그런데 쿼리의 조회 결과는 코드 5-25와 같습니다. 어떻게 결과가 같을까요?

ORDER BY 다음에 적힌 숫자는 SELECT 절에 명시한 칼럼의 순번을 의미합니다. 코드 5-28

의 SELECT 절에 code, name, continent, region, population 총 5개의 칼럼이 있으므로 숫자 5는 5번째 칼럼인 population을 가리키겠죠. 따라서 ORDER BY 5 ASC는 ORDER BY population ASC와 같고, 쿼리 수행 결과도 같습니다.

코드 5-29
```sql
SELECT *
  FROM country
 ORDER BY 4, 3, 2;
```

실행결과

Code	Name	Continent	Region	SurfaceArea	IndepYear	Population	LifeExpectancy	GNP
ATA	Antarctica	Antarctica	Antarctica	13120000.00	NULL	0	NULL	0.00
BVT	Bouvet Island	Antarctica	Antarctica	59.00	NULL	0	NULL	0.00
ATF	French Southern territories	Antarctica	Antarctica	7780.00	NULL	0	NULL	0.00
HMD	Heard Island and McDonald Islands	Antarctica	Antarctica	359.00	NULL	0	NULL	0.00
SGS	South Georgia and the South Sandwich Islands	Antarctica	Antarctica	3903.00	NULL	0	NULL	0.00
AUS	Australia	Oceania	Australia and New Zealand	7741220.00	1901	18886000	79.8	351182.00
CXR	Christmas Island	Oceania	Australia and New Zealand	135.00	NULL	2500	NULL	0.00
CCK	Cocos (Keeling) Islands	Oceania	Australia and New Zealand	14.00	NULL	600	NULL	0.00
NZL	New Zealand	Oceania	Australia and New Zealand	270534.00	1907	3862000	77.8	54669.00
NFK	Norfolk Island	Oceania	Australia and New Zealand	36.00	NULL	2000	NULL	0.00
EST	Estonia	Europe	Baltic Countries	45227.00	1991	1439200	69.5	5328.00
LVA	Latvia	Europe	Baltic Countries	64589.00	1991	2424200	68.4	6398.00
LTU	Lithuania	Europe	Baltic Countries	65301.00	1991	3698500	69.1	10692.00
IRL	Ireland	Europe	British Islands	70273.00	1921	3775100	76.8	75921.00

코드 5-29는 ORDER BY 다음에 4, 3, 2를, SELECT 절에는 *를 명시합니다. 여기서 4, 3, 2는 각각 어떤 칼럼을 의미할까요? SELECT 절에 *를 명시했으니 전체 칼럼이 조회되고, 숫자는 테이블을 생성할 때 작성한 칼럼의 순서입니다. 따라서 4, 3, 2는 각각 country 테이블의 4번째, 3번째, 2번째 칼럼인 region, continent, name을 의미합니다. 결국 ORDER BY 4, 3, 2는 ORDER BY region, continent, name과 같습니다.

결과를 보면 먼저 region 칼럼으로 오름차순 정렬되고 이어서 continent, name순으로 오름차순 정렬됐습니다.

코드 5-30
```sql
SELECT name, continent, region
  FROM country
 WHERE population > 50000000
 ORDER BY 4 DESC;
```

실행결과

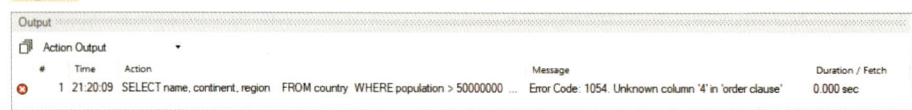

코드 5-30은 ORDER BY 다음에 4 DESC를 명시했습니다. 이는 네 번째 칼럼 값 기준으로 내림차순 정렬하라는 뜻입니다. 그런데 쿼리를 실행하면 오류가 발생합니다. 왜일까요? 오류가 난 이유는 SELECT 절에 명시한 칼럼이 3개뿐이기 때문입니다. 4는 네 번째 칼럼을 의미하는데, 네 번째 칼럼은 존재하지 않죠.

입력창을 보면 "Unknown column '4' in 'order clause'"라는 오류 메시지가 나옵니다. 이는 SELECT 절에 네 번째 칼럼이 없어서 이를 인식하지 못한다는 뜻입니다. 이처럼 ORDER BY 다음에 숫자를 명시할 때는 반드시 SELECT 절에 명시한 칼럼 수를 확인해야 합니다.

1분 퀴즈 3

world 데이터베이스에 있는 city 테이블에서 우리나라에 속한 도시를 도시명은 오름차순, 인구는 내림차순으로 조회하는 문장을 작성하세요.

정답 및 해설: 해설 노트 490쪽

5.4 데이터 조회 개수 제한하기: LIMIT 절

테이블에 있는 데이터를 조회할 때는 SELECT 문을 사용하고, 특정 데이터만 조회하려면 WHERE 절을, 정렬하려면 ORDER BY 절을 사용했습니다. 이번에는 조회된 데이터의 개수를 제한하는 방법을 알아보겠습니다.

조회 개수를 제한한다는 것은 조회되는 데이터의 로우 수를 제한한다는 의미입니다. 예를 들어 orders라는 테이블에 있는 칼럼과 데이터를 보고 싶은데, 현재 아는 정보는 테이블명밖에 없다고 해보죠. 이럴 때는 SELECT * FROM orders;라는 문장을 실행해 결과를 보고 데이터를 파악해야겠죠.

그런데 이 테이블에 총 100만 건의 데이터가 들어 있다면 어떨까요? WHERE 절이 없으니 100만 건이 모두 조회될 테고, 결과가 나오기까지 시간이 꽤 오래 걸릴 겁니다. 테이블에 있는 칼럼과 데이터 파악이 목적이므로 100만 건의 데이터를 모두 볼 필요는 없고 10건 정도만 봐도 큰 문제는 없습니다. 이럴 때 LIMIT 절로 10건의 데이터만 볼 수 있습니다.

> **구문 5-5**
>
> ```
> SELECT *
>   FROM 테이블
>  WHERE 조회 조건
>  ORDER BY ...
>  LIMIT n;
> ```

LIMIT 절은 ORDER BY 절 뒤에 오며 LIMIT 다음에 제한할 로우 수를 명시합니다. LIMIT 다음에 오는 n은 숫자를 의미합니다. 가령 LIMIT 100을 하면 100건, LIMIT 10을 하면 10건의 데이터만 조회하라는 의미입니다.

그럼 LIMIT 절을 사용해 볼까요?

코드 5-31
```sql
USE mywork;

SELECT *
  FROM box_office
 LIMIT 10;
```

실행결과

seq_no	years	ranks	movie_name	release_date	sale_amt	share_rate	audience_num	screen_num	showing_count	rep_country
1	2004	196	아웃 오브 타임	2004-03-12 00:00:00	37610000	0	5770	7	272	미국
2	2004	197	퍼니셔	2004-09-10 00:00:00	36507500	0	5664	10	358	미국
3	2004	198	카우 삼총사	2004-08-06 00:00:00	34027500	0	5592	9	201	미국
4	2004	199	내겐 너무 아찔한 그녀	NULL	38127500	0	5522	9	358	미국
5	2004	200	천년여우	2004-07-09 00:00:00	33891000	0	5472	10	263	일본
6	2004	201	날으는 돼지 - 해적 마테오	2004-07-24 00:00:00	34216000	0	5466	6	180	한국
7	2004	203	러브 인 아프리카	2004-12-10 00:00:00	29207000	0	4590	6	198	독일
8	2004	204	붙어야 산다	2004-02-27 00:00:00	29152000	0	4581	12	272	미국
9	2004	205	더 블루스:소울 오브 맨	2004-05-14 00:00:00	29099000	0	4361	2	175	독일
10	2004	206	호텔 비너스	2004-09-10 00:00:00	28389500	0	4358	4	135	일본

이번에는 mywork 데이터베이스로 이동해 box_office 테이블을 조회합니다. 이때 LIMIT 10을 명시합니다. 따라서 쿼리를 수행하면 10건의 데이터만 조회됩니다. 이 쿼리에서는 WHERE 절과 ORDER BY 절을 사용하지 않아서 box_office 테이블 전체를 조회합니다. 그런데 LIMIT 절을 사용하면 3만 5천 건이 넘는 데이터 중에 단 10건만 조회됩니다.

LIMIT 절의 또 다른 사용법을 보죠.

코드 5-32
```sql
SELECT *
  FROM box_office
 WHERE release_date BETWEEN '2019-01-01' AND '2019-12-31'
   AND audience_num >= 5000000
 ORDER BY sale_amt DESC
 LIMIT 5;
```

실행결과

seq_no	years	ranks	movie_name	release_date	sale_amt	share_rate	audience_num	screen_num	showing_count	rep_country
20256	2019	1	극한직업	2019-01-23 00:00:00	139651845516	0.073	16265618	2003	292584	한국
20257	2019	2	어벤져스: 엔드게임	2019-04-24 00:00:00	122182694160	0.064	13934592	2835	242001	미국
20258	2019	3	겨울왕국 2	2019-11-21 00:00:00	111596248720	0.058	13369064	2648	282557	미국
20259	2019	4	알라딘	2019-05-23 00:00:00	106955138359	0.056	12552283	1409	266469	미국
20260	2019	5	기생충	2019-05-30 00:00:00	85883963645	0.045	10085275	1948	192855	한국

코드 5-32는 코드 5-23과 거의 같고, ORDER BY 절과 LIMIT 절이 추가됐습니다. 이 쿼리는 2019년 개봉 영화 중 500만 명 이상의 관객이 본 영화를 조회합니다. 이때 조회 결과를 ORDER BY 절에서 매출액을 기준으로 내림차순 정렬합니다. 따라서 500만 명 이상이 본 영화들이 매출액이 큰 순으로 조회됩니다. 그런데 마지막 LIMIT 절에 5를 명시했습니다. 5건의 데이터만 조회하라는 뜻이므로 최종 결과는 2019년 개봉하고 500만 명 이상의 관객을 동원한 매출액 기준 상위 5편의 영화만 조회합니다.

만약 LIMIT 절을 사용하지 않았다면 코드 5-23의 결과처럼 10건의 데이터가 조회되겠죠. 이처럼 ORDER BY 절과 LIMIT 절을 같이 사용하면 특정 칼럼 값 기준으로 상위 몇 건 또는 하위 몇 건의 데이터만 선별해 조회할 수 있습니다.

그리고 MySQL Workbench에서는 SELECT 문으로 데이터를 조회할 때 내부적으로 1,000건만 조회하도록 설정되어 있습니다. 3만 5천 건 정도의 데이터가 들어 있는 box_office 테이블을 아무런 조건 없이 조회하더라도 화면에 조회되는 것은 1,000건뿐입니다.

MySQL Workbench 화면 상단에서 **Edit → Preferences** 메뉴를 클릭하면 Workbench Preferences라는 창이 뜹니다. 창의 왼쪽 메뉴에서 **SQL Execution**을 선택하면 오른쪽에 **Limit Rows**라는 항목이 체크되어 있습니다. 그리고 그 아래 **Limit Rows Count**에 **1000**이 입력되어 있죠. 조회되는 데이터를 1,000건으로 제한한다는 뜻입니다. 만약 1,000건 이상이 조회되도록 하려면 이 숫자를 늘리거나 Limit Rows 항목의 체크를 해제하면 됩니다.

그림 5-2 조회 개수 설정

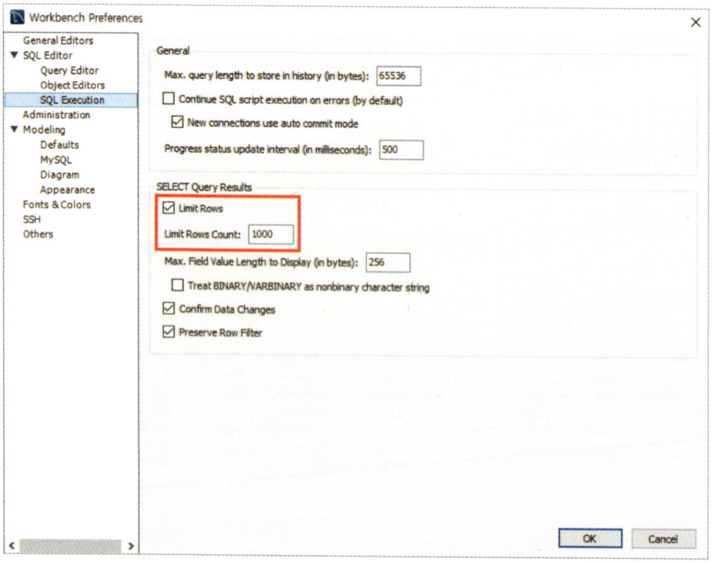

1분 퀴즈 4

world 데이터베이스에 있는 city 테이블에서 우리나라에 속한 도시를 도시명은 오름차순, 인구는 내림차순으로 조회하는데, 총 5건의 데이터만 조회되도록 쿼리를 작성하세요.

정답 및 해설: 해설 노트 490쪽

5 마무리

이 장에서 배운 내용을 정리해 보겠습니다.

1 데이터 조회하기

① 테이블에 있는 데이터를 조회할 때는 DML 중 하나인 SELECT 문을 사용합니다.

② SELECT 문은 SELECT, FROM, WHERE, ORDER BY, LIMIT 절로 구성됩니다.

③ SELECT 절에는 조회하려는 칼럼을 명시하는데, 조회하려는 칼럼이 여러 개일 때는 ,(콤마)로 구분하고, 모든 칼럼을 조회하려면 *(스타)를 명시합니다.

④ FROM 절에는 조회하고자 하는 테이블명을 넣습니다.

2 조건에 맞는 데이터 조회하기

① 테이블에서 특정 데이터만 선별해 조회하려면 WHERE 절을 기술합니다. WHERE 다음에 적절한 조건을 기술하는데, 이를 **조회 조건**이라 합니다.

② 조회 조건은 주로 칼럼과 연산자, 비교 값으로 구성되고, 조회 조건을 만족하는 건만 조회됩니다.

③ 조회 조건을 만족한다는 것은 조건 결괏값이 **참**(TRUE)임을 의미합니다.

④ 조회 조건에서 사용되는 비교 연산자는 해당 연산자의 좌우 값을 비교해 그 결과가 참(TRUE)인 건을 조회합니다.

⑤ 조회 조건에서 자주 사용되는 **비교 연산자**로는 =, <>(혹은 !=), <, <=, >, >=, BETWEEN... AND, IN, LIKE 등이 있습니다.

⑥ WHERE 절에 여러 개의 조회 조건을 기술할 수 있는데, 각 조건은 논리 연산자인 AND나 OR로 연결합니다.

⑦ 두 개의 조회 조건이 AND 연산자로 연결되면 두 조건을 모두 만족하는 데이터만 조회됩니다.

⑧ 두 개의 조회 조건이 OR 연산자로 연결되면 두 조건 중 하나라도 만족하는 데이터는 모두 조회됩니다.

3 데이터 정렬하기

① 데이터를 정렬해 조회하려면 ORDER BY 절을 사용합니다.

② ORDER BY 다음에 정렬하려는 칼럼을 명시하면 해당 칼럼 값을 기준으로 오름차순 또는 내림차순으로 정렬됩니다.

③ 오름차순으로 정렬할 때는 칼럼명 다음에 ASC를 명시해도 되고 생략해도 됩니다.

④ 내림차순으로 정렬할 때는 칼럼명 다음에 DESC를 명시하며 생략할 수 없습니다.

⑤ ORDER BY 다음에 여러 개의 칼럼을 명시할 수 있는데, 명시한 순서대로 정렬됩니다.

⑥ ORDER BY 다음에 칼럼명이 아닌 숫자를 넣을 수도 있는데, 이 숫자는 SELECT 절에 기술한 칼럼의 순번을 뜻합니다.

⑦ 만약 SELECT 절에 명시한 칼럼의 순번을 벗어난 숫자를 ORDER BY 절에 넣으면 오류가 발생합니다.

4 데이터 조회 개수 제한하기

① 조회되는 데이터의 건수(로우 수)를 제한할 때는 LIMIT 절을 사용하고, LIMIT 다음에 명시한 숫자만큼만 조회됩니다.

② ORDER BY 절과 LIMIT 절을 사용하면 ORDER BY 절에 기술한 칼럼 값을 기준으로 상위 또는 하위 몇 건만 조회할 수 있습니다.

5 전체 구문 형식

```
SELECT *
  FROM 테이블
 WHERE 조회 조건
 ORDER BY 칼럼1 [ASC|DESC], 칼럼2 [ASC|DESC]
 LIMIT n;
```

Self Check

1. world 데이터베이스의 countrylanguage 테이블에는 국가별 사용 언어 데이터가 들어 있습니다. 이 테이블의 percentage 칼럼에는 해당 언어가 사용되는 비율 값이 들어 있는데, 99% 이상인 건을 국가 순으로 조회하는 쿼리를 작성하세요.

2. world 데이터베이스에 접속된 상태일 때, mywork 데이터베이스에 있는 box_office 테이블에서 2019년 제작된 영화 중 순위(ranks)가 1위에서 10위까지인 영화를 순위별로 조회하는 쿼리를 작성하세요.

3. mywork 데이터베이스로 이동해 box_office 테이블에서 2019년 제작된 영화 중 영화 유형(movie_type 칼럼)이 장편이 아닌 영화를 순위(ranks)대로 조회하는 쿼리를 작성하세요.

4. box_office 테이블에서 2019년 제작된 영화 중 스크린수 기준 상위 10개 영화를 조회하는 쿼리를 작성하세요.

정답 및 해설: 해설 노트 491쪽

Let's Get IT

Part 2

SQL 레벨업하기

Part 2

6장 반복적인 계산을 편리하게: SQL 함수 사용하기

7장 데이터 집계하기: 집계 쿼리

8장 테이블끼리 관계 맺기: 조인

9장 쿼리 안의 또 다른 쿼리: 서브쿼리

10장 데이터 입력/수정/삭제하고 트랜잭션 처리하기

반복적인 계산을 편리하게: SQL 함수 사용하기

함수는 수학에서 주로 사용하는데, f(x) = 2x + 3이라는 함수를 한번 보죠. x를 변수로 받아 x에 2를 곱한 다음 3을 더한 결과를 냅니다. x에 2를 넣으면 7, 3을 넣으면 9가 결과로 나오죠. 프로그래밍에서 **함수**(function)는 매개변수를 입력받아 특정 연산을 수행하고 그 결과를 반환합니다. 그래서 자주 사용되는 계산을 함수로 만들어 놓고 매개변수만 바꿔 가며 전달하면 원하는 값을 얻을 수 있습니다. SQL에도 이런 함수가 있습니다. 이 장에서는 MySQL에서 제공하는 기본적인 SQL 함수와 그 사용법을 알아보겠습니다.

6.1

SQL 함수란

SQL 함수는 수학 함수와 정의나 쓰임새가 같고 심지어는 같은 함수도 많습니다. SQL 함수는 SQL 문장에서 사용되어 특정 연산을 수행하고 그 결과를 반환합니다. 그래서 MySQL은 자주 사용되는 계산 기능을 함수로 만들어 제공합니다.

6.1.1 SQL 함수의 작동 방식

가장 간단한 예로 SQL 함수의 작동 방식을 알아봅시다.

코드 6-1
```sql
SELECT ABS(1), ABS(-1);
```

실행결과

ABS(1)	ABS(-1)
1	1

코드 6-1은 두 가지 점에 주목해야 합니다. 먼저 SELECT 문이 FROM 절 없이 SELECT 절만 단독으로 사용됩니다. 이처럼 테이블에 있는 데이터를 조회하는 것이 아니라 특정 계산이나 연산을 할 때는 MySQL에서 SELECT 절만 사용해도 됩니다. 두 번째로, SELECT 문에서 ABS()라는 함수를 사용하는데, ABS()는 소괄호에 넣은 매개변수 값의 절댓값을 반환하는 함수입니다. 여기서 매개변수란 함수의 괄호 안에 넣는 값을 말합니다. f(x)라는 함수에서는 x가 매개변수입니다.

결과를 보면 매개변수로 전달한 값의 절댓값이 반환된 것을 알 수 있습니다. 1은 1로, -1은 1로 반환됐죠.

다른 함수도 살펴보죠.

코드 6-2
```sql
SELECT LENGTH('mysql');
```

실행결과

LENGTH('mysql')
5

코드 6-2에서는 LENGTH( )란 함수를 사용했습니다. 이 함수는 매개변수로 들어오는 문자의 길이(문자의 총 개수)를 반환합니다. 코드에서는 매개변수로 'mysql'이란 문자형 값이 넘어왔고 총 5글자로 이루어졌으므로 5를 반환합니다. ABS( ) 함수와 다르게 LENGTH( ) 함수는 매개변수로 문자형 데이터를 받아 연산을 수행합니다.

이처럼 SQL 함수는 매개변수를 받아 함수에 지정된 특정 연산을 수행하고 그 결과를 반환합니다. 여기서 예로 든 ABS( ), LENGTH( ) 외에도 MySQL에는 다양한 SQL 함수가 있습니다.

6.1.2 SQL 함수의 종류

SQL 함수를 사용하려면 MySQL에서 어떤 함수를 제공하며 해당 함수가 어떤 계산을 수행하는지 알아야 합니다. MySQL에서는 많은 함수를 제공하는데, 보통 함수의 연산 대상이나 계산 결과의 데이터 타입에 따라 함수를 구분합니다. 기본 SQL 함수로는 다음과 같은 종류가 있습니다.

표 6-1 SQL 함수의 종류

구분	설명	해당 함수
숫자형 함수	연산 대상과 반환값이 숫자형인 함수	ABS( ), ROUND( ) 등
문자형 함수	연산 대상과 반환값이 문자형인 함수	CONCAT( ), SUBSTRING( ) 등
날짜형 함수	연산 대상과 반환값이 날짜형인 함수	SYSDATE( ), YEAR( ) 등

○ 계속

구분	설명	해당 함수
형 변환 함수	연산 대상의 데이터 타입을 변환하는 함수	CAST(), CONVERT() 등
기타 함수	흐름을 제어하는 함수	IF(), IFNULL() 등
집계 함수	집계 쿼리에서 사용하는 함수	SUM(), MAX(), AVG() 등
윈도우 함수	좀 더 세밀한 데이터 분석을 위한 분석 함수	RANK(), LAG() 등

표 6-1에는 MySQL에서 가장 기본이면서 많이 사용되는 함수들이 나와 있습니다. 함수의 종류는 대부분 연산 대상과 반환값의 데이터 타입에 따라 나뉩니다. 숫자형 함수는 숫자형, 문자형 함수는 문자형 데이터를 처리합니다. 하지만 예외도 있습니다. 예를 들어 문자형 함수지만 숫자를 반환하는 함수도 있습니다.

먼저 이 장에서는 숫자형, 문자형, 날짜형, 형 변환, 기타 함수를 살펴보고, 집계 함수와 윈도우 함수는 각각 **7장 데이터 집계하기: 집계 쿼리**와 **11장 데이터 분석에 유용한 분석 쿼리 사용하기**에서 다루겠습니다.

1분 퀴즈 1

MySQL에서 제공하는 기본 SQL 함수에는 어떤 것들이 있는지, 대표적인 4가지 유형을 적어 보세요.

정답 및 해설: 해설 노트 493쪽

6.2 기본 SQL 함수 살펴보기

기본 SQL 함수부터 살펴봅니다. 기본 SQL 함수는 앞 절에서 언급했던 숫자형, 문자형, 날짜형 함수를 가리킵니다. 사실 MySQL에서 이런 유형의 함수를 기본 SQL 함수라고 공식적으로 칭하지는 않습니다. 다만 이 책에서는 가장 기본이고 많이 사용하는 함수를 기본 SQL 함수라고 하겠습니다.

또한, 함수뿐만 아니라 연산자도 함께 살펴보겠습니다. 5장에서 WHERE 절에 사용하는 비교 연산자와 논리 연산자를 배웠죠. 이 외에도 숫자형이나 문자형, 날짜형의 데이터를 대상으로 하는 연산자가 있는데, 함수와 함께 연산자도 소개하겠습니다.

> TIP MySQL에서 제공하는 SQL 함수는 매우 많습니다. 따라서 모든 함수의 작동 방식을 외우고 이해하기는 힘듭니다. 특정 기능을 수행하는 함수에 어떤 것이 있는지 알고만 있고 해당 기능이 필요할 때 이 책이나 관련 매뉴얼을 참조해 SQL 문을 작성하다 보면 자연스럽게 익힐 수 있습니다.

6.2.1 수식 연산자와 숫자형 함수

수식 연산자

먼저 수식 연산자를 알아보겠습니다. **수식 연산자**는 숫자를 대상으로 연산을 수행해 결괏값을 반환합니다. 수학에서 사용하는 +, – 등이 수식 연산자에 속합니다. SQL에서 사용하는 수식 연산자는 다음과 같습니다.

표 6-2 수식 연산자

연산자	설명	사용 예
+	더하기	2 + 3 → 5
-	빼기	3 - 2 → 1
*	곱하기	3 * 2 → 6
/	나누기, 몫을 반환함	3 / 2 → 1.5
%, MOD	나머지	5 % 2 → 1 5 MOD 2 → 1
DIV	나누기, 몫에서 정수 부분만 반환함	3 DIV 2 → 1

표 6-2를 보면 별다른 설명이 필요 없을 정도로 수학에 사용하는 수식과 크게 다르지 않습니다. 다른 점은 곱하기에는 *, 나누기에는 /를 사용합니다. 그리고 나머지 연산자와 DIV는 SQL에서 사용하는 연산자입니다.

사용법을 살펴봅시다.

코드 6-3
```
SELECT 7 % 2, 7 MOD 2, 7 / 2, 7 DIV 2;
```

실행결과

7 % 2	7 MOD 2	7 / 2	7 DIV 2
1	1	3.5000	3

코드를 보면 먼저 %와 MOD를 사용합니다. 이 둘은 나머지 연산자로, 같은 연산을 수행합니다. 7을 2로 나누면 몫은 3, 나머지는 1이므로 두 연산 모두 결과가 1이 나왔습니다. 그리고 /와 DIV는 나누기 연산자로, 몫을 반환합니다. DIV는 몫의 정수 부분만 반환하므로 3.5가 아닌 3을 반환했습니다.

숫자형 함수

수식 연산자를 배웠으니 본격적으로 숫자형 함수를 알아보겠습니다. MySQL에서 사용하는 대표적인 숫자형 함수는 다음과 같습니다.

표 6-3 대표적인 숫자형 함수

함수	반환값	사용 예
ABS(x)	x의 절댓값	ABS(-3) → 3
CEIL(x), CEILING(x)	x보다 큰 최소 정수	CEIL(6.5) → 7
FLOOR(x)	x보다 작은 최대 정수	FLOOR(6.5) → 6
EXP(x)	자연로그의 밑 e의 x승	EXP(2) → 7.38905609893065
LN(x)	밑이 e인 x의 로그	LN(2) → 0.6931471805599453
LOG(b, x)	밑이 b인 x의 로그, b 생략 시 밑은 e	LOG(3, 9) → 2
LOG10()	밑이 10인 x의 로그	LOG10(100) → 2
LOG2()	밑이 2인 x의 로그	LOG2(8) → 3
MOD(n, m)	n을 m으로 나눈 나머지	MOD(21, 5) → 1
POW(x, y), POWER(x, y)	x의 y승	POWER(2, 3) → 8
RAND([n])	0보다 크거나 같고 1보다 작은 난수(실수) 반환함 RAND 함수를 실행할 때마다 반환되는 값(난수)은 달라지지만, 매개변수 n(생략 가능)을 명시하면 여러 번 실행해도 같은 값 반환함	RAND() → 0.14949947330122765
ROUND(x, d)	x를 소수점 이하 d 자리까지 반올림함 d 생략 시 0을 적용해 정수 반환함 d가 음수이면 소수점 기준 왼쪽(정수 부분)으로 기준점을 이동함	ROUND(2.354,1) → 2.4
SIGN()	매개변수가 0보다 크면 1, 0이면 0, 0보다 작으면 -1	SIGN(-5) → -1
SQRT()	제곱근	SQRT(3) → 1.7320508075688772
TRUNCATE(x, d)	x를 소수점 이하 d 자리에서 잘라냄	TRUNCATE(2.354,1) → 2.3

표 6-3에 나온 함수 대부분은 대수학 함수와 비슷해서 사용 예를 보면 해당 함수의 사용법과 반환값을 이해할 수 있을 겁니다. 이 중 몇 가지 함수만 뽑아서 좀 더 자세히 알아보겠습니다.

코드 6-4
```sql
SELECT CEIL(4.5), FLOOR(4.5);
```

실행결과

CEIL(4.5)	FLOOR(4.5)
5	4

코드를 보면 두 함수 모두 매개변수는 4.5입니다. CEIL() 함수는 4.5보다 큰 최소 정수 5를, FLOOR()는 4.5보다 작은 최대 정수 4를 반환합니다. CEIL()과 FLOOR()의 연산은 약간 혼동될 수 있는데, 다음 그림을 보면 이해하기 쉬울 겁니다.

그림 6-1 CEIL과 FLOOR 작동 방식

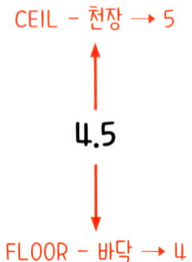

CEIL은 천장, FLOOR는 바닥이라는 뜻입니다. 따라서 4.5라는 숫자가 방 중간 높이에 있다고 가정하면 CEIL()은 4.5보다 큰 최소 정수인 5를, FLOOR()는 4.5보다 작은 최대 정수인 4를 반환합니다. 그리고 CEIL() 함수 대신 CEILING() 함수를 사용해도 같은 값을 반환합니다.

코드 6-5
```sql
SELECT LN(100), LOG(100), LOG(10, 100), LOG10(100);
```

실행결과

LN(100)	LOG(100)	LOG(10, 100)	LOG10(100)
4.605170185988092	4.605170185988092	2	2

먼저 LN(100)은 e(2.718182..., e를 상수 e 또는 자연상수 e라고도 하나 공식 명칭은 자연로그의 밑임)가 밑(base)이고 매개변수가 100이므로 e의 몇 승을 해야 100이 나오는지를 계산한 결과를 반환합니다. LOG(100)은 매개변수를 1개만 명시하고 밑이 생략된 형태이므로 e가 밑으로 적용되어 LN(100)과 같은 값을 반환합니다. LOG(10, 100)은 밑이 10이므로 10의 2승을 하

면 100이므로 반환값은 2입니다. 마지막 LOG10(100)은 밑이 10인 로그 함수이므로 이 역시 2를 반환합니다.

코드 6-6
```sql
SELECT MOD(5, 4), 5 MOD 4, 5 % 4;
```

실행결과

MOD(5, 4)	5 MOD 4	5 % 4
1	1	1

코드 6-6에서는 나머지 연산을 하는 MOD() 함수를 사용했습니다. MOD(5, 4)는 5를 4로 나눈 나머지인 1을 반환하죠. 그런데 나머지는 나머지 연산자로도 구할 수 있습니다. 즉, 5를 4로 나눈 나머지는 5 % 4 또는 5 MOD 4로 구합니다. 5 MOD 4에서 MOD는 함수가 아닌 연산자입니다. 대부분 함수는 함수명() 형태로 소괄호 안에 매개변수를 받지만, 연산자는 괄호가 없습니다.

코드 6-7
```sql
SELECT POWER(4, 3), SQRT(3), SIGN(5), SIGN(-7);
```

실행결과

POWER(4, 3)	SQRT(3)	SIGN(5)	SIGN(-7)
64	1.7320508075688772	1	-1

POWER(4, 3)은 4의 3승인 64를, SQRT(3)은 루트 3, 즉 3의 제곱근을 반환합니다. POWER() 함수는 POW(4, 3)을 사용해도 동일한 결과를 얻을 수 있습니다. 그리고 SIGN() 함수는 매개변수 값이 양수이면 1, 음수이면 -1, 0이면 0을 반환합니다. 따라서 매개변수의 값에 상관없이 양수, 음수인지만 확인하죠. 따라서 5는 1을, -7은 -1을 반환합니다.

코드 6-8
```sql
SELECT ROUND(2.4536, 1), ROUND(2.4536, 2), ROUND(2.4536, 3), ROUND(2.4536, 0),
       ROUND(2.4536);
```

실행결과

ROUND(2.4536, 1)	ROUND(2.4536, 2)	ROUND(2.4536, 3)	ROUND(2.4536, 0)	ROUND(2.4536)
2.5	2.45	2.454	2	2

이번에는 숫자형 함수 중에서 가장 많이 사용되는 ROUND() 함수입니다. 이 함수는 매개변수로 들어온 값을 반올림하는데, 두 번째 매개변수에 지정된 숫자만큼 첫 번째 매개변수의 소수점 이하 자릿수를 반올림해 반환합니다. 두 번째 매개변수가 n이라면 첫 번째 매개변수에서 n+1 자리의 숫자를 반올림해 최종 결과는 n자리까지만 반환합니다.

ROUND() 함수의 반환값을 다음 그림을 보면서 계산해 보죠.

그림 6-2 ROUND 함수의 작동 원리

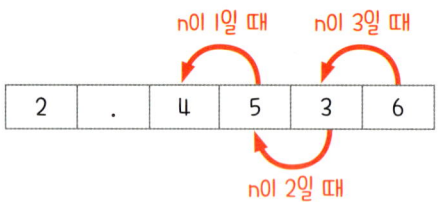

ROUND(2.4536, 1)은 두 번째 매개변수가 1이므로 반환값은 소수점 이하 첫째 자리까지 나와야 합니다. 따라서 소수점 이하 둘째 자리인 5를 반올림해서 결과는 2.5가 됩니다. ROUND(2.4536, 2)는 두 번째 매개변수가 2이므로 소수점 이하 셋째 자리인 3에서 반올림해야 합니다. 따라서 2.45가 반환됩니다. 같은 원리로 ROUND(2.4536, 3)은 소수점 이하 넷째 자리인 6에서 반올림되어 2.454가 반환됩니다.

ROUND(2.4536, 0)은 두 번째 매개변수가 0이므로 소수점 이하 자릿수가 없습니다. 반환 결과는 소수점 이하 숫자가 없어야 하므로 소수점 첫째 자리인 4에서 반올림해 결과는 2가 됩니다. 마지막으로 ROUND(2.4536)은 두 번째 매개변수가 없는데, 이처럼 두 번째 매개변수를 생략하면 0이 적용되어 역시 2가 반환됩니다.

코드 6-9
```sql
SELECT ROUND(1153.456, -1), ROUND(1153.456, -2),
       TRUNCATE(2.4536, 2), TRUNCATE(1153.456, -2);
```

실행결과

ROUND(1153.456, -1)	ROUND(1153.456, -2)	TRUNCATE(2.4536, 2)	TRUNCATE(1153.456, -2)
1150	1200	2.45	1100

코드 6-9의 ROUND() 함수에서는 소수점 이하 자릿수를 의미하는 두 번째 매개변수가 음수입니다. 이때는 소수점 왼쪽인 정수 부분에서 반올림하며 해당 자릿수 이하는 0으로 바꾸고 소수

부분은 버립니다. 따라서 ROUND(1153.456, -1)은 일의 자리인 3에서 반올림해 십의 자리 5는 그대로, 일의 자리 3은 0이 되어 1150을 반환합니다. ROUND(1153.456, -2)는 십의 자리 5에서 반올림되어 백의 자리 1은 2, 십과 일의 자리는 0이 되어 1200이 반환됩니다.

ROUND( ) 함수에서 양수와 음수가 헷갈린다면 소수점을 그래프에서 0으로 보면 왼쪽(정수 부분)은 음수, 오른쪽(소수 부분)은 양수임을 생각해 보세요.

TRUNCATE( ) 함수는 ROUND( )와 달리 반올림을 하지 않고 무조건 버립니다. TRUNCATE(2.4536, 2)는 소수점 이하 둘째 자리까지 반환하므로 셋째 자리에 상관없이 무조건 2.45를 반환하죠. TRUNCATE(1153.456, -2)는 두 번째 매개변수가 음수이므로 십의 자리까지 버리고 1100이 반환됩니다.

코드 6-10
```
SELECT RAND(), RAND(3), RAND(5);
```

실행결과
첫 번째 실행

RAND()	RAND(3)	RAND(5)
0.08823238787076658	0.9057697559760601	0.40613597483014313

두 번째 실행

RAND()	RAND(3)	RAND(5)
0.4631032584822767	0.9057697559760601	0.40613597483014313

RAND( ) 함수는 0보다 크거나 같고 1보다 작은 무작위 수를 반환합니다. 보통은 매개변수 없이 사용하지만, 매개변수를 입력하면 매개변수가 종자 값(seed value) 역할을 합니다. 매개변수가 없을 때는 함수를 호출할 때마다 다른 값이 반환됩니다. 매개변수를 입력하면 동일한 매개변수로 호출할 때마다 같은 값을 반환합니다.

결과를 보면 매개변수 없이 RAND( ) 함수를 실행하면 매번 다른 값이 반환됩니다. 하지만 매개변수를 넣어 실행하면 매번 같은 값이 반환됩니다.

숫자형 함수에는 여기서 소개한 함수 외에도 삼각함수 등이 더 있지만, 이 책에서는 다루지 않습니다.

TIP 숫자형 함수 중에서는 ROUND( ), TRUNCATE( ), SIGN( ) 함수가 자주 사용되니 두 함수는 꼭 알아두세요.

> **1분 퀴즈 2**
>
> 다음 쿼리를 실행한 결과는 무엇일까요?
>
> SELECT ROUND(RAND());
>
> 정답 및 해설: 해설 노트 494쪽

6.2.2 문자형 함수

두 번째로 문자형 함수를 살펴보죠. 문자형 함수는 문자나 문자열을 대상으로 연산을 수행해 결괏값을 반환합니다. 대부분의 문자형 함수는 반환하는 값의 데이터 타입이 문자형이지만, 일부는 숫자를 반환하기도 합니다. MySQL에서 제공하는 문자형 함수가 매우 많은데, 그중에서 자주 사용하는 함수 위주로 알아보겠습니다.

표 6-4 문자형 함수

함수	반환값	사용 예
CHAR_LENGTH(str) CHARACTER_LENGTH(str)	str 문자열의 문자 개수 반환	CHAR_LENGTH('AB') → 2
LENGTH(str)	str 문자열의 바이트(Byte) 수 반환	LENGTH('AB') → 2
CONCAT(s1, s2...)	s1, s2 등의 문자열을 하나로 이어 붙여서 반환	CONCAT('A', 'B') → AB
CONCAT_WS(sep, s1, s2...)	s1, s2 등의 문자열을 sep로 연결해 반환	CONCAT_WS('-', 'A', 'B') → A-B
FORMAT(x, d)	숫자 x의 정수 부분 3자리마다 콤마를 추가해 문자열로 반환 소수점 이하 d자리 기준으로 반올림	FORMAT(123456.13457, 3) → 123,456.135
INSTR(str, substr)	str 문자열에서 substr 문자(열)를 찾아 시작 위치 반환	INSTR('ABC', 'C') → 3

함수	반환값	사용 예
LOCATE(substr, str, pos) POSITION(substr IN str)	str 문자열에서 substr 문자(열)를 찾아 시작 위치 반환, pos 입력 시 해당 위치부터 검색 시작	LOCATE('C', 'ABCDEFG') → 3
LOWER(str) LCASE(str)	str 문자열을 소문자로 반환	LOWER('ABC') → 'abc'
UPPER(str) UCASE(str)	str 문자열을 대문자로 반환	UPPER('abc') → 'ABC'
LPAD(str, len, padstr)	str 문자열을 len 길이만큼 반환하는데, 자리가 남으면 왼쪽을 padstr 문자로 채움	LPAD('ABC', 5, '*') → '**ABC'
RPAD(str, len, padstr)	str 문자열을 len 길이만큼 반환하는데, 자리가 남으면 오른쪽을 padstr 문자로 채움	RPAD('ABC', 5, '*') → 'ABC**'
LTRIM(str)	str 문자열에서 왼쪽 공백 제거	LTRIM(' ABC ') → 'ABC '
RTRIM(str)	str 문자열에서 오른쪽 공백 제거	RTRIM(' ABC ') → ' ABC'
LEFT(str, len)	str 문자열을 len 길이만큼 왼쪽에서 잘라서 반환	LEFT('ABCDE', 2) → 'AB'
RIGHT(str, len)	str 문자열에서 len 길이만큼 오른쪽에서 잘라서 반환	RIGHT('ABCDE', 2) → 'DE'
REPEAT(str, count)	str 문자열을 count만큼 반복	REPEAT('Ya', 3) → 'YaYaYa'
REPLACE(str, from_str, to_str)	str 문자열에서 from_str 문자열을 찾아 to_str로 변경	REPLACE('NaNaNa', 'a', 'b') → 'NbNbNb'
REVERSE(str)	str 문자열을 거꾸로 반환	REVERSE('abcdefg') → 'gfedcba'
SPACE(N)	N개의 공백 문자 반환	SPACE(3) → ' '
SUBSTR(str, pos, len) SUBSTRING(str, pos, len) MID(str, pos, len)	str 문자열의 pos 위치에서 len 길이만큼 문자를 잘라서 반환	SUBSTR('ABCD', 3, 1) → 'C'
TRIM([{BOTH-LEADING|TRAILING} [remstr] FROM] str)	str 문자열에서 remstr 문자를 앞(LEADING)이나 뒤(TRAILING) 또는 앞뒤(BOTH)에서 제거	TRIM(LEADING 'x' FROM 'xxSQLxx') → 'SQLxx'
STRCMP (str1, str2)	str1과 str2 문자열을 비교해 같으면 0, str1이 str2보다 크면 1, 작으면 -1을 반환	STRCMP('A', 'B') → -1

표에서 보듯이 문자형 함수는 꽤 많습니다. 실제로는 이것보다 더 많지만, 자주 쓰는 함수를 골라서 수록했습니다. 그럼 각 함수의 사용법을 알아봅시다.

CHAR_LENGTH(str), CHARACTER_LENGTH(str), LENGTH(str)

CHAR_LENGTH( )와 LENGTH( ) 함수는 문자열의 크기를 반환하는데, CHAR_LENGTH( )는 문자의 개수를, LENGTH( )는 문자열의 바이트 수를 반환합니다. 그리고 CHARACTER_LENGTH( )와 CHAR_LENGTH( )는 같은 기능을 하는 함수이므로 둘 중 어떤 것을 사용해도 결과는 같습니다.

코드 6-11
```
SELECT CHAR_LENGTH('SQL'), LENGTH('SQL'), CHAR_LENGTH('홍길동'), LENGTH('홍길동');
```

실행결과

CHAR_LENGTH('SQL')	LENGTH('SQL')	CHAR_LENGTH('홍길동')	LENGTH('홍길동')
3	3	3	9

매개변수가 'SQL'일 때는 CHAR_LENGTH( )와 LENGTH( ) 함수 모두 3을 반환했지만, '홍길동'일 때는 각각 3과 9를 반환했습니다. MySQL에서 한글 1글자가 3바이트를 차지하기 때문에 LENGTH( ) 함수는 9를 반환했습니다(3바이트 × 3글자).

CONCAT(s1, s2, ...), CONCAT_WS(sep, s1, s2, ...)

CONCAT( )과 CONCAT_WS( ) 함수는 문자열을 연결하는 함수입니다. CONCAT( ) 함수는 매개변수로 들어오는 문자열을 모두 연결해 결과로 반환합니다. CONCAT_WS( ) 함수는 첫 번째 매개변수(sep)를 구분자로 사용하고 두 번째 매개변수부터 문자열을 결합합니다.

코드 6-12
```
SELECT CONCAT('This', 'Is', 'MySQL') AS CONCAT1,
       CONCAT('SQL', NULL, 'Books') AS CONCAT2,
       CONCAT_WS(',', 'This', 'Is', 'MySQL') AS CONCAT_WS;
```

실행결과

CONCAT1	CONCAT2	CONCAT_WS
ThisIsMySQL	NULL	This,Is,MySQL

첫 번째 CONCAT() 함수에서는 매개변수인 'This', 'Is', 'MySQL' 3개의 문자열을 모두 연결해 ThisIsMySQL을 반환했습니다. 두 번째 CONCAT() 함수는 NULL을 반환했는데, 그 이유는 두 번째 매개변수가 NULL이기 때문입니다. NULL과 문자열을 연결하면 그 결과는 NULL이 됩니다. CONCAT_WS() 함수는 구분자인 첫 번째 매개변수가 콤마(,)이므로 두 번째부터 네 번째 매개변수를 연결하면서 그 사이에 구분자 콤마를 넣어 This,Is,MySQL을 반환했습니다.

FORMAT(x, d), INSTR(str, substr), LOCATE(substr, str, pos), POSITION(substr IN str)

FORMAT()은 첫 번째 매개변수(x)에 숫자가 오고 숫자의 정수 부분 3자리마다 콤마를 넣어 문자열로 반환하는 함수입니다. 두 번째 매개변수(d)는 소수점 이하 자릿수를 의미하는데, 0을 입력하면 정수만 반환됩니다.

INSTR() 함수는 첫 번째 매개변수의 문자열에서 두 번째 매개변수의 문자열을 찾아 시작 위치를 반환합니다. 두 번째 매개변수의 문자열을 찾지 못하면 0을 반환합니다.

LOCATE()와 POSITION() 함수는 INSTR() 함수처럼 문자열의 위치를 반환하는데, 사용법이 약간 다릅니다. LOCATE() 함수는 두 번째 매개변수(str)의 문자열에서 첫 번째 매개변수(substr)의 문자열을 찾아 시작 위치를 반환합니다. INSTR() 함수와 매개변수 위치가 바뀌었죠. 또한, 이 함수는 문자열을 찾는 시작 위치를 세 번째 매개변수에 명시할 수 있습니다. 세 번째 매개변수는 생략할 수 있는데, 생략하면 시작 위치는 1이 됩니다. POSITION() 함수는 매개변수가 하나로 str 문자열에서 substr 문자열의 시작 위치를 찾아 반환합니다.

설명만으로는 이해하기 어려울 수 있으니 예를 들어 보죠.

코드 6-13
```sql
SELECT FORMAT(123456789.123456, 3) fmt,
       INSTR('ThisIsSQL', 'sql') instring,
       LOCATE('my', 'TheMyDBMSMySQL', 5) locates,
       POSITION('my' IN 'TheMyDBMSMySQL') pos;
```

실행결과

fmt	instring	locates	pos
123,456,789.123	7	10	4

FORMAT( ) 함수는 두 번째 매개변수에 3을 명시했으므로 소수 부분은 소수점 이하 넷째 자리에서 반올림합니다. 그리고 정수 부분은 3자리마다 콤마를 넣어 문자열 123,456,789.123을 반환했습니다. INSTR( ) 함수는 두 번째 매개변수 'sql'이 첫 번째 매개변수 'ThisIsSQL'에서 7번째 문자부터 시작하므로 7을 반환했습니다. LOCATE 함수는 두 번째 매개변수의 문자열('TheMyDBMSMySQL')에서 첫 번째 매개변수의 문자열(my)을 찾는데, 세 번째 매개변수에 시작 위치를 5로 명시했으므로 5번째 문자(y)부터 my를 찾아서 10을 반환했습니다. POSITION( ) 함수는 my의 시작 위치를 문자열 'TheMyDBMSMySQL'에서 찾으므로 4를 반환했습니다.

좀 더 이해하기 쉽게 코드에서 사용한 INSTR( ), LOCATE( ), POSITION( ) 함수와 매개변수에 따른 반환값을 그림으로 표현했습니다. 각 함수는 색으로 표시된 글자의 위치를 반환합니다.

그림 6-3 INSTR( ), LOCATE( ), POSITION( ) 함수의 반환값

	1	2	3	4	5	6	7	8	9	10	11	12	13	14
INSTR →	T	h	i	s	I	s	**S**	Q	L					
LOCATE →	T	h	e	M	y	D	B	M	S	**M**	y	S	Q	L
POSITION →	T	h	e	**M**	y	D	B	M	S	M	y	S	Q	L

LOWER(str), LCASE(str), UPPER(str), UCASE(str)

LOWER( )와 LCASE( )는 매개변수로 전달된 문자열을 모두 소문자로 변환합니다. 소문자는 소문자 그대로 두고, 대문자는 소문자로 변환하죠. 이와는 반대로 UPPER( )와 UCASE( )는 모두 대문자로 변환합니다.

코드 6-14
```sql
SELECT LOWER('ABcD'), LCASE('ABcD'),
       UPPER('abcD'), UCASE('abcD');
```

실행결과

LOWER('ABcD')	LCASE('ABcD')	UPPER('abcD')	UCASE('abcD')
abcd	abcd	ABCD	ABCD

결과를 보면 LOWER( )와 LCASE( )는 매개변수의 값을 모두 소문자로, UPPER( )와 UCASE( )는 모두 대문자로 반환했습니다.

LPAD(str, len, padstr), RPAD(str, len, padstr)

LPAD()는 Left와 Pad의 합성어로, 왼쪽을 채운다는 뜻입니다. LPAD() 함수는 첫 번째 매개변수(str) 문자열을 반환하는데, 이때 두 번째 매개변수인 len에서 str 문자열의 길이를 뺀 만큼(len - str) 세 번째 매개변수(padstr)로 str 문자열의 왼쪽을 채웁니다.

RPAD()는 Right와 Pad의 합성어로, LPAD() 함수와 작동 방식이 같습니다. 단, str 문자열의 왼쪽 대신 오른쪽을 채웁니다.

코드 6-15
```sql
SELECT LPAD('SQL', 7, '#'),
       RPAD('SQL', 7, '#');
```

실행결과

LPAD('SQL', 7, '#')	RPAD('SQL', 7, '#')
####SQL	SQL####

LPAD('SQL', 7, '#')에서 SQL은 3글자이므로 # 문자 4개(7 - 3)를 왼쪽에 채워 '####SQL'을 반환합니다. RPAD() 함수는 오른쪽을 채우므로 'SQL####'을 반환합니다.

LTRIM(str), RTRIM(str)

LTRIM() 함수는 매개변수 문자열에 있는 왼쪽 공백을 제거해 반환하고, RTRIM() 함수는 오른쪽 공백을 제거해 반환합니다.

코드 6-16
```sql
SELECT LTRIM('   SQL   '),
       RTRIM('   SQL   ');
```

실행결과

LTRIM(' SQL ')	RTRIM(' SQL ')
SQL	SQL

결과를 보면 LTRIM() 함수는 왼쪽 공백을 제거해 'SQL   '을, RTRIM() 함수는 오른쪽 공백을 제거해 '   SQL'을 반환했습니다.

LEFT(str, len), RIGHT(str, len)

LEFT() 함수는 첫 번째 매개변수 str을 두 번째 매개변수 len만큼 왼쪽에서 잘라내 반환하지만, RIGHT() 함수는 왼쪽이 아닌 오른쪽에서 잘라냅니다.

코드 6-17
```sql
SELECT LEFT('ThisIsMySQL', 4),
       RIGHT('ThisIsMySQL', 3);
```

실행결과

LEFT('ThisIsMySQL', 4)	RIGHT('ThisIsMySQL', 3)
This	SQL

LEFT('ThisIsMySQL', 4)는 문자열의 왼쪽에서 4글자를 자르라는 의미이므로 'This'가 반환됩니다. RIGHT('ThisIsMySQL', 3)은 문자열의 오른쪽에서 3글자를 자른 'SQL'이 반환됩니다.

REPEAT(str, count), REPLACE(str, from_str, to_str), REVERSE(str)

REPEAT() 함수는 첫 번째 매개변수인 str 문자열을 두 번째 매개변수인 count 수만큼 반복해 반환합니다. REPLACE() 함수는 첫 번째 매개변수인 str 문자열에서 두 번째 매개변수인 from_str을 찾아 세 번째 매개변수인 to_str 문자열로 바꿉니다. 만약 from_str 문자열이 str에 없다면 str을 그대로 반환합니다. REVERSE() 함수는 매개변수 문자열의 순서를 뒤집어 반환합니다.

코드 6-18
```sql
SELECT REPEAT('SQL', 3),
       REPLACE('생일 축하해 철수야', '철수', '영희') REP,
       REVERSE('SQL');
```

실행결과

REPEAT('SQL', 3)	REP	REVERSE('SQL')
SQLSQLSQL	생일 축하해 영희야	LQS

REPEAT('SQL', 3)는 'SQL'을 3번 반복하라는 의미이므로 'SQLSQLSQL'이 반환됩니다. REPLACE('생일 축하해 철수야', '철수', '영희')는 첫 번째 매개변수의 문자열에서 '철수'를 찾아 '영희'로 바꾸라는 뜻이죠. 따라서 '생일 축하해 영희야'가 반환됩니다. REVERSE('SQL')은

'SQL'을 뒤집어서 'LQS'를 반환합니다.

SUBSTR(str, pos, len), SUBSTRING(str, pos, len), MID(str, pos, len)

SUBSTR() 함수는 첫 번째 매개변수 str의 문자열에서 두 번째 매개변수 pos로 지정된 위치부터 세 번째 매개변수 len만큼 잘라 반환합니다. len은 생략 가능하며, 생략하면 str의 오른쪽 끝까지 잘라냅니다. 또한 pos 값에 음수도 넣을 수 있는데, 이때는 시작 위치를 왼쪽이 아닌 오른쪽 끝을 기준으로 잡습니다. 그리고 SUBSTRING(), MID() 함수는 SUBSTR() 함수와 사용법이 같습니다.

코드 6-19
```sql
SELECT SUBSTR('This Is MySQL', 6, 2) FIRST,
       SUBSTRING('This Is MySQL', 6) SECOND,
       MID('This Is MySQL', -5) THIRD;
```

실행결과

FIRST	SECOND	THIRD
Is	Is MySQL	MySQL

SUBSTR('This Is MySQL', 6, 2)는 'This Is MySQL'에서 6번째 문자인 I부터 2개의 문자를 가져오라는 뜻이므로 'Is'를 반환했습니다. SUBSTRING('This Is MySQL', 6)는 세 번째 매개변수가 생략됐으므로 6번째인 I부터 문자열 끝까지 가져와 'Is MySQL'을 반환했습니다. MID('This Is MySQL', -5)는 두 번째 매개변수가 -5로 음수입니다. 따라서 왼쪽이 아닌 오른쪽 끝에서부터 5번째 문자인 M이 시작 위치가 됩니다. 그리고 세 번째 매개변수가 생략됐으니 문자열 끝까지 가져와 'MySQL'을 반환했습니다.

좀 더 이해하기 쉽게 코드 6-19에서 사용한 각 함수와 매개변수에 따른 반환값을 그림에 담아 봤습니다. 색으로 표시한 부분이 반환되는 값입니다.

그림 6-4 SUBSTR(), SUBSTRING(), MID() 함수의 반환값

	1	2	3	4	5	6	7	8	9	10	11	12	13
SUBSTR →	T	h	i	s		I	s		M	y	S	Q	L
SUBSTRING →	T	h	i	s		I	s		M	y	S	Q	L
MID →	T	h	i	s		I	s		M	y	S	Q	L

TRIM([{BOTH|LEADING|TRAILING} [remstr] FROM] str)

TRIM() 함수는 다른 함수보다 사용법이 약간 복잡합니다. 기본으로 매개변수로 들어오는 문자열의 앞뒤 공백을 제거하고, 매개변수로 문자열만 있으면 앞뒤 공백을 제거한 나머지 문자열을 반환합니다. 또한, 공백이 아닌 특정 문자열을 제거할 수도 있습니다. BOTH, LEADING, TRALING 세 가지 옵션이 있는데, str 문자열에서 BOTH는 앞뒤 모두, LEADING은 앞, TRAILING은 뒤에 있는 remstr 문자열을 제거합니다. [ ]로 표시한 부분은 생략할 수 있다는 뜻이므로 옵션 없이 매개변수인 문자열만 넣어도 됩니다.

설명이 복잡하니 예제를 보죠.

코드 6-20
```sql
SELECT TRIM('  MySQL  ') BASIC,
       TRIM(LEADING '*' FROM '***SQL***') LEFT_TRIM,
       TRIM(TRAILING '*' FROM '***SQL***') RIGHT_TRIM,
       TRIM(BOTH '*' FROM '***SQL***') BOTHS;
```

실행결과

BASIC	LEFT_TRIM	RIGHT_TRIM	BOTHS
MySQL	SQL***	***SQL	SQL

먼저 TRIM(' MySQL ')은 ' MySQL '에서 모든 공백을 제거하고 'MySQL'을 반환했습니다. TRIM(LEADING '*' FROM '***SQL***')은 * 문자를 '***SQL***'의 앞(LEADING)에서 제거하라는 의미이므로 'SQL***'를 반환했습니다. TRIM(TRAILING '*' FROM '***SQL***')은 뒤(TRAILING)에서 *를 제거하라는 뜻이므로 '***SQL'을 반환했습니다. TRIM(BOTH '*' FROM '***SQL***')은 앞뒤 모두(BOTH)에서 *를 제거해 'SQL'을 반환했습니다. 만약 LEADING, TRAILING, BOTH 중 어느 것도 명시하지 않으면 기본으로 BOTH가 적용되어 앞뒤에서 지정 문자를 모두 제거하고 반환합니다.

STRCMP(str1, str2)

STRCMP() 함수는 두 매개변수의 문자열을 비교해 같으면 0을, 첫 번째 매개변수가 두 번째 매개변수보다 작으면 -1을, 그 반대면 1을 반환합니다. 여기서 작다는 것은 정렬 순서를 기준으로 할 때 작다는 뜻입니다.

코드 6-21
```sql
SELECT STRCMP('MySQL', 'mysql') SAME,
       STRCMP('MySQL1', 'mysql2') SMALL,
       STRCMP('MySQL2', 'mysl1') LARGE;
```

실행결과

SAME	SMALL	LARGE
0	-1	1

STRCMP('MySQL', 'mysql')은 두 매개변수가 같아서 0을 반환했습니다. MySQL에서는 대소문자를 구분하지 않으므로 이 두 문자열을 같다고 봅니다. STRCMP('MySQL1', 'mysql2')는 첫 번째 문자열이 두 번째보다 작으니 -1을, STRCMP('MySQL2', 'mysql1')은 첫 번째가 두 번째 문자열보다 크니 1을 반환했습니다.

지금까지 문자형 함수를 살펴봤습니다. MySQL은 이 외에도 많은 문자형 함수를 제공하지만, 여기서 소개한 함수 정도만 알아도 SQL문을 작성하고 사용하는 데 어려움이 없습니다.

TIP 문자형 함수 중에서 CHAR_LENGTH(), LENGTH(), CONCAT(), INSTR(), LOWER(), UPPER(), LTRIM(), RTRIM(), LEFT(), RIGHT(), REPLACE(), SUBSTR(), TRIM() 함수가 자주 사용됩니다.

1분 퀴즈 3

SQL 문자형 함수를 사용해 '산토끼 토끼야' 문자열에서 토끼를 거북이로 바꿔 보세요.

정답 및 해설: 해설 노트 494쪽

6.2.3 날짜형 함수

날짜형 함수는 날짜와 시간 데이터를 대상으로 연산하는 함수로, 숫자형, 문자형 함수와 더불어 자주 사용되는 함수입니다. 기본적인 날짜형 함수는 표 6-5에 나와 있습니다.

표 6-5 날짜형 함수

함수	반환값	사용 예
CURDATE(), CURRENT_DATE(), CURRENT_DATE	현재 날짜 반환	CURDATE() → 2021-01-01
CURTIME(), CURRENT_TIME(), CURRENT_TIME	현재 시각을 시:분:초 형태로 반환	CURTIME() → 20:02:10
NOW(), CURRENT_TIMESTAMP(), CURRENT_TIMESTAMP	현재 날짜와 시간 반환	NOW() → 2021-01-01 20:02:10
DAYNAME(date)	date의 요일을 반환	DAYNAME('2021-01-01') → Friday
DAYOFMONTH(date), DAY(date)	date에서 일을 반환	DAYOFMONTH('2021-01-02') → 2
DAYOFWEEK(date)	date에서 일을 요일별 숫자로 반환(1: 일요일, 7: 토요일)	DAYOFWEEK('2021-01-02') → 7
DAYOFYEAR(date)	date에서 1년 기준으로 날짜를 일수로 반환, 반환값의 범위는 1~366	DAYOFMONTH('2021-12-31') → 365
LAST_DAY(date)	date가 속한 월의 마지막 날짜 반환	LAST_DAY('2021-01-02') → 2021-01-31
YEAR(date)	date에서 연 반환	YEAR('2021-01-02') → 2021
MONTH(date)	date에서 월 반환	MONTH('2021-02-02') → 2
QUARTER(date)	date의 분기 반환	QUARTER('2021-02-02') → 1
WEEKOFYEAR(date)	date가 몇 주차인지 반환(1~53주)	WEEKOFYEAR('2021-02-22') → 8
HOUR(time)	time에서 시간 반환	HOUR('10:53:24') → 10
MINUTE(time)	time에서 분 반환	MINUTE('10:53:24') → 53
SECOND(time)	time에서 초 반환	SECOND('10:53:24') → 24
DATE(expr)	expr에서 날짜 부분 반환	DATE('2021-01-02 12:32:10') → 2021-01-02
TIME(expr)	expr에서 시간 부분 반환	TIME('2021-01-02 12:32:10') → 12:32:10

함수	반환값	사용 예
DATE_ADD(date, INTERVAL expr unit) ADDDATE(date, INTERVAL expr unit)	date에 expr unit을 더한 날짜 반환	DATE_ADD('2021-01-10', INTERVAL 10 DAY) → 2021-01-20
ADDDATE(expr, days)	expr에 days를 더한 날짜 반환	ADDDATE('2021-01-10', 10) → 2021-01-20
DATE_SUB(date, INTERVAL expr unit) SUBDATE(date, INTERVAL expr unit)	date에 expr unit을 뺀 날짜 반환	DATE_SUB('2021-01-10', INTERVAL 5 DAY) → 2021-01-05
SUBDATE(expr, days)	expr에서 days를 뺀 날짜 반환	SUBDATE('2021-01-10', 5) → 2021-01-05
EXTRACT(unit FROM date)	date에서 unit으로 지정된 부분 반환	EXTRACT(YEAR_MONTH FROM '2021-01-31') → 202101
DATEDIFF(expr1, expr2)	expr1에서 expr2를 뺀 날짜를 일수로 반환	DATEDIFF('2021-01-31', '2021-01-21') → 10
DATE_FORMAT(date, format)	date를 format에 명시된 형태로 변환해 반환	DATE_FORMAT('2021-01-31', %y %) → 21/01/31
STR_TO_DATE(str, format)	str을 format에 맞게 날짜로 변환	STR_TO_DATE('21,1,2021', '%d,%m,%Y') → 2021-01-21
MAKEDATE(year, dayofyear)	year에 dayofyear에 해당하는 일수를 더한 날짜 반환	MAKEDATE(2021, 100) → 2021-04-10
SYSDATE()	현재 날짜 반환	SYSDATE() → 2021-01-31 12:39:20
WEEK(date, mode)	date가 몇 주차인지 반환	YEARWEEK('2021-10-01') → 39
YEARWEEK(date, mode)	date가 속한 연도와 주차 반환	YEARWEEK('2021-10-01') → 202139

CURDATE(), CURRENT_DATE(), CURRENT_DATE

CURDATE(), CURRENT_DATE(), CURRENT_DATE는 현재 날짜를 반환하는 함수로, 매개변수는 없습니다. 현재 날짜는 MySQL이 설치된 운영체제의 현재 날짜를 가져옵니다. PC에 MySQL을 설치했다면 해당 PC의 현재 날짜를 가져옵니다.

CURTIME(), CURRENT_TIME(), CURRENT_TIME

CURTIME(), CURRENT_TIME(), CURRENT_TIME는 현재 시각을 시:분:초 형태로 반환하는 함수로, 매개변수는 없습니다.

NOW(), CURRENT_TIMESTAMP(), CURRENT_TIMESTAMP

NOW(), CURRENT_TIMESTAMP(), CURRENT_TIMESTAMP 함수는 현재 날짜와 시각을 모두 반환하는 함수입니다.

앞에 나온 함수들을 예제를 실행해 확인해 봅시다.

코드 6-22
```sql
SELECT CURDATE(), CURRENT_DATE(), CURRENT_DATE,
       CURTIME(), CURRENT_TIME(), CURRENT_TIME,
       NOW(), CURRENT_TIMESTAMP(), CURRENT_TIMESTAMP;
```

실행결과

CURDATE()	CURRENT_DATE()	CURRENT_DATE	CURTIME()	CURRENT_TIME()	CURRENT_TIME	NOW()	CURRENT_TIMESTAMP()	CURRENT_TIMESTAMP
2021-05-12	2021-05-12	2021-05-12	18:45:51	18:45:51	18:45:51	2021-05-12 18:45:51	2021-05-12 18:45:51	2021-05-12 18:45:51

현재 날짜와 시각이 2021년 5월 12일 18시 45분 51초일 때, 현재 날짜를 반환하는 CURDATE(), CURRENT_DATE(), CURRENT_DATE 함수는 모두 2021-05-12를 반환했고, 현재 시각을 반환하는 CURTIME(), CURRENT_TIME(), CURRENT_TIME 함수는 18:45:51을 반환했습니다. 그리고 현재 날짜와 시각을 모두 반환하는 NOW(), CURRENT_TIMESTAMP(), CURRENT_TIMESTAMP 함수는 2021-05-12 18:45:51를 반환했습니다.

DAYNAME(date), DAYOFMONTH(date), DAY(date)

DAYNAME() 함수는 매개변수로 날짜를 받아 해당 날짜의 요일을 반환합니다. DAYOFMONTH() 함수는 매개변수로 날짜를 받아 해당 날짜의 일만 반환합니다. DAY() 함수는 DAYOFMONTH() 함수와 동일한 값을 반환합니다.

DAYOFWEEK(date), DAYOFYEAR(date)

DAYOFWEEK() 함수는 매개변수로 날짜를 받아 해당 날짜의 요일을 반환하는데, 요일을 1에서 7까지 숫자로 반환합니다. 일요일은 1, 월요일은 2 순으로 토요일은 7을 반환합니다.

DAYOFYEAR() 함수는 매개변수로 날짜를 받아 해당 날짜의 일수를 1년 365일을 기준으로 반환합니다. 따라서 1월 1일은 1, 2월 1일은 32를 반환합니다. 이 함수의 반환값 범위는 1에서 366입니다. 다만, 윤년일 때는 2월 29일까지 있으므로 그해 12월 31일은 366을 반환합니다.

코드 6-23
```sql
SELECT DAYNAME('2021-03-10'),
       DAYOFMONTH('2021-03-10'), DAY('2021-03-10'),
       DAYOFWEEK('2021-03-10'),
       DAYOFYEAR('2021-03-10');
```

실행결과

DAYNAME('2021-03-10')	DAYOFMONTH('2021-03-10')	DAY('2021-03-10')	DAYOFWEEK('2021-03-10')	DAYOFYEAR('2021-03-10')
Wednesday	10	10	4	69

DAYNAME() 함수는 2021년 3월 10일이 수요일이므로 Wednesday를 반환했습니다. DAYOFMONTH() 함수는 2021년 3월 10일에서 일에 해당하는 10을 반환했고, DAY() 함수도 같은 값을 반환했습니다. 2021년 3월 10일은 수요일이므로 DAYOFWEEK() 함수는 4를 반환했습니다. DAYOFYEAR() 함수는 69를 반환했는데, 3월 10일이 1년 365일을 기준으로 69번째 날이라는 의미죠.

LAST_DAY(date), WEEKOFYEAR(date)

LAST_DAY() 함수는 매개변수로 날짜를 받아 해당 날짜가 속한 월의 마지막 날짜를 반환합니다. WEEKOFYEAR() 함수는 매개변수 날짜에 해당하는 주차를 반환합니다. 주차는 1년을 기준으로 1주차에서 53주차까지 있습니다.

YEAR(date), MONTH(date), QUARTER(date)

YEAR(), MONTH(), QUARTER() 함수는 매개변수로 들어온 날짜에서 각각 연, 월, 분기를 반환합니다.

코드 6-24
```sql
SELECT LAST_DAY('2021-03-10'),
       YEAR('2021-03-10'),
       MONTH('2021-03-10'),
       QUARTER('2021-03-10'),
       WEEKOFYEAR('2021-03-10');
```

실행결과					
	LAST_DAY('2021-03-10')	YEAR('2021-03-10')	MONTH('2021-03-10')	QUARTER('2021-03-10')	WEEKOFYEAR('2021-03-10')
▶	2021-03-31	2021	3	1	10

LAST_DAY('2021-03-10')은 2021년 3월의 마지막 날인 2021-03-31을 반환합니다. YEAR(), MONTH(), QUARTER() 세 함수는 매개변수로 2021-03-10을 받으면 각각 2021(연), 3(월), 1(분기)을 반환합니다. WEEKOFYEAR('2021-03-10')은 10을 반환하는데, 이는 3월 10일이 2021년도 10주차에 해당한다는 뜻입니다.

DATE(expr), TIME(expr)

DATE() 함수는 매개변수로 들어온 날짜와 시간 중에서 날짜 부분만 반환하고, TIME() 함수는 시간(시:분:초) 부분만 반환합니다.

코드 6-25
```
SELECT DATE('2021-03-10 10:23:31'),
       TIME('2021-03-10 10:23:31');
```

실행결과		
	DATE('2021-03-10 10:23:31')	TIME('2021-03-10 10:23:31')
▶	2021-03-10	10:23:31

매개변수 '2021-03-10 10:23:31'에서 DATE() 함수는 날짜인 2021-03-10을, TIME() 함수는 시간인 10:23:31을 반환했습니다.

DATE_ADD(date, INTERVAL expr unit)

DATE_ADD() 함수는 첫 번째 매개변수로 들어온 날짜에 두 번째 매개변수의 값을 더한 날짜를 반환합니다. 두 번째 매개변수는 INTERVAL expr unit 형태로 사용하는데, expr 단위(unit)만큼을 날짜에 더하라는 뜻입니다. 가령 INTERVAL 5 DAY라고 명시하면 첫 번째 매개변수의 날짜에 5일을 더하라는 의미입니다.

ADDDATE(date, INTERVAL expr unit), ADDDATE(date, days)

ADDDATE()는 DATE_ADD()와 사용법이 같고 반환값도 같습니다. 다만, ADDDATE() 함수는 두 번째 매개변수에 INTERVAL을 쓰지 않고 일수(숫자)만 명시할 수도 있습니다. 이때는 해당 일수를 더한 날짜를 반환합니다.

DATE_ADD()와 ADDDATE() 함수의 두 번째 매개변수에서 expr은 숫자를 기본으로 사용하지만, 단위에 따라 문자를 사용해도 됩니다. 또한, 음수를 넣으면 음수를 더하는 것이니 음수의 절댓값만큼 뺀 날짜를 반환합니다.

각 함수의 매개변수에서 사용할 수 있는 날짜나 시간 단위는 다음 표에 나와 있습니다.

표 6-6 unit에 사용할 수 있는 단위

unit 값	설명	expr 형식(사용 예)
YEAR	연	INTERVAL 1 YEAR
MONTH	월	INTERVAL 1 MONTH
QUARTER	분기	INTERVAL 1 QUARTER
WEEK	주	INTERVAL 1 WEEK
DAY	일	INTERVAL 1 DAY
HOUR	시	INTERVAL 1 HOUR
MINUTE	분	INTERVAL 1 MINUTE
SECOND	초	INTERVAL 1 SECOND
YEAR_MONTH	연월	INTERVAL '1 1' YEAR_MONTH
DAY_HOUR	일시	INTERVAL '1 1' DAY_HOUR
DAY_MINUTE	일시분	INTERVAL '1 1:20' DAY_MINUTE
DAY_SECOND	일시분초	INTERVAL '1 1:20:12' DAY_SECOND
HOUR_MINUTE	시분	INTERVAL '1:20' HOUR_MINUTE
HOUR_SECOND	시분초	INTERVAL '1:20:12' HOUR_SECOND
MINUTE_SECOND	분초	INTERVAL '20:12' MINUTE_SECOND

예제를 실행해 확인해 봅시다.

코드 6-26

```
SELECT DATE_ADD('2021-01-20', INTERVAL 5 DAY) DATEADD,
       ADDDATE('2021-01-20', INTERVAL 5 DAY) ADD_DATE1,
       ADDDATE('2021-01-20', 5 ) ADD_DATE2;
```

실행결과

DATEADD	ADD_DATE1	ADD_DATE2
2021-01-25	2021-01-25	2021-01-25

DATE_ADD('2021-01-20', INTERVAL 5 DAY)는 2021년 1월 20일에 5일을 더하라는 의미이므로 2021년 1월 25일을 반환했습니다. ADDATE('2021-01-20', INTERVAL 5 DAY)와 ADDDATE('2021-01-20', 5)는 두 번째 매개변수 형태가 다르지만, 두 함수 모두 5일을 더한 날짜를 반환했습니다.

다른 예를 살펴볼까요?

코드 6-27
```sql
SELECT DATE_ADD('2021-01-20', INTERVAL '1 2' YEAR_MONTH) DATEADD,
       ADDDATE('2021-01-20', INTERVAL '1 2' DAY_HOUR) ADD_DATE;
```

실행결과

DATEADD	ADD_DATE
2022-03-20	2021-01-21 02:00:00

코드 6-27에서 DATE_ADD() 함수의 두 번째 매개변수는 INTERVAL '1 2' YEAR_MONTH인데, 여기서 YEAR_MONTH는 연과 월을 더한다는 뜻입니다. '1 2'를 명시했으니 1년 2개월을 더하라는 의미여서 2022년 3월 20일을 반환했습니다. ADDDATE() 함수에서는 두 번째 매개변수가 INTERVAL '1 2' DAY_HOUR인데, 이는 1일 2시간을 더하라는 의미이며 2021년 1월 21일 2시가 반환됩니다.

DATE_SUB(date, INTERVAL expr unit), SUBDATE(date, INTERVAL expr unit), SUBDATE(date, days)

DATE_SUB() 함수는 날짜를 더하는 DATE_ADD() 함수와 반대로 첫 번째 매개변수로 들어온 날짜에서 두 번째 매개변수의 값을 뺀 날짜를 반환합니다. SUBDATE() 함수도 ADDDATE() 함수와 사용법은 같지만, 날짜를 더하는 것이 아니라 뺍니다.

코드 6-28
```sql
SELECT DATE_SUB('2021-01-20', INTERVAL 5 DAY) DATESUB,
       SUBDATE('2021-01-20', INTERVAL 5 DAY) SUB_DATE1,
       SUBDATE('2021-01-20', 5 ) SUB_DATE2;
```

실행결과

DATESUB	SUB_DATE1	SUB_DATE2
2021-01-15	2021-01-15	2021-01-15

DATE_SUB(), SUBDATE() 함수의 매개변수는 코드 6-26의 DATE_ADD(), ADDDATE() 함수와 같습니다. 첫 번째 매개변수는 모두 2021년 1월 20일이고 두 번째 매개변수는 5일을 의미하는데, 여기에서는 더하는 게 아니라 빼는 것이므로 결과 모두 2021년 1월 15일을 반환했습니다.

날짜를 뺄 때는 DATE_SUB(), SUBDATE() 함수를 사용해도 되지만, DATE_ADD()나 ADDDATE() 함수의 두 번째 매개변수 중 expr을 음수 형태로 사용해서도 날짜를 빼는 효과를 낼 수 있습니다.

EXTRACT(unit FROM date)

EXTRACT() 함수는 이름 그대로 매개변수의 date에서 특정 날짜 단위(unit)를 추출한 결과를 반환합니다. 이 함수에서 사용하는 날짜 단위는 DATE_ADD() 함수와 마찬가지로 표 6-6의 단위를 사용합니다.

코드 6-29

```sql
SELECT EXTRACT(YEAR_MONTH    FROM '2020-01-20 13:32:03') YEARMON,
       EXTRACT(DAY_HOUR      FROM '2020-01-20 13:32:03') DAYHOUR,
       EXTRACT(MINUTE_SECOND FROM '2020-01-20 13:32:03') MINSEC;
```

실행결과

YEARMON	DAYHOUR	MINSEC
202001	2013	3203

EXTRACT() 함수는 2020년 1월 20일 13시 32분 3초에서 YEAR_MONTH, 즉 연과 월을 추출하므로 202001(2020년 1월)을 반환했습니다. 두 번째는 DAY_HOUR, 즉 일과 시간을 추출하므로 2013(20일 13시)을 반환했습니다. 세 번째는 MINUTE_SECOND는 분과 초를 추출해 3203(32분 3초)를 반환했습니다.

DATEDIFF(expr1, expr2)

DATEDIFF() 함수는 두 매개변수인 expr1 날짜에서 expr2 날짜를 뺀 결과를 일수로 반환합니다. expr1과 expr2는 날짜 또는 날짜와 시간 형태로 사용하지만, 시간은 무시하고 두 날짜만 계산합니다.

코드 6-30
```sql
SELECT DATEDIFF('2021-01-31', '2021-01-21') Diff1,
       DATEDIFF('2021-01-31', '2021-02-01') Diff2,
       DATEDIFF('2021-01-31 00:00:00', '2021-01-30 23:59:59') Diff3;
```

실행결과

Diff1	Diff2	Diff3
10	-1	1

첫 번째 DATEDIFF() 함수에서는 2021년 1월 31일과 1월 21일이 매개변수로 들어와 두 날짜의 차이인 10을 반환했습니다. 두 번째는 매개변수로 각각 2021년 1월 31일과 2월 1일을 입력했는데, 두 번째 날짜가 첫 번째 날짜보다 크므로 1이 아닌 -1을 반환하게 됩니다. 세 번째는 매개변수로 1월 31일 0시 0분 0초, 1월 30일 23시 59분 59초를 입력했습니다. 두 날짜 간 차이는 실제로는 1초지만, DATEDIFF 함수는 시간은 무시하고 오직 날짜로만 연산하므로 1을 반환했습니다.

DATE_FORMAT(date, format)

DATE_FORMAT() 함수는 date에 입력된 날짜를 format에 지정된 식별자에 맞게 반환하는 함수입니다. 두 번째 매개변수에 사용하는 주요 식별자는 다음과 같습니다.

표 6-7 DATE_FORMAT 함수에 사용하는 주요 식별자

식별자	설명	예
%Y	4자리 연도	2000, 2021
%y	2자리 연도	20, 21
%M	월의 영문 표기	January, December
%m	2자리 월	01, 02, 12
%b	월의 축약 영문 표기	Jan, Feb, Dec
%c	숫자형 월	1, 2, 3, 12
%d	2자리 일	01, 02, 31
%e	1자리 일	1, 2, 31
%j	3자리 1년 기준 일수	001,002, 100, 365

식별자	설명	예
%H	24시간 기준 시	00, 01, 10, 17, 23
%h, %I	12시간 기준 시	00, 01, 10, 12
%p	AM(오전) 또는 PM(오후)	AM, PM
%i	2자리 분	00, 01, 59
%S, %s	2자리 초	00, 01, 59
%T	24시간 기준 시:분:초	13:34:05
%r	12시간 기준 시:분:초 AM|PM	01:34:05 PM
%W	요일의 영문 표기	Sunday
%w	숫자 요일(0: 일요일, 1: 월요일, 6:토요일)	6(2021-01-09일 경우)
%U	00~53 형식 주차(한 주의 시작: 일요일)	01(2021-01-03일 경우)
%u	00~53 형식 주차(한 주의 시작: 월요일)	00(2021-01-03일 경우)
%V	01~53 형식 주차(한 주의 시작: 일요일)	01(2021-01-03일 경우)
%v	01~53 형식 주차(한 주의 시작: 월요일)	53(2021-01-03일 경우)

표에 나와 있는 식별자는 단독으로도 사용할 수 있고 여럿을 혼합해 사용할 수도 있습니다. 예제를 살펴봅시다.

코드 6-31
```sql
SELECT DATE_FORMAT('2021-01-20 13:42:54', '%d-%b-%Y') Fmt1,
       DATE_FORMAT('2021-02-20 13:42:54', '%U %W %j') Fmt2;
```

실행결과

Fmt1	Fmt2
20-Jan-2021	07 Saturday 051

첫 번째 DATE_FORMAT() 함수를 보면 첫 번째 매개변수인 date로 들어온 날짜가 2021년 1월 20일 13시 42분 54초이고, 두 번째 매개변수 식별자는 %d-%b-%Y입니다. 여기서 %d는 일인 20, %b는 월의 축약 영문 표기인 Jan, %Y는 4자리 연도인 2021입니다. 따라서 최종 반환값은 '20-Jan-2021'이 됩니다.

두 번째 DATE_FORMAT() 함수에서는 첫 번째 매개변수에 입력된 날짜가 2021년 2월 20일 13시 42분 54초이고, 두 번째 매개변수인 식별자는 %U %W %j입니다. 여기서 %U는 주차인 7, 즉 7주차라는 의미이고, %W는 2월 20일의 토요일의 영문 표기인 Saturday입니다. %j는 1년 기준 일수인 051, 즉 2월 20일은 2021년에서 51번째 날이라는 뜻입니다. 따라서 최종 반환값은 '07 Saturday 051'이 됩니다.

STR_TO_DATE(str, format)

STR_TO_DATE() 함수는 첫 번째 매개변수인 문자열 str을 두 번째 매개변수인 format에 맞게 날짜나 시간으로 반환합니다. 여기서 사용하는 format은 표 6-7에 나온 식별자를 그대로 사용합니다. 만약 str에 문자열로 명시한 날짜나 시간을 변환하는 데 실패하면 NULL을 반환합니다. 참고로 MySQL의 기본 날짜 형식은 YYYY-MM-DD입니다.

코드 6-32

```sql
SELECT STR_TO_DATE('21,01,2021', '%d,%m,%Y') CONV1,
       STR_TO_DATE('19:30:17', '%H:%i:%s') CONV2,
       STR_TO_DATE('19:30:17', '%h:%i:%s') CONV3;
```

실행결과

CONV1	CONV2	CONV3
2021-01-21	19:30:17	NULL

첫 번째 SRT_TO_DATE() 함수에서는 첫 번째 매개변수로 '21,01,2021'을 입력했습니다. 즉, 21일 1월 2021년을 뜻하죠. 두 번째 매개변수인 '%d,%m,%Y'는 각각 일, 월, 연을 뜻합니다. 따라서 실행결과로 2021-01-21을 반환했습니다. 두 번째 함수에서는 '19:30:17' 문자열을 시:분:초 형태로 변환해 19:30:17을 반환했습니다.

마지막 함수는 NULL을 반환했는데, 이는 변환 작업에 실패했다는 뜻입니다. 왜 실패했을까요? 원인은 두 번째 매개변수에서 시간을 의미하는 식별자인 %h 때문입니다. '19:30:17'에서 시간이 19시로 24시간 형태인데, %h는 12시간 형태이므로 변환에 실패해 결국 NULL을 반환한 것이죠.

MAKEDATE(year, dayofyear)

MAKEDATE() 함수는 첫 번째 매개변수로 연을, 두 번째 매개변수로 일수를 입력받아 연에 일수를 더한 날짜를 반환합니다. 두 번째 매개변수인 dayofyear는 0보다 커야 합니다. 만약

dayofyear 매개변수에 0을 입력하면 NULL을 반환합니다. 연에 일수를 더해 날짜를 만든다는 의미에서 MAKEDATE라고 지어졌습니다.

코드 6-33
```sql
SELECT MAKEDATE(2021,1) MDATE1,
       MAKEDATE(2021,100) MDATE2,
       MAKEDATE(2020,365) MDATE3;
```

실행결과

MDATE1	MDATE2	MDATE3
2021-01-01	2021-04-10	2020-12-30

첫 번째 MAKEDATE() 함수는 매개변수로 2021, 1을 입력받았습니다. 이는 2021년에 1일을 더하라는 뜻이죠. 그래서 2021-01-01을 반환했습니다. 두 번째 함수에서는 100일을 더해 2021년 4월 10일을 반환했습니다. 세 번째 함수에서도 2020년에 365일을 더해 2020-12-30을 반환했습니다. 365일을 더하면 12월 31일이 되어야 할 것 같지만, 2020년은 2월이 29일까지 있어서 12월 30일을 반환했습니다.

SYSDATE()

SYSDATE() 함수는 현재 날짜와 시각을 반환합니다. 같은 기능을 수행하는 NOW() 함수가 있죠. SYSDATE() 함수는 함수를 호출한 시점의 현재 날짜와 시각을 반환하지만, NOW() 함수는 해당 함수를 호출한 문장이 실행된 시점의 현재 날짜와 시각을 반환합니다. 예를 볼까요?

코드 6-34
```sql
SELECT SYSDATE(), SLEEP(2), SYSDATE();

SELECT NOW(), SLEEP(2), NOW();
```

실행결과

SYSDATE() 함수 실행 시

SYSDATE()	SLEEP(2)	SYSDATE()
2021-07-15 11:28:00	0	2021-07-15 11:28:02

NOW() 함수 실행 시

NOW()	SLEEP(2)	NOW()
2021-07-15 11:26:13	0	2021-07-15 11:26:13

두 개의 문장이 있는데 하나는 SYSDATE(), 하나는 NOW() 함수를 호출합니다. SLEEP(2)는 2초간 대기한 후 쿼리 결과를 반환합니다. 따라서 이 문장을 실행하면 2초 후에 결과가 반환됩니다. SYSDATE() 함수를 호출하면 첫 번째와 두 번째 SYSDATE() 함수가 반환하는 값이 다릅니다. 첫 번째 결과가 11시 28분 0초이고, 두 번째 결과는 11시 28분 2초입니다. 즉, 첫 번째 SYSDATE() 함수를 호출하고 2초간 대기하다가 두 번째 SYSDATE() 함수를 호출하므로 결과는 2초가 차이 납니다.

두 번째 문장에서는 NOW() 함수의 결괏값이 모두 11시 26분 13초로 동일합니다. SLEEP() 함수 때문에 2초간 대기했는데도 동일한 값을 반환했습니다. 즉, NOW() 함수는 문장 단위로 현재 날짜와 시각을 가져오고, SYSDATE() 함수는 함수를 호출한 시점의 날짜와 시각을 가져오는 것을 알 수 있습니다.

WEEK(date, [mode])

WEEK() 함수는 매개변수로 입력된 날짜가 속한 주차를 반환합니다. 두 번째 매개변수로 mode 값을 사용하는데, 이 값은 생략할 수 있고 생략하면 0이 적용됩니다. 이 함수에서 사용할 수 있는 mode 값은 다음과 같습니다.

표 6-8 WEEK 함수에서 사용할 수 있는 mode 값

mode 값	주의 시작일	반환값 범위	1월 1일을 포함한 주차
0	일요일	0~53	일요일 포함
1	월요일	0~53	4일 이상 포함
2	일요일	1~53	일요일 포함
3	월요일	1~53	4일 이상 포함
4	일요일	0~53	4일 이상 포함
5	월요일	0~53	월요일 포함
6	일요일	1~53	4일 이상 포함
7	월요일	1~53	월요일 포함

표를 보면, mode 값이 0과 짝수(2, 4, 6)이면 한 주의 시작일이 일요일, 홀수(1, 3, 5 7)이면 한 주의 시작일이 월요일입니다. 그리고 4일 이상 포함이라는 의미는 매년 1월 1일이 포함된

주에 4일 이상 있으면 해당 주차가 1주차란 의미이며, 그렇지 않으면 반환값 범위에 따라 전주가 됩니다. 즉, 반환값이 0부터 시작하면 0주차, 1부터 시작하면 전년 마지막 주차가 됩니다.

역시 말로 설명하면 어려우니 예제로 WEEK() 함수의 작동 방식을 알아보죠.

코드 6-35
```sql
SELECT WEEK('2021-01-03', 0) MODE0,
       WEEK('2021-01-03', 1) MODE1,
       WEEK('2021-01-03', 2) MODE2,
       WEEK('2021-01-03', 3) MODE3,
       WEEK('2021-01-03', 4) MODE4,
       WEEK('2021-01-03', 5) MODE5,
       WEEK('2021-01-03', 6) MODE6,
       WEEK('2021-01-03', 7) MODE7;
```

실행결과

MODE0	MODE1	MODE2	MODE3	MODE4	MODE5	MODE6	MODE7
1	0	1	53	1	0	1	52

첫 번째 매개변수로 모두 2021년 1월 3일(일요일)을, mode 값으로는 0에서 7까지 차례대로 입력해 WEEK() 함수를 8번 호출합니다. 참고로 2021년 1월 1일은 금요일입니다. 각 함수의 반환값을 살펴보죠.

- WEEK('2021-01-03', 0) 1월 1일의 주차에 **일요일 미포함**, **일요일**이 주의 시작일, 반환값 범위가 **0부터 시작**하므로 1월 1일은 0주차, 1월 3일은 1주차

- WEEK('2021-01-03', 1) 1월 1일의 주차에 **4일 이상 미포함**, **월요일**이 주의 시작일, 반환값 범위가 **0부터 시작**하므로 1월 1일은 0주차, 일요일인 1월 3일도 0주차

- WEEK('2021-01-03', 2) 1월 1일의 주차에 **일요일 미포함**, **일요일**이 주의 시작일, 반환값 범위가 **1부터 시작**하므로 1월 1일은 2020년 마지막 주차(52주차), 일요일인 1월 3일은 1주차

- WEEK('2021-01-03', 3) 1월 1일의 주차에 **4일 이상 미포함**, **월요일**이 주의 시작일, 반환값 범위가 **1부터 시작**하므로 1월 1일은 2020년 마지막 주차(53주차), 일요일인 1월 3일도 2020년 마지막 주차(53주차)

- WEEK('2021-01-03', 4) 1월 1일의 주차에 **4일 이상 미포함**, **일요일**이 주의 시작일, 반환값 범위가 **0부터 시작**하므로 1월 1일은 0주차, 일요일인 1월 3일은 1주차

- **WEEK('2021-01-03', 5)** 1월 1일의 주차에 **월요일 미포함**, **월요일**이 주의 시작일, 반환값 범위가 **0부터 시작**하므로 1월 1일은 0주차, 일요일인 1월 3일도 0주차

- **WEEK('2021-01-03', 6)** 1월 1일의 주차에 **4일 이상 미포함**, **일요일**이 주의 시작일, 반환값 범위가 **1부터 시작**하므로 1월 1일은 2020년 마지막 주차(53주차), 일요일인 1월 3일은 1주차

- **WEEK('2021-01-03', 7)** 1월 1일의 주차에 **월요일 미포함**, **월요일**이 주의 시작일, 반환값 범위가 **1부터 시작**하므로 1월 1일은 2020년 마지막 주차(52주차), 일요일인 1월 3일도 2020년 마지막 주차(52주차)

여기에서 WEEK('2021-01-03', 3)과 WEEK('2021-01-03', 7)은 모두 2020년 마지막 주차를 반환했는데, 전자는 53주차를, 후자는 52주차를 반환했습니다. 이유가 뭘까요? 2020년의 경우 mode 값에 따라 마지막 주차 계산이 달라져서 mode 값이 3이면 2020년 마지막 주차는 53으로, 7이면 52로 계산하기 때문입니다.

YEARWEEK(date, [mode])

YEARWEEK() 함수는 매개변수로 입력된 날짜가 속한 주차를 반환합니다. WEEK() 함수와는 달리 YEARWEEK() 함수는 연도와 주차를 함께 반환합니다. 두 번째 매개변수인 mode 값을 명시하면 주차 계산 방식은 WEEK() 함수와 동일합니다.

코드 6-36
```sql
SELECT YEARWEEK('2021-01-03')     NOMODE,
       YEARWEEK('2021-01-03', 0)  MODE0,
       YEARWEEK('2021-01-03', 1)  MODE1,
       YEARWEEK('2021-01-03', 2)  MODE2,
       YEARWEEK('2021-01-03', 3)  MODE3,
       YEARWEEK('2021-01-03', 4)  MODE4,
       YEARWEEK('2021-01-03', 5)  MODE5,
       YEARWEEK('2021-01-03', 6)  MODE6,
       YEARWEEK('2021-01-03', 7)  MODE7;
```

실행결과

NOMODE	MODE0	MODE1	MODE2	MODE3	MODE4	MODE5	MODE6	MODE7
202101	202101	202053	202101	202053	202101	202052	202101	202052

결과를 보면 YEARWEEK() 함수는 연도와 주차를 동시에 반환함을 알 수 있습니다. 여기서 mode 값이 1일 때와 5일 때 결과가 WEEK() 함수와는 다릅니다. WEEK() 함수는 모두 0주차를 반환하지만, YEARWEEK() 함수는 0주차를 반환하지 않고 각각 전년 마지막 주차를 반환합니다.

날짜형 함수는 그 수도 많고 사용법도 복잡합니다. 같은 기능을 제공하는 함수도 여럿 있고요. 지금까지 소개한 함수 외에도 MySQL에서는 많은 날짜형 함수를 제공하는데, 여기서 소개한 함수만 알아 둬도 거의 모든 날짜 계산을 할 수 있습니다.

> **TIP** 날짜형 함수 중에서 SYSDATE(), CURDATE(), NOW(), LAST_DAY(), YEAR(), MONTH(), WEEKOFYEAR(), WEEK(), DATE_ADD(), ADDDATE(), DATE_SUB(), SUBDATE() 함수가 자주 사용되니 꼭 알아두세요.

1분 퀴즈 4

현재 날짜를 기준으로 현재 일이 속한 월의 마지막 날짜에 해당하는 요일을 구하는 쿼리를 작성하세요.

정답 및 해설: 해설 노트 494쪽

6.3 기타 함수

지금까지 기본 SQL 함수인 숫자형, 문자형, 날짜형 함수를 살펴봤습니다. 이 절에서는 마지막으로 나머지 주요 함수를 모아 알아보겠습니다.

6.3.1 형 변환 함수

형 변환 함수란 이름 그대로 데이터 형, 즉 데이터 타입을 변환하는 함수입니다. MySQL의 기본 데이터 타입은 문자형, 숫자형, 날짜형 등이 있는데, 문자형을 숫자형으로, 문자형을 날짜형으로, 날짜형을 문자형으로 변환하는 함수가 형 변환 함수입니다. 그럼 형 변환 함수에는 어떤 것들이 있는지 하나씩 살펴보겠습니다.

CAST(expr AS type)

CAST() 함수는 매개변수의 expr 값을 type에 명시한 데이터 타입으로 변환한 결과를 반환하는 함수입니다. type으로 사용할 수 있는 대표적인 값은 다음과 같습니다.

표 6-9 CAST 함수의 type 값

type 값	데이터 타입	설명
CHAR([n])	문자형	CHAR 타입으로 변환
SIGNED	숫자형	정수형으로 변환
DECIMAL[(M[, D])]	숫자형	DECIMAL 타입으로 변환
DOUBLE	숫자형	DOUBLE 타입으로 변환

type 값	데이터 타입	설명
FLOAT[(p)]	숫자형	FLOAT 타입으로 변환
DATE	날짜형	DATE 타입으로 변환
DATETIME	날짜형	DATETIME 타입으로 변환

그럼 예제를 통해 CAST() 함수의 사용법을 알아보죠.

코드 6-37
```sql
SELECT CAST(10 AS CHAR)             CONV_CHAR,
       CAST('-10' AS SIGNED )       CONV_INT,
       CAST('10.2131' AS DECIMAL)   CONV_DEC1,
       CAST('10.2131' AS DECIMAL(6, 4)) CONV_DEC2,
       CAST('10.2131' AS DOUBLE)    CONV_DOUBLE,
       CAST('2021-10-31' AS DATE)   CONV_DATE,
       CAST('2021-10-31' AS DATETIME) CONV_DATETIME;
```

실행결과

CONV_CHAR	CONV_INT	CONV_DEC1	CONV_DEC2	CONV_DOUBLE	CONV_DATE	CONV_DATETIME
10	-10	10	10.2131	10.2131	2021-10-31	2021-10-31 00:00:00

첫 번째 CAST() 함수는 숫자 10을 문자형 CHAR 타입으로 변환해 10을 반환했습니다. 두 번째 함수에서는 문자열 '-10'을 정수형으로 변환해 -10을 반환했습니다. 세 번째와 네 번째 함수에서는 문자열 '10.2131'을 DECIMAL 타입으로 변환했습니다. 이때 DECIMAL만 명시하면 정수 부분만 변환하고, DECIMAL(6, 4)처럼 전체 자릿수와 소수점 이하 자릿수까지 명시하면 소수 부분까지 포함해 10.2131을 반환합니다. DOUBLE은 소수점 이하까지 모두 변환합니다. 문자열 '2021-01-31'을 DATE로 변환하면 날짜만, DATETIME으로 변환하면 시간까지 나옵니다. 여기서는 시간을 별도로 명시하지 않아서 00:00:00, 즉 0시 0분 0초를 반환했습니다.

CONVERT(expr, type)

CONVERT() 함수도 CAST() 함수와 마찬가지로 형 변환을 하는데, CAST() 함수와 달리 AS type 대신 type을 두 번째 매개변수로 받습니다.

코드 6-38
```sql
SELECT CONVERT(10, CHAR)                    CONV_CHAR,
       CONVERT('-10', SIGNED)               CONV_INT,
       CONVERT('10.2131', DECIMAL)          CONV_DEC1,
       CONVERT('10.2131', DECIMAL(6, 4))    CONV_DEC2,
       CONVERT('10.2131', DOUBLE)           CONV_DOUBLE,
       CONVERT('2021-10-31', DATE)          CONV_DATE,
       CONVERT('2021-10-31', DATETIME)      CONV_DATETIME;
```

실행결과

CONV_CHAR	CONV_INT	CONV_DEC1	CONV_DEC2	CONV_DOUBLE	CONV_DATE	CONV_DATETIME
10	-10	10	10.2131	10.2131	2021-10-31	2021-10-31 00:00:00

결과를 보면 CONVERT() 함수 역시 CAST() 함수와 동일한 결과를 반환했습니다.

6.3.2 흐름 제어 함수

흐름 제어(flow control) **함수**란 특정 조건을 확인해 조건에 부합하는 경우와 그렇지 않은 경우에 다른 값을 반환하는 함수입니다. 흐름 제어 함수에는 IF(), IFNULL(), NULLIF() 함수가 있고, 흐름 제어 함수와 비슷한 역할을 하는 CASE 연산자도 있습니다.

IF(expr1, expr2, expr3)

IF() 함수는 3개의 매개변수를 받습니다. 첫 번째 매개변수인 expr1은 조건식이고 expr1이 참(TRUE)이면 expr2를, 그렇지 않으면 expr3를 반환합니다. 예제를 보죠.

코드 6-39
```sql
SELECT IF(2 > 1, 1, 0) IF1,
       IF('A' = 'a', 'SAME', 'NOT SAME') IF2,
       IF(1 = 2, 1, 'A') IF3;
```

실행결과

IF1	IF2	IF3
1	SAME	A

첫 번째 IF() 함수를 보면 첫 번째 매개변수가 2 > 1입니다. 2는 1보다 항상 크기 때문에 이 조건은 참입니다. 따라서 두 번째 매개변수인 1을 반환했습니다. 두 번째 함수에는 'A' = 'a' 라는 조건이 있습니다. MySQL에서는 기본적으로 대소문자를 구분하지 않으므로 이 조건은 참이 되며 두 번째 매개변수인 SAME을 반환했습니다. 세 번째 함수의 1 = 2라는 조건은 거짓이므로 세 번째 매개변수인 A를 반환했습니다.

IFNULL(expr1, expr2)

IFNULL() 함수는 첫 번째 매개변수인 expr1이 NULL이 아니면 expr1을, NULL이면 expr2를 반환합니다. 기본으로 expr1을 반환하고, 이 값이 NULL이면 두 번째 매개변수를 반환하는 것이죠.

코드 6-40
```sql
SELECT IFNULL(1, 0) IFNULL1,
       IFNULL(NULL * 3, 0) IFNULL2;
```

실행결과

IFNULL1	IFNULL2
1	0

첫 번째 IFNULL() 함수의 첫 번째 매개변수는 1이므로 1을 그대로 반환했습니다. 두 번째 함수에서 첫 번째 매개변수는 NULL * 3인데, NULL에 3을 곱하면 결과는 NULL이 되므로 결국 두 번째 매개변수인 0을 반환했습니다.

NULLIF(expr1, expr2)

NULLIF() 함수는 두 매개변수 expr1과 expr2 값이 같으면 NULL을, 같지 않으면 expr1을 반환합니다.

코드 6-41
```sql
SELECT NULLIF(1, 1) NULLIF1,
       NULLIF(1, 0) NULLIF2,
       NULLIF(NULL, NULL) NULLIF3;
```

실행결과

	NULLIF1	NULLIF2	NULLIF3
▶	NULL	1	NULL

첫 번째 NULLIF() 함수에서는 매개변수가 모두 1로 두 값이 같으므로 NULL을 반환했습니다. 두 번째 함수에서는 1과 0으로 두 값이 같지 않아서 첫 번째 매개변수인 1을 반환했습니다. 마지막 함수에서는 두 매개변수가 모두 NULL로 두 값이 같으므로 NULL을 반환했습니다.

CASE

CASE는 함수가 아니고 연산자에 해당합니다(다른 DBMS에서는 CASE를 표현식 범주에 넣고 있습니다). CASE의 작동 방식은 지금까지 알아본 흐름 제어 함수들과 비슷합니다. 조건을 확인해서 조건에 부합하는 경우와 그렇지 않은 경우에 따라 각각 다른 값을 반환합니다.

CASE 연산자는 다음과 같이 두 가지 형태로 사용할 수 있습니다.

구문 6-1

```
CASE value WHEN compare_value1 THEN result1
WHEN compare_value2 THEN result2
...
ELSE result
END ... ;
```

첫 번째 형태는 CASE 다음에 오는 value 값을 WHEN 다음에 있는 compare_value1 값과 비교해 두 값이 같으면 result1을 반환합니다. 만약 같지 않으면 두 번째 WHEN 다음에 있는 compare_value2 값과 비교해 같으면 result2를 반환합니다. 이런 식으로 WHEN 절을 계속 추가해 비교할 수 있고, 그 어떤 값과도 같지 않으면 ELSE 다음에 있는 result 값을 반환합니다.

구문 6-2

```
CASE WHEN 조건1 THEN result1
WHEN 조건2 THEN result2
...
ELSE result
END ... ;
```

두 번째 형태는 CASE WHEN 다음에 조건식이 오며 조건1이 참이면 result1을, 조건2가 참이면 result2를 반환합니다. 이런 식으로 WHEN 절을 추가해 계속해서 조건을 확인할 수 있습니다. 그 어떤 조건도 만족하지 않으면 ELSE 다음에 있는 result 값을 반환합니다.

두 가지 형태의 CASE 연산자에서 ELSE 절은 생략할 수 있습니다. 만약 모든 조건에 맞지 않고 ELSE 절도 없다면 CASE 연산자는 NULL을 반환합니다.

예제를 실행해 작동 방식을 확인해 봅시다.

코드 6-42
```sql
SELECT CASE 1 WHEN 0 THEN 'A'
            WHEN 1 THEN 'B'
       END CASE1,
       CASE 9 WHEN 0 THEN 'A'
            WHEN 1 THEN 'B'
            ELSE 'None'
       END CASE2,
       CASE WHEN 25 BETWEEN 1 AND 19 THEN '10대'
            WHEN 25 BETWEEN 20 AND 29 THEN '20대'
            WHEN 25 BETWEEN 30 AND 39 THEN '30대'
            ELSE '30대 이상'
       END CASE3;
```

실행결과

CASE1	CASE2	CASE3
B	None	20대

첫 번째 CASE 연산자에서는 CASE 다음에 오는 1이 0과 같으면 A, 1과 같으면 B를 반환합니다. 여기서는 B를 반환하겠죠? 두 번째 CASE 연산자는 9를 두 개의 WHEN 절과 비교하는데, 이 중 어느 값과도 같지 않으므로 ELSE 절의 None을 반환했습니다. 두 CASE 연산자는 첫 번째 형태에 속합니다.

마지막 CASE 연산자는 두 번째 형태에 속하는데, 먼저 첫 번째 WHEN 절에서 BETWEEN... AND 연산자를 사용해 25가 1과 19 사이에 있는지 확인합니다. 당연히 이 조건은 거짓이 되고 결국 두 번째 WHEN 절에서 25가 20과 29 사이에 있는 조건이 참이 되어 20대를 반환했습니다.

6.3.3 기타 함수

기타 함수 중에서 비교적 자주 사용되는 SQL 함수 몇 가지를 알아보겠습니다.

SLEEP(duration)

SLEEP() 함수는 날짜형 함수에서 SYSDATE()와 NOW() 함수의 차이점을 설명할 때 사용했습니다. SLEEP() 함수는 이름 그대로 잠시 잠을 자는 함수로, 매개변수 duration초 동안 잠시 대기하다가 0을 반환합니다.

코드 6-43
```sql
SELECT SLEEP(5);
```

실행결과

SLEEP(5)
0

코드를 실행하면 결과가 바로 나오지 않고 5초가 지난 후에 0을 반환합니다. 매개변수가 5이므로 5초 동안 대기했다가 0을 반환하는 것이죠.

DATABASE(), SCHEMA(), USER()

DATABASE()와 SCHEMA() 함수는 현재 접속해 있는 데이터베이스 이름을, USER() 함수는 현재 로그인한 사용자 이름을 반환합니다. 세 함수 모두 매개변수 없이 사용합니다.

코드 6-44
```sql
USE mywork;

SELECT DATABASE(), SCHEMA(), USER();
```

실행결과

DATABASE()	SCHEMA()	USER()
mywork	mywork	myuser@localhost

코드를 보면 먼저 mywork 데이터베이스에 접속한 뒤 각 함수를 호출합니다. DATABASE()와 SCHEMA() 함수는 접속한 데이터베이스명인 mywork를 반환했고, USER() 함수는 현재 로그인한 myuser라는 사용자명과 호스트명까지 반환했습니다.

6.3.4 실습: SQL 함수 사용하기

마지막으로 실제 테이블에 있는 데이터를 조회하면서 이 장에서 배운 함수들을 사용해 보겠습니다.

코드 6-45
```sql
USE world;

SELECT code, CONCAT(name, ' (', continent, ')') names, region, population
  FROM country
 WHERE population BETWEEN 45000000 AND 55000000;
```

실행결과

code	names	region	population
COD	Congo, The Democratic Republic of the (Africa)	Central Africa	51654000
KOR	South Korea (Asia)	Eastern Asia	46844000
MMR	Myanmar (Asia)	Southeast Asia	45611000
UKR	Ukraine (Europe)	Eastern Europe	50456000

코드 6-45는 world 데이터베이스에 접속해 country 테이블에서 인구가 4,500만 명에서 5,000만 명 사이에 있는 국가를 조회합니다. 이때 해당 국가명(name)과 대륙명(continent)을 CONCAT 함수로 연결합니다. 즉, CONCAT(name, ' (', continent, ')')는 **name 칼럼의 값, 여는 괄호, continent 칼럼의 값, 닫는 괄호**, 총 4개 문자열을 하나로 이어 붙여 최종으로 names라는 별칭으로 조회합니다. 따라서 결과는 '국가명 (대륙명)' 형태로 조회됩니다.

코드 6-46
```sql
USE mywork;

SELECT years, ranks, movie_name, release_date, audience_num,
       ROUND(sale_amt / 100000000) AS sales
  FROM box_office
```

```sql
  WHERE YEAR(release_date) = 2019
    AND rep_country = '한국'
    AND audience_num >= 5000000;
```

실행결과

years	ranks	movie_name	release_date	audience_num	sales
2019	1	극한직업	2019-01-23 00:00:00	16265618	1397
2019	5	기생충	2019-05-30 00:00:00	10085275	859
2019	6	엑시트	2019-07-31 00:00:00	9426011	792
2019	8	백두산	2019-12-19 00:00:00	6290502	529

코드 6-46에서는 mywork 데이터베이스에 접속해 box_office 테이블에서 2019년 개봉한 한국 영화 중 관객수가 500만 명 이상인 영화를 조회합니다. WHERE 절을 보면 release_date 칼럼을 대상으로 날짜형 함수 YEAR()를 사용해 2019년에 개봉한 영화를 조회합니다. 또한, SELECT 절에서 매출액을 1억으로 나눈 후 숫자형 함수인 ROUND() 함수로 반올림한 결과를 보여 줍니다. 이때 ROUND() 함수에서 두 번째 매개변수를 생략했기 때문에 소수점 이하 첫째 자리에서 반올림해 정수 부분만 가져왔습니다. 〈극한직업〉의 매출액이 대략 1,397억 원이네요.

코드 6-47
```sql
SELECT ranks, movie_name, DAYNAME(release_date),
       CASE WHEN QUARTER(release_date) IN (1, 2) THEN '상반기'
            ELSE '하반기'
       END case1
  FROM box_office
 WHERE YEAR(release_date) = 2019
   AND ranks <= 10
 ORDER BY 1;
```

실행결과

ranks	movie_name	DAYNAME(release_date)	case1
1	극한직업	Wednesday	상반기
2	어벤져스: 엔드게임	Wednesday	상반기
3	겨울왕국 2	Thursday	하반기
4	알라딘	Thursday	상반기
5	기생충	Thursday	상반기
6	엑시트	Wednesday	하반기
7	스파이더맨: 파 프롬 홈	Tuesday	하반기
8	백두산	Thursday	하반기
9	캡틴 마블	Wednesday	상반기
10	조커	Wednesday	하반기

코드 6-47은 box_office 테이블에서 2019년에 개봉한 영화 중 매출액 기준 상위 10위까지 영화를 조회합니다. SELECT 절의 DAYNAME(release_date)는 날짜형 함수 DAYNAME()으로 개봉일이 무슨 요일인지 구했는데, 대부분 영화가 수요일이나 목요일에 개봉했음을 알 수 있습니다. 그리고 CASE 연산자에서 날짜형 함수 QUARTER()로 개봉한 분기를 구합니다. 첫 번째 WHEN 절에서는 QUARTER(release_date) IN (1, 2)로 개봉일이 1, 2분기에 속하면 상반기, 그렇지 않으면(ELSE 절) 하반기를 반환합니다.

이상으로 MySQL에서 제공하는 기본적인 SQL 함수를 살펴봤습니다. MySQL에서는 여기서 소개한 함수보다도 훨씬 많은 함수를 제공하는데, 이 장에서는 기본적인 SQL 문으로 데이터를 입맛에 맞게 가공하고 처리하는 데 필요한 함수만 선별해 소개했습니다.

이 장에서 소개한 함수를 모두 외울 필요는 없습니다. 쿼리를 작성하면서 어떤 계산이나 연산을 할 때 해당 기능을 수행하는 함수를 찾아 해당 함수의 매개변수 값을 올바로 전달할 수 있으면 됩니다.

1분 퀴즈 5

world 데이터베이스에 있는 country 테이블에는 indepyear라는 칼럼이 있습니다. indepyear 칼럼에는 해당 국가의 독립연도가 저장되어 있습니다. 각 국가명과 독립연도를 조회해 독립연도의 값이 없으면 '없음', 있으면 해당 독립연도를 조회하는 쿼리를 작성하세요.

정답 및 해설: 해설 노트 494쪽

6 마무리

이 장에서 배운 내용을 정리해 보겠습니다.

1 SQL 함수

① SQL 함수는 자주 사용되는 특정 연산을 수행하는 객체로, MySQL에서 제공하며 SQL 문장에서 사용할 수 있습니다.

② SQL 함수는 매개변수를 입력받아 연산이나 계산을 수행하고 결괏값을 반환합니다.

2 기본 SQL 함수

① SQL 함수로는 문자형, 숫자형, 날짜형, 형 변환, 흐름 제어 함수가 있습니다.

② 함수의 매개변수와 반환값이 문자나 문자열인 함수들을 문자형 함수라고 합니다.

③ 함수의 매개변수와 반환값이 숫자인 함수들을 숫자형 함수라고 합니다.

④ 함수의 매개변수와 반환값이 날짜인 함수들을 날짜형 함수라고 합니다.

⑤ 함수에 따라 문자형 함수에 속하지만, 숫자 값을 반환하는 것도 있고, 날짜형 함수지만 숫자나 문자 값을 반환하는 함수도 있습니다.

3 기타 함수

① 형 변환 함수는 매개변수로 입력되는 값의 데이터 타입을 변환한 결과를 반환하는 함수로, CAST( )와 CONVERT( ) 함수가 있습니다.

② 흐름 제어 함수는 임의의 조건을 확인해 그 결과에 따라 각기 다른 값을 반환하는 함수로, IF, IFNULL( ), NULLIF( ) 함수가 있습니다.

③ CASE 연산자는 함수는 아니지만, 특정 조건을 명시하고 그 조건을 확인해 원하는 값을 반환할 수 있으며, 두 가지 형태의 구문을 제공합니다.

④ 함수는 연산 결과를 반환하므로 함수 자체가 다른 함수의 매개변수로 사용될 수 있습니다.

Self Check

1. 연인과 처음으로 만난 날이 2021년 5월 12일인데, 100일, 500일, 1,000일이 되는 날을 기념하고 싶다고 해봅시다. 100일, 500일, 1,000일을 계산하는 쿼리를 작성해 보세요.

2. mywork 데이터베이스의 box_office 테이블에서 2019년 12월에 개봉한 영화의 제목과 개봉일을 조회하는 쿼리를 작성해 보세요.

3. mywork 데이터베이스의 box_office 테이블의 director 칼럼은 영화감독 데이터가 저장되어 있는데, 감독이 두 명 이상이면 콤마(,)로 이어져 있습니다(예, '홍길동, 김감독'). 감독이 1명이면 그대로, 두 명 이상이면 콤마 대신 '/' 값으로 대체해(예, '홍길동/김감독') 조회하는 쿼리를 작성해 보세요.

4. box_office 테이블에서 2019년에 개봉된 영화 중, 영화 제목에 ':'이 들어간 영화를 조회하는 쿼리를 작성해 보세요.

정답 및 해설: 해설 노트 495쪽

데이터 집계하기: 집계 쿼리

이 장에서는 테이블에 있는 데이터를 집계해 보겠습니다. 데이터를 집계한다는 것은 특정 데이터를 기준으로 한데 모아 계산한다는 뜻인데, 쉽게 말해 특정 항목별 전체 합계, 최솟값, 최댓값, 평균 등을 계산합니다. 데이터 집계는 데이터 분석의 첫걸음이라 할 수 있습니다. 회사의 월별 매출을 구하거나 부서별 매출액을 구할 때 바로 집계 쿼리를 사용합니다. 그럼 어떤 식으로 데이터를 집계하는지 지금부터 알아봅시다.

7.1 집계 쿼리 다루기: 데이터 그룹화와 집계 함수

테이블에 있는 데이터 전체 또는 어떤 조건을 만족하는 데이터를 집계할 수도 있지만, 특정 항목(칼럼)을 기준으로 집계할 수도 있습니다. 가령 한 반 학생들의 시험 점수가 담긴 테이블이 있을 때, 전체 평균을 구하려면 데이터 전체를 대상으로, 과목별 평균을 구하려면 과목이란 항목별로 계산해야겠죠.

이렇게 특정 항목을 기준으로 데이터를 집계하는 것을 **그룹화**라고 합니다. 과목별 평균에서는 국어, 영어, 수학 같은 과목이 그룹화의 대상입니다. 대상을 선별했으니 평균을 구하면 되겠죠? 평균은 하나의 집계 값입니다. 집계 값은 **집계 함수**로 계산합니다. 결국 데이터 집계는 그룹화와 집계 함수가 결합해 이뤄지며, 이렇게 작성한 쿼리를 **집계 쿼리**라고 합니다.

7.1.1 데이터 그룹화하기

그럼 먼저 데이터를 그룹화하는 방법부터 알아보겠습니다.

GROUP BY 절

SQL로 데이터를 그룹화할 때는 SELECT 문에 GROUP BY 절을 사용합니다.

구문 7-1

```sql
SELECT *
  FROM 테이블
 WHERE 조회 조건
 GROUP BY 칼럼[표현식, 순번]1, 칼럼[표현식, 순번]2, ...
 ORDER BY ...
 LIMIT n;
```

기본 형식은 구문 7-1과 같습니다. 물론 작성하는 쿼리에 따라 WHERE, ORDER BY, LIMIT 절은 생략할 수 있습니다. GROUP BY 절의 사용법은 다음과 같습니다.

- GROUP BY 절은 WHERE와 ORDER BY 절 사이에 위치합니다.
- 그룹화할 칼럼(표현식)은 GROUP BY 절 다음에 넣습니다.
- GROUP BY 절 다음에는 칼럼뿐만 아니라 표현식이나 순번을 넣을 수 있는데, 여기서 순번이란 SELECT 절에 명시한 칼럼(표현식)의 순서를 의미합니다.
- GROUP BY 절을 사용할 때, SELECT 절에는 GROUP BY 절에 기술한 칼럼(표현식)만 명시해야 올바른 그룹화 결과가 조회됩니다.
- SELECT 절에 명시한 칼럼이나 표현식에 별칭을 부여하면, GROUP BY 절에 해당 별칭을 명시해도 원하는 데이터가 조회됩니다.

그럼 예제를 통해 GROUP BY 절을 어떻게 사용하는지 알아봅시다.

코드 7-1

```sql
USE world;

SELECT continent
  FROM country
 GROUP BY continent;
```

실행결과

continent
North America
Asia
Africa
Europe
South America
Oceania
Antarctica

코드 7-1은 country 테이블을 조회하는데, 이 테이블의 총 건수(로우 수)는 239입니다. WHERE 절을 사용하지 않으므로 country 테이블 전체가 조회되어야 합니다. 하지만 GROUP BY 절 다음에 continent(대륙명)을 명시했고, SELECT 절에도 GROUP BY 절에 명시한 continent 칼럼을 명시했습니다. 따라서 continent 칼럼 값으로 그룹화를 수행합니다. country 테이블에는 총 239개국의 정보가 저장되어 있고, 이 중에서 continent 칼럼에 저장된 고유한 값은 총 7개입니다. 따라서 대륙별로 그룹화를 수행합니다.

country 테이블에서 continent 칼럼을 조회해 보면 값이 'North America'인 로우는 37개입니다. 북아메리카에 속하는 국가가 37개 있다는 뜻이죠. 그런데 GROUP BY 절을 사용하면 37건이 1건으로 줄어듭니다. 'Asia'나 다른 대륙에 속한 국가도 마찬가지입니다. 결국 그룹화를 하면 대상 값의 중복을 제거하는 효과를 얻을 수 있습니다.

그림 7-1 GROUP BY 절 사용 결과

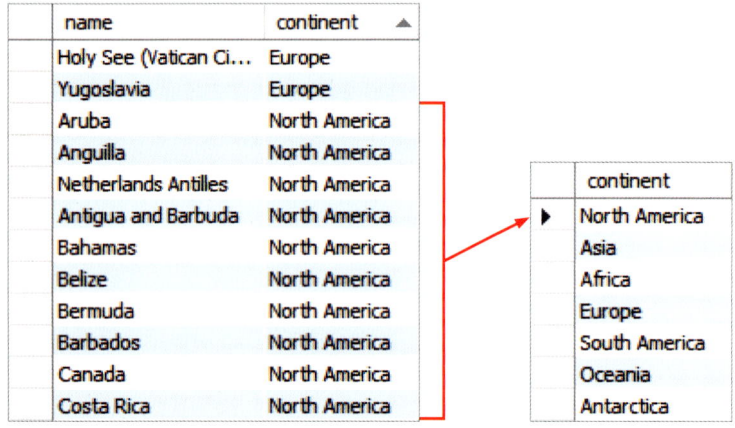

GROUP BY 절 다음에 칼럼을 추가해 봅시다.

코드 7-2
```
SELECT continent, region
  FROM country
 GROUP BY continent, region
 ORDER BY 1, 2;
```

실행결과

continent	region
Asia	Eastern Asia
Asia	Middle East
Asia	Southeast Asia
Asia	Southern and Central Asia
Europe	Baltic Countries
Europe	British Islands
Europe	Eastern Europe
...	Melanesia
Oceania	Micronesia
Oceania	Micronesia/Caribbean
Oceania	Polynesia
Antarctica	Antarctica
South America	South America

코드 7-2에서는 SELECT 절과 GROUP BY 절 다음에 continent와 region을 명시하는데, 이는 continent와 region 칼럼의 값별로 데이터를 집계한다는 뜻입니다. 결과를 보면 continent와 region 값을 조합해 총 25건이 조회됐습니다. 이처럼 GROUP BY 절 다음에 칼럼이나 표현식을 콤마로 구분해 명시하면 여러 항목을 항목별로 집계해 조회할 수 있습니다. 또한, ORDER BY 절을 사용해 continent, region 순으로 오름차순 정렬을 했습니다.

다음 코드도 실행해 봅시다.

코드 7-3
```
SELECT continent, region
  FROM country
 GROUP BY 1, 2
 ORDER BY 1, 2;
```

실행결과

continent	region
Asia	Eastern Asia
Asia	Middle East
Asia	Southeast Asia
Asia	Southern and Central Asia
Europe	Baltic Countries
Europe	British Islands
Europe	Eastern Europe
...	Melanesia
Oceania	Micronesia
Oceania	Micronesia/Caribbean
Oceania	Polynesia
Antarctica	Antarctica
South America	South America

코드 7-3에서는 GROUP BY 절 다음에 칼럼명이 아닌 숫자가 옵니다. 이 숫자는 SELECT 절에 명시한 칼럼의 순서를 의미합니다. GROUP BY 다음의 숫자는 ORDER BY 다음에 숫자를 넣는 것과 같은 방식입니다. 따라서 GROUP BY 1, 2는 GROUP BY continent, region과 같은 의미고, 코드 7-2와 결과도 같습니다. 만약 GROUP BY 절에 명시한 순번에 해당하는 칼럼이나 표현식이 SELECT 절에 없으면 오류가 발생합니다.

코드 7-4
```sql
SELECT SUBSTRING(district, 1, 2) DO
  FROM city
 WHERE countrycode = 'KOR'
 GROUP BY SUBSTRING(district, 1, 2)
 ORDER BY 1;
```

실행결과

DO
Ch
In
Ka
Kw
Ky
Pu
Se
Ta

코드 7-4에서는 city 테이블에서 우리나라의 도시를 조회합니다. 이때 GROUP BY 절과 SELECT 절에 SUBSTRING(district, 1, 2)라는 표현식을 넣습니다. 이 표현식은 도(道) 정보가 있는 district 칼럼의 값에서 SUBSTRING() 함수로 처음 2글자만 추출해 조회합니다. 결과로 총 8건의 데이터가 조회됐군요. 이처럼 GROUP BY 절에는 칼럼, 순번을 뜻하는 숫자뿐만 아니라 표현식도 사용할 수 있습니다. 또한, SELECT 절에서 SUBSTRING(district, 1, 2) 표현식에 DO란 별칭을 두었는데, GROUP BY 절에 해당 표현식 대신 GROUP BY DO처럼 **별칭**을 명시해도 같은 결과가 조회됩니다.

코드 7-5
```sql
SELECT continent
  FROM country
 GROUP BY region
 ORDER BY 1;
```

실행결과

continent
Asia
Asia
Asia
Asia
Europe
Europe
Europe
~~nia~~
Oceania
Oceania
Antarctica
South America

코드 7-5에서는 GROUP BY 다음에는 region을, SELECT 절에는 continent를 명시합니다. GROUP BY region이므로 지리적 지역 데이터를 집계해야 하는데, 엉뚱하게도 SELECT 절에는 region이 아닌 continent를 명시해서 대륙 데이터가 집계됐습니다. 오류가 발생하지는 않지만, 잘못 작성한 쿼리입니다. 그룹화는 대상이 되는 칼럼과 조회하는 칼럼이 일치해야만 올바른 데이터가 조회됩니다. region이든 continent든 또는 이 둘의 조합이든 GROUP BY 절과 SELECT 절에는 동일한 칼럼(표현식)을 명시해야 데이터를 정확하게 집계할 수 있습니다.

정리하면, OO별로 데이터를 그룹화할 때 GROUP BY 다음에 OO별에 해당하는 칼럼 또는 표현식을 기술하고 이와 동일한 칼럼(표현식)을 SELECT 절에 명시합니다. 쿼리를 수행하면 해당 칼럼(표현식)에 있는 값을 기준으로 고유한 값이 추출되며, 추출되는 로우 건수는 칼럼(표현식)에서 고유한 값의 개수가 됩니다.

DISTINCT

SELECT 절에 DISTINCT 키워드를 넣고 그다음에 칼럼(표현식)을 명시하면 GROUP BY 절 없이도 중복을 제거할 수 있어서 고유한 값을 추출할 수 있습니다. 엄밀히 말하면 DISTINCT는 데이터 그룹화라고 볼 수 없지만, GROUP BY 절을 사용한 것과 조회 결과가 같습니다.

코드 7-6
```
SELECT DISTINCT continent
  FROM country;
```

실행결과

continent
North America
Asia
Africa
Europe
South America
Oceania
Antarctica

코드 7-6은 country 테이블을 조회하는데, SELECT 절에서 continent 칼럼 앞에 DISTINCT를 붙입니다. 이는 country 테이블 전체에서 고유한 continent 칼럼 값을 조회하라는 뜻으로, GROUP BY 절을 사용한 코드 7-1과 결과가 같습니다.

코드 7-7
```
SELECT DISTINCT continent, region
  FROM country
 ORDER BY 1, 2;
```

실행결과

continent	region
Asia	Eastern Asia
Asia	Middle East
Asia	Southeast Asia
Asia	Southern and Central Asia
Europe	Baltic Countries
Europe	British Islands
Europe	Eastern Europe
Oceania	Micronesia
Oceania	Micronesia/Caribbean
Oceania	Polynesia
Antarctica	Antarctica
South A...	South America

코드 7-7에서는 DISTINCT 다음에 continent와 region 칼럼을 명시합니다. 이는 continent와 region 칼럼 값을 조합해 고유한 값을 조회하라는 뜻입니다. 이 쿼리를 실행한 결과 역시 코드 7-2나 코드 7-3과 같습니다.

이처럼 GROUP BY 절 없이도 SELECT 절에 DISTICNT를 사용하면 특정 칼럼(표현식)의 값에서 중복을 제거한 고윳값을 조회할 수 있습니다.

7.1.2 집계 함수 사용하기

집계 함수란 테이블의 전체 또는 특정 칼럼 값에 대한 로우 수, 합계, 최댓값, 최솟값, 평균 등의 집계 값을 계산하는 함수입니다. 집계 함수에는 어떤 것들이 있고 어떻게 사용하는지 살펴봅시다.

COUNT

COUNT() 함수는 테이블에 있는 데이터가 총 몇 건인지, 즉 총 로우 수가 몇 개인지를 반환하는 함수입니다.

> **구문 7-2**
> COUNT([DISTINCT] expr)

보통 COUNT() 함수의 매개변수로는 SELECT 절에서 전체 칼럼을 조회할 때 사용했던 *를 사용합니다. 물론 특정 칼럼 값을 매개변수로 사용할 수도 있지만, *를 사용하든 특정 칼럼 값을 사용하든 결과는 같습니다. 또한, 매개변수에 DISTINCT를 사용할 수 있는데, DISTINCT expr을 하면 매개변수 expr 칼럼의 고윳값 개수를 반환합니다.

그럼 COUNT() 함수를 사용해 봅시다.

코드 7-8
```sql
SELECT COUNT(*), COUNT(continent)
  FROM country;
```

실행결과

COUNT(*)	COUNT(continent)
239	239

코드 7-8에는 두 개의 COUNT() 함수가 있는데, 하나는 *를, 다른 하나는 continent를 매개변수로 사용합니다. 둘 다 결과로 239를 반환했습니다. 이를 통해 country 테이블에는 총 239건의 데이터가 있음을 알 수 있습니다. 참고로 집계 함수 중 COUNT() 함수에서만 *를 매개변수로 사용할 수 있습니다.

코드 7-9
```sql
SELECT COUNT(*), COUNT(2)
  FROM country
 WHERE continent = 'Europe';
```

실행결과

	COUNT(*)	COUNT(2)
▶	46	46

이번에는 WHERE 절을 추가해 country 테이블에서 유럽(Europe) 대륙에 속하는 건을 조회합니다. COUNT( ) 함수는 로우 건수를 반환하므로 유럽 대륙에 속한 국가는 46개국입니다. 두 번째 COUNT( ) 함수의 매개변수는 2인데, 매개변수가 *일 때와 결과가 같습니다. 따라서 COUNT( ) 함수는 매개변수로 들어오는 값과 상관없이 로우 건수를 반환함을 알 수 있습니다.

코드 7-10
```sql
SELECT COUNT(DISTINCT continent)
  FROM country;
```

실행결과

	COUNT(DISTINCT continent)
▶	7

코드 7-10에서는 COUNT( ) 함수의 매개변수로 DISTINCT continent를 사용했습니다. COUNT( ) 함수의 매개변수로 *나 칼럼 값 또는 다른 값을 사용해도 결과는 같지만, DISTINCT를 사용하면 결괏값이 달라집니다. DISTINCT continent는 continent 칼럼에 저장된 고윳값을 추출하라는 의미입니다. 이를 COUNT( ) 함수의 매개변수로 넘겼으므로 결국 고유한 대륙 개수를 반환합니다. 코드 7-1과 코드 7-6은 continent 칼럼의 고윳값을 조회하고 총 7개의 로우를 반환했죠. 따라서 COUNT(DISTINCT continent)도 7을 반환합니다.

MAX, MIN, AVG

MAX( ) 함수는 매개변수의 최댓값, MIN( ) 함수는 최솟값, AVG( ) 함수는 평균을 반환합니다. 따라서 세 함수의 매개변수로는 주로 숫자형 데이터의 칼럼이 옵니다.

> 구문 7-3
>
> MAX([DISTINCT] expr)
> MIN([DISTINCT] expr)
> AVG([DISTINCT] expr)

MAX()와 MIN() 함수는 숫자 외에 문자형이나 날짜형 칼럼도 사용할 수 있습니다. 문자나 날짜에서도 최댓값이나 최솟값을 구할 수 있기 때문이죠. 하지만 AVG() 함수는 평균을 구하는 함수이므로 숫자형 칼럼만을 명시해야 합니다.

> **TIP** AVG() 함수의 매개변수에 문자형이나 날짜형 칼럼을 명시하더라도 오류는 나지 않지만, 엉뚱한 값이 반환됩니다.

코드 7-11
```sql
SELECT MAX(population), MIN(population), AVG(population)
  FROM country
 WHERE continent = 'Europe';
```

실행결과

MAX(population)	MIN(population)	AVG(population)
146934000	1000	15871186.9565

코드 7-11은 유럽 대륙에 속하는 국가의 인구수(population)에서 최댓값, 최솟값, 평균을 구합니다. 유럽 국가 중 어느 나라의 인구가 가장 많은지, 가장 적은지는 알 수 없지만, 인구의 최댓값, 최솟값, 평균은 MAX(), MIN(), AVG() 함수로 구할 수 있습니다.

SUM, VAR_POP, STDDEV_POP

SUM()은 매개변수의 합계를, VAR_POP()은 분산을, STDDEV_POP()은 표준편차를 구하는 함수입니다.

> 구문 7-4
>
> SUM([DISTINCT] expr), VAR_POP(expr), STDDEV_POP(expr)

SUM() 함수는 COUNT(), MIN(), MAX(), AVG() 함수와 마찬가지로 많이 사용되는 함수입니다. 하지만 실무에서 분산과 표준편차를 계산하는 경우가 많지 않기 때문에 VAR_POP() 함수와

STDDEV_POP() 함수는 잘 사용하지 않습니다. VAR_POP() 대신 VARIANCE() 함수를 사용해도 같은 값을 반환합니다. 마찬가지로 STDDEV_POP() 대신 STD()나 STDDEV() 함수를 사용해도 됩니다.

코드 7-12
```sql
SELECT SUM(population), VAR_POP(population), STDDEV_POP(population)
  FROM country
 WHERE continent = 'Europe';
```

실행결과

SUM(population)	VAR_POP(population)	STDDEV_POP(population)
730074600	7546233136350 47.4	27470407.962661337

코드 7-12는 유럽 국가의 인구수 총합과 분산, 표준편차를 각각 구합니다.

7.1.3 GROUP BY 절과 집계 함수로 집계 쿼리 완성하기

지금까지 GROUP BY 절로 데이터를 그룹화하는 방법과 집계 함수를 알아봤습니다. 사실 집계 쿼리는 GROUP BY 절과 집계 함수를 같이 사용해야 완성됩니다. 어느 한쪽만 사용하면 반쪽짜리 집계 쿼리일 뿐이죠. 예를 들어 올해 우리 회사 전체 매출액도 나름대로 의미가 있겠지만, 좀 더 세밀한 데이터 분석을 하려면 올해 월별 매출액이나 부서별 매출액을 보는 것이 더 낫겠죠. 이때 월별 또는 부서별은 GROUP BY 절로, 매출액은 집계 함수로 구할 수 있습니다. 그럼 이 둘을 같이 사용해 box_office 테이블을 대상으로 집계 쿼리를 작성해 봅시다.

연도별 개봉 영화 편수 집계하기

먼저 연도별로 몇 편의 영화가 개봉했는지 알아보죠. 개봉일 정보는 box_office 테이블의 release_date에 있으니 이 칼럼으로 알아낼 수 있습니다.

코드 7-13
```sql
USE mywork;

SELECT YEAR(release_date) release_year, COUNT(*)
  FROM box_office
 GROUP BY YEAR(release_date)
 ORDER BY 1 DESC;
```

실행결과

release_year	COUNT(*)
2020	65
2019	2038
2018	2152
2017	2159
2016	2033
2015	1645
2014	1628
2013	1441
2012	1181
2011	879
2010	888
2009	758

연도별로 개봉한 영화 편수를 구하므로 OO별에 해당하는 항목이 개봉연도가 되죠. 따라서 개봉연도를 GROUP BY와 SELECT 절에 명시하면 됩니다. 개봉연도는 개봉일에 나와 있으므로 release_date 칼럼을 YEAR() 함수의 매개변수로 넘겨 구합니다. 다음으로 영화 편수를 구해야 하는데, box_office 테이블의 1개 로우가 한 편의 영화죠. 따라서 테이블에 총 몇 개의 로우가 있는지 집계하면 영화 편수를 구할 수 있습니다. 이때는 COUNT() 함수를 사용합니다. 그리고 개봉연도별로 내림차순 정렬해 최신 연도부터 조회합니다.

코드 7-13에서는 GROUP BY 절과 COUNT() 함수를 결합한 집계 쿼리를 작성해 원하는 데이터를 얻었습니다. 그럼 몇 가지 예시를 더 살펴볼까요?

2019년 개봉 영화의 유형별 최대, 최소 매출액과 전체 매출액 집계하기

영화 유형은 box_office 테이블의 movie_type 칼럼에 있고, 값으로 장편, 단편, 옴니버스가 있습니다. 그리고 매출액은 sale_amt 칼럼을 참조하면 됩니다. 영화 유형별 최대, 최소, 전체 매출액을 구하는 집계 쿼리를 작성해 봅시다.

코드 7-14
```sql
SELECT movie_type, MAX(sale_amt), MIN(sale_amt), SUM(sale_amt)
  FROM box_office
 WHERE YEAR(release_date) = 2019
 GROUP BY movie_type
 ORDER BY 1;
```

실행결과

movie_type	MAX(sale_amt)	MIN(sale_amt)	SUM(sale_amt)
NULL	4417000	100000	4517000
단편	18270150	38000	29395700
옴니버스	41537030	901000	92895690
장편	139651845516	1000	1870657354798

영화 유형인 movie_type 칼럼을 GROUP BY 절과 SELECT 절에 명시하고 최대, 최소, 전체 매출액은 각각 sale_amt 칼럼을 MAX(), MIN(), SUM() 함수의 매개변수로 넘겨 구합니다. 그리고 2019년 개봉 영화만 조회하므로 WHERE 절에 조회 조건으로 추가합니다. ORDER BY 절에 1을 명시했으므로 첫 번째 칼럼, 즉 movie_type 칼럼을 기준으로 정렬합니다.

결과를 보면 장편 영화의 매출이 가장 많습니다. 일부 영화는 movie_type 칼럼에 값이 들어 있지 않아서 NULL로 조회됐네요.

2019년 개봉 영화 중 매출액이 1억 원 이상인 영화의 분기별, 배급사별 개봉 영화 수와 매출액 집계하기

2019년 개봉 영화와 매출액이 1억 원 이상이라는 2개의 조건이 있으므로 일단 조건을 WHERE 절에 기술합니다. 그리고 분기별, 배급사별로 집계해야 하므로 둘을 GROUP BY 절에 넣으면 되겠죠. 분기는 release_date 칼럼에, 배급사는 distributor 칼럼에 정보가 있습니다. 그럼 쿼리를 작성해 볼까요?

코드 7-15
```sql
SELECT QUARTER(release_date) 분기, distributor 배급사,
       COUNT(*) 영화편수, ROUND(SUM(sale_amt) / 100000000) 매출_억원
  FROM box_office
 WHERE 1 = 1
   AND EXTRACT(YEAR FROM release_date) = 2019
   AND distributor IS NOT NULL
   AND sale_amt >= 100000000
 GROUP BY QUARTER(release_date), distributor
 ORDER BY 1, 2, 3;
```

실행결과

분기	배급사	영화편수	매출_억원
1	(주)넥스트엔터테인먼트월드(NEW)	3	91
1	(주)넥스트엔터테인먼트월드(NEW),(주)팬엔터테인먼트	1	4
1	(주)드림팩트엔터테인먼트	1	3
1	(주)디스테이션	1	1
1	(주)라이크 콘텐츠	1	2
1	(주)리틀빅픽쳐스	1	7
1	(주)마노엔터테인먼트	1	1
1	(주)메리크리스마스,TCO(주)더콘텐츠온	2	164
1	(주)미디어캐슬	1	2
1	(주)박수엔터테인먼트	4	10
1	(주)셀트리온엔터테인먼트	1	13
1	(주)쇼박스	2	441

쿼리가 조금 복잡하니 한 부분씩 살펴보죠. 먼저 WHERE 절을 보면 release_date 칼럼을 EXTRACT() 함수의 매개변수로 넘깁니다. EXTRACT() 함수는 매개변수로 들어온 날짜에서 단위에 해당하는 값을 추출합니다. 단위로 YEAR를 넣었으므로 개봉일에서 연도를 추출해서 2019와 비교해 2019년 개봉 영화를 걸러냅니다. 두 번째 조건이 매출액 1억 원 이상이므로 sale_amt 값이 1억 원 이상인지도 비교합니다. 그리고 추가로 배급사 정보가 저장되어 있지 않은 데이터가 있어서 distributor 칼럼 값이 NULL이 아닌 조건을 넣습니다.

다음으로 분기별, 배급사별로 집계해야 하므로 GROUP BY 절과 SELECT 절에 QUARTER() 함수의 매개변수로 release_date를 넘겨 구한 분기와 배급사인 distributor 칼럼을 명시합니다.

마지막으로 영화 수는 로우 건수를 구하는 것이니 COUNT() 함수로, 매출액은 SUM() 함수로 구합니다. 이때 매출액은 단위가 크니 1억으로 나눈 뒤 ROUND() 함수를 사용해 소수점 이하 첫째 자리 기준으로 반올림합니다.

쿼리를 실행하면 총 162건이 조회되는데, 결과를 보면 (주)넥스트엔터테인먼트월드(NEW) 배급사는 2019년 1분기에 3편의 영화를 배급했고 총 91억 원의 매출을 올렸습니다.

지금까지 살펴본 예제처럼 집계 쿼리는 GROUP BY 절과 집계 함수를 같이 사용해야 좀 더 의미 있는 결과를 뽑을 수 있습니다. 대부분의 집계 쿼리는 'OO별 집계 값'을 구하는 형태입니다. 여기서 OO에 해당하는 항목인 칼럼이나 표현식을 GROUP BY와 SELECT 절에 기술하고, 원하는 집계 값을 구하는 집계 함수를 적절히 사용하면 집계 쿼리를 쉽게 작성할 수 있습니다.

1분 퀴즈 1

world 데이터베이스에 있는 city 테이블에서 국가 코드별로 도시 수를 구하는 집계 쿼리를 작성하세요.

정답 및 해설: 해설 노트 497쪽

7.2 총계 산출과 HAVING 절

집계 쿼리를 어떻게 작성하는지 알았으니 이번에는 좀 더 깊게 들어가 보죠. 숫자형 칼럼에 있는 값의 합계를 구할 때는 SUM() 함수를 사용합니다. 이때 GROUP BY 절과 같이 사용하면 해당 항목별로 합계를 구할 수 있습니다. 예를 들어 코드 7-14에서는 영화 유형별로 매출액을 구할 수 있었죠.

그런데 GROUP BY 절에 명시한 칼럼별 합계(소계)는 물론 전체 합계(총계)까지 한 번에 구하는 방법은 없을까요? 영화 유형에서 장편, 단편, 옴니버스, NULL별 소계는 물론 총계까지 조회하는 것이죠. 지금부터 그 방법을 알아보겠습니다.

7.2.1 WITH ROLLUP으로 소계와 총계 구하기

항목별 소계는 물론 총계까지 같이 구하려면 GROUP BY 절 맨 끝에 WITH ROLLUP 키워드를 추가합니다. roll up은 우리말로 '말아(감아) 올린다'는 뜻입니다. 따라서 항목별 소계를 한데 말아서 총계를 구한다는 의미로 생각하면 됩니다. 그럼 예제를 통해 ROLLUP의 쓰임새를 살펴봅시다.

코드 7-16
```sql
SELECT movie_type 영화유형, SUM(sale_amt) 금액
  FROM box_office
 WHERE YEAR(release_date) = 2019
   AND sale_amt > 10000000
 GROUP BY movie_type
 ORDER BY 1 DESC;
```

실행결과

영화유형	금액
장편	1870000814478
옴니버스	75428940
단편	29142700

코드 7-16은 2019년 개봉 영화 중 매출액이 천만 원 이상인 건을 골라 영화 유형별로 매출액의 소계를 구하는 쿼리입니다. 코드 7-14와 비슷한데, 다른 점은 천만 원 이상이라는 조건을 걸어서 영화 유형 칼럼(movie_type)의 값이 NULL인 건은 제외합니다.

코드 7-17
```sql
SELECT movie_type 영화유형, SUM(sale_amt) 금액
  FROM box_office
 WHERE YEAR(release_date) = 2019
   AND sale_amt > 10000000
 GROUP BY movie_type WITH ROLLUP;
```

실행결과

영화유형	금액
단편	29142700
옴니버스	75428940
장편	1870000814478
NULL	1870105386118

코드 7-17에서는 코드 7-16의 GROUP BY 절 끝에 WITH ROLLUP을 추가합니다. 결과를 보면 영화 유형이 NULL인 건까지 조회됐습니다. 이는 장편, 옴니버스, 단편의 매출액 소계를 모두 더한 총계입니다. 결과에서 보듯이 총계는 그룹화하는 항목(여기서는 영화 유형이 되겠죠)의 값을 더해 자동으로 NULL 항목에 뿌려 줍니다.

그림 7-2 WITH ROLLUP 추가 결과 1

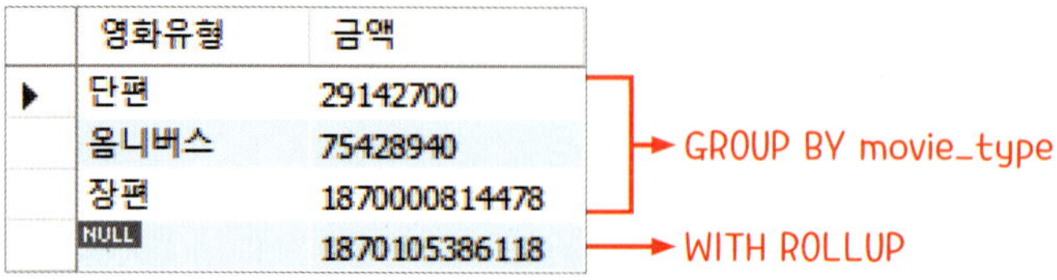

영화유형	금액	
단편	29142700	
옴니버스	75428940	→ GROUP BY movie_type
장편	1870000814478	
NULL	1870105386118	→ WITH ROLLUP

다른 예를 볼까요?

코드 7-18

```sql
SELECT MONTH(release_date) 월, movie_type 영화유형, SUM(sale_amt) 금액
  FROM box_office
 WHERE YEAR(release_date) = 2019
   AND QUARTER(release_date) = 1
   AND sale_amt > 10000000
 GROUP BY MONTH(release_date), movie_type WITH ROLLUP;
```

실행결과

월	영화유형	금액
1	단편	18270150
1	장편	249008693659
1	NULL	249026963809
2	장편	86975994258
2	NULL	86975994258
3	단편	10872550
3	장편	112668378148
3	NULL	112679250698
NULL	NULL	448682208765

코드 7-18은 2019년 1분기 개봉 영화 중 매출액이 천만 원 이상인 영화의 월별, 영화 유형별 매출액 소계를 구하는 쿼리입니다. 1분기에 개봉된 영화를 조회하므로 WHERE 절에서 QUARTER() 함수를 사용한 조건을 추가합니다. 또한, 월별로 집계해야 하므로 GROUP BY와 SELECT 절에 매개변수에서 월을 반환하는 MONTH() 함수를 추가합니다.

GROUP BY 절에 월과 영화 유형, 2가지 항목을 명시해 결과에 2019년 1분기 매출액이 월별, 유형별로 조회됐습니다. 그리고 WITH ROLLUP 때문에 GROUP BY 절에 명시한 월과 영화 유형별 소계와 총계까지 추가로 집계됐습니다.

그림 7-3 WITH ROLLUP 추가 결과 2

월	영화유형	금액	
1	단편	18270150	
1	장편	249008693659	
1	NULL	249026963809	→ 1월 소계
2	장편	86975994258	
2	NULL	86975994258	→ 2월 소계
3	단편	10872550	
3	장편	112668378148	
3	NULL	112679250698	→ 3월 소계
NULL	NULL	448682208765	→ 총계

이처럼 GROUP BY 절에 WITH ROLLUP 구문을 사용하면 GROUP BY 절에 명시한 항목별 소계에 추가로 총계를 조회할 수 있습니다.

7.2.2 GROUPING() 함수

GROUPING() 함수는 집계 함수가 아니지만, GROUP BY 절과 WITH ROLLUP을 사용하는 집계 쿼리에 추가 기능을 제공합니다. 예제를 보면 기능을 이해하기가 훨씬 쉬우므로 예제를 실행한 결과를 보며 설명하겠습니다.

코드 7-19
```sql
SELECT movie_type 영화유형, SUM(sale_amt) 금액
  FROM box_office
 WHERE YEAR(release_date) = 2019
 GROUP BY movie_type WITH ROLLUP;
```

실행결과

영화유형	금액
NULL	4517000
단편	29395700
옴니버스	92895690
장편	1870657354798
NULL	1870784163188

코드 7-19는 2019년 개봉 영화의 영화 유형별 매출액의 소계를 구하는 쿼리입니다. 그런데 결과를 보면 좀 이상합니다. 영화 유형의 값이 NULL인 건이 2건이죠. 여기서 첫 번째 행의 NULL은 영화 유형이 담긴 movie_type 칼럼에 값이 들어 있지 않은 건이 조회된 결과고, 마지막 로우의 NULL은 WITH ROLLUP으로 계산된 영화 유형별 매출액의 총계입니다.

이처럼 칼럼 값 자체에 NULL이 있을 때 WITH ROLLUP을 포함한 집계 쿼리를 사용하면 NULL인 건이 집계된 로우와 총계가 계산된 로우를 구분하기 어렵습니다. 물론 이 예제에서는 마지막 로우의 금액이 크기 때문에 총계임을 쉽게 유추할 수 있지만, SUM() 함수로 계산된 값이 그리 크지 않으면 보통 구분하기가 쉽지 않습니다. 바로 이럴 때 GROUPING() 함수를 사용합니다.

코드 7-20
```sql
SELECT movie_type 영화유형, SUM(sale_amt) 금액, GROUPING(movie_type)
  FROM box_office
 WHERE YEAR(release_date) = 2019
 GROUP BY movie_type WITH ROLLUP;
```

실행결과

영화유형	금액	GROUPING(movie_type)
NULL	4517000	0
단편	29395700	0
옴니버스	92895690	0
장편	1870657354798	0
NULL	1870784163188	1

코드 7-20을 보면 코드 7-19의 SELECT 절에 GROUPING(movie_type)을 추가했습니다. GROUP BY 절에 명시한 칼럼을 GROUPING() 함수의 매개변수로 넘기면 WITH ROLLUP 구문으로 항목별 소계와 총계가 계산된 로우는 1을, 나머지는 0을 반환합니다. 따라서 결과에서 영화 유형이 NULL인 두 건 중에서 GROUPING() 함수가 1을 반환한 마지막 건이 총계임을 알 수 있습니다.

따라서 다음과 같이 쿼리를 작성하면 좀 더 알아보기 쉽게 결과를 산출할 수 있습니다.

코드 7-21
```sql
SELECT IF(GROUPING(movie_type) = 1, '총계', movie_type) 영화유형, SUM(sale_amt) 금액
  FROM box_office
 WHERE YEAR(release_date) = 2019
 GROUP BY movie_type WITH ROLLUP;
```

실행결과

영화유형	금액
NULL	4517000
단편	29395700
옴니버스	92895690
장편	1870657354798
총계	1870784163188

코드 7-21에서는 흐름 제어 함수인 IF()로 GROUPING() 함수의 결괏값이 1이면 '총계'를, 아니면 movie_type 칼럼 값을 반환하게 합니다. 이렇게 하면 영화 유형의 값이 원래 NULL인 건과 WITH ROLLUP으로 추가된 건을 구분할 수 있습니다.

7.2.3 HAVING 절

집계 쿼리에서 마지막으로 소개할 내용은 HAVING 절입니다. HAVING 절은 WHERE 절처럼 조회되는 로우를 걸러내는 필터 역할을 합니다. 그러나 WHERE 절과 다르게 집계 쿼리에서만 사용하며, HAVING 다음에 집계 함수나 GROUPING() 함수만 사용할 수 있습니다. HAVING 절은 GROUP BY 절 다음에 위치합니다. 예제로 확인해 보죠.

코드 7-22
```sql
SELECT EXTRACT(YEAR_MONTH FROM release_date) 개봉연월, COUNT(*) 개봉편수
  FROM box_office
 WHERE ranks BETWEEN 1 AND 10
 GROUP BY EXTRACT(YEAR_MONTH FROM release_date)
 ORDER BY 1 DESC;
```

실행결과

개봉연월	개봉편수
201912	1
201911	1
201910	1
201907	2
201905	2
201904	1
201903	1
201901	1
201810	2
201809	1
201808	1
201807	2

코드 7-22의 쿼리는 WHERE 절에 ranks 칼럼 값이 1에서 10인 조건을 줬는데, ranks 칼럼에는 영화 순위가 담겨 있습니다. 그리고 GROUP BY 절에서는 EXTRACT() 함수로 개봉일(release_date)에서 연과 월을 추출합니다. 따라서 이 쿼리는 개봉연월별로 순위가 1~10위에 있는 영화 편수를 구하는 문장입니다. 가령 2019년 7월에 개봉한 영화 중 1~10위의 영화는 총 2편임을 알 수 있습니다.

쿼리를 수행한 결과가 너무 많죠? 이 중에서 1~10위에 드는 영화가 2편 이상 개봉한 연월만 골라내 봅시다. 어떻게 해야 할까요? 앞에서 개봉편수를 COUNT( ) 함수로 구했으니 이 함수의 반환값을 사용해 조건을 주면 되지 않을까요? 조건은 WHERE 절에서 처리하니 다음과 같이 쿼리를 작성해 봅시다.

코드 7-23
```sql
SELECT EXTRACT(YEAR_MONTH FROM release_date) 개봉연월, COUNT(*) 개봉편수
  FROM box_office
 WHERE 1 = 1
   AND ranks BETWEEN 1 AND 10
   AND COUNT(*) > 1
 GROUP BY EXTRACT(YEAR_MONTH FROM release_date)
 ORDER BY 1 DESC;
```

실행결과

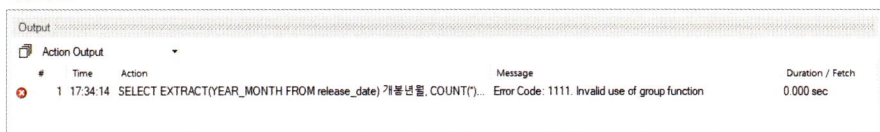

2편 이상 개봉한 연월만 조회하려고 WHERE 절에 조건 COUNT(*) > 1을 주었는데 오류가 발생했습니다. 오류 메시지를 보면 'Invalid use of group function'이라고 나옵니다. WHERE 절에는 집계 함수를 사용할 수 없는데, 코드 7-23에서 이를 사용해서 오류가 발생했습니다. 집계 함수가 반환한 값을 조건으로 주려면 다음처럼 HAVING 절을 사용해야 합니다.

코드 7-24
```sql
SELECT EXTRACT(YEAR_MONTH FROM release_date) 개봉연월, COUNT(*) 개봉편수
  FROM box_office
 WHERE 1 = 1
   AND ranks BETWEEN 1 AND 10
 GROUP BY EXTRACT(YEAR_MONTH FROM release_date)
HAVING COUNT(*) > 1
 ORDER BY 1 DESC;
```

실행결과

개봉연월	개봉편수
201907	2
201905	2
201810	2
201807	2
201712	2
201708	2
201707	2
201701	2
201610	2
201608	2
201607	2
201507	2

바뀐 쿼리를 보면 이전 쿼리에서 오류가 발생한 WHERE 절의 조건 COUNT(*) > 1을 HAVING 절로 옮겼습니다. HAVING 절은 GROUP BY 절 다음에 위치하고 집계 함수의 결괏값을 조건으로 넣을 수 있습니다. 결과를 보면 매출액 1~10위의 영화 중 2편 이상 개봉한 연월이 조회됐습니다.

다른 예를 봅시다.

코드 7-25
```sql
SELECT EXTRACT(YEAR_MONTH FROM release_date) 개봉연월, COUNT(*) 개봉편수,
       ROUND(SUM(sale_amt) / 100000000) 금액_억원
  FROM box_office
 WHERE 1 = 1
   AND ranks BETWEEN 1 AND 10
 GROUP BY EXTRACT(YEAR_MONTH FROM release_date)
HAVING ROUND(SUM(sale_amt) / 100000000) >= 1500
 ORDER BY 1;
```

실행결과

개봉연월	개봉편수	금액_억원
200912	3	1512
201207	3	1735
201407	2	1727
201905	2	1928

코드 7-25는 코드 7-24를 조금 변형했습니다. 먼저 SELECT 절에서 SUM() 함수로 매출액을 합산합니다. 매출액 단위가 커서 합산한 금액을 1억으로 나눈 다음 ROUND() 함수로 반올림하고요. 그리고 HAVING 절에 SELECT 절에서 ROUND()와 SUM() 함수로 구한 결괏값이 1500보다 크거나 같다는 조건을 주었습니다. 이는 무슨 의미일까요? 이 쿼리는 1~10위 영화의 개봉연월별 개봉편수와 매출액 합계를 구하고, 이 중에서 합계를 반올림한 금액이 1,500억 원 이상인 건을 조회합니다.

결과를 보면 총 4건만 조회됐네요. 주의할 점은 금액이 영화 1편의 매출액이 아니라 해당 월에 개봉한 1~10위 영화의 매출액을 합친 금액이라는 거죠. 예를 들어, 첫 번째 로우는 2009년 12월에 1~10위 영화가 총 3편이 개봉됐는데, 3편의 매출액 합계가 대략 1,512억 원이라는 뜻입니다.

코드 7-26
```sql
SELECT MONTH(release_date) 월, movie_type 영화유형, SUM(sale_amt) 금액
  FROM box_office
 WHERE YEAR(release_date) = 2019
   AND QUARTER(release_date) = 1
   AND sale_amt > 10000000
 GROUP BY MONTH(release_date), movie_type WITH ROLLUP
HAVING GROUPING(movie_type) = 1;
```

실행결과

월	영화유형	금액
1	NULL	249026963809
2	NULL	86975994258
3	NULL	112679250698
NULL	NULL	448682208765

코드 7-26의 쿼리는 코드 7-18의 쿼리에 HAVING 절만 추가했습니다. 기존 쿼리는 2019년 1분기 개봉 영화 중 월별, 영화 유형별 매출액 소계가 1억 원 이상인 건을 조회하는 쿼리입니다. 여기에 HAVING 절과 GROUPING() 함수를 추가합니다. GROUPING() 함수는 WITH ROLLUP으로 계산되는 소계나 총계 로우를 식별하는 용도로 사용하죠. 따라서 HAVING GROUPING(movie_type) = 1이라는 조건은 영화 유형 칼럼을 기준으로 소계나 총계로 나온 결과 로우만 걸러 내라는 의미입니다.

결과를 보면 영화 유형과 상관없이 월별 소계와 총계가 조회됐습니다. 이처럼 HAVING 절에는 집계 함수 외에 GROUPING() 함수도 사용할 수 있습니다.

지금까지 집계 쿼리를 살펴봤습니다. 테이블에 있는 데이터를 조회하면서 좀 더 자세한 데이터 분석이 필요할 때 사용할 수 있는 것이 바로 집계 쿼리입니다. 실제 회사에서 많은 매출 자료가 집계 쿼리로 만들어집니다. 따라서 SQL을 사용한 데이터 분석은 바로 집계 쿼리에서 시작한다고 할 수 있습니다.

1분 퀴즈 2

world 데이터베이스의 country 테이블에서 대륙(continent)별로 몇 개 국가가 있는지와 전체 국가 수의 합계까지 조회하는 쿼리를 작성하세요.

정답 및 해설: 해설 노트 498쪽

7 마무리

이 장에서 배운 내용을 정리해 보겠습니다.

1 데이터 그룹화와 집계 함수

① 집계 쿼리는 GROUP BY 절과 집계 함수로 구성됩니다.

② GROUP BY 절은 WHERE 절과 ORDER BY 절 사이에 위치하며, GROUP BY 다음에 칼럼이나 표현식 또는 SELECT 절에 기술한 칼럼(표현식)의 순번을 명시할 수 있습니다.

③ GROUP BY 절에 기술한 칼럼(표현식)별로 데이터가 그룹화되며 해당 칼럼(표현식)이 반환하는 값 중 중복 값을 제외한 고윳값이 조회됩니다.

④ 집계 쿼리의 구성 요소는 아니지만, SELECT 절에 DISTINCT를 사용하면 DISTINCT 다음에 명시한 칼럼이나 표현식의 고윳값만 조회할 수 있습니다.

⑤ 집계 함수는 총 건수, 최댓값, 최솟값, 평균, 합계 등을 계산해 반환하는 함수로, COUNT( ), MAX( ), MIN( ), AVG( ), SUM( ) 등이 있습니다.

⑥ GROUP BY 절이나 집계 함수는 단독으로 사용할 수 있지만, 같이 사용해야 좀 더 의미 있는 결과를 얻을 수 있습니다.

⑦ GROUP BY 절과 집계 함수를 같이 사용하면 GROUP BY 절에 명시한 항목별로 집계 함수를 사용해 집계한 결괏값이 조회됩니다.

2 총계 산출과 HAVING 절

① GROUP BY 절에 WITH ROLLUP 구문을 사용하면 추가로 항목별 소계와 총계를 구할 수 있습니다.

② WITH ROLLUP 구문으로 계산된 소계와 총계의 항목 값은 NULL로 조회됩니다.

③ 항목 값 자체에 NULL이 포함되면 WITH ROLLUP으로 계산된 소계나 총계의 항목 값으로 나온 NULL과 구분하기 쉽지 않은데, 이때는 GROUPING( ) 함수를 사용합니다.

④ WITH ROLLUP 구문이 있는 집계 쿼리에서 SELECT 절에 사용한 GROUPING( ) 함수는 소계나 총계로 계산된 로우의 항목 값을 1로, 일반 항목 값을 0으로 반환합니다.

⑤ 집계 함수의 결괏값을 기준으로 조회 조건을 줄 때는 WHERE 절이 아닌 HAVING 절에 기술해야 합니다.

⑥ HAVING 절은 GROUP BY 절 다음에 위치하며 집계 함수나 GROUPING( ) 함수를 명시하면 해당 함수의 결괏값을 조건으로 줄 수 있습니다.

Self Check

1. world 데이터베이스의 country 테이블에서 대륙별 면적(surfacearea)이 가장 크고 인구가 가장 많은 대륙과 해당 대륙에 속한 국가 수를 구하는 쿼리를 작성하세요.

2. mywork 데이터베이스의 box_office 테이블에서 2019년 개봉 영화 중 1~10위 영화와 나머지 영화의 매출액 합계를 구하는 쿼리를 작성하세요.

3. box_office 테이블에서 2019년 개봉 영화 중 국가별 관객수가 50만 명 이상인 건을 조회하는데, 국가별 소계와 총계를 구하는 쿼리를 작성하세요.

4. box_office 테이블에서 2015년 이후 개봉한 영화 중 연도별로 2번 이상 관객수 100만을 넘긴 영화의 감독과 관객수를 연도별, 감독별로 구하는 쿼리를 작성하세요.

정답 및 해설: 해설 노트 498쪽

테이블끼리 관계 맺기: 조인

지금까지 배운 SELECT 문장들은 단일 테이블에서 데이터를 조회합니다. 하지만 대부분 RDBMS는 필요한 데이터들이 여러 테이블에 나눠져 있습니다. 따라서 원하는 정보를 찾으려면 여러 개의 테이블을 연결해 데이터를 조회해야 합니다. 이 장에서는 그 방법을 알아보겠습니다.

8.1 조인이란

1장에서 RDBMS의 특징 중 하나가 중복 데이터 저장을 최소화하는 것이라고 했습니다. 그리고 3장에서 테이블을 설명하면서 world 데이터베이스에 있는 city 테이블과 country 테이블을 소개했죠. city 테이블에는 각 국가의 도시 데이터가 담겨 있고 그중 countrycode 칼럼에는 국가 코드 값이 들어 있습니다. 하지만 국가 코드 값만 봐서는 각 도시가 어느 국가에 속한 도시인지 판별하기가 쉽지 않습니다.

가령 국가 코드 값이 KOR이면 한국입니다. 이는 우리가 자주 사용하는 코드 값이라서 쉽게 알 수 있지만, AFG라는 국가 코드는 값만 봐서는 어느 국가인지 알 수 없습니다. 따라서 국가에 대한 상세 정보는 국가 정보가 담긴 테이블, 즉 country 테이블에서 가져와야 합니다. 이렇게 각 도시와 도시가 속한 국가의 자세한 정보를 조회하려면 city 테이블과 country 테이블이 필요합니다. 이처럼 SQL로 2개 이상의 테이블을 연결해 데이터를 조회하는 것을 **조인**(join)이라고 합니다.

8.1.1 조인의 작동 방식

조인은 두 테이블을 연결하는 작업이므로 이를 위한 연결고리가 필요합니다. 여기서 연결고리 역할을 하는 것이 바로 조인 칼럼입니다. **조인 칼럼**은 연결 대상인 두 테이블에서 **같은 값을 가진 칼럼**을 말합니다. 같은 값을 가진 조인 칼럼이 있어야 이 칼럼을 연결고리 삼아 두 테이블을 연결할 수 있습니다.

앞에서 이 내용을 살펴본 적이 있습니다. 다음 그림을 봅시다.

그림 8-1 city 테이블과 country 테이블의 조인

각 도시와 소속 국가 정보

ID	Name	CountryName	Continent	Population
2331	Seoul	South Korea	Asia	9981619
2332	Pusan	South Korea	Asia	3804522
2333	Inchon	South Korea	Asia	2559424
2334	Taegu	South Korea	Asia	2548568
2335	Taejon	South Korea	Asia	1425835

city 테이블

ID	Name	CountryCode	District	Population
2331	Seoul	KOR	Seoul	9981619
2332	Pusan	KOR	Pusan	3804522
2333	Incheon	KOR	Incheon	2559424
2334	Taegu	KOR	Taegu	2548568
2335	Taejon	KOR	Taejon	1425835

country 테이블

Code	Name	Continent	Region	SurfaceArea
CHN	China	Asia	Eastern Asia	9572900.00
FRA	France	Europe	Western Europe	551500.00
KOR	South Korea	Asia	Eastern Asia	99434.00
RUS	Russian Federation	Europe	Eastern Europe	17075400.00
USA	United States	North America	North America	9363520.00

연결고리

이 그림은 그림 3-4를 옮겨 놓은 것입니다. 각 도시와 소속 국가 정보를 조회하려면 city와 country 테이블을 조인해야 하고, 조인하려면 연결고리 역할을 하는 조인 칼럼이 필요하죠. 여기서는 city 테이블의 CountryCode 칼럼과 country 테이블의 Code 칼럼이 조인 칼럼입니다. city 테이블에서 CountryCode 칼럼의 값이 KOR인 건을 country 테이블의 Code 칼럼 값이 KOR인 건과 연결하면 해당 국가명은 무엇이고 어느 대륙에 속해 있는지 등의 상세 정보를 가져올 수 있죠.

데이터를 중복 없이 효율적으로 저장하려고 테이블을 분리했지만, 원하는 정보를 추출하려면 이처럼 테이블들을 연결해야 합니다. 정리하면, 조인은 대상 테이블에서 칼럼 값이 같은 건을 가져오는 것입니다.

8.1.2 조인의 특징

테이블을 연결해 이뤄지는 조인에는 몇 가지 특징이 있습니다.

1. 조인하는 테이블에는 같은 값을 가진 칼럼이 있어야 한다

조인에 참여하는 테이블은 같은 값을 가진 조인 칼럼이 있어야 합니다. 각 조인 칼럼의 이름이 같을 필요는 없으나 값은 같아야 합니다. city 테이블과 country 테이블의 조인 칼럼은 각각 CountryCode와 Code인데, 칼럼 이름은 다르지만 같은 값을 갖고 있죠.

하지만 조인 칼럼의 이름을 동일하게 만드는 경우가 많습니다. 그렇게 해야 테이블 간 조인 칼럼을 쉽게 찾을 수 있기 때문입니다. city와 country 테이블을 조인할 때 조인 칼럼이 무엇인지 미리 알고 있지 않아도 두 테이블 간 조인 칼럼의 이름이 같다면 조인 칼럼이 어떤 것인지 유추하기 쉽겠죠?

2. 2개 이상의 테이블을 조인할 수 있다

하나의 조인은 기본으로 2개 테이블을 대상으로 이뤄집니다. 하지만 원하는 정보가 3개나 4개 테이블에 흩어져 있어도 조인 칼럼이 있다면 하나의 SELECT 문장에서 여러 테이블을 조인해 원하는 정보를 조회할 수 있습니다. 가령 A, B, C, 3개 테이블을 조인할 때, A와 B를 조인하고 다시 B와 C를 조인할 수도 있고, A와 B를 조인하고 다시 A와 C를 조인할 수도 있습니다. 어떤 식으로 조인이 이뤄질지는 테이블을 어떻게 설계했느냐에 따라 다릅니다.

3. 조인할 때 테이블에 대한 별칭을 사용한다

조인한다는 것은 SELECT 문에서 여러 테이블을 사용한다는 것이죠. 따라서 조인할 때 보통 테이블에 대한 별칭을 사용합니다. **5.2.3 실습: 조건에 맞는 데이터 조회하기**에서 칼럼명 대신 별칭을 사용하는 방법을 배웠습니다. 테이블 별칭도 칼럼 별칭 사용법과 비슷합니다. 자세한 내용은 **8.2 내부 조인: 조인 칼럼 값이 같은 건 조회하기**에서 다루겠습니다.

4. 조인 시 조인 조건이 필요하다

조인할 때는 조인 조건이 필요합니다. 예를 들어 A와 B 테이블을 조인한다면 이 두 테이블의 조인 칼럼이 있겠죠? A 테이블 조인 칼럼과 B 테이블 조인 칼럼의 값이 같은 건을 가져오는 것이 조인이고, 바로 이 내용을 기술하는 것이 **조인 조건**입니다. 결국 조인은 2개 이상의 테이블을 연결해 조회하는 것이고, 조인 테이블의 조인 칼럼으로 조인 조건을 만들어 조인할 수 있습니다.

8.1.3 ERD로 테이블 간 연결 관계 파악하기

조인하려면 조인 칼럼으로 테이블을 연결해야 합니다. 그런데 테이블이 많으면 어떤 테이블과 조인 칼럼이 있는지 한눈에 파악하기 쉽지 않습니다. 그래서 테이블 간의 연결 관계를 도식화하는데, 이를 ERD라고 합니다.

ERD란 Entity Relationship Diagram의 약자로, 여기서 Entity는 테이블을 뜻합니다. 즉, **ERD는 테이블 간의 관계를 다이어그램으로 그려 놓은 것**입니다.

그림 8-2 world 데이터베이스 ERD

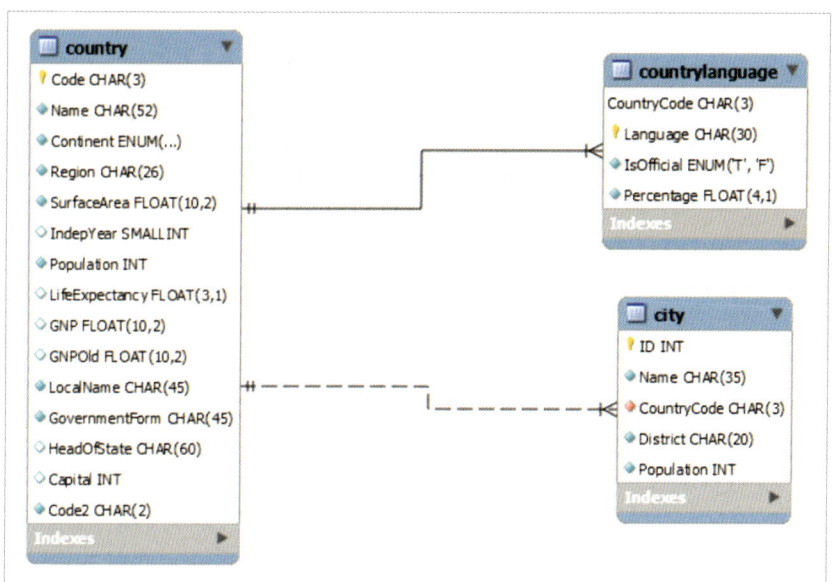

그림 8-2는 world 데이터베이스에 있는 country, countrylanguage, city 테이블의 관계를 표현한 ERD입니다. 그림을 보면 country와 countrylanguage, country와 city 테이블이 선으로 연결되어 있습니다. 이를 자세히 알아봅시다.

country와 countrylanguage 테이블의 관계

먼저, country 테이블과 countrylanguage 테이블에서는 Code와 CountryCode가 조인 칼럼입니다. 두 테이블의 연결선을 보면 두 가지 특징이 있죠. 실선이면서 countrylanguage 쪽으로 삼지창 모양의 가지가 뻗어 있죠.

실선은 두 테이블의 조인 칼럼인 Code 칼럼과 CountryCode 칼럼이 모두 **기본 키 칼럼**이라는 뜻입니다. 그리고 **삼지창 모양**은 country와 countrylanguage 테이블이 일대다 관계임을 뜻합니다. 일대다 관계는 Code 칼럼의 값 1개가 CountryCode 칼럼에는 여러 건(로우)이 입력될 수 있다는 의미입니다.

country 테이블의 기본 키 칼럼은 Code이며 중복을 허용하지 않습니다. 따라서 하나의 로우가 한 국가를 의미합니다. 그러나 countrylanguage 테이블에서는 하나의 로우가 하나의 국가를 의미하지 않습니다. 어느 한 국가가 사용하는 언어가 1개 이상일 수 있기 때문이죠. 예를 들어 스위스는 4개 언어를 사용합니다. 그래서 countrylanguage 테이블의 기본 키 칼럼은 CountryCode와 Language 칼럼이고, 두 칼럼 값을 조합해 유일한 값이 됩니다. 이는 countrylanguage 테이블에 동일한 국가가 여러 건 입력될 수 있음을 뜻합니다. 그러므로 country와 countrylanguage 테이블은 일대다 관계입니다. 예로 든 스위스는(국가 코드 CHE) country 테이블에는 1건이 있지만, countrylanguage 테이블에는 4건이 있어서 일대다 관계(1:4)가 됩니다.

이런 관계를 **부모-자식 관계**라고 합니다. 한 부모에 여러 명의 자식이 있을 수 있듯이, 한 국가에서도 여러 언어를 사용할 수 있습니다. 여기서는 country 테이블이 부모, countrylanguage 테이블이 자식에 해당합니다.

country와 city 테이블 관계

country 테이블과 city 테이블 역시 각각 Code와 CountryCode 칼럼이 조인 칼럼입니다. 두 테이블의 연결선은 점선인데, 이는 city 테이블의 CountryCode 칼럼이 기본 키 칼럼이 아니어서 그렇습니다. 그리고 city 테이블 쪽으로 삼지창 모양이 있으므로 이 역시 일대다 관계입니다. 이때 부모 테이블은 country, 자식 테이블은 city가 됩니다. 따라서 city 테이블에는 여러 개의 국가 코드가 들어갈 수 있습니다. 한 국가에는 여러 도시가 있을 테니까요.

외래 키

조인에 참여하는 두 테이블 사이에 관계를 맺을 때 외래 키를 사용합니다. **외래 키**(foreign key)는 테이블 간 부모-자식 관계를 설정할 때 사용하는 제약조건입니다.

countrylanguage 테이블의 CountryCode 칼럼이 country 테이블의 Code 칼럼 값을 참조하도록 외래 키를 지정합니다. city 테이블 역시 CountryCode 칼럼이 country 테이블의

Code 칼럼 값을 참조하도록 외래 키를 지정합니다. 이렇게 서로 외래 키를 지정하면 테이블 간 관계가 설정되며 몇 가지 제약이 발생합니다. countrylanguage 테이블에 데이터를 넣을 때, CountryCode 칼럼에는 반드시 country 테이블의 Code 칼럼에 있는 값만 넣을 수 있습니다. 만약 없는 값을 넣으면 오류가 발생해 데이터 입력에 실패합니다. 부모-자식 관계이므로 자식이 생길 때 반드시 부모가 있어야 하는 것과 같습니다. city 테이블의 CountryCode 칼럼도 마찬가지입니다.

이처럼 ERD를 보면 테이블 간의 연결 관계를 쉽게 파악할 수 있습니다. 사실 테이블을 만들 때 가장 먼저 작성하는 것이 ERD입니다. ERD를 작성해 검증하고 보완해서 이상이 없다고 판단한 후에야 비로소 실제 테이블을 생성합니다.

8.1.4 조인의 종류

SQL을 사용한 조인은 조인 방법에 따라 몇 가지로 나눌 수 있습니다. 가장 일반적인 조인 방법으로 **내부 조인**(inner join)이 있습니다. 가장 많이 사용되며, 보통 조인이라고 하면 내부 조인을 의미합니다.

다른 조인 방법으로 **외부 조인**(outer join)이 있습니다. 외부 조인은 내부 조인과 약간 다른 방식으로 작동합니다. 그리고 외부 조인은 다시 두 가지로 나뉩니다.

조인에 속하지만 엄밀히 말하면 조인이 아닌, 즉 조인 조건이 없는 조인도 있습니다. 이를 **카티전 곱**이라고 하며, 그 밖에 자연 조인 등이 있습니다. 이들을 하나씩 살펴봅시다.

1분 퀴즈 1

world 데이터베이스에 있는 countrylanguage 테이블과 country 테이블 간 조인이 가능할까요? 가능하다면 조인 칼럼은 무엇일까요?

정답 및 해설: 해설 노트 501쪽

8.2 내부 조인: 조인 칼럼 값이 같은 건 조회하기

내부 조인은 조인하는 테이블에서 조인 칼럼의 값이 같은 건을 조회하는 방법입니다. 가장 기본이면서 가장 많이 사용합니다. 그럼 내부 조인이 어떻게 이뤄지는지 알아봅시다.

8.2.1 INNER JOIN와 ON 절로 내부 조인하기

내부 조인의 기본 구문은 다음과 같습니다.

구문 8-1

```
SELECT ...
   FROM 테이블1 [AS] 별칭1
[INNER] JOIN 테이블2 [AS] 별칭2
     ON 별칭1.칼럼1 = 별칭2.칼럼2
    AND ...
  WHERE ... ;
```

구문이 복잡하니 한 줄씩 살펴봅시다.

FROM 테이블1 [AS] 별칭1

FROM 다음에 조인에 참여할 첫 번째 테이블을 명시합니다. 테이블명 다음에 별칭을 명시할 수 있는데, 별칭을 명시할 때 별칭 앞에 AS는 생략할 수 있습니다. 이렇게 기술하면 별칭으로 해당 테이블의 칼럼을 참조할 수 있습니다. 또한, 조인 참여 테이블 중 주요 테이블을 FROM 절에 기술하는 것이 일반적입니다. 여기서 주요 테이블이란 SELECT 절에서 주로 참조하는 칼럼이 많은 테이블을 의미합니다.

```
[INNER] JOIN 테이블2 [AS] 별칭2
```

TIP [ ](대괄호)는 생략 가능함을 나타내는 표시입니다. 이후 구문에 [ ]로 표시된 부분은 모두 생략할 수 있다는 뜻이니 참고하세요.

INNER JOIN 다음에 조인에 참여할 두 번째 테이블을 명시합니다. INNER JOIN은 내부 조인을 한다는 뜻이며, INNER는 생략할 수 있습니다. 따라서 JOIN만 기술해도 내부 조인을 의미합니다. 여기서도 두 번째 테이블에 대한 별칭을 줄 수 있습니다.

```
ON 별칭1.칼럼1 = 별칭2.칼럼2
```

ON 다음에 조인 조건을 기술합니다. 두 테이블의 조인 칼럼 값이 같다고 기술하는데, 조인은 2개 이상의 테이블을 사용하므로 칼럼을 명시할 때 어느 테이블에 있는 조인 칼럼인지 식별할 수 있게 테이블명.칼럼명 또는 테이블별칭.칼럼명 형태로 사용합니다. 테이블명이 길 수도 있어서 일반적으로 별칭을 사용합니다.

두 테이블의 조인 칼럼명이 같을 때, 예를 들어 두 테이블의 조인 칼럼명이 code일 때 ON 절에 code = code라고 기술하면 code란 칼럼이 어느 테이블의 칼럼인지 판별할 수 없고 실행하면 오류가 발생합니다. 따라서 반드시 테이블명.칼럼명이나 테이블별칭.칼럼명 형태로 사용해야 합니다. 이는 ON 절뿐만 아니라 SELECT나 WHERE 절에서도 마찬가지입니다.

때로는 조인 칼럼이 2개 이상일 수도 있는데, 이때는 당연히 조인 조건을 여러 개 기술해야 합니다. 조인 조건이 2개 이상이면 AND 연산자로 필요한 만큼 조인 조건을 추가할 수 있습니다.

다음 그림을 보면 내부 조인에 대한 간단한 예가 나와 있습니다. 테이블1과 테이블2에서 조인 칼럼은 COL1입니다. 칼럼 값이 같은 건을 내부 조인하면 테이블1과 테이블2에서 COL1 값이 1, 2, 3인 건이 함께 조회되고 값이 같지 않은 건은 조회되지 않습니다.

그림 8-3 내부 조인

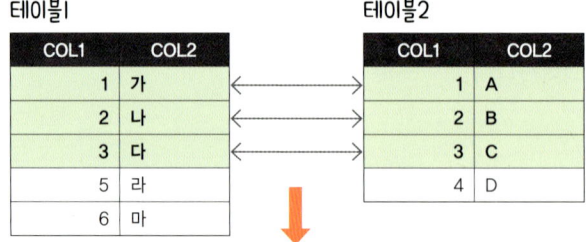

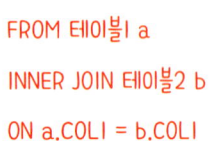

```
FROM 테이블1 a
INNER JOIN 테이블2 b
ON a.COL1 = b.COL1
```

그럼 예제를 실행해 보며 내부 조인 방식을 알아봅시다.

코드 8-1
```sql
USE world;

SELECT a.id, a.name, a.countrycode, b.code, b.name country_name,
       a.district, a.population
  FROM city a
 INNER JOIN country b
    ON a.countrycode = b.code
 ORDER BY 1;
```

실행결과

id	name	countrycode	code	country_name	district	population
1	Kabul	AFG	AFG	Afghanistan	Kabol	1780000
2	Qandahar	AFG	AFG	Afghanistan	Qandahar	237500
3	Herat	AFG	AFG	Afghanistan	Herat	186800
4	Mazar-e-Sharif	AFG	AFG	Afghanistan	Balkh	127800
5	Amsterdam	NLD	NLD	Netherlands	Noord-Holland	731200
6	Rotterdam	NLD	NLD	Netherlands	Zuid-Holland	593321
7	Haag	NLD	NLD	Netherlands	Zuid-Holland	440900
8	Utrecht	NLD	NLD	Netherlands	Utrecht	234323
9	Eindhoven	NLD	NLD	Netherlands	Noord-Brabant	201843
10	Tilburg	NLD	NLD	Netherlands	Noord-Brabant	193238
11	Groningen	NLD	NLD	Netherlands	Groningen	172701
12	Breda	NLD	NLD	Netherlands	Noord-Brabant	160398

코드 8-1을 보면 FROM 다음에 city a, INNER JOIN 다음에 country b라고 테이블과 별칭을 명시했습니다. 이는 city와 country 테이블을 내부 조인한다는 뜻입니다. 그리고 ON 절에는 a.countrycode = b.code라는 조인 조건을 기술했는데, city의 countrycode 칼럼과 country의 code 칼럼의 값이 같은 건을 조회하라는 뜻입니다. 그리고 SELECT 절에는 city 테이블의 모든 칼럼과 country 테이블의 code, name 칼럼을 명시했습니다. 여기서도 마찬가지로 테이블별칭.칼럼명 형태로 해당 칼럼이 어느 테이블의 칼럼인지 명확히 기술했죠. 특히 b.code, b.name country_name 부분은 city가 아닌 country 테이블의 국가 코드와 국가명을 가져옵니다. 결국 두 테이블을 조인하는 이유는 국가 코드 대신 국가명을 보기 위함입니다. 결과를 보면 a.countrycode와 b.code가 같은 값이 반환됐고 국가 코드에 맞는 국가명도 가져왔습니다.

다른 예제를 봅시다.

코드 8-2
```sql
SELECT b.name country_name, a.language, a.isofficial, a.percentage
  FROM countrylanguage a
 INNER JOIN country b
    ON a.countrycode = b.code
 ORDER BY 1;
```

실행결과

country_name	language	isofficial	percentage
Afghanistan	Balochi	F	0.9
Afghanistan	Dari	T	32.1
Afghanistan	Pashto	T	52.4
Afghanistan	Turkmenian	F	1.9
Afghanistan	Uzbek	F	8.8
Albania	Albaniana	T	97.9
Albania	Greek	F	1.8
Albania	Macedonian	F	0.1
Algeria	Arabic	T	86.0
Algeria	Berberi	F	14.0
American Sa…	English	T	3.1
American Sa…	Samoan	T	90.6

코드 8-2에서는 countrylanguage와 country 테이블을 조인해 국가명은 country 테이블에서, 나머지 칼럼은 countrylanguage 테이블에서 가져옵니다. 이 쿼리 역시 INNER JOIN

다음에 country 테이블을 명시하고, ON 절에 국가 코드가 같은 건을 찾는 조인 조건을 기술했습니다. 그리고 SELECT 절에는 country 테이블의 국가명과 countrylanguage 테이블의 국가 코드를 제외한 나머지 칼럼을 명시했죠. 이 쿼리 역시 해당 언어를 사용하는 국가명을 보기 위해 country 테이블과 조인한 것입니다.

이번에는 쿼리를 조금 변형해 봅시다.

코드 8-3
```sql
SELECT b.name country_name, a.language, a.isofficial, a.percentage
  FROM countrylanguage a
 INNER JOIN country b
    ON a.countrycode = b.code
 WHERE a.countrycode = 'KOR'
 ORDER BY 1;
```

실행결과

country_name	language	isofficial	percentage
South Korea	Chinese	F	0.1
South Korea	Korean	T	99.9

코드 8-3은 코드 8-2의 쿼리에 WHERE 절을 추가해 국가 코드가 'KOR'인 건에 해당하는 데이터만 조회합니다. countrylanguage 테이블에서 국가 코드가 'KOR'인 건은 2개이므로 결과로 총 2건이 조회됐습니다. 이처럼 조인 쿼리에서도 WHERE 절에 조건을 추가해 원하는 데이터만 조회할 수 있습니다.

코드 8-4
```sql
SELECT a.code, a.name, a.continent, a.region, a.population, b.language
  FROM country a
 INNER JOIN countrylanguage b
    ON a.code = b.countrycode
 WHERE a.code = 'KOR'
 ORDER BY 1;
```

실행결과

code	name	continent	region	population	language
KOR	South Korea	Asia	Eastern Asia	46844000	Chinese
KOR	South Korea	Asia	Eastern Asia	46844000	Korean

코드 8-4는 코드 8-3과 다르게 FROM 절에 country 테이블을, INNER JOIN 절에 countrylanguage를 명시했습니다. 그리고 SELECT 절에는 language 칼럼만 제외하고 모두 country 테이블의 칼럼을 명시했습니다.

country 테이블에는 국가 코드가 'KOR'인 건이 1개인데 왜 2건이 조회됐을까요? 바로 조인 때문입니다. 두 테이블의 국가 코드가 같은 건을 조회하는데 국가 코드가 'KOR'인 건이 countrylanguage 테이블에 2개가 있기 때문입니다. 따라서 code부터 population 칼럼까지는 같은 값이 나오지만(country 테이블 칼럼이므로), language 칼럼 값이 다르므로 2건이 조회됐습니다.

사실 이 쿼리는 SELECT 절에서 선택한 칼럼만 다를 뿐이지 코드 8-3과 같은 쿼리입니다. 이는 FROM 다음에 명시하는 테이블과 INNER JOIN 다음에 명시하는 테이블 순서가 다르더라도 내부 조인은 같은 건을 반환한다는 뜻입니다. 테이블의 순서만 다를 뿐 칼럼 값이 같은 건을 조회하는 목적은 같기 때문이죠.

> **TIP** countrylanguage 테이블을 조회했을 때 우리나라에서 사용하는 언어에 중국어도 포함되는데, 정확한 이유는 확인할 수 없으나 우리나라에서 한자를 사용해서 그렇게 입력된 것이 아닌가 싶습니다.

다음 코드도 실행해 봅시다. 어떤 결과가 나올까요?

코드 8-5
```sql
SELECT a.code, a.name, a.continent, a.region, a.population, b.language,
       c.name, c.district, c.population
  FROM country a
 INNER JOIN countrylanguage b
    ON a.code = b.countrycode
 INNER JOIN city c
    ON a.code = c.countrycode
 WHERE a.code = 'KOR'
 ORDER BY 1;
```

실행결과

code	name	continent	region	population	language	name	district	population
KOR	South Korea	Asia	Eastern Asia	46844000	Chinese	Seoul	Seoul	9981619
KOR	South Korea	Asia	Eastern Asia	46844000	Chinese	Pusan	Pusan	3804522
KOR	South Korea	Asia	Eastern Asia	46844000	Chinese	Inchon	Inchon	2559424
KOR	South Korea	Asia	Eastern Asia	46844000	Chinese	Taegu	Taegu	2548568
KOR	South Korea	Asia	Eastern Asia	46844000	Chinese	Taejon	Taejon	1425835
KOR	South Korea	Asia	Eastern Asia	46844000	Chinese	Kwangju	Kwangju	1368341
KOR	South Korea	Asia	Eastern Asia	46844000	Chinese	Ulsan	Kyongsangnam	1084891
KOR	South Korea	Asia	Eastern Asia	46844000	Chinese	Songnam	Kyonggi	869094
KOR	South Korea	Asia	Eastern Asia	46844000	Chinese	Puchon	Kyonggi	779412
KOR	South Korea	Asia	Eastern Asia	46844000	Chinese	Suwon	Kyonggi	755550
KOR	South Korea	Asia	Eastern Asia	46844000	Chinese	Anyang	Kyonggi	591106
KOR	South Korea	Asia	Eastern Asia	46844000	Chinese	Chonju	Chollabuk	563153

코드 8-5는 코드 8-4에 내부 조인을 추가한 쿼리입니다. 즉, country 테이블과 city 테이블을 추가로 조인합니다. 3개 테이블이 조인하니 INNER JOIN과 ON 절을 하나 더 넣었습니다. 그리고 SELECT 절에 city 테이블의 도시명, 시/도명, 인구수를 추가해 해당 정보를 조회했습니다. 그럼 이 쿼리는 몇 건을 반환할까요?

다음 그림을 봅시다. country 테이블에서 국가 코드가 'KOR'인 건은 1건, countrylanguage 테이블에는 2건이 있습니다. 그리고 city 테이블에서 국가 코드가 'KOR'인 건은 70건입니다. 따라서 country와 countrylanguage 테이블을 조인하면 2건, 이 결과와 city 테이블을 조인하면 140건(2 × 70)이 조회됩니다. 내부 조인은 조인 테이블의 순서를 변경하더라도 최종 반환되는 건의 수는 변하지 않습니다.

그림 8-4 city 테이블을 추가한 결과

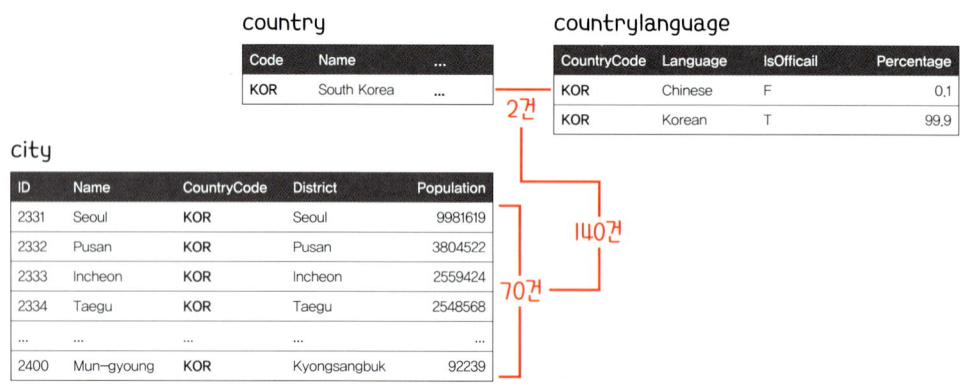

다음 쿼리를 실행해 보세요. 코드 8-6을 실행하면 오류가 발생합니다. 언뜻 보기에는 코드 8-5와 다르지 않은데, 왜 오류가 발생할까요?

코드 8-6

```sql
SELECT a.code, a.name, a.continent, a.region, a.population, b.language,
       name, c.district, c.population
  FROM country a
 INNER JOIN countrylanguage b
    ON a.code = b.countrycode
 INNER JOIN city c
    ON a.code = c.countrycode
 WHERE a.code = 'KOR'
 ORDER BY 1;
```

실행결과

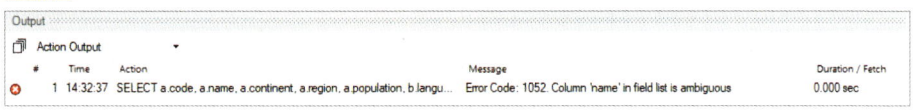

오류의 원인은 SELECT 절의 두 번째 줄에 있는 name 칼럼 때문입니다. 오류 메시지를 보면 "Column 'name' in field list is ambiguous"라고 나오죠. name 칼럼이 애매하다는 뜻입니다. 3개 테이블을 조인하는데, name 칼럼은 country와 city 테이블에 모두 있습니다. 그런데 그냥 name이라고만 명시해서 두 테이블 중 어느 테이블에 있는 name 칼럼의 값을 가져와야 하는지 애매해 오류가 발생한 것이죠.

따라서 조인 쿼리에서 칼럼을 참조할 때는 반드시 테이블명.칼럼명 또는 테이블별칭.칼럼명 형태로 사용해야 합니다. 칼럼이 조인 테이블 중 한 테이블에만 있다면(countrylanguage의 language 칼럼) 칼럼명만 명시해도 오류가 발생하지 않지만, 같은 칼럼명이 있는 경우를 고려해서 테이블명(별칭)을 항상 붙이는 것이 좋습니다.

8.2.2 FROM과 WHERE 절로 내부 조인하기

INNER JOIN과 ON 절로 내부 조인을 했는데, 다른 형태로도 내부 조인을 할 수 있습니다. 다음 구문을 봅시다.

> **구문 8-2**
>
> ```
> SELECT ...
>   FROM 테이블1 [AS] 별칭1,
>        테이블2 [AS] 별칭2
>  WHERE 별칭1.칼럼1 = 별칭2.칼럼2
>    AND ... ;
> ```

두 번째 방법에서는 조인에 참여할 테이블을 FROM 절에 모두 명시합니다. 이때 각 테이블은 콤마로 구분합니다. 그리고 조인 조건은 다른 조건처럼 WHERE 절에 기술합니다. 두 번째 내부 조인 구문은 어떻게 보면 INNER JOIN 구문보다 더 간단합니다. 조인할 테이블이 늘어나면 FROM 절에 테이블을 추가하고 WHERE 절에 AND 연산자로 조인 조건을 추가하기만 하면 되니까요.

그럼 어떻게 사용하는지 예제를 봅시다.

코드 8-7
```
SELECT b.name country_name, a.language, a.isofficial, a.percentage
  FROM countrylanguage a, country b
 WHERE a.countrycode = b.code
   AND a.countrycode = 'KOR'
 ORDER BY 1;
```

실행결과

country_name	language	isofficial	percentage
South Korea	Chinese	F	0.1
South Korea	Korean	T	99.9

코드 8-7은 INNER JOIN 구문을 사용한 코드 8-3을 구문 8-2 형태로 변환한 쿼리입니다. 조인하는 테이블을 모두 FROM 절에 콤마로 구분해 명시하고, WHERE 절에 조인 조건을 기술합니다. 그래서 INNER JOIN 절에 있던 테이블은 FROM 절로, ON 절에 있던 조인 조건은 WHERE 절로 옮겼습니다. 그리고 WHERE 절에 조인 조건과 일반 조회 조건(국가 코드가 KOR)이 모두 들어 있습니다.

예제를 하나 더 볼까요?

코드 8-8
```
SELECT a.code, a.name, a.continent, a.region, a.population, b.language,
       c.name, c.district, c.population
```

```
  FROM country a, countrylanguage b, city c
 WHERE a.code = b.countrycode
   AND a.code = c.countrycode
   AND a.code = 'KOR'
 ORDER BY 1;
```

실행결과

code	name	continent	region	population	language	name	district	population
KOR	South Korea	Asia	Eastern Asia	46844000	Chinese	Seoul	Seoul	9981619
KOR	South Korea	Asia	Eastern Asia	46844000	Chinese	Pusan	Pusan	3804522
KOR	South Korea	Asia	Eastern Asia	46844000	Chinese	Inchon	Inchon	2559424
KOR	South Korea	Asia	Eastern Asia	46844000	Chinese	Taegu	Taegu	2548568
KOR	South Korea	Asia	Eastern Asia	46844000	Chinese	Taejon	Taejon	1425835
KOR	South Korea	Asia	Eastern Asia	46844000	Chinese	Kwangju	Kwangju	1368341
KOR	South Korea	Asia	Eastern Asia	46844000	Chinese	Ulsan	Kyongsangnam	1084891
KOR	South Korea	Asia	Eastern Asia	46844000	Chinese	Songnam	Kyonggi	869094
KOR	South Korea	Asia	Eastern Asia	46844000	Chinese	Puchon	Kyonggi	779412
KOR	South Korea	Asia	Eastern Asia	46844000	Chinese	Suwon	Kyonggi	755550
KOR	South Korea	Asia	Eastern Asia	46844000	Chinese	Anyang	Kyonggi	591106
KOR	South Korea	Asia	Eastern Asia	46844000	Chinese	Chonju	Chollabuk	563153

코드 8-8도 코드 8-5를 두 번째 구문 형태로 바꾼 쿼리입니다. country, countrylanguage, city, 3개 테이블을 조인하므로 FROM 절에 이들을 각각 명시하고, 조인 조건도 WHERE 절로 옮겼습니다. 조인 조건이 2개이므로 AND 연산자로 연결하고, 일반 조회 조건과도 AND 연산자로 연결했습니다. 결과 역시 같습니다.

내부 조인하는 방법 두 가지를 소개했는데, 어떤 방법을 사용할지는 여러분의 선택에 달려 있습니다. 예전에는 두 번째 구문을 주로 사용했지만, 요즘은 INNER JOIN을 사용하는 첫 번째 구문을 점점 더 많이 사용하고 있습니다. 또한, 이어서 배우는 외부 조인 구문과의 일관성 측면에서 본다면 첫 번째 방법을 사용하는 것이 좀 더 낫습니다.

1분 퀴즈 2

world 데이터베이스에서 country와 city 테이블을 내부 조인해 국가명과 해당 국가에 속한 도시 개수를 구하고, 마지막에는 전체 도시 수를 구하는 쿼리를 작성하세요.

정답 및 해설: 해설 노트 501쪽

8.3
외부 조인: 조인 칼럼 값이 같지 않은 건도 조회하기

8.3.1 외부 조인이란

이번에는 외부 조인을 알아보겠습니다. 외부 조인은 내부 조인과는 조금 다릅니다. 내부 조인은 조인에 참여하는 두 테이블을 기준으로 조인 칼럼의 값이 같은 건(로우)만 조회합니다. 그런데 **외부 조인**(outer join)은 기본으로 조인 칼럼의 값이 같은 건을 조회하면서 한쪽 테이블에 조인 칼럼의 값이 같지 않은 건이 있으면 이 건까지 함께 조회할 수 있습니다.

어떤 방식인지 코드로 살펴봅시다.

코드 8-9
```sql
SELECT a.continent, COUNT(*)
  FROM country a
 GROUP BY a.continent;
```

실행결과

continent	COUNT(*)
North America	37
Asia	51
Africa	58
Europe	46
South America	14
Oceania	28
Antarctica	5

코드 8-9는 country 테이블에서 대륙별로 몇 개 국가가 있는지를 구하는 쿼리입니다. 결과를 보면 총 7개 대륙의 국가 수가 조회됐습니다.

다음 쿼리도 실행해 봅시다.

코드 8-10
```sql
SELECT a.continent, COUNT(*)
  FROM country a
 INNER JOIN city b
    ON a.code = b.countrycode
 GROUP BY a.continent;
```

실행결과

continent	COUNT(*)
North America	581
Asia	1766
Africa	366
Europe	841
South America	470
Oceania	55

코드 8-10은 코드 8-9에 city 테이블과의 내부 조인을 추가했습니다. city 테이블과 조인했으니 COUNT() 함수가 반환하는 숫자는 해당 대륙에 속한 국가의 도시 수 합계가 되겠네요.

결과를 보면 총 6건이 조회됐습니다. 이전 쿼리보다 1건이 적습니다. 대륙명이 'Antarctica'인 건이 빠져 있는데, 왜 이 건이 빠진 채 조회됐을까요?

원인은 내부 조인 때문입니다. Antarctica는 남극을 뜻합니다. 남극에는 몇몇 국가의 연구시설 외에는 사람이 거주하는 곳이 없습니다. 따라서 남극에 속한 도시는 없다고 볼 수 있습니다. 내부 조인은 두 테이블 간에 조인 칼럼의 값이 같은 건이 조회되는데, 남극은 city 테이블에 해당 데이터가 없어 조회되지 않았습니다.

그런데 결과에서 남극이 빠져 있어 자칫 country 테이블에는 남극 대륙 정보가 없다고 오해할 수 있습니다. 그렇다면 남극 대륙을 포함해서 조회할 방법은 없을까요? 물론 남극에는 도시가 없으므로 COUNT() 함수가 반환하는 도시 수는 0으로 보여 주는 것이죠. 바로 이럴 때 외부 조인을 사용합니다.

외부 조인을 하면 조인 조건을 만족하는 건은 물론 조인 조건을 만족하지 않은 건까지 추가로 조회할 수 있습니다. 외부 조인에는 LEFT 조인과 RIGHT 조인, 두 가지 방법이 있는데 순서대로 살펴보겠습니다.

8.3.2 LEFT 조인

LEFT 조인의 기본 구문은 다음과 같습니다.

구문 8-3
```
SELECT ...
  FROM 테이블1 [AS] 별칭1
  LEFT [OUTER] JOIN 테이블2 [AS] 별칭2
    ON 별칭1.칼럼1 = 별칭2.칼럼2
   AND ...
 WHERE ... ;
```

내부 조인할 때 INNER JOIN을 사용했듯이 LEFT 조인에서는 LEFT OUTER JOIN을 사용합니다. 여기서 OUTER는 생략할 수 있습니다. 따라서 LEFT OUTER JOIN이라고 작성해도 되고 LEFT JOIN이라고 작성해도 됩니다. 조인 조건은 내부 조인처럼 ON 절에 기술합니다.

그런데 이 구문에서 LEFT의 의미는 뭘까요? 외부 조인은 조인 조건을 만족하는 건은 물론이고 조인 조건을 만족하지 않는 건까지 조회할 수 있다고 했습니다. 그런데 조인 조건을 만족하지 않는 건은 두 테이블 중 어느 테이블에나 있을 수 있습니다. 가령 A와 B 테이블이 있는데, 조인 조건에 따라 어떤 건은 A 테이블에 만족하는 건이 없고, 어떤 건은 B 테이블에 만족하는 건이 없을 수 있죠. 이때 LEFT 조인은 조인 구문인 LEFT [OUTER] JOIN을 기준으로 **왼쪽 테이블** (구문에서는 윗줄의 FROM 절에 명시한 테이블)에서 조인 조건을 만족하지 않는 건을 추가로 조회해 오라는 뜻입니다.

다음 그림을 보면 LEFT 조인을 하고 있으므로 LEFT JOIN 왼쪽에 있는 테이블1에서 조인 조건을 만족하지 않는 건까지 조회합니다. 따라서 COL1의 값이 1, 2, 3인 건은 조인 조건을 만족하므로 두 테이블에서 모두 가져옵니다. 그리고 조인 조건을 만족하지 않는, COL1 값이 5, 6인 건도 테이블1에서 가져옵니다.

그림 8-5 LEFT 조인

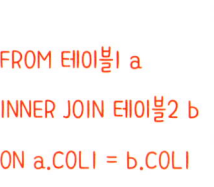
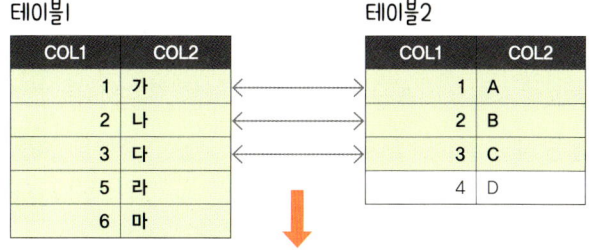

그럼 예제를 실행해 LEFT 조인을 알아봅시다. 먼저 코드 8-10을 LEFT 조인 구문으로 변경해 보죠.

코드 8-11
```sql
SELECT a.continent, COUNT(*)
  FROM country a
  LEFT OUTER JOIN city b
    ON a.code = b.countrycode
 GROUP BY a.continent;
```

실행결과

continent	COUNT(*)
North America	581
Asia	1766
Africa	367
Europe	841
South America	470
Oceania	56
Antarctica	5

country와 city 테이블을 LEFT 조인했습니다. 결과를 보면 이전에 누락됐던 남극(Antarctica) 데이터가 조회됐습니다. LEFT 조인을 하니 두 테이블의 조인 조건을 만족하는 건은 물론이고, 만족하지 않는 건 중 LEFT JOIN 구문을 기준으로 왼쪽에 위치한 country 테

이블에 있는 건까지 추가로 조회되는 것을 볼 수 있습니다.

여기서 의문점 하나! 도시 수를 의미하는 COUNT() 함수가 반환하는 숫자가 남극을 보면 5입니다. 분명히 앞에서 남극에 속한 국가에 해당하는 데이터가 city 테이블에 존재하지 않는 것을 확인했는데 말이죠.

사실 COUNT의 매개변수로 *를 넘겼기 때문에 결과로 반환하는 숫자는 조회된 로우 수입니다. 남극을 제외한 다른 대륙은 모두 city 테이블에 데이터가 있으므로 실질적으로 COUNT(*)가 반환하는 숫자는 도시 수로 보는 것이 맞습니다. 하지만 LEFT 조인으로 country 테이블에 있는 남극 데이터가 조회됐습니다. 즉, 조회된 5는 country 테이블에 담긴 남극 대륙에 속한 국가 건수를 의미합니다. 만약 정확한 도시 수를 구하고 싶다면 다음과 같이 쿼리를 작성하면 됩니다.

코드 8-12
```sql
SELECT a.continent, COUNT(*) 전체건수, COUNT(b.name) 도시건수
  FROM country a
  LEFT OUTER JOIN city b
    ON a.code = b.countrycode
 GROUP BY a.continent;
```

실행결과

continent	전체건수	도시건수
North America	581	581
Asia	1766	1766
Africa	367	366
Europe	841	841
South America	470	470
Oceania	56	55
Antarctica	5	0

코드 8-12에서는 COUNT(*)는 전체 건수를, COUNT(b.name)는 도시 건수를 반환합니다. COUNT() 함수의 매개변수로 city 테이블의 도시명 칼럼(name)을 넘기니 남극 대륙은 0을 반환했습니다. 남극 대륙에 속한 도시가 없음을 확실하게 확인할 수 있습니다.

8.3.3 RIGHT 조인

우리가 사는 세계는 대부분 대칭을 이룹니다. LEFT 조인이 있으니 그 반대인 RIGHT 조인도 있습니다. RIGHT 조인의 구문은 다음과 같습니다.

구문 8-4

```
SELECT ...
  FROM 테이블1 [AS] 별칭1
  RIGHT [OUTER] JOIN 테이블2 [AS] 별칭2
    ON 별칭1.칼럼1 = 별칭2.칼럼2
    AND ...
  WHERE ... ;
```

RIGHT 조인은 LEFT 대신 RIGHT [OUTER] JOIN으로 작성하는데, 여기서 OUTER를 생략해도 무방합니다. RIGHT 조인은 LETT 조인과 반대로 조인 구문인 RIGHT [OUTER] JOIN을 기준으로 오른쪽 테이블에서 조인 조건을 만족하지 않는 건까지 추가로 조회해 옵니다. 따라서 LEFT 조인과 RIGHT 조인은 조인 조건에 맞지 않는 데이터를 조회해 오는 테이블의 위치가 다릅니다.

그림 8-6을 보면 RIGHT JOIN 구문의 오른쪽에 있는 테이블2에서 조인 조건을 만족하지 않는 건까지 조회합니다. COL1 값이 1, 2, 3인 건은 조인 조건을 만족하므로 양쪽 테이블에서 가져오고, 테이블2에서는 조인 조건을 만족하지 않는, COL1 값이 4인 건을 추가로 가져옵니다.

그림 8-6 RIGHT 조인

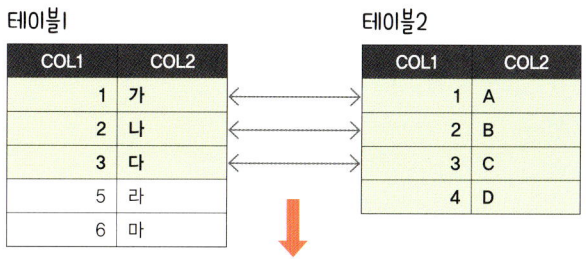

그럼 예제로 RIGHT 조인을 확인해 봅시다.

코드 8-13
```
SELECT a.continent, COUNT(*) 전체건수, COUNT(b.name) 도시건수
  FROM country a
  RIGHT OUTER JOIN city b
     ON a.code = b.countrycode
  GROUP BY a.continent;
```

실행결과

continent	전체건수	도시건수
Asia	1766	1766
Europe	841	841
North America	581	581
Africa	366	366
Oceania	55	55
South America	470	470

코드 8-13은 코드 8-12에서 조인 구문을 LEFT에서 RIGHT로만 변경했습니다. 결과를 보면 총 6건이 조회됐고 남극 대륙 건이 누락됐네요. 이번에는 이유가 뭘까요?

RIGHT 조인은 조인 구문 기준으로 오른쪽인 city 테이블에서 조인 조건을 만족하지 않는 건까지 추가로 조회합니다. 하지만 city 테이블에는 country 테이블에 없는 국가의 도시 데이터는 존재하지 않습니다. 즉, city 테이블의 countrycode에 있는 모든 값은 country 테이블의 code 값에 있습니다. 구문상으로는 조인 조건을 만족하지 않는 건까지 조회해 오는 게 맞지만, 테이블에 조건을 만족하지 않는 데이터가 아예 없어서 결과적으로 조인 조건을 만족하는 건만 조회됩니다. 사실 city 테이블의 countrycode 칼럼에는 country 테이블의 code 값을 참조하는 외래 키가 있어서 city 테이블에 데이터를 넣을 때 country 테이블에 없는 국가 코드 값을 넣을 수 없습니다.

그럼 RIGHT 조인으로 남극 정보를 조회해 오려면 어떻게 해야 할까요? 다음을 실행해 봅시다.

코드 8-14
```
SELECT a.continent, COUNT(*) 전체건수, COUNT(b.name) 도시건수
  FROM city b
  RIGHT OUTER JOIN country a
     ON a.code = b.countrycode
  GROUP BY a.continent;
```

실행결과

continent	전체건수	도시건수
North America	581	581
Asia	1766	1766
Africa	367	366
Europe	841	841
South America	470	470
Oceania	56	55
Antarctica	5	0

코드 8-14는 코드 8-13처럼 RIGHT OUTER JOIN을 사용했는데도 남극 대륙 정보가 조회됩니다. 이전 쿼리와 다른 점은 무엇일까요? 바로 조인하는 테이블의 위치를 바꿨습니다. RIGHT 조인은 조인 구문의 오른쪽 테이블에서 조인 조건을 만족하지 않는 건까지 조회하죠. 그래서 조인 테이블의 위치를 바꿔 FROM 절에는 city 테이블을, RIGHT OUTER JOIN 다음에는 country 테이블을 명시해 country 테이블에서 조인 조건을 만족하지 않는 남극 대륙에 속한 국가도 조회하게 했습니다.

정리하면, 외부 조인은 조인 조건을 만족하는 건은 물론이고, 만족하지 않는 건까지 LEFT와 RIGHT 조인 방식에 따라 왼쪽 또는 오른쪽 테이블에서 조회해 오는 방법입니다.

이 절에서 배운 외부 조인을 앞에서 배운 내부 조인과 비교해서 간단히 정리해 볼까요?

내부 조인은 FROM 절이나 INNER JOIN 절에 명시하는 테이블 순서가 그리 중요하지 않습니다. A와 B 두 테이블을 조인한다면 FROM 절에 A 테이블을 명시하고 INNER JOIN 다음에 B 테이블을 명시하든, FROM 절에 B를 명시하고 INNER JOIN 다음에 A 테이블을 명시하든 내부 조인을 수행한 결과의 건수에는 차이가 없습니다. 다만, A, B 테이블 중 보고자 하는 주요 데이터를 가진 칼럼이 있는 테이블을 FROM 절에 명시하는 것이 관례입니다.

이와 반대로 외부 조인은 FROM 절과 외부 조인 구문(LEFT OUTER JOIN 또는 RIGHT OUTER JOIN) 좌우에 어느 테이블을 기술하는가에 따라 조회 결과의 건수가 달라집니다. 조인 조건을 만족하는 건은 상관없지만, 조인 조건을 만족하지 않는 건을 가져오는 테이블은 테이블을 명시한 위치에 따라 결정되기 때문입니다.

1분 퀴즈 3

아프리카(Africa) 대륙에 속한 국가 중 사용 언어가 없는 국가가 있습니다. country와 countrylanguage 테이블을 외부 조인해서 이 국가의 이름이 무엇인지 찾는 쿼리를 작성하세요.

정답 및 해설: 해설 노트 502쪽

8.4 기타 조인

나머지 조인 방법도 알아보겠습니다.

8.4.1 자연 조인

자연 조인(natural join)은 내부 조인이나 외부 조인과 완전히 다른 방법은 아니고 조인 구문만 조금 다를 뿐입니다. 자연 조인으로 내부 조인이나 외부 조인도 할 수 있습니다. 자연 조인 구문은 다음과 같습니다.

구문 8-5
```
SELECT ...
  FROM 테이블1 [AS] 별칭1
NATURAL [INNER|{LEFT|RIGHT} [OUTER]] JOIN 테이블2 [AS] 별칭2
  WHERE ... ;
```

자연 조인은 조인 구문에 **NATURAL**을 붙입니다. 특이한 점은 **조인 조건을 기술하지 않습니다**. 자연 조인 구문을 사용하려면 조인에 참여하는 두 테이블의 조인 칼럼명과 데이터 타입이 같아야 한다는 제약사항이 있습니다. 이 조건을 만족하면 MySQL에서 자동으로 두 테이블의 조인 칼럼을 조인 조건으로 사용합니다.

NATURAL만 있거나 NATURAL INNER를 기술하면 자연 조인 구문을 사용한 내부 조인을 의미하며, NATURAL LEFT 또는 NATURAL RIGHT를 사용하면 자연 조인 구문을 사용한 외부 조인을 할 수 있습니다. 한마디로 자연 조인은 조인 조건을 기술할 필요가 없는 조인입니다.

예제를 봅시다.

코드 8-15
```sql
SELECT a.continent, COUNT(*) 전체건수, COUNT(b.name) 도시건수
  FROM country a
NATURAL JOIN city b
 GROUP BY a.continent ;
```

실행결과

	continent	전체건수	도시건수

일단 결과를 보면 조회되는 로우가 없습니다. 코드 8-15에서는 NATURAL을 명시해 자연 조인을 했습니다. 그런데 왜 결과가 0건일까요? 자연 조인은 조인 조건을 붙이지 않는 대신에 두 테이블에 이름과 데이터 타입이 같은 칼럼이 반드시 있어야 합니다. 하지만 country와 city 테이블의 조인 칼럼은 각각 code와 countrycode로 칼럼명이 다르므로 자연 조인 결과로 0건이 나옵니다. 이것이 바로 자연 조인의 제약사항이자 첫 번째 특징입니다. 즉, 자연 조인을 하려면 조인 테이블에 이름과 데이터 타입이 같은 칼럼이 존재해야 합니다.

예제를 하나 더 실행해 봅시다.

코드 8-16
```sql
SELECT *
  FROM city a
NATURAL JOIN countrylanguage b;
```

실행결과

	CountryCode	ID	Name	District	Population	Language	IsOfficial	Percentage
▶	AFG	1	Kabul	Kabol	1780000	Balochi	F	0.9
	AFG	1	Kabul	Kabol	1780000	Dari	T	32.1
	AFG	1	Kabul	Kabol	1780000	Pashto	T	52.4
	AFG	1	Kabul	Kabol	1780000	Turkmenian	F	1.9
	AFG	1	Kabul	Kabol	1780000	Uzbek	F	8.8
	AFG	2	Qandahar	Qandahar	237500	Balochi	F	0.9
	AFG	2	Qandahar	Qandahar	237500	Dari	T	32.1
	AFG	2	Qandahar	Qandahar	237500	Pashto	T	52.4
	AFG	2	Qandahar	Qandahar	237500	Turkmenian	F	1.9
	AFG	2	Qandahar	Qandahar	237500	Uzbek	F	8.8
	AFG	3	Herat	Herat	186800	Balochi	F	0.9
	AFG	3	Herat	Herat	186800	Dari	T	32.1

코드 8-16의 쿼리는 city 테이블과 countrylanguage 테이블을 자연 조인합니다. 두 테이블에 모두 국가 코드 값이 있는 countrycode 칼럼이 있어서 자연 조인이 이뤄지죠. 그런데 SELECT 절에서 *를 명시해 두 테이블의 모든 칼럼을 조회했는데, countrycode 칼럼이 맨 앞에 한 번만 조회됐습니다. 이 칼럼은 분명히 두 테이블 모두에 있는데 말이죠.

여기서 자연 조인의 두 번째 특징이 나옵니다. 자연 조인은 SELECT 절에서 *로 전체 칼럼을 조회하면 공통의 조인 칼럼은 1번만 조회되고 테이블명[별칭].칼럼명 형태가 아니라 칼럼명만 명시해도 오류 없이 결과가 조회됩니다.

자연 조인을 정리하면 다음과 같습니다.

- 자연 조인은 조인 구문이 NATURAL로 시작합니다.
- 자연 조인은 조인 조건 구문이 없습니다.
- 자연 조인을 하려면 반드시 두 테이블에 이름과 데이터 타입이 같은 칼럼이 있어야 합니다.
- 자연 조인 구문으로 내부 조인이나 외부 조인 모두 가능합니다.
- 자연 조인을 하면 SELECT 절에 *를 명시했을 때 공통 조인 칼럼은 1번만 조회됩니다.

8.4.2 카티전 곱

마지막으로 알아볼 조인 방법은 카티전 곱입니다. **카티전 곱**(cartesian product)은 조인 조건이 없는 조인을 말합니다. 자연 조인과 비슷해 보이지만, 자연 조인은 조인 조건을 기술하지 않을 뿐이지 내부적으로 같은 이름의 칼럼으로 조인 조건을 생성해 조인을 수행합니다. 하지만 카티전 곱은 조인 조건이 정말 없습니다. 따라서 카티전 곱을 하면 두 테이블에서 가능한 모든 조합의 데이터가 조회됩니다. 가령 A 테이블에 2건, B 테이블에 3건의 데이터가 있을 때 카티전 곱을 하면 6(2 × 3)건의 데이터가 조회됩니다.

카티전 곱으로 조인하려면 내부 조인인 INNER JOIN 구문에서 ON 절을 기술하지 않으면 됩니다. 또는 내부 조인에서 조인 조건을 WHERE 절에 기술하지 않으면 카티전 곱이 수행됩니다.

다음 그림을 보면 코드에 조인 조건이 없으므로 두 테이블에서 가능한 모든 조합으로 데이터가 조회됩니다. 테이블3의 COL1 값이 1일 때 테이블4와 가능한 모든 조합으로 1, 2, 3인 건이 조회됩니다. COL1 값이 2일 때도 마찬가지이며, 결국 6(2 × 3)건의 데이터가 조회됩니다.

그림 8-7 카티전 곱 실행 방식

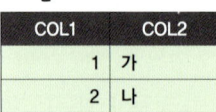

FROM 테이블3 a
INNER JOIN 테이블4 b

예제를 실행해 확인해 보죠.

코드 8-17
```sql
SELECT a.continent, COUNT(*) 전체건수, COUNT(b.name) 도시건수
  FROM country a
 INNER JOIN city b
 GROUP BY a.continent;
```

실행결과

continent	전체건수	도시건수
Africa	236582	236582
Europe	187634	187634
Asia	208029	208029
Oceania	114212	114212
North America	150923	150923
South America	57106	57106
Antarctica	20395	20395

코드 8-17은 코드 8-12를 카티전 곱 구문으로 바꾼 쿼리입니다. 결과를 보면 총 7건의 데이터가 조회됐습니다. 그런데 COUNT(*)가 반환한 전체 건수의 값을 보면 코드 8-12의 실행결과보다 숫자가 매우 커졌습니다. 어떻게 이런 값이 나왔을까요?

남극에 해당하는 'Antarctica' 건을 보죠. 코드 8-12에서는 5가 나왔는데, 이는 country 테이블에서 대륙명이 'Antarctica'인 데이터가 5건이기 때문이죠. 하지만 카티전 곱은 두 테이블에서 가능한 모든 조합으로서 데이터가 조회된다고 했습니다. 따라서 country 테이블의 5건과 city 테이블 전체 건수인 4,079건을 조합해 20,395(5 × 4079)건이 나오게 됩니다. 나머지 대륙도 마찬가지입니다.

카티전 곱은 조인 조건이 없어서 엄밀하게는 조인이라고 할 수 없지만, 테이블을 연결해 데이터를 조회한다는 점에서 조인에 포함됩니다. 물론 조인 조건이 없으니 각 테이블 데이터의 모든 조합을 가져오게 되고요. 그래서 카티전 곱은 많이 사용하지 않습니다.

참고로 SQL 표준에서는 카티전 곱을 **크로스 조인**(cross join)이라고 하고, INNER JOIN 대신 CROSS JOIN 구문을 사용합니다. 이때도 조인 조건을 기술하는 ON 절을 붙일 수 없습니다. 하지만 MySQL에서 CROSS JOIN은 INNER JOIN과 같으며 ON 절을 사용할 수 있습니다.

1분 퀴즈 4

코드 8-17을 CROSS JOIN 구문으로 변경해 보세요.

정답 및 해설: 해설 노트 502쪽

8.5 UNION 절

조인은 테이블 간 조인 조건을 통해 두 개 이상의 테이블에서 데이터를 조회하는 방법입니다. 그런데 조인하지 않고 두 개 이상의 테이블에서 데이터를 조회하는 방법이 또 있습니다. 바로 UNION 절입니다.

UNION 절의 구문은 다음과 같습니다.

구문 8-6
```
SELECT ...
 UNION [DISTINCT|ALL]
SELECT ...
 [UNION [DISTINCT|ALL]]
... ;
```

SELECT 문과 SELECT 문 사이에 UNION 절을 기술하면 첫 번째 SELECT 문의 조회 결과와 두 번째 SELECT 문의 조회 결과가 합쳐져 한 번에 조회됩니다. SELECT 문으로 조회된 결과를 **결과 집합**이라고 하는데, UNION 절을 사용하면 각각의 결과 집합이 합쳐집니다. UNION 다음에는 DISTINCT나 ALL을 명시할 수 있습니다.

- **UNION DISTINCT** 각 SELECT 문의 결과 집합에서 중복을 제거하고 데이터를 조회합니다. DISTINCT는 생략할 수 있습니다.
- **UNION ALL** 각 SELECT 문의 결과 집합에서 중복을 포함한 모든 데이터를 조회합니다.

그럼 UNION 절을 어떻게 사용하는지 예제를 살펴보죠. 먼저, 예제 테이블과 데이터를 다음과 같이 생성합니다.

코드 8-18
```sql
USE mywork;

CREATE TABLE tbl1 (col1 INT, col2 VARCHAR(20));

CREATE TABLE tbl2 (col1 INT, col2 VARCHAR(20));

INSERT INTO tbl1 VALUES (1, '가'), (2, '나'), (3, '다');

INSERT INTO tbl2 VALUES (1, 'A'), (2, 'B');

SELECT * FROM tbl1;

SELECT * FROM tbl2;
```

실행결과

tbl1 테이블 조회 결과

col1	col2
1	가
2	나
3	다

tbl2 테이블 조회 결과

col1	col2
1	A
2	B

tbl1과 tbl2 테이블을 생성해 데이터를 넣고 두 테이블을 조회합니다. 결과를 보면 tbl1 테이블에는 3건, tbl2 테이블에는 2건의 데이터가 있습니다.

코드 8-18에서 INSERT 문으로 데이터를 입력했는데, INSERT 문은 **10장 데이터 입력/삭제/수정하고 트랜잭션 처리하기**에서 자세히 다룹니다. 여기서는 데이터를 입력하는 문장이라고 이해하면 됩니다.

이번에는 tbl1과 tbl2 테이블의 col1 칼럼을 조회하는 두 개의 SELECT 문을 UNION으로 연결해 봅시다.

코드 8-19
```sql
SELECT col1 FROM tbl1
 UNION
SELECT col1 FROM tbl2;
```

실행결과

col1
1
2
3

UNION만 사용하면 UNION DISTINCT를 사용한 것과 같아서 2개의 결과 집합에서 중복 값이 제외됩니다. tbl1에는 1, 2, 3이 있고 tbl2에는 1, 2가 있으므로 최종으로 1, 2, 3, 총 3건이 조회됐습니다. 그리고 조회된 칼럼명이 col1으로 나오는데, UNION 절로 테이블을 연결하면 최종 결과 집합의 칼럼명은 첫 번째 SELECT 문의 칼럼명으로 조회됩니다.

코드 8-20
```sql
SELECT col1, col2 FROM tbl1
  UNION
SELECT col1, col2 FROM tbl2;
```

실행결과

col1	col2
1	가
2	나
3	다
1	A
2	B

코드 8-20에서는 SELECT 절에 2개의 칼럼을 명시했습니다. 결과를 보면 두 테이블에 있는 모든 건이 조회됐습니다. UNION을 사용하면 중복 건을 제외한다고 했습니다. 그런데 이전 결과에서는 3건만 조회됐는데, 왜 이번에는 5건이 모두 조회됐을까요?

UNION을 사용했을 때 중복 건은 SELECT 절에 명시한 각 칼럼의 조합을 기준으로 판단합니다. SELECT 절에 col1 하나만 명시하면 이 칼럼 값을 기준으로 중복을 판단하고, col1, col2처럼 두 개를 명시하면 col1과 col2 값을 조합해 중복 건을 판단합니다. 따라서 이 경우에는 col1 값이 1, 2로 같지만, col2와 조합하면 중복 건이 없습니다. 예를 들어 1, '가'와 1, 'A'는 같은 건이 아니죠.

코드 8-21
```sql
SELECT col1, col2 FROM tbl1
  UNION
SELECT col1 FROM tbl2;
```

실행결과

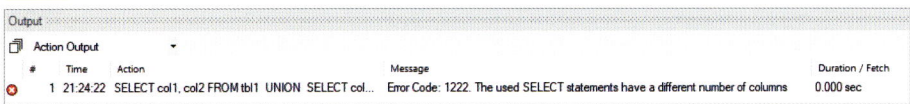

코드 8-21을 실행하면 오류가 납니다. 오류 메시지에 "The used SELECT statements have a different number of columns"라고 나왔네요. 이는 SELECT 문장에서 조회하는 칼럼 수가 달라서 발생한 오류입니다. 첫 번째 SELECT 문에서는 col1, col2를 명시했지만, 두 번째 SELECT 문에서는 col1만 명시했기 때문이죠. UNION 절을 사용할 때는 연결되는 SELECT 문에 반드시 동일한 수의 칼럼을 명시해야 합니다.

코드 8-22

```sql
SELECT col1 FROM tbl1
 UNION ALL
SELECT col1 FROM tbl2;
```

실행결과

col1
1
2
3
1
2

코드 8-22는 코드 8-19에서 UNION 대신 UNION ALL을 사용했습니다. UNION을 사용하면 중복을 제거하지만, UNION ALL을 사용하면 전체 데이터를 조회합니다. 따라서 결과로 총 5건이 조회됐습니다.

코드 8-23

```sql
SELECT col1, col2 FROM tbl1
 ORDER BY 1 DESC
 UNION
SELECT col1, col2 FROM tbl2;
```

실행결과

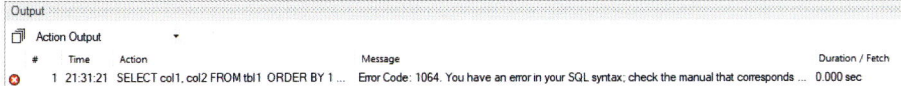

또 오류가 발생하네요. 그 이유는 첫 번째 SELECT 문에서 사용한 ORDER BY 절 때문입니다. 기본적으로 UNION을 사용한 쿼리에서는 ORDER BY 절을 맨 마지막 SELECT 문에만 붙일 수 있습니다. 이렇게 하면 조회된 데이터가 ORDER BY 절에 명시한 칼럼 값을 기준으로 정렬됩니다. 만약 ORDER BY 절을 사용해 각 SELECT 문을 개별적으로 정렬하고 싶다면 다음과 같이 정렬하고자 하는 SELECT 문에 소괄호를 추가하면 됩니다.

코드 8-24
```sql
(SELECT col1, col2 FROM tbl1 ORDER BY 1 DESC)
  UNION
SELECT col1, col2 FROM tbl2;
```

실행결과

col1	col2
1	가
2	나
3	나
1	A
2	B

코드 8-24를 보면 첫 번째 SELECT 문에 ORDER BY 절을 넣었지만, 소괄호로 감싼 덕분에 오류가 나지 않고 데이터가 조회됐습니다. 그런데 ORDER BY 1 DESC는 tbl1 테이블의 col1 값을 기준으로 내림차순 정렬하라는 의미인데, 결과를 보면 오름차순으로 정렬됐습니다. 이는 소괄호를 포함한 SELECT 문에 ORDER BY 절을 넣더라도 최종 반환되는 결과의 정렬에는 영향을 주지 않아서 그렇습니다.

하지만 방법이 있습니다. 다음과 같이 LIMIT 절을 사용하면 tbl1 테이블에서 조회된 건만 내림차순으로 정렬할 수 있습니다.

코드 8-25
```sql
(SELECT col1, col2 FROM tbl1 ORDER BY 1 DESC LIMIT 3)
  UNION
SELECT col1, col2 FROM tbl2;
```

실행결과

col1	col2
3	다
2	나
1	가
1	A
2	B

코드 8-25처럼 LIMIT 절을 사용하면 첫 번째 SELECT 문에서 조회한 결과만 col1 칼럼 값을 기준으로 내림차순 정렬됩니다. 원래 LIMIT 절은 조회되는 데이터 수를 제한할 때 사용하는데, tbl1 테이블에 총 3건의 데이터가 있어서 이를 모두 조회하려고 LIMIT 다음에 3을 명시했습니다. 조회된 결과 일부가 아닌 전체 결과를 정렬하려면 전체 문장 맨 마지막에 ORDER BY 절을 추가합니다. LIMIT 절도 마지막에 추가하면 전체 결과의 건수에 영향을 줍니다.

1분 퀴즈 5

tbl1과 tbl2 테이블에서 tbl1 테이블은 전체, tbl2 테이블은 col1 값이 1인 건만 조회하는 쿼리를 작성하세요.

정답 및 해설: 해설 노트 503쪽

8.6 실습: 테이블 조인해 사원 기본 정보 조회하기

SQL을 익히는 데 가장 좋은 방법은 배운 내용을 직접 쿼리로 작성해 보는 것입니다. 따라서 이 장에서 다룬 조인과 UNION 절을 실습하며 익혀 보겠습니다.

8.6.1 대상 테이블 살펴보기

4장에서 실습용 테이블을 생성했죠. 그중 영화 정보를 담은 box_office 테이블은 앞에서 자주 사용했습니다. 실습용 테이블에는 box_office 외에도 employees, departments 등 6개의 테이블이 더 있습니다. 6개 테이블은 조인 칼럼으로 조인할 수 있습니다. 먼저 테이블의 ERD를 살펴보죠.

그림 8-8 mywork 데이터베이스 실습용 테이블의 ERD

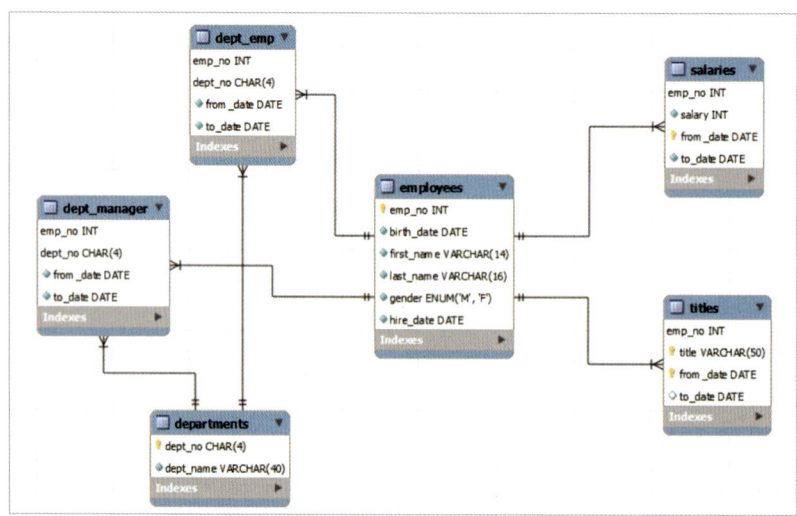

각 테이블의 연결 관계는 다음과 같습니다.

표 8-1 조인 테이블 정보

테이블명	설명	조인 테이블(조인 칼럼)
employees	사원 정보	dept_emp, dept_manager, salaries, titles(emp_no)
dept_emp	사원의 부서 할당 정보	departments(dept_no), employees(emp_no)
departments	부서 정보	dept_emp, dept_manager(dept_no)
dept_manager	부서의 관리자 정보	departments(dept_no), employees(emp_no)
titles	사원의 직급 정보	employees(emp_no)
salaries	사원의 급여 정보	employees(emp_no)

8.6.2 실습 쿼리 작성하기

앞에서 살펴본 테이블들을 대상으로 주제에 맞게 쿼리를 작성해 봅시다. 먼저 내용을 파악하고 스스로 작성한 후에 책에 있는 쿼리를 확인해 보세요.

사원의 사번, 이름, 부서명 조회하기

첫 번째로 사원의 사번과 이름, 부서명을 조회해 봅시다. 사원의 기본 정보는 employees, 사원이 속한 부서 정보는 dept_emp, 부서의 기본 정보는 departments 테이블에 있습니다. 따라서 세 테이블을 조인해야 원하는 정보를 얻을 수 있습니다. 쿼리를 작성하고 실행해 봅시다.

코드 8-26
```sql
USE mywork;

SELECT a.emp_no, CONCAT(a.first_name, ' ', a.last_name) emp_name,
       c.dept_name
  FROM employees a
 INNER JOIN dept_emp b
    ON a.emp_no = b.emp_no
 INNER JOIN departments c
    ON b.dept_no = c.dept_no
 ORDER BY a.emp_no;
```

실행결과

emp_no	emp_name	dept_name
10001	Georgi Facello	Development
10002	Bezalel Simmel	Sales
10003	Parto Bamford	Production
10004	Chirstian Koblick	Production
10005	Kyoichi Maliniak	Human Resources
10006	Anneke Preusig	Development
10007	Tzvetan Zielinski	Research
10008	Saniya Kalloufi	Development
10009	Sumant Peac	Quality Management
10010	Duangkaew Piveteau	Quality Management
10010	Duangkaew Piveteau	Production
10011	Mary Sluis	Customer Service

쿼리를 한 부분씩 살펴보겠습니다.

```
SELECT a.emp_no, CONCAT(a.first_name, ' ', a.last_name) emp_name,
       c.dept_name
```

사원 이름은 employees 테이블에 이름과 성이 first_name과 last_name 칼럼으로 나눠져 있어서 CONCAT() 함수로 이름과 성을 붙여(보기 좋게 사이에 공백 추가) 조회합니다.

```
FROM employees a
INNER JOIN dept_emp b
   ON a.emp_no = b.emp_no
```

사원의 부서 할당 정보는 dept_emp에 있으므로 employees와 dept_emp 테이블을 emp_no 칼럼으로 내부 조인합니다.

```
INNER JOIN departments c
   ON b.dept_no = c.dept_no
```

부서명은 departments 테이블에 있으므로 dept_emp와 departments 테이블을 dept_no 칼럼으로 내부 조인합니다.

결과를 보면 사원들의 사번, 이름, 부서명이 조회됐습니다.

부서의 현재 관리자 정보 조회하기

Marketing과 Finance 부서의 현재 관리자 정보를 조회해 봅시다. 부서의 관리자 정보는 dept_manager 테이블에 있으니 이 테이블을 기준으로 Marketing과 Finance 부서의 정보를 조회합니다. 그리고 관리자도 사원이므로 employees 테이블에서 관리자 정보를 가져옵니다. 먼저 스스로 작성하고 책의 코드를 봐 주세요.

코드 8-27
```sql
SELECT b.dept_name, a.emp_no, CONCAT(c.first_name, ' ', c.last_name) emp_name,
       a.from_date, a.to_date
  FROM dept_manager a
 INNER JOIN departments b
    ON a.dept_no = b.dept_no
 INNER JOIN employees c
    ON a.emp_no = c.emp_no
 WHERE b.dept_name IN ('Marketing', 'Finance')
   AND SYSDATE() BETWEEN a.from_date AND a.to_date;
```

실행결과

dept_name	emp_no	emp_name	from_date	to_date
Finance	110114	Isamu Legleitner	1989-12-17	9999-01-01
Marketing	110039	Vishwani Minakawa	1991-10-01	9999-01-01

쿼리가 점점 복잡해지죠? 주요 부분을 살펴봅시다.

```sql
  FROM dept_manager a
 INNER JOIN departments b
    ON a.dept_no = b.dept_no
```

부서 관리자 정보는 dept_manager 테이블에 있고, 부서 정보는 departments 테이블에 있으므로 이 둘을 dept_no 칼럼으로 내부 조인합니다.

```sql
 INNER JOIN employees c
    ON a.emp_no = c.emp_no
```

관리자 이름을 가져오기 위해 emp_no 칼럼으로 dept_manager와 employees 테이블을 내부 조인합니다.

```
WHERE b.dept_name IN ('Marketing', 'Finance')
```

Marketing과 Finance 부서의 관리자 정보를 조회하므로 departments 테이블의 dept_name 칼럼 값이 'Marketing'과 'Finance'인 건만 조회하도록 IN 연산자로 조건을 줍니다.

```
AND SYSDATE() BETWEEN a.from_date AND a.to_date;
```

dept_manager 테이블에는 from_date와 to_date라는 날짜 칼럼이 있습니다. 두 칼럼에는 언제부터 언제까지 특정 부서의 관리자로 있었는지에 대한 날짜 값이 들어 있죠. 따라서 현재 시점을 기준으로 해당 부서의 관리자를 조회하려면 현재 날짜를 반환하는 SYSDATE() 함수의 반환값이 from_date와 to_date 사이에 있는 건을 조회하면 됩니다. 두 날짜 사이에 포함되는지는 BETWEEN... AND 연산자로 확인합니다.

모든 부서의 이름과 현재 관리자의 사번 조회하기

이번에는 전체 부서와 현재 관리자의 사번까지 조회해 봅시다. 바로 앞에서 작성한 쿼리와 비슷합니다. 주의할 점은 관리자가 없는 부서도 있는데, 이런 부서도 조회해야 합니다.

코드 8-28
```
SELECT b.dept_name, a.emp_no, a.from_date, a.to_date
  FROM dept_manager a
 RIGHT JOIN departments b
    ON a.dept_no = b.dept_no
 WHERE SYSDATE() BETWEEN IFNULL(a.from_date, SYSDATE())
                     AND IFNULL(a.to_date, SYSDATE());
```

실행결과

dept_name	emp_no	from_date	to_date
Customer Service	111939	1996-01-03	9999-01-01
Development	110567	1992-04-25	9999-01-01
Finance	110114	1989-12-17	9999-01-01
Human Resources	110228	1992-03-21	9999-01-01
IT	NULL	NULL	NULL
Marketing	110039	1991-10-01	9999-01-01
Production	110420	1996-08-30	9999-01-01
Quality Management	110854	1994-06-28	9999-01-01
Research	111534	1991-04-08	9999-01-01
Sales	111133	1991-03-07	9999-01-01

이번에도 구문을 나눠서 살펴봅시다.

```
RIGHT JOIN departments b
    ON a.dept_no = b.dept_no
```

departments 테이블에는 총 10개 부서가 등록되어 있습니다. 이 중에서 dept_code의 값이 'd010'인 IT 부서는 할당된 관리자가 없습니다. 따라서 dept_manager 테이블에 dept_no 값이 'd010'인 건이 없습니다. 그런데 모든 부서를 조회해야 하므로 외부 조인을 해야죠. 조인 조건을 만족하지 않는 데이터가 있는 쪽이 departments고 조인 구문의 오른쪽에 있으므로 RIGHT 조인을 사용합니다.

```
WHERE SYSDATE() BETWEEN IFNULL(a.from_date, SYSDATE())
                AND IFNULL(a.to_date, SYSDATE());
```

dept_manager 테이블에 IT 부서 정보가 없어 RIGHT 조인을 했는데, 이때 from_date와 to_date 칼럼이 반환하는 값은 NULL입니다. 현재 날짜와 NULL을 비교하면 조건을 제대로 확인하지 못해서 IT 부서 정보를 가져올 수 없죠. 그래서 BETWEEN... AND 연산자에 IFNULL() 함수를 사용합니다. IFNULL() 함수는 첫 번째 매개변수인 from_date, to_date 칼럼 값이 NULL이면 SYSDATE() 함수의 반환값을 반환합니다. 따라서 IT 부서는 SYSDATE() BETWEEN SYSDATE() AND SYSDATE() 조건이 적용되어(조건 확인 결과는 참) IT 부서 정보도 조회할 수 있습니다.

결과를 보면 10개 부서의 이름과 관리자 사번을 조회했는데, IT 부서는 dept_manager 테이블에 할당된 값이 없어서 나머지 칼럼(emp_no, from_date, to_date)의 값은 모두 NULL로 조회됐습니다.

부서별 사원 수와 전체 부서의 총 사원 수 구하기

마지막으로 현재 부서별 사원 수와 전체 부서의 총 사원 수를 구해 봅시다. 부서별 사원 정보는 dept_emp 테이블에 있습니다. 먼저 부서별로 몇 명의 사원이 있는지 구하고, 마지막에 전체 사원 수를 집계하면 됩니다. 일반적으로 소계와 총계를 구할 때는 GROUP BY 절에 WITH ROLLUP을 명시하는데, 여기서는 WITH ROLLUP 구문을 사용하지 않고 쿼리를 작성해 보겠습니다.

코드 8-29
```sql
SELECT a.dept_name, COUNT(*)
  FROM departments a
 INNER JOIN dept_emp b
    ON a.dept_no = b.dept_no
 WHERE SYSDATE() BETWEEN b.from_date AND b.to_date
 GROUP BY a.dept_name
 UNION
SELECT '전체', COUNT(*)
  FROM dept_emp
 WHERE SYSDATE() BETWEEN from_date AND to_date;
```

실행결과

dept_name	count(*)
Development	6181
Sales	3810
Production	5370
Human Resources	1314
Research	1532
Quality Management	1457
Marketing	1471
Customer Service	1742
Finance	1258
전체	24135

코드가 가장 복잡하네요. 나눠서 살펴보죠.

```
INNER JOIN dept_emp b
    ON a.dept_no = b.dept_no
WHERE SYSDATE() BETWEEN b.from_date AND b.to_date
GROUP BY a.dept_name
```

부서별로 사원 수를 구해야 하므로 부서 정보가 있는 departments 테이블과 사원 정보가 있는 dept_emp 테이블을 내부 조인합니다. 그리고 기준이 현재이므로 WHERE 절에서 SYSDATE() 함수의 반환값이 dept_emp의 from_date와 to_date 사이에 있는지 확인합니다. 마지막으로 부서명 칼럼인 departments 테이블의 dept_name을 GROUP BY 절에 명시하면 부서별 총 사원 수를 구할 수 있습니다.

```
UNION
SELECT '전체', COUNT(*)
    FROM dept_emp
WHERE SYSDATE() BETWEEN from_date AND to_date;
```

전체 사원 수는 COUNT() 함수로 구할 수 있죠. 그리고 현재 근무 중이어야 하므로 dept_emp 테이블에서 현재 날짜가 from_date와 to_date 사이에 오는 건만 조회합니다. 따라서 두 번째 SELECT 문으로 현재 부서에 속한 전체 사원 수를 반환합니다. 그리고 이 문장을 첫 번째 SELECT 문과 UNION으로 연결하면 부서별 사원 수와 전체 부서의 총 사원 수를 한 번에 구할 수 있습니다. UNION 절을 사용할 때는 연결하는 SELECT 문의 결과 집합과 칼럼 수와 순서를 모두 맞춰야 하므로 두 번째 SELECT 절에 '전체'를 추가했습니다.

이 장에서 배운 내용을 토대로 몇 가지 쿼리를 작성해 봤습니다. 일반적으로 원하는 정보를 추출하려면 지금까지 배운 기본적인 SELECT 문을 비롯해 SQL 함수, 집계 쿼리, 내부와 외부 조인, UNION 절 등을 복합적으로 사용해 하나의 쿼리를 만들어야 합니다. 따라서 이 절에서 소개한 실습 쿼리들을 잘 이해한 후, 이리저리 수정해 보고 결과를 확인해 보세요. 이런 과정을 여러 번 거쳐야 SQL 문장을 능숙하게 작성할 수 있습니다.

8 마무리

이 장에서 배운 내용을 정리해 보겠습니다.

1 조인

① 테이블을 연결해 데이터를 조회하는 것을 조인(join)이라고 합니다.

② 조인 테이블 각각에 같은 값을 가진 조인 칼럼이 있어야 조인할 수 있습니다.

2 내부 조인

① 조인 테이블에서 조인 칼럼의 값이 같은 건을 조회하는 것을 내부 조인(inner join)이라고 합니다.

② 조인 데이블에서 조인 칼럼의 이름을 동일하게 만드는 것이 일반적이나 반드시 같을 필요는 없습니다. 하지만 값은 같아야 합니다.

③ 내부 조인은 INNER JOIN 구문을 사용하고 ON 절에 조인 조건을 명시하는데, 이때 INNER는 생략할 수 있습니다.

④ 내부 조인할 때, INNER JOIN 구문을 사용하는 대신에 FROM 절에 조인 테이블들을 콤마로 구분해 명시하고 조인 조건은 WHERE 절에 기술할 수도 있습니다.

3 외부 조인

① 외부 조인(outer join)은 테이블 간에 조인 조건을 만족하는 건은 물론이고 만족하지 않는 건도 조회합니다.

② 외부 조인은 LEFT 조인과 RIGHT 조인이 있습니다.

③ LEFT 조인은 LEFT OUTER JOIN 구문을 사용하고 조인 조건은 ON 절에 기술하며, OUTER는 생략할 수 있습니다.

④ LEFT 조인은 조인 구문의 왼쪽, 즉 FROM 절에 기술한 테이블의 조인 조건을 만족하지 않는 건까지 조회합니다.

⑤ RIGHT 조인은 RIGHT OUTER JOIN 구문을 사용하고 조인 조건은 ON 절에 기술하며, OUTER는 생략할 수 있습니다.

⑥ RIGHT 조인은 조인 구문의 오른쪽, 즉 RIGHT OUTER JOIN 절에 기술한 테이블의 조인 조건을 만족하지 않는 건까지 조회합니다.

4   기타 조인

① 자연 조인은 NATURAL 구문을 사용하고 조인 조건을 기술하지 않으므로 조인 테이블에 이름과 데이터 타입이 같은 칼럼이 존재해야 합니다.

② 자연 조인 구문으로 내부 조인이나 외부 조인을 할 수 있습니다.

③ 카티전 곱은 조인 조건이 없는 조인으로, 조인 테이블의 모든 조합으로 데이터를 조회합니다.

5   UNION 절

① UNION 절을 사용하면 연결된 SELECT 문의 결과 집합을 합쳐 조회할 수 있습니다.

② UNION DISTINCT 절을 사용하면 SELECT 절에 기술한 칼럼을 기준으로 중복 값을 제외하고 조회하며, DISTINCT는 생략할 수 있습니다.

③ UNION ALL 절을 사용하면 SELECT 절에 기술한 칼럼을 기준으로 중복 값을 포함한 모든 데이터를 조회합니다.

④ UNION 절을 사용하면 일반적으로 ORDER BY와 LIMIT 절은 마지막 SELECT 문에 기술하고, 최종 결과 집합에 대해 정렬을 수행합니다.

⑤ 개별 SELECT 문에 ORDER BY와 LIMIT 절을 사용하려면 해당 SELECT 문을 소괄호로 묶어야 합니다.

Self Check

1 코드 8-26은 INNER JOIN 구문으로 사원의 사번, 이름, 부서명을 조회하는 내부 조인 쿼리였습니다. 이를 INNER JOIN 구문을 사용하지 않는 내부 조인 문장으로 변경해 보세요.

2 모든 부서 이름과 현재 관리자의 사번을 조회하는 코드 8-28의 쿼리를 참조해 관리자의 이름까지 조회하도록 쿼리를 작성하세요.

3 employees 테이블에서 1965년 2월 이후 출생자의 사번, 이름, 생일, 부서명을 조회하는 쿼리를 NATURAL 조인으로 작성하세요.

4 departments 테이블에서 Sales 부서의 부서 코드(dept_no) 값은 'd007'입니다. 이 부서의 부서명, 관리자의 사번과 급여, 이 부서에 속한 사원의 사번과 급여를 구하는 쿼리를 작성하세요.

정답 및 해설: 해설 노트 503쪽

9장

쿼리 안의 또 다른 쿼리: 서브쿼리

여러 테이블에 흩어져 보관된 데이터에서 원하는 정보를 조회하는 것은 지금까지 배운 SQL 문장을 활용하면 충분히 처리할 수 있습니다. 그런데 조회된 결과 집합을 대상으로 또다시 집계하거나 추가로 다른 테이블이나 결과 집합과 조인해야 하는 경우가 있습니다. 이럴 때 사용할 수 있는 것이 서브쿼리입니다. 이 장에서는 쿼리 안의 또 다른 쿼리인 서브쿼리를 알아보겠습니다.

9.1 서브쿼리 살펴보기

보통 하나의 SQL 문장을 쿼리라고 하는데, DML 기준으로 SELECT, INSERT, UPDATE, DELETE 문 등이 해당합니다. SELECT 문을 기준으로 봤을 때 하나의 쿼리는 SELECT로 시작해 세미콜론으로 끝나는 한 문장입니다. 이때 하나의 쿼리 안에 또 다른 쿼리가 들어 있는 경우가 있습니다. 이 장에서는 이런 경우를 살펴보겠습니다.

9.1.1 서브쿼리란

하나의 쿼리에서 SELECT 문 안에 또 다른 SELECT 문이 있을 때, 안에 포함된 SELECT 문을 **서브쿼리**라고 합니다. 서브쿼리(subquery)는 이름에서도 알 수 있듯이 **보조쿼리** 또는 **하위쿼리**를 의미합니다.

서브쿼리는 두 가지 측면으로 이해해야 합니다. 첫째, 형태적 측면에서 보면 서브쿼리는 하나의 쿼리 안에 포함된 **독립적인 SELECT 문이고, 소괄호로 둘러싸여** 있습니다. 그래서 서브쿼리를 포함하는 SELECT 문을 보통 **메인쿼리**(main query)라고 합니다. MySQL에서는 서브쿼리의 바깥쪽에 있어서 **외부쿼리**(outer query)라고 하는데, 외부쿼리보다는 메인쿼리라는 용어를 좀 더 많이 사용하므로 이 책에서도 메인쿼리라고 하겠습니다.

둘째, 의미적 측면에서 보면 서브쿼리에서 반환하는 결과 집합이 메인쿼리에서 보조 용도로 사용됩니다. 앞으로 자세히 알아보겠지만, 서브쿼리가 반환하는 결과 집합의 용도는 다양합니다. 서브쿼리가 메인쿼리의 어느 곳에 위치하느냐에 따라 **특정 값을 반환**하기도 하고 **테이블처럼 사용**되기도 하며 **조건을 확인하는 데 사용**되기도 합니다.

일반적으로 서브쿼리는 하나의 쿼리 안에 포함된, 소괄호로 둘러싸인 독립적인 SELECT 문으로 생각하면 됩니다. 하지만 의미적 측면을 고려해야 서브쿼리를 왜 사용해야 하는지 즉, 서브쿼리의 본질을 이해할 수 있습니다.

9.1.2 서브쿼리는 왜 필요한가

이 세상에서 존재 이유가 없는 것은 아무것도 없습니다. 사소한 풀 한 포기조차 나름대로 우리가 모르는 쓰임새가 있고 생태계를 이루는 의미 있는 존재입니다. 서브쿼리도 마찬가지입니다. 서브쿼리를 사용하면 SQL 문장이 복잡해집니다. 아무래도 메인쿼리 안에 또 다른 쿼리가 있기 때문이죠. 하지만 복잡해지더라도 서브쿼리만의 쓰임새가 있기 때문에 꼭 필요한 존재입니다. 한 가지 예를 들어 볼까요?

코드 9-1
```sql
SELECT YEAR(a.release_date), a.movie_name, a.sale_amt
  FROM box_office a
 WHERE a.ranks = 1
 ORDER BY 1;
```

실행결과

YEAR(a.release_date)	movie_name	sale_amt
2004	태극기 휘날리며	15687180500
2005	웰컴 투 동막골	40328508500
2006	괴물	66715713300
2007	디워	49339934700
2008	좋은 놈, 나쁜 놈, 이상한 놈	43747552000
2009	해운대	81025004000
2009	아바타	81455728000
2011	트랜스포머 3	74840681500
2012	도둑들	93664808500
2013	7번방의 선물	91431914670
2014	명량	135748398910
2015	베테랑	105168155250
2016	부산행	93178283048
2017	택시운전사	95853645649
2018	신과함께: 인과 연	102666146909
2019	극한직업	139651845516

코드 9-1은 box_office 테이블에서 연도별 매출액 1위 영화의 개봉연도, 영화 제목, 매출액을 조회하는 쿼리입니다. 그런데 이 중에서 연도별 1위 영화들의 평균 매출액보다 매출액이 큰 영화만 추출해야 한다고 해봅시다. 어떻게 하면 될까요?

먼저 1위 영화들의 평균 매출액을 구해야 합니다. 평균 매출액은 앞의 실행결과에 나온 매출액으로 구하면 됩니다. 평균은 AVG() 함수로 구하죠. 그럼 쿼리를 작성해 봅시다.

코드 9-2
```sql
SELECT YEAR(a.release_date), a.movie_name, a.sale_amt, AVG(a.sale_amt)
  FROM box_office a
 WHERE a.ranks = 1
 GROUP BY 1, 2
 ORDER BY 1;
```

실행결과

YEAR(a.release_date)	movie_name	sale_amt	AVG(a.sale_amt)
2004	태극기 휘날리며	15687180500	15687180500
2005	웰컴 투 동막골	40328508500	40328508500
2006	괴물	66715713300	66715713300
2007	디워	49339934700	49339934700
2008	좋은 놈, 나쁜 놈, 이상한 놈	43747552000	43747552000
2009	아바타	81455728000	81455728000
2009	해운대	81025004000	81025004000
2011	트랜스포머 3	74840681500	74840681500
2012	도둑들	93664808500	93664808500
2013	7번방의 선물	91431914670	91431914670
2014	명량	135748398910	135748398910
2015	베테랑	105168155250	105168155250
2016	부산행	93178283048	93178283048
2017	택시운전사	95853645649	95853645649
2018	신과함께:인과 연	102666146909	102666146909
2019	극한직업	139651845516	139651845516

코드 9-2는 GROUP BY 절과 AVG() 함수로 평균 매출액을 구했습니다. 그런데 결과가 좀 이상합니다. 영화별 매출액과 평균 매출액이 동일하게 나왔습니다. 왜 같은 금액이 나왔을까요?

연도별 1위 영화는 단 한 편뿐입니다. 따라서 개봉연도와 영화 제목을 GROUP BY 절에 놓으면 집계 대상이 영화 한 편이 됩니다. 결과적으로 그룹화 대상이 1건이므로 AVG() 함수의 반환 값은 해당 영화의 매출액이 나올 수밖에 없죠. 그러므로 이 쿼리에서는 굳이 GROUP BY 절과 AVG() 함수를 사용할 필요가 없습니다.

우리가 구하려는 평균 매출액은 2004~2019년 1위 영화의 평균 매출액으로, 각 영화의 매출액을 모두 더한 값을 전체 건수로 나눈 값이 되어야죠. 따라서 앞의 쿼리로는 원하는 값을 구할 수 없고 다음과 같이 별도로 계산해야 합니다.

코드 9-3
```sql
SELECT AVG(sale_amt)
  FROM box_office
 WHERE ranks = 1;
```

실행결과

AVG(sale_amt)
81906468809.5

코드 9-3의 쿼리처럼 1위에 해당하는 영화 전체를 대상으로 AVG() 함수를 사용해야 1위 영화들의 평균 매출액을 구할 수 있습니다. 그럼 이제 코드 9-1의 결과 중에서 코드 9-3의 결괏값보다 매출액이 큰 건을 가져오면 됩니다. 어떻게 하면 될까요?

코드 9-3의 결괏값을 기억했다가 코드 9-1의 WHERE 절에 AND a.sale_amt > 81906468809.5처럼 조건을 걸면 될까요? 올바른 방법이 아닙니다. 바로 이때에 서브쿼리를 사용합니다. 코드 9-3의 쿼리를 코드 9-1의 쿼리 어딘가에 집어넣고 평균 매출액과 각 영화의 매출액을 비교해야 합니다.

이처럼 두 단계 이상 연산해서 결과 집합을 추출해야 할 때 서브쿼리를 사용합니다. 여기서는 평균 매출액을 구하는 것이 1단계였다면 이 값을 다시 메인쿼리와 비교하는 것이 2단계입니다. 결국 여러 단계에 거쳐 연산한 값으로 최종 결과 집합을 조회할 때 서브쿼리를 사용합니다.

9.1.3 서브쿼리의 유형

서브쿼리는 메인쿼리의 어느 부분에 사용하는지(위치)에 따라 구분하기도 하고 메인쿼리와의 연관성에 따라 구분하기도 합니다.

메인쿼리에서 서브쿼리의 위치에 따라 다음 세 가지로 나눌 수 있습니다.

- **스칼라**(scalar) **서브쿼리** SELECT 절에 있는 서브쿼리
- **파생**(derived) **테이블** FROM 절에 있는 서브쿼리
- **WHERE 절의 서브쿼리**

메인쿼리와 서브쿼리의 연관성에 따라 다음 두 가지로 나눌 수 있습니다.

- **연관성 있는 서브쿼리** 메인쿼리와 서브쿼리를 조인하는 경우
- **연관성 없는 서브쿼리** 메인쿼리와 서브쿼리를 조인하지 않는 경우

여기서 연관성이 있다는 것은 메인쿼리와 서브쿼리 사이에 조인이 발생한다는 뜻이고, 연관성이 없다는 것은 서브쿼리 단독으로 결과 집합을 반환한다는 뜻입니다. 후자는 서브쿼리 부분만 떼어내 실행해도 결과를 볼 수 있습니다.

두 가지 기준 중에서 전자인 서브쿼리의 위치에 따른 구분법을 주로 사용하므로 이 책에서도 첫 번째 구분법을 중심으로 살펴보겠습니다. 물론 여기서 소개한 용어들을 암기하거나 용어들에 얽매이지 않아도 됩니다. 우리의 목적은 SQL 문장을 올바로 작성하는 것이니까요.

1분 퀴즈 1

다음 중 서브쿼리에 대한 설명 중 옳지 않은 것을 모두 고르세요.

① 서브쿼리는 메인쿼리 안에 소괄호로 둘러싸인 독립적인 SELECT 문이다.
② 서브쿼리는 DML 중 SELECT 문에서만 사용할 수 있다.
③ 서브쿼리는 메인쿼리의 SELECT, FROM, WHERE 절에서 사용할 수 있다.
④ 서브쿼리는 독립적인 쿼리이므로 메인쿼리와 연관이 없다.
⑤ 서브쿼리는 소괄호로 둘러싸여 있지만, 서브쿼리가 끝나는 부분에 세미콜론을 붙여야 한다.

정답 및 해설: 해설 노트 506쪽

9.2 SELECT와 FROM 절의 서브쿼리

서브쿼리가 메인쿼리의 어느 부분에 위치하느냐에 따라 서브쿼리를 나누는데, 이 절에서는 메인쿼리의 SELECT와 FROM 절에 위치하는 서브쿼리를 알아보겠습니다.

9.2.1 스칼라 서브쿼리

스칼라 서브쿼리는 메인쿼리의 SELECT 절에 오는 서브쿼리로, 구문은 다음과 같습니다.

구문 9-1

```
SELECT 칼럼1, 칼럼2, ...
       (SELECT ...
          FROM ...
         WHERE ...
       ) [AS] 별칭1
  FROM ...
 WHERE ... ;
```

구문에서 보듯이 독립적인 SELECT 문을 소괄호로 둘러싸서 SELECT 절 안에 넣어 사용할 수 있습니다. SELECT 절에는 보통 칼럼이나 표현식을 기술해 해당 칼럼에 입력된 값을 조회합니다. 따라서 SELECT 절 안에 기술된 서브쿼리도 결과적으로 하나의 칼럼이나 표현식처럼 사용됩니다. 이때 서브쿼리가 **단일 값을 반환**해서 **스칼라 서브쿼리**라고 합니다.

단일 값을 반환한다는 것은 스칼라 서브쿼리 전체가 반환하는 결과 집합이 단일 값이라는 뜻입니다. 앞에서 설명했듯이 서브쿼리가 하나의 칼럼(표현식) 역할을 하기 때문이죠. 따라서 스칼라 서브쿼리의 SELECT 절에는 단일 칼럼(표현식)이 와야 하며 여러 개의 칼럼(표현식)을 기술할 수 없습니다. 또한 스칼라 서브쿼리는 단일 건(로우)를 반환해야 하고, 여러 로우를 반환하면 오류가 발생합니다.

스칼라 서브쿼리의 작동 방식을 예제로 살펴봅시다.

코드 9-4
```sql
USE world;

SELECT a.name, a.district, a.population, a.countrycode,
       (SELECT b.name
          FROM country b
         WHERE a.countrycode = b.code
       ) countryname
  FROM city a;
```

실행결과

name	district	population	countrycode	countryname
Kabul	Kabol	1780000	AFG	Afghanistan
Qandahar	Qandahar	237500	AFG	Afghanistan
Herat	Herat	186800	AFG	Afghanistan
Mazar-e-Sharif	Balkh	127800	AFG	Afghanistan
Amsterdam	Noord-Holland	731200	NLD	Netherlands
Rotterdam	Zuid-Holland	593321	NLD	Netherlands
Haag	Zuid-Holland	440900	NLD	Netherlands
Utrecht	Utrecht	234323	NLD	Netherlands
Eindhoven	Noord-Brabant	201843	NLD	Netherlands
Tilburg	Noord-Brabant	193238	NLD	Netherlands
Groningen	Groningen	172701	NLD	Netherlands
Breda	Noord-Brabant	160398	NLD	Netherlands

코드 9-4를 보면 메인쿼리의 SELECT 절에 서브쿼리를 넣었습니다. 서브쿼리는 country 테이블에서 국가명(name)을 가져옵니다. 이때 메인쿼리에 있는 city 테이블의 countrycode 칼럼 값과 country 테이블의 code 칼럼 값이 같은 건을 가져오라는 조건이 WHERE 절에 있습니다. 결국, 서브쿼리는 각 도시가 속한 국가명을 조회하는 쿼리입니다.

조회하려는 주요 정보는 city 테이블에 있으므로 메인쿼리에서 city 테이블을 조회합니다. 그런데 이 중에서 국가명은 city 테이블에 없습니다. 국가명은 country 테이블에 있으니 서브쿼리에서 country 테이블을 조회해 국가명을 가져온 것이죠. 또한, 해당 도시가 속한 국가명을 가져오려고 서브쿼리에서 메인쿼리에 있는 city 테이블과 조인한 것입니다. 그리고 서브쿼리가 끝날 때(닫는 괄호 다음에) countryname이라는 별칭을 둬서 서브쿼리가 반환하는 국가명이 countryname으로 조회됩니다.

이처럼 어떤 코드 값에 대한 명칭을 조회할 때 스칼라 서브쿼리를 많이 사용합니다. 여기서는 국가 코드에 해당하는 국가명을 조회하려고 스칼라 서브쿼리를 사용했습니다. 물론 서브쿼리 대신 조인을 사용해도 같은 결과를 얻을 수 있습니다. 또한, 서브쿼리의 WHERE 절에 메인쿼리와 국가 코드 값이 같은 건을 확인하는 조인 조건이 있어서 이 쿼리는 스칼라 서브쿼리이면서 연관성 있는 서브쿼리에 속합니다.

또 다른 쿼리를 살펴볼까요?

코드 9-5
```sql
SELECT a.name, a.district, a.population, a.countrycode,
       (SELECT b.name, b.continent
          FROM country b
         WHERE a.countrycode = b.code
       ) countryname
  FROM city a;
```

실행결과

```
1  16:58:14  SELECT a.name, a.district, a.population, a.countrycode,....  Error Code: 1241. Operand should contain 1 column(s)  0.000 sec
```

코드 9-5를 실행하니 오류가 발생합니다. 오류 메시지에 'Operand should contains 1 column(s)'라고 나왔습니다. 왜 이런 오류가 났을까요?

오류 원인은 서브쿼리의 SELECT 절에 명시한 name과 continent 칼럼입니다. 스칼라 서브쿼리는 단일 값을 반환해야 하는데, 칼럼 2개가 명시되어 값을 2개 가져오니 오류가 발생한 거죠.

다른 예를 보죠.

코드 9-6
```sql
SELECT a.name, a.district, a.population, a.countrycode,
       (SELECT b.name
          FROM country b
       ) countryname
  FROM city a;
```

실행결과

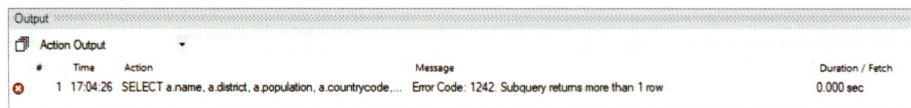

이번에도 실행하니 오류가 발생합니다. 오류 메시지를 보면 'Subquery returns more than 1 row'라고 나오죠. 서브쿼리가 반환하는 로우가 1개 이상이라는 뜻입니다. 코드 9-6의 서브쿼리는 코드 9-4의 서브쿼리와 비슷하지만, WHERE 절이 없습니다. 그래서 country 테이블에 있는 모든 건을 조회합니다. 원래 이 서브쿼리는 해당 도시의 국가명을 가져와야 하는데, 국가명 전체를 가져오게 했으니(WHERE 절의 조건이 없어서) 오류가 난 것이죠. 이처럼 스칼라 서브쿼리가 반환하는 결과 집합은 단일 값, 단일 로우여야 합니다. 이를 위반하면 오류가 발생합니다.

예제를 하나 더 봅시다.

코드 9-7
```
USE mywork;

SELECT a.dept_no, a.dept_name, b.emp_no
  FROM departments a
 INNER JOIN dept_manager b
    ON a.dept_no = b.dept_no
 WHERE SYSDATE() BETWEEN b.from_date AND b.to_date;
```

실행결과

dept_no	dept_name	emp_no
d001	Marketing	110039
d002	Finance	110114
d003	Human Resources	110228
d004	Production	110420
d005	Development	110567
d006	Quality Management	110854
d007	Sales	111133
d008	Research	111534
d009	Customer Service	111939

코드 9-7은 부서 테이블(departments)과 부서 관리자(dept_manager) 테이블을 조인해 부서 정보와 부서의 현재 관리자 사번을 조회하는 쿼리입니다. 결과로 9건의 데이터가 조회됐습니다.

departments 테이블에는 총 10건의 데이터가 있는데, 그중 부서 번호가 'd010'인 IT 부서가 누락됐습니다. 누락된 이유는 해당 부서에 관리자가 없기 때문입니다. dept_manager 테이블의 dept_no 칼럼에는 값이 'd010'인 건이 없습니다. IT 부서까지 조회하려면 외부 조인을 해야 합니다. 그런데 스칼라 서브쿼리를 사용하면 외부 조인을 하지 않고도 IT 부서까지 조회할 수 있습니다.

코드 9-8
```sql
SELECT a.dept_no, a.dept_name,
       (SELECT b.emp_no
          FROM dept_manager b
         WHERE a.dept_no = b.dept_no
           AND SYSDATE() BETWEEN b.from_date AND b.to_date
       ) emp_no
  FROM departments a
 ORDER BY 1;
```

실행결과

dept_no	dept_name	emp_no
d001	Marketing	110039
d002	Finance	110114
d003	Human Resources	110228
d004	Production	110420
d005	Development	110567
d006	Quality Management	110854
d007	Sales	111133
d008	Research	111534
d009	Customer Service	111939
d010	IT	NULL

코드 9-8에서는 스칼라 서브쿼리로 dept_manager 테이블을 조회합니다. WHERE 절에서 메인쿼리의 departments 테이블과 조인해 dept_manager 테이블과 부서 번호가 같은 건을 조회하고 SYSDATE() 함수로 해당 부서의 현재 관리자를 가져옵니다. 결과를 보면 IT 부서까지 모두 조회됐습니다.

스칼라 서브쿼리를 사용하면 IT 부서까지 조회되는 이유는 뭘까요? 메인쿼리에 WHERE 절이 없으므로 departments 테이블 전체를 조회합니다. 따라서 IT 부서까지 조회됩니다. 다만, 스칼라 서브쿼리는 해당 부서의 관리자 사번을 가져오는데, IT 부서는 dept_manager 테이블에 데이터가 없어서 사번이 NULL로 조회됩니다. 그런데 코드 9-7처럼 내부 조인하면 두 테이블에서 조인 칼럼의 값이 같은 건만 가져와서 IT 부서가 누락됩니다. 이처럼 스칼라 서브쿼리는 메인쿼리와 조인 조건이 일치하지 않으면 NULL로 조회될 뿐, 해당 건(IT 부서) 자체가 누락되지는 않습니다.

정리하면, 스칼라 서브쿼리는 메인쿼리의 SELECT 절에서 하나의 칼럼(표현식) 역할을 하며 단일 값, 단일 로우를 반환해야 합니다.

9.2.2 파생 테이블

두 번째로 알아볼 **파생 테이블**은 메인쿼리의 FROM 절에 사용되어 하나의 테이블 역할을 합니다.

구문 9-2

```
SELECT 칼럼1, 칼럼2, ...
  FROM 테이블1 [AS] 별칭1,
       (SELECT ...
          FROM ...
         WHERE ...
       ) [AS] 별칭2,
       ...
 WHERE ... ;
```

구문 9-2에서 FROM 절 안에 소괄호로 둘러싸인 SELECT 문이 파생 테이블입니다. FROM 절에 있기 때문에 SELECT 문이 반환하는 결과 집합이 하나의 테이블 역할을 합니다. 그리고 닫는 괄호 다음에는 반드시 파생 테이블의 별칭을 명시해야 합니다. 별칭 앞에 AS는 생략할 수 있습니다.

파생 테이블이 하나의 테이블 역할을 하므로 서브쿼리(파생 테이블)의 SELECT 절에 명시된 칼럼을 메인쿼리에서 별칭.칼럼명 형태로 참조할 수 있습니다.

그럼 예제를 살펴보죠.

코드 9-9
```sql
SELECT b.dept_no, b.emp_no, c.first_name, c.last_name
  FROM dept_manager b,
       employees c
 WHERE b.emp_no = c.emp_no
   AND SYSDATE() BETWEEN b.from_date AND b.to_date;
```

실행결과

dept_no	emp_no	first_name	last_name
d001	110039	Vishwani	Minakawa
d002	110114	Isamu	Legleitner
d003	110228	Karsten	Sigstam
d004	110420	Oscar	Ghazalie
d005	110567	Leon	DasSarma
d006	110854	Dung	Pesch
d007	111133	Hauke	Zhang
d008	111534	Hilary	Kambil
d009	111939	Yuchang	Weedman

코드 9-9는 부서 관리자 테이블(dept_manager)과 사원 테이블(employees)을 조인해 **현재 관리자의 부서 번호, 사번, 사원 이름을 조회하는 쿼리**입니다. 여기서 부서명까지 알려면 departments 테이블과 조인해야 합니다. 이때 코드 9-9의 결과 집합을 하나의 테이블로 생각해 departments 테이블과 조인할 수 있습니다. 즉, 코드 9-9를 FROM 절에 기술해 파생 테이블로 만드는 것이죠.

코드 9-10
```sql
SELECT a.dept_no, a.dept_name,
       mng.emp_no, mng.first_name, mng.last_name
  FROM departments a,
       (SELECT b.dept_no, b.emp_no, c.first_name, c.last_name
          FROM dept_manager b, employees c
         WHERE b.emp_no = c.emp_no
           AND SYSDATE() BETWEEN b.from_date AND b.to_date
       ) mng
 WHERE a.dept_no = mng.dept_no
 ORDER BY 1;
```

실행결과

dept_no	dept_name	emp_no	first_name	last_name
d001	Marketing	110039	Vishwani	Minakawa
d002	Finance	110114	Isamu	Legleitner
d003	Human Resources	110228	Karsten	Sigstam
d004	Production	110420	Oscar	Ghazalie
d005	Development	110567	Leon	DasSarma
d006	Quality Management	110854	Dung	Pesch
d007	Sales	111133	Hauke	Zhang
d008	Research	111534	Hilary	Kambil
d009	Customer Service	111939	Yuchang	Weedman

코드 9-9를 FROM 절로 옮기고 소괄호로 묶어 파생 테이블로 만들었습니다. 따라서 서브쿼리가 반환하는 결과 집합을 하나의 테이블처럼 사용할 수 있습니다. 여기서는 닫는 괄호 다음에 mng라는 별칭을 줘서 메인쿼리에서 서브쿼리를 mng라는 이름으로 테이블처럼 사용할 수 있습니다.

그리고 메인쿼리에 있는 departments 테이블과 mng 파생 테이블을 메인쿼리에서 내부 조인합니다. mng 파생 테이블의 칼럼은 mng.dept_no처럼 별칭.칼럼명 형태로 참조할 수 있어서 WHERE 절에 a.dept_no = mng.dept_no라는 조인 조건을 기술합니다. 메인쿼리의 SELECT 절에서는 mng 파생 테이블에 담긴 부서 관리자의 사번(mng.emp_no)과 이름(mng.first_name, mng.last_name)을 명시합니다.

이런 방식으로 메인쿼리에서 파생 테이블을 다른 일반 테이블처럼 사용할 수 있습니다. 그런데 파생 테이블을 사용할 때 몇 가지 주의할 점이 있습니다.

- 파생 테이블은 별칭을 반드시 명시해야 합니다.
- 파생 테이블을 구성하는 서브쿼리의 SELECT 절에 명시한 칼럼만 메인쿼리에서 참조할 수 있으며, 칼럼에 별칭을 사용하면 별칭으로 참조할 수 있습니다.
- 메인쿼리의 FROM 절에는 1개 이상의 파생 테이블을 사용할 수 있습니다.

사실 코드 9-10은 파생 테이블을 사용하지 않고 조인을 사용해도 같은 결과를 얻을 수 있습니다. 다음과 같이 서브쿼리 대신 departments, dept_manager, employees 테이블을 조인하면 됩니다.

코드 9-11
```sql
SELECT a.dept_no, a.dept_name, b.emp_no, c.first_name, c.last_name
  FROM departments a, dept_manager b, employees c
 WHERE a.dept_no = b.dept_no
   AND b.emp_no  = c.emp_no
   AND SYSDATE() BETWEEN b.from_date AND b.to_date
 ORDER BY 1;
```

실행결과

dept_no	dept_name	emp_no	first_name	last_name
d001	Marketing	110039	Vishwani	Minakawa
d002	Finance	110114	Isamu	Legleitner
d003	Human Resources	110228	Karsten	Sigstam
d004	Production	110420	Oscar	Ghazalie
d005	Development	110567	Leon	DasSarma
d006	Quality Management	110854	Dung	Pesch
d007	Sales	111133	Hauke	Zhang
d008	Research	111534	Hilary	Kambil
d009	Customer Service	111939	Yuchang	Weedman

코드 9-11은 departments, dept_manager, employees 테이블을 내부 조인합니다. 이 쿼리가 반환한 결과 집합의 내용은 파생 테이블을 사용한 코드 9-10의 결과와 같습니다. 이런 결과를 조회하려고 굳이 서브쿼리를 사용할 필요가 없죠.

하지만 파생 테이블을 꼭 사용해야 하는 경우가 있습니다. 하나의 쿼리만으로는 원하는 정보를 추출하거나 조회할 수 없는 경우가 있습니다. 예를 들어, 현재 시점을 기준으로 각 부서에 속한 사원들의 총 급여에 대한 부서별 평균을 구하는 쿼리를 작성한다고 해 봅시다. 일단 departments와 dept_emp 테이블을 조인하면 각 부서에 속한 사원 정보를 알 수 있습니다. 그리고 salaries 테이블과 dept_emp 테이블을 조인하면 사원의 급여를 알 수 있죠. 이렇게 조인하고 부서별로 집계하는 쿼리를 작성하면 되죠. GROUP BY 절에 부서 번호와 부서명을 명시합니다. 그리고 총 사원 수는 COUNT() 함수, 총 급여는 SUM() 함수, 평균은 AVG() 함수로 조회할 수 있습니다. 쿼리를 작성해 볼까요?

코드 9-12
```sql
SELECT a.dept_no, a.dept_name,
       COUNT(*) cnt, SUM(c.salary) salary, AVG(c.salary) dept_avg
  FROM departments a, dept_emp b, salaries c
```

```sql
  WHERE a.dept_no = b.dept_no
    AND b.emp_no  = c.emp_no
    AND SYSDATE() BETWEEN b.from_date AND b.to_date
    AND SYSDATE() BETWEEN c.from_date AND c.to_date
  GROUP BY a.dept_no, a.dept_name
  ORDER BY 1;
```

실행결과

dept_no	dept_name	cnt	salary	dept_avg
d001	Marketing	1470	117771754	80116.8395
d002	Finance	1258	98539134	78329.9952
d003	Human Resources	1314	83923331	63868.5928
d004	Production	5370	363769710	67741.1006
d005	Development	6181	417938911	67616.7143
d006	Quality Management	1457	95551597	65581.0549
d007	Sales	3810	337739000	88645.4068
d008	Research	1532	104975247	68521.7017
d009	Customer Service	1742	117194206	67275.6636

코드 9-12를 보면 departments, dept_emp, salaries 테이블을 조인합니다. 현재 시점 기준으로 각 부서에 속한 사원의 급여를 조회하도록 dept_emp와 salaries 테이블에서 현재 날짜가 from_date와 to_date 칼럼 값 사이에 있는 건만 조회하는 조건을 줍니다. 그리고 부서 번호와 부서명을 GROUP BY 절에 명시하고 COUNT(), SUM(), AVG() 함수로 부서별 총 사원 수(*), 총 급여(c.salary), 평균 급여(c.salary)를 구합니다.

결과를 보면 부서별로 총 사원 수, 총 급여, 평균 급여가 조회됐습니다. 여기서 최종으로 구하려는 값은 부서별 총 급여의 평균입니다. 즉, 부서별로 총 급여를 구하고 이를 모두 더한 뒤 부서 수로 나눈 평균을 구하고자 합니다. 그런데 결과에 나온 dept_avg의 값은 언뜻 보기에도 부서의 총 급여라기에는 금액이 너무 적습니다.

사실 이 값은 부서별 사원의 평균 급여입니다. 예를 들어 Marketing 부서는 평균 급여가 대략 80,116인데, 이는 Marketing 부서의 총 급여(117,771,754)를 해당 부서의 총 사원 수(1,470)로 나눈(117771754 / 1470 = 80116.8395) 값이죠.

그림 9-1 부서별 사원의 평균 급여

dept_no	dept_name	cnt	salary	dept_avg
d001	Marketing	1470	117771754	80116.84
d002	Finance	1258	98539134	78330
d003	Human Resources	1314	8392331	63868.59
d004	Production	5370	363769710	67741.1
d005	Development	6181	417938911	67616.71
d006	Quality Management	1457	9551597	65581.05
d007	Sales	3810	337739000	88645.41
d008	Research	1532	104975247	68521.7
d009	Customer Service	1742	117194206	67275.66

부서 전체 평균 대상

Marketing 부서의 사원 정보

dept_no	dept_name	emp_no	salary
d001	Marketing	10017	99651
d001	Marketing	10058	72542
d001	Marketing	10140	76604
...	...	...	...
d001	Marketing	30646	88764
d001	Marketing	30669	106245

1,470명의 평균

구하고자 하는 값은 Marketing, Finance 등 부서별 총 급여에 대한 평균입니다. 따라서 코드 9-12 결과에 나온 결과 집합을 대상으로 총 급여에 대한 평균을 구해야 합니다. 즉, 부서별 총 급여를 모두 더한 값을 전체 부서 수인 9로 나눈 값을 구해야죠. 이렇게 두 단계에 걸쳐 계산하려면 코드 9-12를 서브쿼리로 만들어 FROM 절에 놓고 메인쿼리에서 다시 AVG() 함수로 평균을 계산해야 합니다.

코드 9-13

```sql
SELECT AVG(f.salary)
  FROM (SELECT a.dept_no, a.dept_name,
               COUNT(*) cnt, SUM(c.salary) salary
          FROM departments a, dept_emp b, salaries c
         WHERE a.dept_no = b.dept_no
           AND b.emp_no  = c.emp_no
           AND SYSDATE() BETWEEN b.from_date AND b.to_date
           AND SYSDATE() BETWEEN c.from_date AND c.to_date
         GROUP BY a.dept_no, a.dept_name
       ) f;
```

실행결과

AVG(f.salary)
193044765.5556

코드 9-13은 코드 9-12의 쿼리를 파생 테이블로 만들고 메인쿼리의 SELECT 절에서 AVG() 함수의 매개변수로 부서별 총 급여(f.salary)를 넘겨 평균을 구합니다. 결과로 나온 값은 부서별

총 급여에 대한 평균으로, 부서별 총 급여와 이 값을 비교하면 해당 부서의 총 급여가 평균보다 얼마나 높고 낮은지 알 수 있습니다.

이처럼 두 단계 이상에 거쳐 데이터를 조회해야 할 때, 즉 어떤 쿼리를 수행한 결과 집합을 대상으로 다시 조회하거나 집계할 때는 FROM 절에 서브쿼리를 두는 파생 테이블을 사용합니다.

또 다른 쿼리를 실행해 보겠습니다.

코드 9-14
```sql
SELECT YEAR(a.release_date), a.ranks, a.movie_name,
       ROUND(a.sale_amt / b.total_amt * 100, 2) percentage
  FROM box_office a
 INNER JOIN (SELECT YEAR(release_date) years, SUM(sale_amt) total_amt
               FROM box_office
              WHERE YEAR(release_date) >= 2015
              GROUP BY 1
            ) b
    ON YEAR(a.release_date) = b.years
 WHERE a.ranks <= 3
 ORDER BY 1, 2;
```

실행결과

YEAR(a.release_date)	ranks	movie_name	percentage
2015	1	베테랑	6.34
2015	2	암살	5.94
2015	3	어벤져스: 에이지 오브 울트론	5.34
2016	1	부산행	5.42
2016	2	검사외전	4.5
2016	3	캡틴 아메리카: 시빌 워	4.23
2017	1	택시운전사	5.3
2017	2	신과함께-죄와 벌	3.78
2017	3	공조	3.53
2018	1	신과함께: 인과 연	5.92
2018	2	어벤져스: 인피니티 워	5.76
2018	3	보헤미안 랩소디	4.61
2019	1	극한직업	7.46
2019	2	어벤져스: 엔드게임	6.53
2019	3	겨울왕국 2	5.97

코드 9-14는 box_office 테이블에서 **2015년 이후 연도별 순위가 1~3위인 영화와 해당 영화의 매출액이 해당 연도 전체 매출액에서 차지하는 비율을 구하는 쿼리**입니다. 결과를 보면 2015년 1위 영화인 〈베테랑〉의 매출액은 2015년 전체 매출액에서 6.34%를 차지합니다.

연도별 1~3위 영화의 순위, 제목, 매출액은 쉽게 구할 수 있습니다. 그런데 해당 영화 매출액의 비율을 계산하려면 연도별 전체 매출액을 구하고 각 영화의 매출액을 이 금액으로 나누어야 합니다. 따라서 두 단계를 걸쳐야 값을 구할 수 있습니다. 1단계는 연도별 전체 매출액을 구하는 부분이고, 2단계는 연도별 1~3위 영화의 정보와 매출액을 구해 각 영화의 매출액을 전체 매출액으로 나누는 부분이죠.

먼저 연도별 전체 매출액을 구하는 부분을 쿼리로 작성하고 이를 파생 테이블로 만듭니다. 그리고 메인쿼리의 FROM 절에서 다시 box_office 테이블과 연도로 내부 조인하도록 조건으로 넣습니다. 메인쿼리의 SELECT 절에서는 각 영화의 매출액(a.sale_amt)을 연도별 전체 매출액(b.total_amt)으로 나누어 비율을 구합니다. 비율은 소수점 이하 두 자리까지 보이도록 나눈 값에 100을 곱한 후 ROUND( ) 함수로 반올림합니다.

이처럼 특정 쿼리의 결과 집합을 대상으로 다시 조회할 때는 파생 테이블을 사용합니다.

9.2.3 LATERAL 파생 테이블

MySQL 8.0.14 버전부터 **LATERAL 파생 테이블**이라는 기능을 지원합니다. 일단 다음 쿼리를 실행해 봅시다.

코드 9-15
```sql
SELECT a.dept_no, a.dept_name,
       mng.emp_no, mng.first_name, mng.last_name
  FROM departments a,
       (SELECT b.dept_no, b.emp_no, c.first_name, c.last_name
          FROM dept_manager b, employees c
         WHERE b.emp_no = c.emp_no
           AND SYSDATE() BETWEEN b.from_date AND b.to_date
           AND a.dept_no = b.dept_no
       ) mng
 ORDER BY 1;
```

실행결과

Error Code: 1054. Unknown column 'a.dept_no' in 'where clause'

코드 9-15는 코드 9-10을 변형한 것인데, 실행하면 오류가 납니다. 오류 메시지에 따르면 WHERE 절에서 a.dept_no라는 칼럼을 알 수 없다고 하는군요. 이는 파생 테이블의 WHERE 절 맨 마지막 조건인 a.dept_no = b.dept_no 부분에서 a.dept_no를 인식하지 못해 발생한 오류입니다. 여기서 a.dept_no는 메인쿼리의 FROM 절에 명시한 departments 테이블에 있는 칼럼인데, 서브쿼리에서는 메인쿼리의 칼럼을 참조하지 못합니다. 따라서 코드 9-10처럼 서브쿼리와의 조인 조건은 메인쿼리의 WHERE 절에 기술해야 합니다.

그런데 MySQL 8.0.14 버전부터는 **LATERAL**이라는 키워드로 서브쿼리 안에서도 메인쿼리의 FROM 절에 있는 테이블의 칼럼을 참조할 수 있습니다.

코드 9-16

```sql
SELECT a.dept_no, a.dept_name,
       mng.emp_no, mng.first_name, mng.last_name
  FROM departments a,
       LATERAL
       (SELECT b.dept_no, b.emp_no, c.first_name, c.last_name
          FROM dept_manager b, employees c
         WHERE b.emp_no = c.emp_no
           AND SYSDATE() BETWEEN b.from_date AND b.to_date
           AND a.dept_no = b.dept_no
       ) mng
 ORDER BY 1;
```

실행결과

dept_no	dept_name	emp_no	first_name	last_name
d001	Marketing	110039	Vishwani	Minakawa
d002	Finance	110114	Isamu	Legleitner
d003	Human Resources	110228	Karsten	Sigstam
d004	Production	110420	Oscar	Ghazalie
d005	Development	110567	Leon	DasSarma
d006	Quality Management	110854	Dung	Pesch
d007	Sales	111133	Hauke	Zhang
d008	Research	111534	Hilary	Kambil
d009	Customer Service	111939	Yuchang	Weedman

오류가 난 코드 9-15의 서브쿼리 바로 앞에 LATERAL 키워드를 추가했습니다. 이렇게 하니 서브쿼리의 WHERE 절에서 메인쿼리의 FROM 절에 있는 테이블의 칼럼을 참조합니다. LATERAL 덕분에 조인 조건을 서브쿼리 안에서도 사용할 수 있게 됐습니다.

코드 9-16은 다음과 같이 INNER JOIN 구문으로 바꿔 쓸 수도 있습니다.

코드 9-17
```sql
SELECT a.dept_no, a.dept_name,
       mng.emp_no, mng.first_name, mng.last_name
  FROM departments a
  INNER JOIN LATERAL
       (SELECT b.dept_no, b.emp_no, c.first_name, c.last_name
          FROM dept_manager b, employees c
         WHERE b.emp_no = c.emp_no
           AND SYSDATE() BETWEEN b.from_date AND b.to_date
           AND a.dept_no = b.dept_no
       ) mng
 ORDER BY 1;
```

실행결과

dept_no	dept_name	emp_no	first_name	last_name
d001	Marketing	110039	Vishwani	Minakawa
d002	Finance	110114	Isamu	Legleitner
d003	Human Resources	110228	Karsten	Sigstam
d004	Production	110420	Oscar	Ghazalie
d005	Development	110567	Leon	DasSarma
d006	Quality Management	110854	Dung	Pesch
d007	Sales	111133	Hauke	Zhang
d008	Research	111534	Hilary	Kambil
d009	Customer Service	111939	Yuchang	Weedman

코드 9-17에서는 INNER JOIN 구문으로 파생 테이블과 내부 조인합니다. 원래는 서브쿼리 밖에 ON 절로 조인 조건을 기술해야 하는데, 여기서도 LATERAL 키워드 덕분에 메인쿼리의 테이블을 참조할 수 있어서 서브쿼리 안에 조인 조건을 기술했습니다.

1분 퀴즈 2

코드 9-5는 서브쿼리의 SELECT 절에 국가명과 대륙명, 2개 칼럼을 기술해 오류가 났습니다. 오류가 나지 않고 국가명과 대륙명을 가져오도록 코드 9-5를 수정하세요.

정답 및 해설: 해설 노트 507쪽

9.3 WHERE 절의 서브쿼리

지금까지 두 종류의 서브쿼리를 배웠는데, 메인쿼리에서 어느 부분에 위치하는지로 구분했습니다. 스칼라 서브쿼리는 메인쿼리의 SELECT 절에서 사용하고, 파생 테이블은 FROM 절에서 사용하죠. 이제 WHERE 절만 남았네요. 그럼 마지막으로 WHERE 절에서 사용하는 서브쿼리를 알아보겠습니다.

9.3.1 조건 서브쿼리

WHERE 절에는 특정 데이터를 걸러 내기 위한 일반 조건이나 조회 조건을 기술합니다. 따라서 서브쿼리를 WHERE 절에서 사용한다는 것은 서브쿼리가 조건 절의 일부라는 뜻입니다. 이를 이용해 서브쿼리가 반환하는 값을 메인쿼리와 비교해서 조건을 확인할 때 사용할 수 있습니다.

WHERE 절에서 사용하는 서브쿼리는 조인 조건보다는 필터 조건에 사용합니다. 필터 조건은 메인쿼리의 FROM 절에 있는 테이블에서 특정 조건을 만족하는 데이터를 조회할 때 이 조건을 만족하는 데이터를 골라내는 용도죠. WHERE 절에서 테이블의 특정 칼럼끼리 값을 비교할 때는 비교 대상 칼럼, 비교 연산자, 비교 값이 필요합니다. 이때 **서브쿼리는 비교 값으로 사용**합니다. 따라서 비교 값이 올 자리에 서브쿼리를 넣으면 됩니다. 스칼라 서브쿼리나 파생 테이블과 달리, MySQL에서 WHERE 절에 사용하는 서브쿼리를 의미하는 별도의 명칭이 없습니다. 하지만 WHERE 절의 서브쿼리는 조건을 확인하는 용도이므로 이 책에서는 **조건 서브쿼리**라고 하겠습니다.

메인쿼리의 WHERE 절에서 조건 서브쿼리는 앞에서 배운 비교 연산자 중 =, >, >=, <, <=, !=,

◇와 같이 사용할 수 있습니다. 이외에도 IN, EXISTS, ANY, SOME, ALL 같은 연산자를 사용할 수 있습니다. 그리고 어떤 연산자를 사용하느냐에 따라 조건 서브쿼리를 사용하는 구문이 조금씩 달라집니다.

먼저 가장 간단한 형태의 조건 서브쿼리 사용법을 알아봅시다.

코드 9-18
```sql
SELECT ranks, movie_name, sale_amt
  FROM box_office
 WHERE YEAR(release_date) = 2019
   AND sale_amt >= (SELECT MAX(sale_amt)
                      FROM box_office
                     WHERE YEAR(release_date) = 2018);
```

실행결과

ranks	movie_name	sale_amt
1	극한직업	139651845516
2	어벤져스: 엔드게임	122182694160
3	겨울왕국 2	111596248720
4	알라딘	106955138359

코드 9-18은 WHERE 절에 조건으로 서브쿼리가 들어 있습니다. 먼저 메인쿼리를 보면 box_office 테이블에서 2019년 개봉 영화를 조회합니다. WHERE 절의 두 번째 조건에서는 매출액이 조건 서브쿼리가 반환하는 값보다 크거나 같은 건을 조회합니다. 조건 서브쿼리를 보면 2018년 개봉 영화 중 매출액이 가장 큰 값을 MAX() 함수로 계산하죠. GROUP BY 절이 없으니 2018년 전체 영화를 대상으로 최대 매출액을 구합니다. 조건 서브쿼리만 잘라내 단독으로 실행해 보면 102666146909가 반환됩니다. 따라서 이 조건은 sale_amt >= 102666146909인지를 확인해서 2019년 개봉 영화 중 2018년 개봉 영화의 최대 매출액과 크거나 같은 건을 조회하는 쿼리입니다.

결과를 보면 총 4편의 영화가 조회됐는데, 이 영화들은 2018년 최대 매출을 달성한 영화보다 매출액이 더 많다는 의미입니다.

앞의 쿼리처럼 단순 비교 연산자로 조건을 확인할 때, 조건 서브쿼리가 반환하는 값은 단일 값이어야 합니다. 여기서 **단일 값**이란 서브쿼리가 반환하는 로우와 칼럼이 1개라는 뜻입니다. 만약 로우 값이 2개 이상 반환되면 오류가 발생합니다.

코드 9-19
```sql
SELECT ranks, movie_name, sale_amt
  FROM box_office
 WHERE YEAR(release_date) = 2019
   AND sale_amt >= (SELECT sale_amt
                      FROM box_office
                     WHERE YEAR(release_date) = 2018
                       AND ranks BETWEEN 1 AND 3);
```

실행결과

```
# 1 16:14:51  SELECT ranks, movie_name, sale_amt  FROM box_office  WHERE Y...   Error Code: 1242. Subquery returns more than 1 row    0.000 sec
```

코드 9-19는 코드 9-18의 조건 서브쿼리 부분을 변경해 1~3위 영화의 매출액을 반환하게 합니다. 따라서 이 서브쿼리만 단독으로 실행하면 총 3건의 데이터가 조회됩니다. 하지만 코드 9-19 쿼리를 실행하면 서브쿼리가 1개 이상의 로우를 반환했다며 오류가 발생합니다. 즉, a.sale_amt 값이 서브쿼리 반환값보다 크거나 같은 조건을 확인하는데, 단일 값이 아닌 3개의 값이 조회되어 오류가 발생합니다. 이런 경우에는 어떻게 해야 할까요?

9.3.2 ANY, SOME, ALL 연산자를 사용한 조건 서브쿼리

조건 서브쿼리가 반환하는 값의 건수가 여러 개일 때는 비교 연산자와 함께 ANY, SOME, ALL 등의 연산자를 함께 사용해야 합니다.

ANY와 SOME 연산자

ANY 연산자부터 알아봅시다. any는 '어느, 어떤'이라는 뜻이죠. 단어의 의미처럼 비교하려는 칼럼의 값이 조건 서브쿼리가 반환하는 여러 값(비교 값) 중 **어느** 하나와 비교 조건을 만족하면 됩니다.

그럼 앞의 코드가 작동하도록 ANY 연산자를 넣어 수정해 봅시다.

코드 9-20
```sql
SELECT ranks, movie_name, sale_amt
  FROM box_office
 WHERE YEAR(release_date) = 2019
   AND sale_amt >= ANY (SELECT sale_amt
                          FROM box_office
                         WHERE YEAR(release_date) = 2018
                           AND ranks BETWEEN 1 AND 3);
```

실행결과

ranks	movie_name	sale_amt
1	극한직업	139651845516
2	어벤져스: 엔드게임	122182694160
3	겨울왕국 2	111596248720
4	알라딘	106955138359
5	기생충	85883963645

코드 9-20은 오류가 나는 코드 9-19의 비교 연산자(>=) 다음에 ANY를 추가합니다. 이 쿼리는 2019년 개봉 영화 중에서 2018년에 1~3위를 한 영화의 매출액보다 크거나 같은 영화를 조회합니다.

결과를 보면 총 5편의 영화가 조회됐죠. 조건 서브쿼리만 단독으로 실행하면 2018년 1~3위인 영화의 매출액 3건이 조회됩니다. 그리고 메인쿼리와 합쳐져 서브쿼리의 결과 집합보다 매출액이 크거나 같은 2019년 개봉 영화들이 조회됐습니다. 예를 들어 〈기생충〉의 매출액이 85,883,963,645원인데, 이 값은 조건 서브쿼리의 결괏값 중 80,010,440,345원보다 커서 결과로 조회됐습니다.

그림 9-2 ANY 연산자의 작동 방식

some은 일부라는 뜻이죠. 그래서 두 번째 연산자인 SOME을 사용하면 비교하려는 칼럼의 값이 조건 서브쿼리가 반환하는 값 중 일부를 만족하는지 확인합니다. 사실 SOME은 ANY와 작동 방식이 같아서 SOME을 사용하든 ANY를 사용하든 결과는 같습니다. 앞의 코드에 ANY 대신 SOME을 넣고 실행해 보세요.

ALL 연산자

all은 모두라는 뜻입니다. 그래서 마지막 연산자인 ALL을 사용하면 비교하려는 칼럼의 값이 조건 서브쿼리가 반환하는 모든 값에 대해 조건을 만족해야 합니다.

코드 9-20에서 ANY를 ALL로 변경하고 실행해 봅시다.

코드 9-21
```sql
SELECT ranks, movie_name, sale_amt
  FROM box_office
 WHERE YEAR(release_date) = 2019
   AND sale_amt >= ALL (SELECT sale_amt
                         FROM box_office
                        WHERE YEAR(release_date) = 2018
                          AND ranks BETWEEN 1 AND 3);
```

실행결과

ranks	movie_name	sale_amt
1	극한직업	139651845516
2	어벤져스: 엔드게임	122182694160
3	겨울왕국 2	111596248720
4	알라딘	106955138359

실행결과를 보니 1건이 줄어 4건의 데이터가 조회됐습니다. 여기서도 마찬가지로 조건 서브쿼리가 반환하는 값은 총 3건인데, ALL을 사용하면서 2019년 영화의 매출액이 서브 조건쿼리의 결괏값 3개보다 모두 크거나 같은 건만 조회됐습니다. 즉, 102,666,146,909보다 크거나 같아야 하고 99,926,399,769와 80,010,440,345보다도 크거나 같아야 하죠. 결국 3개의 값 중 가장 큰 수인 102,666,146,909보다 크거나 같은 건이 조회됩니다. 5위인 〈기생충〉의 매출액은 80,010,440,345보다 크지만, 나머지 값보다는 작아서 이번에는 조회되지 않았습니다.

그림 9-3 ALL 연산자의 작동 방식

2019 영화				2018 영화		
ranks	movie_name	sale_amt		sale_amt	ranks	movie_name
1	극한직업	139651845516	>= ALL	102666146909	1	신과함께:인과 연
2	어벤져스: 엔드게임	122182694160		99926399769	2	어벤져스: 인피니티 워
3	겨울왕국2	111596348720		80010440345	3	보헤미안 랩소디
4	알라딘	106955138359				
5	기생충	85883963645				

9.3.3 IN과 EXISTS 연산자를 사용한 조건 서브쿼리

조건 서브쿼리에서 가장 많이 사용하는 연산자를 꼽는다면 단연 IN과 EXISTS입니다. 이 장에서는 마지막으로 두 연산자를 알아보겠습니다.

IN 연산자

IN 연산자는 비교할 칼럼 값에 비교 대상 값 중 하나라도 포함되어 있다면 모두 조회하는 연산자입니다. IN 연산자의 기본 사용법은 **5장 데이터 조회하고 정렬하기**에 나옵니다. 예를 들어, WHERE 절에서 column IN ('A', 'B', 'C')라는 조건을 주면 column 값이 'A'나 'B' 또는 'C'인 건을 검색합니다.

이런 IN 연산자와 조건 서브쿼리를 같이 사용하면 조건 서브쿼리가 반환하는 값에서도 같은 방식으로 작동합니다. 그리고 IN 연산자는 ANY, SOME, ALL 연산자와는 달리 다른 연산자 없이 단독으로 사용합니다. 그럼 IN 연산자를 어떻게 사용하는지 예제로 알아보죠.

코드 9-22
```sql
SELECT ranks, movie_name, director
  FROM box_office
 WHERE YEAR(release_date) = 2019
   AND movie_name IN (SELECT movie_name
                        FROM box_office
                       WHERE YEAR(release_date) = 2018);
```

실행결과

ranks	movie_name	director
492	아이다	NULL
523	라 트라비아타	NULL
613	카르멘	NULL
682	토스카	마르가레테 발만
3538	뮤즈	존 버
3538	며느리의 유혹	NULL
3538	컨저링 하우스	미키 맥그래거
3538	며느리의 유혹	NULL
142	라스트 미션	클린트 이스트우드

코드 9-22를 보면 조건 서브쿼리에서 2018년에 개봉한 영화 전체를 조회합니다. SELECT 절에는 영화 제목(movie_name) 칼럼을 명시했습니다. 그리고 메인쿼리에서 2019년에 개봉한 영화를 조회하며 IN 연산자로 서브쿼리와 비교합니다. 조건 서브쿼리가 반환하는 총 2,152편의 영화 중에서 2019년에 개봉한 영화와 제목이 같은 건이 있는지 확인하는 것이죠. 즉, 이 쿼리는 2019년에 개봉 영화 중 2018년부터 상영한 영화를 조회합니다.

결과를 보니 총 9건의 영화가 추출됐습니다. 그런데 영화 제목만 비교하므로 이 영화들이 같은 영화인지는 정확히 알 수 없습니다. 영화 제목이 같아도 다른 영화일 수 있기 때문이죠. 그렇다면 영화 제목과 더불어 감독까지 비교하면 어떨까요? 영화 제목도 같고 감독도 같다면 동일한 영화라고 판단해도 무리가 없겠죠.

코드 9-23

```sql
SELECT ranks, movie_name, director
  FROM box_office
 WHERE YEAR(release_date) = 2019
   AND (movie_name, director) IN (SELECT movie_name, director
                                    FROM box_office
                                   WHERE YEAR(release_date) = 2018);
```

실행결과

ranks	movie_name	director
3538	컨저링 하우스	미키 맥그래거
142	라스트 미션	클린트 이스트우드

코드 9-23은 코드 9-22와 비슷한데, 비교 대상에 영화 감독(director) 칼럼을 추가합니다. 이렇게 2개 이상의 칼럼 값을 IN 연산자로 동시에 비교할 때는 (movie_name, director)처럼 콤

마로 구분하고 소괄호로 감쌉니다. 또한, 조건 서브쿼리에서도 영화 제목과 감독을 비교해야 하므로 SELECT 절에 movie_name과 director를 명시합니다. 따라서 이 쿼리는 영화 제목과 감독 이름을 한 쌍으로 조건을 비교해 둘 다 일치하는 건을 걸러냅니다. 결과를 보면 2편의 영화가 조회됐네요. 영화 제목과 감독까지 같으니 두 영화는 같은 영화라고 판단해도 되겠네요.

다른 쿼리를 살펴봅시다.

코드 9-24

```sql
SELECT ranks, movie_name, release_date, sale_amt, rep_country
  FROM box_office
 WHERE YEAR(release_date) = 2019
   AND ranks BETWEEN 1 AND 100
   AND rep_country NOT IN (SELECT rep_country
                             FROM box_office
                            WHERE YEAR(release_date) = 2018
                              AND ranks BETWEEN 1 AND 100);
```

실행결과

ranks	movie_name	release_date	sale_amt	rep_country
78	장난스런 키스	2019-03-27 00:00:00	3501463050	대만

코드 9-24의 조건 서브쿼리를 보면 2018년에 개봉한 영화 중에서 상위 100개 영화의 대표 국가(rep_country)를 조회합니다. 마찬가지로 메인쿼리에서는 2019년에 개봉한 영화 중 100위까지 영화를 조회합니다. 메인쿼리의 WHERE 절에서는 2019년 개봉 영화의 대표 국가가 서브쿼리가 반환하는 대표 국가에 포함되지 않는 건을 비교하려고 NOT IN 연산자를 사용했습니다. 조건에 해당하는 건을 조회할 때 IN 연산자를 사용하듯이, 조건에 해당되지 않는 건을 조회할 때는 NOT IN 연산자를 사용합니다.

결과를 보면 1편의 영화가 조회됐는데, 이 영화의 대표 국가는 대만입니다. 2018년 영화 100위까지에는 대만 영화가 없지만, 2019년에는 100위 안(78위)에 대만 영화 1편이 들어 있음을 확인할 수 있습니다.

EXISTS 연산자

EXISTS 연산자는 조건 서브쿼리에만 사용할 수 있는 연산자로, 작동 방식은 IN과 비슷하지만 사용법은 조금 다릅니다. EXISTS를 사용하는 조건 서브쿼리의 구문은 다음과 같습니다.

> **구문 9-3**
> ```
> SELECT ...
>   FROM 테이블 a
>  WHERE EXISTS (SELECT ...
>                  FROM 테이블 b
>                 WHERE a.column = b.column
>                   ...
>               )
>  ... ;
> ```

exist는 존재한다는 뜻이죠. 여기서 유추할 수 있듯이 EXISTS 연산자는 메인쿼리 테이블의 값 중에서 서브쿼리의 결과 집합에 존재하는 건이 있는지를 확인하는 역할을 합니다. 이는 서브쿼리의 WHERE 절에서 메인쿼리의 테이블과 서브쿼리의 테이블에 대한 조인 조건으로 확인합니다.

코드 9-25
```
SELECT ranks, movie_name, director
  FROM box_office a
 WHERE YEAR(release_date) = 2019
   AND EXISTS (SELECT 1
                 FROM box_office b
                WHERE YEAR(release_date) = 2018
                  AND a.movie_name = b.movie_name);
```

실행결과

ranks	movie_name	director
492	아이다	NULL
523	라 트라비아타	NULL
613	카르멘	NULL
682	토스카	마르가레테 발만
3538	뮤즈	존 버
3538	며느리의 유혹	NULL
3538	컨저링 하우스	미키 맥그래거
3538	며느리의 유혹	NULL
142	라스트 미션	클린트 이스트우드

코드 9-25는 코드 9-22에서 IN 연산자 대신 EXISTS 연산자를 사용하도록 변경한 쿼리입니다. 코드 9-25에는 메인쿼리의 WHERE 절에 비교하려는 칼럼이 없고 EXISTS 연산자만 있습니다. 그리고 조건 서브쿼리의 WHERE 절에 메인쿼리의 테이블과 서브쿼리의 테이블에 대

한 조인 조건 절이 있습니다. 여기서는 2018년 개봉 영화(서브쿼리)와 2019년 개봉 영화(메인쿼리)의 제목이 같은 건을 확인하는 조건을 주었죠. 따라서 이 쿼리 역시 2018년에 개봉해 2019년에도 여전히 상영 중인 영화를 제목으로만 비교하므로 IN 연산자를 사용한 쿼리와 결과가 같습니다.

특히 눈여겨볼 부분은 조건 서브쿼리의 SELECT 절에 1을 명시한 점입니다. 여기서 1은 아무 의미가 없습니다. EXISTS 연산자의 특성상 메인쿼리의 데이터가 서브쿼리의 결과 집합에 존재하는지 확인하는 부분은 서브쿼리의 WHERE 절에서 처리(AND a.movie_name = b.movie_name)되기 때문에 서브쿼리가 반환하는 칼럼이나 값을 SELECT 절에 명시해 봐야 아무 의미가 없습니다. 따라서 1을 명시하든 *나 임의 값인 'A'를 명시하든 특정 칼럼을 명시하든 조건 확인에는 아무런 영향을 주지 않습니다.

코드 9-26

```sql
SELECT ranks, movie_name, release_date, sale_amt, rep_country
  FROM box_office a
 WHERE YEAR(release_date) = 2019
   AND ranks BETWEEN 1 AND 100
   AND NOT EXISTS (SELECT 1
                     FROM box_office b
                    WHERE YEAR(release_date) = 2018
                      AND ranks BETWEEN 1 AND 100
                      AND a.rep_country = b.rep_country);
```

실행결과

ranks	movie_name	release_date	sale_amt	rep_country
78	장난스런 키스	2019-03-27 00:00:00	3501463050	대만

코드 9-26은 코드 9-24에서 NOT IN 연산자 대신 NOT EXISTS 연산자를 사용하도록 변경한 쿼리입니다. 조건 확인은 이전 쿼리처럼 조건 서브쿼리의 WHERE 절에서 메인쿼리의 테이블과 서브쿼리의 테이블에 대한 조인 조건을 추가해 수행합니다. 여기서는 2018년 개봉 영화(서브쿼리)와 2019년 개봉 영화(메인쿼리)의 대표 국가가 같은 건을 확인하라는 조건을 주었죠. 따라서 2019년 상위 100개 영화의 대표 국가 중에서 2018년 상위 100개 영화의 대표 국가에 **존재하지 않는 건**을 체크합니다. 이전 쿼리와 마찬가지로 대만 영화 1편이 조회됐습니다.

이처럼 EXISTS나 NOT EXISTS 연산자를 사용할 때는 조건 서브쿼리의 WHERE 절에 조건을 명시합니다. 엄밀히 말하면 메인쿼리 테이블과 서브쿼리 간의 조인 조건을 주는 방식이죠.

특히 EXISTS 연산자를 사용하는 방식은 EXISTS 연산자와 조건 서브쿼리를 부분적으로 조인한다고 해서 **세미조인**(semijoin)이라고 합니다. 내부 조인과 외부 조인에서는 조인에 참여하는 테이블의 칼럼을 모두 조회할 수 있지만, 세미조인에서는 메인쿼리에 있는 테이블의 칼럼을 참조해 조건을 확인하는 용도로만 사용하기 때문에 반쪽짜리(semi) 조인이라고 할 수 있습니다.

그리고 NOT EXISTS 연산자는 EXISTS 연산자와 반대로 존재하지 않는 걸 확인하므로 반대를 뜻하는 **안티조인**(antijoin)이라고 합니다.

지금까지 서브쿼리를 살펴봤습니다. SQL을 처음 배울 때 SQL의 여러 기능 중 서브쿼리를 가장 어려워합니다. SQL 문이 길고, 두 단계 이상으로 데이터를 조회하거나 집계해야 하기 때문이죠. 하지만 기본적인 데이터 분석을 위한 쿼리를 작성할 때 서브쿼리는 필수라는 점을 기억하세요.

> **1분 퀴즈 3**
>
> 코드 9-23을 EXISTS 연산자를 사용하도록 변경해 보세요.
>
> 정답 및 해설: 해설 노트 507쪽

9 마무리

이 장에서 배운 내용을 정리해 보겠습니다.

1 서브쿼리

① 서브쿼리는 한 쿼리 안에 있는 또 다른 독립적 SELECT 문장을 가리킵니다.

② 서브쿼리는 반드시 소괄호로 둘러싸야 합니다.

③ 원하는 데이터를 조회할 때, 한 단계가 아닌 두 단계 이상의 연산이 필요하면 서브쿼리를 사용합니다.

④ 서브쿼리는 메인쿼리의 어디에 위치하는지와 메인쿼리와의 연관성 유무로 유형을 구분합니다.

2 스칼라 서브쿼리와 파생 테이블

① 스칼라 서브쿼리는 메인쿼리의 SELECT 절에 위치한 서브쿼리로, 하나의 칼럼이나 표현식 역할을 합니다.

② 스칼라 서브쿼리는 반드시 단일 로우, 단일 값을 반환해야 하며, 메인쿼리와 조인할 수 있습니다.

③ 파생 테이블은 메인쿼리의 FROM 절에 위치한 서브쿼리로, 하나의 테이블 역할을 합니다.

④ 파생 테이블의 서브쿼리는 여러 개의 로우, 여러 칼럼 값을 반환할 수 있습니다.

⑤ 파생 테이블에는 반드시 별칭을 붙여야 하고, 메인쿼리의 테이블과 조인할 수 있습니다. 일반적으로 조인 조건은 메인쿼리의 WHERE 절에 기술합니다.

⑥ 파생 테이블은 원래 서브쿼리 안에서 메인쿼리의 테이블을 참조할 수 없지만, MySQL 8.0.14 버전부터 LATERAL 키워드가 추가되어 서브쿼리 안에서 메인쿼리 테이블을 참조할 수 있습니다. 따라서 조인 조건을 서브쿼리 안에 기술할 수 있습니다.

3 WHERE 절의 서브쿼리

① 메인쿼리의 WHERE 절에도 서브쿼리를 사용할 수 있으며, MySQL에서 이러한 서브쿼리를 지칭하는 공식 명칭은 없지만, 이 책에서는 편의상 조건 서브쿼리라고 합니다.

② 조건 서브쿼리는 WHERE 절의 필터 조건에서 비교 값으로도 사용됩니다.

③ WHERE 절의 서브쿼리는 비교 연산자와 ANY, SOME, ALL, IN, EXISTS 연산자와 함께 사용됩니다.

④ 비교 연산자만 사용할 때 조건 서브쿼리는 단일 값을 반환해야 합니다.

⑤ 조건 서브쿼리가 반환하는 건이 여러 개이면 ANY, SOME, ALL 연산자를 비교 연산자와 함께 사용할 수 있습니다.

⑥ ANY와 SOME 연산자를 사용할 때 조건 서브쿼리가 반환하는 여러 건의 값과 비교해 어느 하나라도 조건에 맞으면 해당 데이터가 조회됩니다.

⑦ ALL 연산자를 사용할 때 조건 서브쿼리가 반환하는 여러 건의 값 전체와 비교해 조건에 맞으면 해당 데이터가 조회됩니다.

⑧ IN, EXISTS 연산자는 비교 연산자 없이 단독으로 사용합니다.

⑨ IN 연산자를 사용하면 메인쿼리의 비교 칼럼 값이 조건 서브쿼리가 반환하는 값에 포함되는 건을 모두 조회합니다.

⑩ EXISTS 연산자를 사용하면 메인쿼리의 데이터 중 조건 서브쿼리와의 조인 조건에 부합하는 데이터를 조회하는데, 이때 조인 조건은 서브쿼리 안에 기술합니다.

⑪ IN과 EXISTS 연산자 앞에 NOT을 명시하면 포함되지 않는 건과 존재하지 않는 건만 추출할 수 있습니다.

⑫ 조건 서브쿼리와 EXISTS 연산자를 사용한 조인을 세미조인, NOT EXISTS 연산자를 사용한 조인을 안티조인이라고 합니다.

Self Check

1. 코드 9-1과 코드 9-3을 이용해 연도별 1위 영화를 대상으로 각 영화의 매출액이 전체 평균 매출액보다 큰 영화만 조회하는 쿼리를 작성하세요.

2. 현재를 기준으로 각 부서에서 급여를 가장 많이 받는 사원은 누구인지 찾는 쿼리를 작성하세요.

3. box_office 테이블에서 2018년과 2019년에 개봉한 영화를 대상으로 연도별, 분기별 매출액을 구하는데, 다음 형식으로 조회되도록 쿼리를 작성하세요.

연도	1분기	2분기	3분기	4분기
2018				
2019				

4. 현재를 기준으로 어느 부서에도 속하지 않은 사원은 모두 몇 명인지 구하는 쿼리를 작성하세요.

정답 및 해설: 해설 노트 508쪽

데이터 입력/수정/삭제하고 트랜잭션 처리하기

지금까지 테이블에 저장된 데이터를 조회하는 SELECT 문의 다양한 기능과 사용법을 배웠습니다. 이 장에서는 SELECT 문 외의 DML 문장을 알아보겠습니다. 이 문장들은 테이블에 있는 데이터를 입력, 수정, 삭제할 때 사용합니다. 그럼 하나씩 살펴봅시다.

10.1 INSERT 문으로 데이터 입력하기

테이블에 새로운 데이터를 입력하려면 INSERT 문을 사용합니다. 이때 insert는 우리말로 삽입한다는 뜻이죠. 테이블은 로우와 칼럼으로 구성되어 있는데, 새로운 데이터를 입력한다는 것은 각 칼럼에 신규 값을 넣어 새로운 로우를 삽입하는 것이기 때문에 그렇습니다. 구문 종류에 따라 INSERT 문을 한 번 실행할 때 한 건(로우)이 입력될 수도 있고 여러 건이 입력될 수도 있습니다.

10.1.1 단일 로우 입력 INSERT 문

가장 기본적인 INSERT 문을 먼저 알아보겠습니다. 기본형 INSERT 문을 한 번 실행하면 하나의 로우가 입력됩니다. 구문은 다음과 같습니다.

구문 10-1
```
INSERT INTO 테이블 (칼럼1, 칼럼2, ...)
        VALUES (값1, 값2, ...);
```

INSERT INTO 다음에 데이터를 입력할 테이블을 명시합니다. 그리고 소괄호 안에 해당 테이블의 칼럼을 콤마로 구분해 명시합니다. 입력할 테이블과 테이블의 칼럼을 일일이 명시하는 것이죠. 그리고 VALUES 다음에 신규로 입력할 값을 소괄호 안에 콤마로 구분해 명시합니다. 이때 명시한 칼럼 리스트와 값 리스트는 **개수, 순서, 데이터 타입이 모두 일치**해야 합니다.

간단한 예제로 기본형 INSERT 문의 사용법을 알아보죠. 먼저 데이터를 입력할 대상 테이블이 있어야 하니 다음과 같이 테이블을 생성합니다.

코드 10-1
```sql
USE mywork;

CREATE TABLE emp_test
(
        emp_no      INT            NOT NULL,
        emp_name    VARCHAR(30)    NOT NULL,
        hire_date   DATE           NULL,
        salary      INT            NULL,
        PRIMARY KEY (emp_no)
);

DESC emp_test;
```

실행결과

Field	Type	Null	Key	Default
emp_no	int	NO	PRI	NULL
emp_name	varchar(30)	NO		NULL
hire_date	date	YES		NULL
salary	int	YES		NULL

코드 10-1은 mywork 데이터베이스에 접속해 emp_test 테이블을 생성하는 문장입니다. emp_test는 간단한 사원 데이터를 저장하는 테이블로, emp_no, emp_name, hire_date, salary 총 4개의 칼럼이 있습니다. 칼럼은 각각 사번, 사원명, 입사일, 급여 데이터를 저장합니다. 그리고 emp_no 칼럼을 기본 키로 만들었으므로 이 칼럼에는 중복 값을 저장할 수 없습니다. 또한, emp_no와 emp_name 칼럼에는 NOT NULL 옵션을 부여했으므로 값을 반드시 넣어야 합니다.

그럼 생성한 테이블에 실제 데이터를 입력해 봅시다.

코드 10-2
```sql
INSERT INTO emp_test (emp_no, emp_name, hire_date, salary)
            VALUES (1001, '아인슈타인', '2021-01-01', 1000);

SELECT *
  FROM emp_test;
```

실행결과
입력 결과

#	Time	Action	Message	Duration / Fetch
●	1 13:05:04	INSERT INTO emp_test (emp_no, emp_name, hire_date, salary) VALUES (10...	1 row(s) affected	0.000 sec

emp_test 테이블 조회 결과

emp_no	emp_name	hire_date	salary
1001	아인슈타인	2021-01-01	1000
NULL	NULL	NULL	NULL

코드 10-2를 보면 INSERT INTO 다음에 입력할 테이블을, 소괄호 안에 각 칼럼을 명시합니다. 그리고 VALUES 다음에는 앞에 명시한 4개 칼럼에 들어갈 값을 명시하죠. 결과를 보면 성공적으로 한 개의 로우가 입력됐고, emp_test 테이블을 조회하면 데이터가 제대로 입력됐습니다

> **TIP** emp_test 테이블을 조회한 결과에 로우 2개인 것처럼 보입니다. 그런데 모든 칼럼이 NULL로 표시된 두 번째 로우는 테이블에 실제 저장된 로우가 아닙니다. MySQL Workbench에서는 기본 키가 설정된 테이블이면 조회된 결과에 직접 값을 입력해 넣을 수 있도록 여분의 로우를 표시합니다. 결과 로우와 혼동하지 마세요.

데이터를 더 입력해 봅시다.

코드 10-3
```
INSERT INTO emp_test (emp_no, emp_name, hire_date)
            VALUES (1002, '뉴턴', '2021-02-01');

SELECT *
  FROM emp_test;
```

실행결과

emp_no	emp_name	hire_date	salary
1001	아인슈타인	2021-01-01	1000
1002	뉴턴	2021-02-01	NULL
NULL	NULL	NULL	NULL

코드 10-3의 INSERT 문은 소괄호 안에 emp_no, emp_name, hire_date 3개의 칼럼만 명시했고 VALUES 절에도 이에 맞춰 값을 3개만 명시했습니다. 이처럼 일부 칼럼에만 값을 입력할 때도 입력할 칼럼과 입력할 값의 개수, 순서, 데이터 타입을 모두 맞춰야 합니다. 조회 결과를 보면 1002번 뉴턴은 salary 칼럼에 값이 입력되지 않아 NULL로 나옵니다.

코드 10-4

```sql
INSERT INTO emp_test (hire_date, emp_no, emp_name)
            VALUES ('2021-02-10', 1003, '갈릴레이');

SELECT *
  FROM emp_test;
```

실행결과

emp_no	emp_name	hire_date	salary
1001	아인슈타인	2021-01-01	1000
1002	뉴턴	2021-02-01	NULL
1003	갈릴레이	2021-02-10	NULL
NULL	NULL	NULL	NULL

코드 10-4는 코드 10-3에서 칼럼의 순서를 바꿔 hire_date, emp_no, emp_name 순으로 명시하고 입력될 값도 이에 맞춰 넣습니다. 결과를 보면 오류 없이 정상적으로 입력됐습니다.

이처럼 INSERT 문에서는 테이블을 생성할 때 정의한 칼럼 순서를 꼭 지킬 필요는 없고, 입력할 칼럼과 값의 개수, 순서, 데이터 타입만 맞추면 됩니다.

코드 10-5

```sql
INSERT INTO emp_test (emp_no, hire_date)
            VALUES (1004, '2021-02-10');
```

실행결과

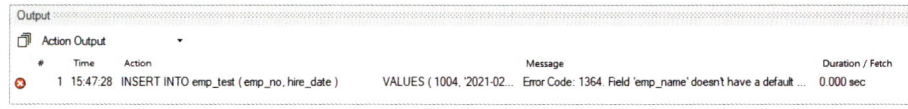

코드 10-5를 실행하면 오류가 발생합니다. 앞에서 분명히 테이블에 있는 모든 칼럼에 값을 입력할 필요가 없고 입력할 칼럼과 값의 개수, 순서, 데이터 타입만 맞추면 정상적으로 입력된다고 했는데, 왜 오류가 날까요?

오류는 emp_name 칼럼 때문에 발생합니다. emp_test 테이블을 생성할 때 emp_no와 emp_name 칼럼에 **NOT NULL 옵션**을 부여했죠. 따라서 신규 로우를 입력할 때 두 칼럼에는 값을 반드시 넣어야 하는데, emp_name 칼럼에 값을 넣지 않아 오류가 발생했습니다. 참고로 hire_date나 salary 칼럼은 NULL 허용 칼럼이므로 값을 넣어도 되고 넣지 않아도 됩니다.

코드 10-6
```sql
INSERT INTO emp_test (emp_no, emp_name, hire_date)
            VALUES (1003, '파인먼', '2021-01-10');
```

실행결과

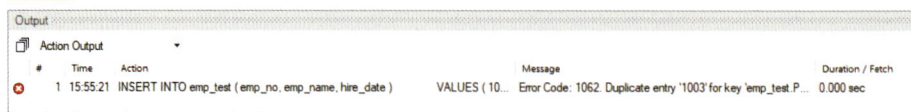

이번에도 오류가 발생했습니다. 이전과는 다르게 NOT NULL 옵션의 칼럼(emp_no, emp_name)까지 모두 명시했고 입력할 값도 순서와 개수를 맞췄는데, 왜 오류가 났을까요?

오류 메시지를 보면 "Duplicate entry 1003 for key emp_test_PRIMARY"라고 나왔습니다. 이는 emp_no 칼럼에 **중복 값이 입력됐다**는 뜻입니다. emp_no 칼럼은 emp_test 테이블의 **기본 키** 칼럼인데, 기본 키로 지정된 칼럼은 반드시 값을 입력해야 하며 중복 값이 허용되지 않습니다. 그런데 INSERT 문을 보면 emp_no 칼럼에 1003이란 값을 입력했죠. 1003은 코드 10-4를 실행할 때 이미 입력된 값입니다. 즉, 같은 값을 기본 키 칼럼에 다시 넣으려고 해서 오류가 발생했습니다. 그러므로 새로운 로우를 입력할 때 emp_no 칼럼에는 이미 입력된 1001~1003을 제외한 다른 값을 넣어야 합니다.

코드 10-7
```sql
INSERT INTO emp_test
            VALUES (1004, '파인먼', '2021-01-10', 3000);

SELECT *
  FROM emp_test;
```

실행결과

emp_no	emp_name	hire_date	salary
1001	아인슈타인	2021-01-01	1000
1002	뉴턴	2021-02-01	NULL
1003	갈릴레이	2021-02-10	NULL
1004	파인먼	2021-01-10	3000
NULL	NULL	NULL	NULL

코드 10-7은 지금까지 실행한 INSERT 문과 조금 다르게 테이블명 다음에 소괄호와 칼럼을 명시하는 부분을 생략했습니다. 이처럼 칼럼 리스트를 생략하면 해당 **테이블에 있는 모든 칼럼에 데이터를 입력하겠다**는 뜻입니다. 따라서 VALUES 다음에는 모든 칼럼에 들어갈 값을 나열해야 하며 **테이블을 정의할 때 명시한 칼럼 순서대로** 값을 넣어야 합니다.

앞에서 배운 기본형 INSERT 문 작성 규칙을 정리하면 다음과 같습니다.

- INSERT 문에 입력할 각 칼럼과 VALUES 다음에 입력할 값의 개수, 순서, 데이터 타입이 모두 맞아야 하지만, 테이블을 정의할 때 명시한 칼럼 순서를 따를 필요는 없습니다.
- NULL 허용 칼럼에는 값을 넣지 않아도 되지만, NOT NULL 옵션이 설정된 칼럼에는 반드시 값을 입력해야 합니다.
- 기본 키가 설정된 칼럼에는 반드시 값을 입력해야 하며 중복 값을 입력할 수 없습니다.
- 칼럼 리스트를 생략하면 모든 칼럼에 값을 넣어야 하며 테이블을 정의할 때 명시한 칼럼 순서를 따릅니다.

10.1.2 다중 로우 입력 INSERT 문

두 번째 INSERT 문은 앞에서 배운 기본형 INSERT 문과 비슷하면서도 차이점이 하나 있습니다. 기본형 INSERT 문은 한 번 실행하면 1개의 로우만 입력됩니다. 하지만 변형 INSERT 문은 하나의 INSERT 문을 실행해 1개 이상의 로우를 입력할 수 있습니다. 구문을 살펴볼까요?

구문 10-2
```
INSERT INTO 테이블 (칼럼1, 칼럼2, ...)
VALUES [ROW](값1, 값2, ...), [ROW](값1, 값2, ...);
```

구문을 보면 VALUES 다음에 입력할 값을 명시하는 부분이 기본형 INSERT 문과 다릅니다. 각 칼럼에 입력할 값들을 ROW와 소괄호를 한 단위로 묶어 여러 묶음을 기술할 수 있습니다. ROW와 소괄호가 1개면 1개의 로우, 2개면 2개 로우가 입력되죠. 입력할 값은 기본형과 마찬가지로 콤마로 구분해 명시합니다. 각각의 묶음도 콤마로 구분하는데, 여기서 ROW는 생략할 수 있습니다.

그럼 예제로 확인해 봅시다.

코드 10-8
```sql
INSERT INTO emp_test VALUES
ROW(1005, '퀴리', '2021-03-01', 4000),
ROW(1006, '호킹', '2021-03-05', 5000);

SELECT *
  FROM emp_test;
```

실행결과

emp_no	emp_name	hire_date	salary
1001	아인슈타인	2021-01-01	1000
1002	뉴턴	2021-02-01	NULL
1003	갈릴레이	2021-02-10	NULL
1004	파인먼	2021-01-10	3000
1005	퀴리	2021-03-01	4000
1006	호킹	2021-03-05	5000
NULL	NULL	NULL	NULL

코드 10-8에서는 VALUES 다음에 소괄호 묶음 2개를 기술합니다. 각각의 묶음은 1개의 로우에 대한 입력 값이므로 INSERT 문을 실행하면 한 번에 2개의 로우가 입력됩니다. 여기서도 테이블명 다음에 칼럼명을 생략하므로 모든 칼럼에 데이터를 넣는다는 뜻입니다. 소괄호 묶음을 보면 입력할 값을 emp_no부터 salary까지 순서대로 명시합니다. 결과를 보면 1005, 1006번 사원 정보가 한 번에 입력됐습니다.

코드 10-9
```sql
INSERT INTO emp_test VALUES
(1007, '패러데이','2021-04-01', 2200),
(1008, '맥스웰', '2021-04-05', 3300),
(1009, '플랑크', '2021-04-05', 4400);

SELECT *
  FROM emp_test;
```

실행결과

emp_no	emp_name	hire_date	salary
1001	아인슈타인	2021-01-01	1000
1002	뉴턴	2021-02-01	NULL
1003	갈릴레이	2021-02-10	NULL
1004	파인먼	2021-01-10	3000
1005	퀴리	2021-03-01	4000
1006	호킹	2021-03-05	5000
1007	패러데이	2021-04-01	2200
1008	맥스웰	2021-04-05	3300
1009	플랑크	2021-04-05	4400
NULL	NULL	NULL	NULL

코드 10-9는 코드 10-8과 같은 형식인데, VALUES 다음에 값을 명시하는 부분에서 ROW를 생략합니다. ROW 없이 소괄호와 값만 기술하더라도 정상적으로 데이터가 입력됨을 확인할 수 있습니다. 이번에는 소괄호 묶음을 3개 기술해서 1007, 1008, 1009번 사원 데이터가 입력됐습니다.

10.1.3 SELECT 문이 결합된 INSERT 문

마지막 유형은 SELECT 문이 결합된 INSERT 문입니다. 구문은 다음과 같습니다.

구문 10-3

```
INSERT INTO 테이블 (칼럼1, 칼럼2, ...)
SELECT ...
  FROM ...
 WHERE ... ;
```

기본형의 VALUES 절 대신 SELECT 문이 오는데, SELECT 문이 입력 대상 테이블에 들어갈 칼럼 값을 대신합니다. SELECT 문을 실행하면 조건에 맞는 데이터가 조회되어 결과 집합이 나오고, 이 결과 집합을 테이블에 입력합니다. 따라서 SELECT 문이 반환하는 결과 집합은 데이터를 입력할 테이블의 칼럼 개수, 순서, 데이터 타입과 맞아야 합니다. 이는 SELECT 문의 SELECT 절에 명시하는 칼럼(표현식)의 개수, 순서, 데이터 타입이 일치해야 한다는 뜻입니다.

또한, SELECT 문이 반환하는 건수(로우 수)에 따라 1건이 입력될 수도 있고 여러 건이 입력될 수도 있습니다. 만약 SELECT 문이 0건의 데이터를 조회한다면 입력할 테이블에도 데이터가 입력되지 않겠죠.

SELECT 문이 결합된 INSERT 문을 어떻게 사용하는지 예제로 알아봅시다. 먼저 테스트용 테이블을 만듭니다. 비교하기 위해 앞에서 만든 emp_test 테이블과 똑같은 형태로 emp_test2 테이블을 만듭니다.

코드 10-10
```sql
CREATE TABLE emp_test2 (
    emp_no      INT             NOT NULL,
    emp_name    VARCHAR(30)     NOT NULL,
    hire_date   DATE            NULL,
    salary      INT             NULL,
    PRIMARY KEY (emp_no)
);
```

실행결과

#	Time	Action	Message	Duration / Fetch
1	15:09:42	CREATE TABLE emp_test2 (emp_no INT NOT NULL, ...	0 row(s) affected	0.016 sec

이제 생성한 테이블에 데이터를 넣어 보겠습니다.

코드 10-11
```sql
INSERT INTO emp_test2 (emp_no, emp_name, hire_date, salary)
SELECT emp_no, emp_name, hire_date, salary
  FROM emp_test
 WHERE emp_no IN (1001, 1002);

SELECT *
  FROM emp_test2;
```

실행결과

emp_no	emp_name	hire_date	salary
1001	아인슈타인	2021-01-01	1000
1002	뉴턴	2021-02-01	NULL
NULL	NULL	NULL	NULL

코드 10-11은 INSERT 문에 SELECT 문이 결합된 형태로, emp_test 테이블에서 사번이 1001과 1002인 데이터를 조회해 그 결과를 emp_test2 테이블에 넣습니다. 2건이 조회되므로 emp_test2 테이블에도 2건의 데이터가 입력됩니다. 계속 강조하지만, 입력할 칼럼과 실제 들어갈 값의 개수, 순서, 데이터 타입이 일치해야 합니다. 따라서 입력 대상인 emp_test2 테이블의 칼럼과 SELECT 절에 명시한 emp_test 테이블의 칼럼을 맞춰야 한다는 점을 꼭 기억하세요.

코드 10-12
```sql
INSERT INTO emp_test2
SELECT *
  FROM emp_test
 WHERE emp_no IN (1003, 1004);

SELECT *
  FROM emp_test2;
```

실행결과

emp_no	emp_name	hire_date	salary
1001	아인슈타인	2021-01-01	1000
1002	뉴턴	2021-02-01	NULL
1003	갈릴레이	2021-02-10	NULL
1004	파인먼	2021-01-10	3000
NULL	NULL	NULL	NULL

코드 10-12는 INSERT 문에 입력할 칼럼을 명시하지 않았습니다. 이는 emp_test2 테이블의 모든 칼럼에 값을 입력하겠다는 뜻이죠. 그래서 SELECT 절에서도 *를 명시해 전체 칼럼을 조회합니다. emp_test2 테이블과 emp_test 테이블은 구조가 똑같아서 오류 없이 성공합니다. 두 테이블의 구조가 다르면, 예를 들어 칼럼 수가 다르거나 칼럼 수와 데이터 타입이 같더라도 테이블 정의에서 명시한 칼럼 순서가 다르면 오류가 발생합니다.

만약 emp_test2 테이블을 생성할 때 칼럼 순서를 emp_no, emp_name, salary, hire_date와 같이 다르게 명시한다면 앞의 INSERT 문장을 실행했을 때 오류가 발생합니다. 따라서 INSERT 문을 작성할 때는 오류를 방지하도록 * 대신 입력할 칼럼을 모두 기술하는 것이 좋습니다.

결과를 보면 emp_test 테이블에서 사번이 1003와 1004, 2건을 조회해 emp_test2 테이블에 입력하므로 emp_test2 테이블에는 총 4건의 데이터가 있습니다.

코드 10-13
```sql
INSERT INTO emp_test2 (emp_no, emp_name, hire_date, salary)
SELECT emp_no, emp_name, hire_date, salary
  FROM emp_test
 WHERE emp_no >= 1004;
```

실행결과

#	Time	Action	Message	Duration / Fetch
1	17:16:25	INSERT INTO emp_test2 (emp_no, emp_name, hire_date, salary) SELECT emp_...	Error Code: 1062. Duplicate entry '1004' for key 'emp_test2....	0.000 sec

코드 10-13을 실행하니 오류가 발생하면서 데이터 입력에 실패했습니다. 왜 오류가 났을까요?

원인은 기본 키입니다. emp_test 테이블에서 사번이 1004번 이상인 건을 조회해 이를 emp_test2 테이블에 입력하려고 했는데, 이미 emp_test2 테이블에는 사번이 1001~1004인 건이 들어 있습니다. 따라서 1004번 데이터가 중복으로 입력됩니다. 그런데 emp_no 칼럼은 기본 키 칼럼입니다. 기본 키 칼럼에 중복 값을 넣으면 **기본 키가 충돌**해 작업에 실패합니다. INSERT 문을 작성할 때는 기본 키 칼럼에 중복 값이 입력되지 않게 주의해야 합니다.

코드 10-14
```sql
INSERT INTO emp_test
SELECT emp_no + 10, emp_name, hire_date, 100
  FROM emp_test
 WHERE emp_no >= 1008;

SELECT *
  FROM emp_test;
```

실행결과

emp_no	emp_name	hire_date	salary
1001	아인슈타인	2021-01-01	1000
1002	뉴턴	2021-02-01	NULL
1003	갈릴레이	2021-02-10	NULL
1004	파인먼	2021-01-10	3000
1005	퀴리	2021-03-01	4000
1006	호킹	2021-03-05	5000
1007	패러데이	2021-04-01	2200
1008	맥스웰	2021-04-05	3300
1009	플랑크	2021-04-05	4400
1018	맥스웰	2021-04-05	100
1019	플랑크	2021-04-05	100
NULL	NULL	NULL	NULL

코드 10-14를 보면 입력 테이블과 입력 값을 읽어 오는 테이블이 emp_test로 같습니다. 자기 자신의 데이터를 읽어 다시 입력하는 셈이죠. SELECT 문의 WHERE 절을 보면 emp_no 값이 1008보다 크거나 같은 건을 조회합니다. 현재 emp_test에서 이 조건을 만족하는 건은 1008과 1009, 2건입니다. 따라서 2건을 읽어와 입력하므로 2건이 추가로 입력됩니다.

그런데 emp_test 테이블의 emp_no 칼럼은 기본 키 칼럼이라 중복 값이 입력되지 않죠. 따라서 SELECT 절에서 emp_no 칼럼에는 **기존 값에 10을 더한 값**(emp_no + 10)을 입력해서 결국 새로 입력되는 건은 1018과 1019가 됩니다. 중복 값 입력으로 오류가 발생하는 것을 방지하려고 이렇게 처리했습니다. 그리고 salary 칼럼에 숫자 100을 명시해서 두 건 모두 salary 값이 100으로 입력됐습니다.

이처럼 SELECT 문이 결합된 INSERT 문을 사용하면 임의의 테이블에 다른 테이블에 있는 데이터를 입력할 수 있습니다.

1분 퀴즈 1

emp_test 테이블에 다음과 같은 사원 정보를 입력합니다. 이때 INSERT 문을 1개만 실행해 입력해 보세요.

사번	이름	입사일	급여
2001	장영실	2020-01-01	1500
2002	최무선	2020-01-31	

정답 및 해설: 해설 노트 511쪽

10.2 UPDATE 문으로 데이터 수정하기

테이블에 있는 데이터를 조회할 때는 SELECT, 신규로 입력할 때는 INSERT 문을 사용합니다. 다음으로 데이터를 수정하는 UPDATE 문을 살펴보겠습니다.

10.2.1 단일 테이블 데이터 수정하기

기본 UPDATE 문인 단일 테이블 UPDATE 문은 하나의 테이블에 있는 데이터를 수정할 때 사용합니다. 구문은 다음과 같습니다.

구문 10-4

```
UPDATE 테이블
    SET 칼럼1 = 값1,
        칼럼2 = 값2, ...
    WHERE ...
    ORDER BY ...
    LIMIT ... ;
```

UPDATE 다음에 수정할 테이블을 명시합니다. 그리고 SET 다음에 수정할 칼럼과 변경할 값을 명시합니다. 칼럼명 = 값 형식은 해당 칼럼의 값을 명시한 값으로 수정(대체)한다는 뜻입니다. 그다음 WHERE 절이 옵니다. 여기서 WHERE 절을 생략하면 해당 테이블의 전체 데이터가 변경되며, WHERE 절을 사용하면 조건에 맞는 건(로우)의 칼럼 값만 변경됩니다. 그리고 ORDER BY 절을 사용하면 명시된 칼럼 순서대로 데이터가 수정됩니다. 또한, LIMIT 절로 변경되는 로우 수를 제한할 수 있습니다.

UPDATE 문을 어떻게 사용하는지 예제로 알아봅시다. UPDATE 문을 테스트하기 위해 다음과 같이 emp_update라는 테이블을 만듭니다.

코드 10-15

```sql
CREATE TABLE emp_update1 AS
SELECT *
  FROM emp_test;

ALTER TABLE emp_update1
  ADD CONSTRAINT PRIMARY KEY (emp_no);

CREATE TABLE emp_update2 AS
SELECT *
  FROM emp_test2;

ALTER TABLE emp_update2
  ADD CONSTRAINT PRIMARY KEY (emp_no);
```

실행결과

#	Time	Action	Message	Duration / Fetch
1	10:21:23	use mywork	0 row(s) affected	0.000 sec
2	10:21:23	CREATE TABLE emp_update1 AS SELECT * FROM emp_test	13 row(s) affected Records: 13 Duplicates: 0 Warnings: 0	0.062 sec
3	10:21:23	ALTER TABLE emp_update1 ADD CONSTRAINT PRIMARY KEY (e...	0 row(s) affected Records: 0 Duplicates: 0 Warnings: 0	0.047 sec
4	10:21:23	CREATE TABLE emp_update2 AS SELECT * FROM emp_test2	4 row(s) affected Records: 4 Duplicates: 0 Warnings: 0	0.094 sec
5	10:21:23	ALTER TABLE emp_update2 ADD CONSTRAINT PRIMARY KEY (e...	0 row(s) affected Records: 0 Duplicates: 0 Warnings: 0	0.047 sec

코드 10-15에는 테이블을 생성하는 2개의 CREATE TABLE AS 문(AS 생략 가능)이 SELECT 문과 결합되어 있습니다. 이 문장은 테이블을 생성함과 동시에 데이터까지 자동으로 입력하는데, 한마디로 기존 테이블을 복제하는 문장입니다. 첫 번째 문장은 emp_update1이라는 테이블을 생성합니다. 이때 SELECT 문에서 emp_test 테이블을 조회하므로 emp_test 테이블과 동일한 구조로 생성하고 emp_test 테이블에 있는 데이터까지 모두 읽어 와서 저장합니다. 이와 마찬가지로 두 번째 문장은 emp_test2 테이블과 동일한 구조로 emp_update2 테이블을 만들고 데이터까지 가져와 저장합니다. CREATE TABLE AS 문은 테이블은 복제하지만, 기본 키나 인덱스는 복제하지 않습니다. 그래서 ALTER TABLE 문으로 복제한 두 테이블에 기본 키를 추가합니다.

> **NOTE** Safe Updates 설정 변경하기

UPDATE 문을 실행하기 전에 확인할 것이 하나 있습니다. UPDATE나 DELETE 문은 테이블에 저장된 데이터를 수정하거나 삭제하는 문장인데, 실수로 WHERE 절을 누락하면 테이블 전체 데이터가 변경되거나 삭제됩니다. 따라서 이를 방지하고자 MySQL Workbench에서는 기본적으로 WHERE 절이 없는 UPDATE와 DELETE 문을 실행하면 오류가 발생하도록 설정되어 있습니다. 이 책에서는 실습을 위해 설정을 다음과 같이 변경합니다.

Mysql Workbench의 상단 메뉴에서 **Edit → Preferences**를 선택하면 **Workbench Preferences** 창이 뜹니다. 여기에서 **SQL Editor** 항목을 선택하면 화면 맨 하단에 **Safe Updates (rejects UPDATEs and DELETEs with no restrictions)** 항목이 체크되어 있습니다. 이 체크를 해제하고 [OK] 버튼을 클릭해 화면을 닫습니다. 그리고 나서 다시 Mysql Workbench 상단 메뉴에서 **Query → Reconnect to Server**를 클릭합니다.

실제 사용할 때는 실수를 방지하기 위해 해당 설정을 켜 두기 바랍니다.

그림 10-1 MySQL Workbench의 Safe Updates 설정

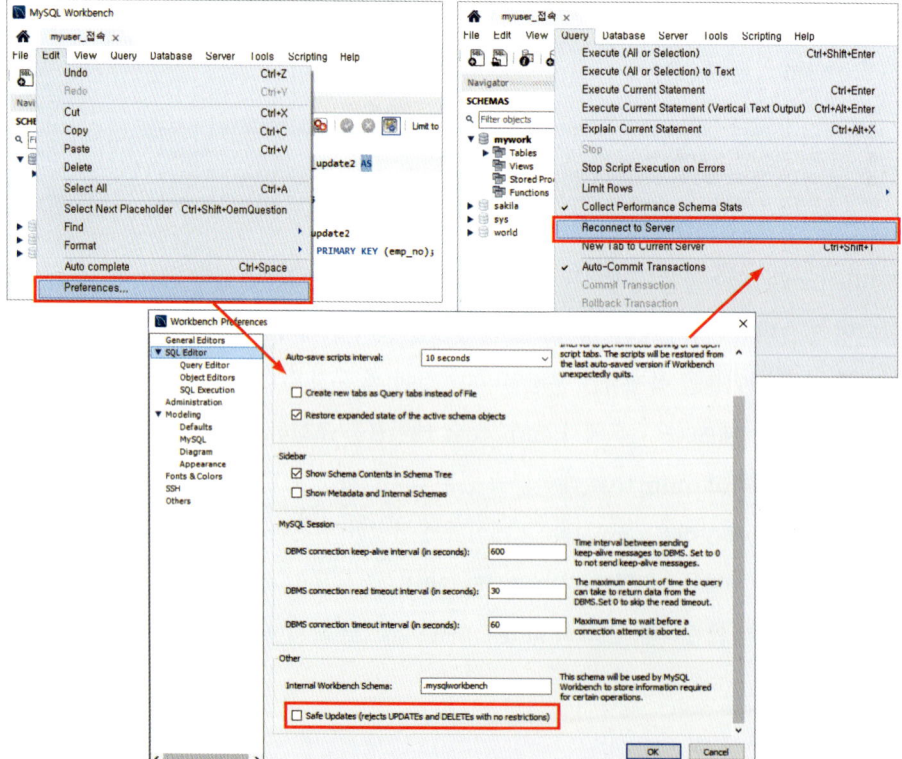

그럼 새로 생성한 두 테이블로 UPDATE 문을 작성해 봅시다.

코드 10-16
```sql
UPDATE emp_update1
   SET emp_name = CONCAT(emp_name, '2'),
       salary   = salary + 100;

SELECT *
  FROM emp_update1;
```

실행결과

emp_no	emp_name	hire_date	salary
1001	아인슈타인2	2021-01-01	1100
1002	뉴턴2	2021-02-01	NULL
1003	갈릴레이2	2021-02-10	NULL
1004	파인먼2	2021-01-10	3100
1005	퀴리2	2021-03-01	4100
1006	호킹2	2021-03-05	5100
1007	패러데이2	2021-04-01	2300
1008	맥스웰2	2021-04-05	3400
1009	플랑크2	2021-04-05	4500
1018	맥스웰2	2021-04-05	200
1019	플랑크2	2021-04-05	200
NULL	NULL	NULL	NULL

코드 10-16을 보면 UPDATE 다음에 emp_update1을 명시합니다. 이는 emp_update1 테이블을 대상으로 데이터를 수정하겠다는 뜻입니다. 그럼 어떤 데이터를 수정할까요? SET 다음에 emp_name = CONCAT(emp_name, '2')라고 기술했으므로 emp_name 칼럼의 값을 등호(=) 오른쪽 값으로 바꾼다는 뜻입니다. CONCAT(emp_name, '2')는 emp_name 칼럼의 값에 '2'라는 문자열을 붙여 반환하므로 결국 emp_name 칼럼의 값을 기존 칼럼 값에 '2'를 붙인 값으로 수정합니다. 마찬가지로 salary = salary + 100은 salary 칼럼의 값을 기존 칼럼 값에 100을 더한 값으로 수정한다는 뜻입니다. 마지막으로, WHERE 절이 없으므로 emp_update1 테이블에 있는 모든 로우의 emp_name과 salary 칼럼 값을 수정합니다. 결과를 보면 총 11건의 데이터 모두 emp_name과 salary 칼럼의 값이 변경됐습니다.

코드 10-17
```sql
UPDATE emp_update1
   SET emp_no = emp_no + 1
 WHERE emp_no >= 1018 ;
```

실행결과

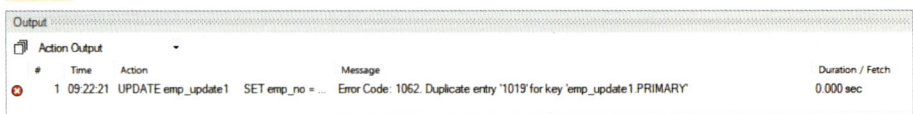

코드 10-17을 실행했더니 오류가 발생했습니다. 오류 원인을 파헤치기 전에 먼저 이 문장이 어떤 값을 변경하려고 했는지 살펴보죠. 문장을 보면 emp_updat1 테이블의 emp_no 칼럼을 원래 있던 값에 1을 더한 값으로 수정하려고 합니다. WHERE 절의 조건을 보니 1018보다 크거나 같은 건이므로 1018과 1019, 두 건이 대상입니다.

오류 메시지는 "Duplicate entry '1019' for key 'emp_update1 PRIMARY'"라고 나오네요. 오류 내용을 보니 기본 키 문제라는 감이 오죠? emp_no 칼럼은 emp_update1 테이블의 기본 키 칼럼입니다. SET 절에서 emp_no = emp_no + 1을 기술했으므로 기존 emp_no 값에 1씩 더해 값을 수정합니다. 그런데 1018에 1을 더하면 1019입니다. 이미 1019라는 값이 있는데, 1018을 1019로 변경하려고 해서 기본 키 오류가 발생한 것이죠.

다음 문장을 봅시다.

코드 10-18

```sql
UPDATE emp_update1
    SET emp_no = emp_no + 1
WHERE emp_no >= 1018
ORDER BY emp_no DESC;

SELECT *
  FROM emp_update1;
```

실행결과

emp_no	emp_name	hire_date	salary
1001	아인슈타인2	2021-01-01	1100
1002	뉴턴2	2021-02-01	NULL
1003	갈릴레이2	2021-02-10	NULL
1004	파인먼2	2021-01-10	3100
1005	퀴리2	2021-03-01	4100
1006	호킹2	2021-03-05	5100
1007	패러데이2	2021-04-01	2300
1008	맥스웰2	2021-04-05	3400
1009	플랑크2	2021-04-05	4500
1019	맥스웰2	2021-04-05	200
1020	플랑크2	2021-04-05	200
NULL	NULL	NULL	NULL

이번 UPDATE 문장은 오류가 나지 않았습니다. 이전 문장과 달라진 점은 ORDER BY 절을 추가한 것뿐입니다. UPDATE 문에서 ORDER BY 절을 추가하면 명시한 칼럼 순으로 값이 수정됩니다. ORDER BY emp_no DESC는 emp_no 값을 기준으로 내림차순 정렬하라는 의미입니다. 따라서 이 문장에서는 1019가 먼저 수정되고 1018이 나중에 수정됩니다. 1019는 1을 더해 1020이 되고, 1018은 1019가 되겠죠. 그러면 1019가 1020으로 변경되어 1018을 1019로 수정하려고 할 때 중복 값이 없으므로 문제없이 정상적으로 처리됩니다.

값을 수정한 후 테이블을 조회하면 emp_no 값이 각각 1019와 1020으로 변경된 것을 확인할 수 있습니다. 하지만 ORDER BY emp_no라고 작성한다면 오름차순 정렬이므로 이전과 동일한 오류가 발생합니다.

사실 이런 UPDATE 문은 사용하지 않는 게 좋습니다. 기본 키로 설정된 칼럼 값을 수정하기 때문이죠. 기본 키 칼럼은 테이블의 기본이 되는 값인데, 이 값을 변경한다는 것은 데이터 관리 입장에서 보면 테이블의 근본을 흔드는 일입니다. 이미 부여된 사번을 변경한다는 것 자체가 정상적인 상황은 아니니까요. 예를 들어 사원의 부서 할당 정보가 있는 dept_emp 테이블에 이미 1018이란 사번으로 데이터가 저장되어 있는데, 사원 정보 테이블에서 1018이란 값을 다른 값으로 변경한다면 dept_emp 테이블에 있는 1018건은 미아 데이터가 되어 버립니다.

따라서 기본 키 칼럼 값은 되도록 수정하지 않는 것이 좋습니다. 그리고 사원과 사원 부서 할당 테이블처럼 서로 참조 관계에 있는 테이블을 구성할 때 전자를 부모 테이블로, 후자를 자식 테이블로 구성해서 외래 키를 설정하면 기본 키 칼럼이 변경되는 것을 방지할 수 있습니다. 외래 키가 설정되어 있다면 코드 10-18의 UPDATE 문을 실행할 때 오류가 발생해 값이 수정되지 않습니다.

10.2.2 다중 테이블 데이터 수정하기

UPDATE 문을 사용해 다중 테이블, 즉 2개 이상의 테이블을 대상으로 값을 변경할 수도 있습니다. 여기서 다중 테이블은 두 가지 의미가 있습니다. 하나는 한 테이블의 값을 변경할 때 다른 테이블의 값을 참조해서 변경할 수 있다는 뜻이고, 다른 하나는 2개 이상의 테이블 값을 동시에 변경할 수도 있다는 뜻입니다. 먼저 구문을 살펴보겠습니다.

구문 10-5

```
UPDATE 테이블1, 테이블2, ...
   SET 칼럼1 = 값1,
       칼럼2 = 값2, ...
 WHERE 조건;
```

다중 테이블 UPDATE 문은 UPDATE 다음에 2개 이상의 테이블을 명시할 수 있습니다. 2개 이상의 테이블을 명시한다는 것은 테이블 간 관계를 이용해서 다른 테이블의 칼럼을 참조해 값을 변경한다는 의미입니다. 이런 경우에는 WHERE 절에 테이블 간 관계 정보인 조인 조건을 기술할 수 있습니다. 그리고 다중 테이블 UPDATE 문에서는 ORDER BY와 LIMIT 절을 사용할 수 없습니다.

코드 10-19

```
UPDATE emp_update2 a, emp_update1 b
   SET a.salary = b.salary + 1000
 WHERE a.emp_no = b.emp_no;

SELECT *
  FROM emp_update2;
```

실행결과

emp_no	emp_name	hire_date	salary
1001	아인슈타인	2021-01-01	2100
1002	뉴턴	2021-02-01	NULL
1003	갈릴레이	2021-02-10	NULL
1004	파인먼	2021-01-10	4100
NULL	NULL	NULL	NULL

코드 10-19를 보면 UPDATE 다음에 emp_update2, emp_update1 두 테이블과 별칭을 명시합니다. 그리고 SET 절에서 a.salary = b.salary + 1000이라고 기술하는데, 이는 emp_update2 테이블의 salary 칼럼 값을 emp_update1 테이블의 salary 칼럼 값에 1000을 더한 값으로 변경하라는 의미입니다. 마지막으로 WHERE 절에는 두 테이블의 기본 키 칼럼이 같은 건이라는 조인 조건을 기술합니다. emp_update2 테이블에는 사번이 1001~1004인 사원이, emp_update1 테이블에는 1001~1009, 1019, 1020인 사원이 있습니다. 두 테이블을 조인하면 emp_update2 테이블에 속한 1001~1004에 해당하는 사원의 salary 값이 변경됩니다.

결과를 보면 salary 값이 NULL인 사원을 제외한 1001, 1004번 사원은 salary 칼럼의 값이 1000이 더해진 값으로 수정됐습니다.

코드 10-20
```sql
UPDATE emp_update2 a, emp_update1 b
   SET b.salary = IFNULL(b.salary, 0),
       a.salary = b.salary + 2000
 WHERE a.emp_no = b.emp_no;

SELECT *
  FROM emp_update2;

SELECT *
  FROM emp_update1;
```

실행결과

emp_update2 테이블 조회

emp_no	emp_name	hire_date	salary
1001	아인슈타인	2021-01-01	3100
1002	뉴턴	2021-02-01	NULL
1003	갈릴레이	2021-02-10	NULL
1004	파인먼	2021-01-10	5100
NULL	NULL	NULL	NULL

emp_update1 테이블 조회

emp_no	emp_name	hire_date	salary
1001	아인슈타인2	2021-01-01	1100
1002	뉴턴2	2021-02-01	0
1003	갈릴레이2	2021-02-10	0
1004	파인먼2	2021-01-10	3100
1005	퀴리2	2021-03-01	4100
1006	호킹2	2021-03-05	5100
1007	패러데이2	2021-04-01	2300
1008	맥스웰2	2021-04-05	3400
1009	플랑크2	2021-04-05	4500
1019	맥스웰2	2021-04-05	200
1020	플랑크2	2021-04-05	200
NULL	NULL	NULL	NULL

코드 10-20은 코드 10-19와 거의 비슷한데, SET 절이 좀 다릅니다. SET 절에서 2개 칼럼의 값을 수정합니다. 먼저 b.salary = IFNULL(b.salary, 0)은 emp_update1 테이블의 salary 칼럼 값을 IFNULL() 함수를 사용해 변경합니다. NULL이면 0으로, NULL이 아니면 첫 번째 매개변수 값으로 변경하죠. 두 번째 a.salary = b.salary + 2000은 emp_update1 테이블의 salary 값에 2000을 더한 값으로 변경합니다. 따라서 이 UPDATE 문장은 두 테이블의 salary 값을 모두 변경하는데, WHERE 절의 조인 조건에 따라 두 테이블에서 사번이 1001~1004인 건에만 적용됩니다.

결과를 보면 emp_update1 테이블은 1001~1004까지 salary 칼럼 값이 수정되는데, 1002와 1003은 NULL이었던 값이 0으로 변경됐습니다. emp_update2 테이블은 emp_update1 테이블의 salary + 2000 값으로 변경됐고요.

이처럼 UPDATE 다음에 테이블을 여러 개 명시하고 WHERE 절에서 조인 조건을 기술하면 다른 테이블의 칼럼 값을 이용해 값을 수정할 수 있을 뿐만 아니라 한 번에 2개 이상의 테이블 칼럼 값도 변경할 수 있습니다.

10.2.3 입력과 수정을 동시에 처리하기

지금까지 UPDATE 문으로 테이블에 저장된 데이터를 수정하는 방법을 알아봤습니다. 여기에 하나 더 소개할 내용이 있습니다. 신규 데이터 입력은 INSERT, 기존 데이터 수정은 UPDATE 문을 각각 사용했는데, 신규로 데이터를 입력하면서 동시에 수정하는 방법이 있습니다. 조건을 확인해 이미 대상 테이블에 값이 있으면 수정하고 없으면 입력하는 방법입니다.

> **구문 10-6**
> ```
> INSERT INTO 테이블명 (칼럼1, 칼럼2, ...)
> VALUES 절(또는 SELECT 문)
>     ON DUPLICATE KEY UPDATE 칼럼 = 값1, 값2, ... ;
> ```

INSERT... ON DUPLICATE KEY UPDATE 구문은 INSERT 문장에 속합니다. 따라서 INSERT 문장에서 배운 구문을 그대로 사용할 수 있습니다. 다만 맨 끝에 ON DUPLICATE KEY UPDATE와 함께 변경할 칼럼, 값을 명시합니다. INSERT 문으로 데이터를 입력할 때, 대상 테이블에 기본 키 칼럼이 있으면 이 칼럼 값으로 중복 값을 입력하는 경우에 오류가 발생하죠. 하지만 ON DUPLICATE KEY UPDATE 구문을 추가하면 충돌이 발생하는 로우에서는 신규로 값을 입력하는 것이 아니라 기존에 저장된 값을 변경합니다.

코드 10-21
```sql
INSERT INTO emp_update2
SELECT emp_no, emp_name, hire_date, salary
  FROM emp_update1 a
 WHERE emp_no BETWEEN 1003 AND 1005
    ON DUPLICATE KEY UPDATE emp_name = a.emp_name, salary = a.salary;

SELECT *
  FROM emp_update2;
```

실행결과

emp_no	emp_name	hire_date	salary
1001	아인슈타인	2021-01-01	3100
1002	뉴턴	2021-02-01	NULL
1003	갈릴레이2	2021-02-10	0
1004	파인먼2	2021-01-10	3100
1005	퀴리2	2021-03-01	4100
NULL	NULL	NULL	NULL

코드 10-21의 INSERT 문은 emp_update1 테이블에서 사번이 1003에서 1005 사이에 있는 3건을 읽어 와서 emp_update2 테이블에 넣는 문장입니다. 그런데 emp_update2 테이블에는 이미 1001~1004까지 데이터가 저장되어 있죠. 따라서 새로 넣는 데이터 중 1003과 1004는 중복 값이므로 오류가 발생해야 합니다. 그런데 ON DUPLICATE KEY UPDATE 구문 때문에 이 두 건은 데이터를 새로 입력하지 않고 emp_name과 salary 칼럼 값을 emp_update1 테이블의 값으로 변경합니다.

결과를 보면 emp_update2 테이블에서 사번이 1003과 1004인 건은 emp_name과 salary 값이 변경됐고, 1005인 건은 새로 입력됐습니다.

이 문장의 처리 결과는 다음 그림과 같습니다.

그림 10-2 INSERT... ON DUPLICATE KEY UPDATE 문 처리 결과

실행 전

emp_no	emp_name	hire_date	salary
1001	아인슈타인	2021-01-01	3100
1002	뉴턴	2021-02-01	NULL
1003	갈릴레이	2021-02-10	NULL
1004	파인먼	2021-01-10	5100

emp_update1 테이블

emp_no	emp_name	hire_date	salary
1001	아인슈타인2	2021-01-01	1100
1002	뉴턴2	2021-02-01	0
1003	갈릴레이2	2021-02-10	0
1004	파인먼2	2021-01-10	3100
1005	쿼리2	2021-03-01	4100

실행 후

emp_no	emp_name	hire_date	salary
1001	아인슈타인	2021-01-01	3100
1002	뉴턴	2021-02-01	NULL
1003	**갈릴레이2**	2021-02-10	**0**
1004	**파인먼2**	2021-01-10	**3100**
1005	**쿼리2**	**2021-03-01**	**4100**

왼쪽 그림에서 회색 부분이 수정 대상이며 오른쪽 그림에서 굵게 표시된 부분이 변경되거나 새로 입력된 값입니다.

1분 퀴즈 2

emp_update2 테이블에서 사번이 1001과 1002인 건의 사원명(emp_no)을 emp_update1 테이블의 동일 사번을 가진 사원명으로 변경하는 UPDATE 문을 작성하세요.

정답 및 해설: 해설 노트 511쪽

10.3 DELETE 문으로 데이터 삭제하기

마지막으로 알아볼 문장은 테이블에 저장된 데이터를 삭제하는 DELETE 문입니다. DELETE 문도 UPDATE 문과 마찬가지로 단일 테이블과 다중 테이블에 대한 처리가 가능합니다.

10.3.1 단일 테이블 데이터 삭제하기

단일 테이블 DELETE 문은 하나의 테이블에서 조건에 맞는 데이터를 삭제하는 문장으로, 구문은 다음과 같습니다.

구문 10-7
```
DELETE FROM 테이블
    WHERE 조건
    ORDER BY ...
    LIMIT ... ;
```

단일 테이블에서 DELETE 구문은 INSERT나 UPDATE 문보다 간단한 편입니다. 테이블에 있는 데이터를 삭제한다는 것은 로우를 삭제한다는 의미이므로 INSERT나 UPDATE 문처럼 일일이 특정 칼럼을 명시할 필요가 없기 때문입니다.

구문을 보면 DELETE FROM 다음에 삭제할 테이블을 명시합니다. 그리고 필요에 따라 WHERE, ORDER BY, LIMIT 절을 추가합니다. WHERE 절을 생략하면 해당 테이블 데이터 전체가 삭제되고, WHERE 절에 조건을 기술하면 해당 조건을 만족하는 건만 삭제됩니다. 그리고 ORDER BY 절을 사용하면 명시한 칼럼 값 순서대로 삭제되고, LIMIT 절까지 추가하면 삭제되는 건수를 제한할 수 있습니다. 하지만 UPDATE 문과 마찬가지로 ORDER BY 절은 굳이 사용할 필요가 없습니다. 조건에 부합하는 데이터를 삭제하는 것이니 순서대로 삭제할 필요가 없기 때문이죠. 하지만 예외도 있습니다.

일단 DELETE 문 실습용 테이블을 만들어 봅시다.

코드 10-22
```sql
CREATE TABLE emp_delete AS
SELECT *
  FROM emp_test;

ALTER TABLE emp_delete
  ADD CONSTRAINT PRIMARY KEY (emp_no);

SELECT *
  FROM emp_delete;
```

실행결과

emp_no	emp_name	hire_date	salary
1001	아인슈타인	2021-01-01	1000
1002	뉴턴	2021-02-01	NULL
1003	갈릴레이	2021-02-10	NULL
1004	파인먼	2021-01-10	3000
1005	퀴리	2021-03-01	4000
1006	호킹	2021-03-05	5000
1007	패러데이	2021-04-01	2200
1008	맥스웰	2021-04-05	3300
1009	플랑크	2021-04-05	4400
1018	맥스웰	2021-04-05	100
1019	플랑크	2021-04-05	100
NULL	NULL	NULL	NULL

emp_test 테이블을 복제해 emp_delete 테이블을 생성했고 emp_no 칼럼을 기본 키로 만들었습니다.

emp_delete 테이블에서 데이터를 삭제하겠습니다.

코드 10-23
```sql
DELETE FROM emp_delete
  WHERE salary IS NULL;
```

```sql
SELECT *
  FROM emp_delete;
```

실행결과

emp_no	emp_name	hire_date	salary
1001	아인슈타인	2021-01-01	1000
1004	파인먼	2021-01-10	3000
1005	퀴리	2021-03-01	4000
1006	호킹	2021-03-05	5000
1007	패러데이	2021-04-01	2200
1008	맥스웰	2021-04-05	3300
1009	플랑크	2021-04-05	4400
1018	맥스웰	2021-04-05	100
1019	플랑크	2021-04-05	100
NULL	NULL	NULL	NULL

코드를 보면 DELETE FROM 다음에 emp_delete를 명시했습니다. emp_delete 테이블의 데이터를 삭제하겠다는 의미죠. 그리고 WHERE 절에는 salary IS NULL이란 조건을 주어 salary 값이 NULL인 건을 지우겠다고 기술했습니다.

문장을 실행한 결과를 보면 salary 값이 NULL이었던 사번 1002와 1003인 2건의 데이터가 삭제됐습니다.

코드 10-24
```sql
DELETE FROM emp_delete;

SELECT *
  FROM emp_delete;
```

실행결과

emp_no	emp_name	hire_date	salary
NULL	NULL	NULL	NULL

코드 10-24에서는 DELETE FROM 다음에 테이블명만 명시했습니다. 아무 조건이 없으면 해당 테이블의 데이터를 모두 삭제합니다. 결과를 보면 emp_delete 테이블에 있던 모든 데이터가 삭제됐습니다.

다음 SQL 문을 실행해 봅시다.

코드 10-25
```sql
INSERT INTO emp_delete
SELECT *
  FROM emp_test;

SELECT *
  FROM emp_delete
 ORDER BY emp_name;
```

실행결과

emp_no	emp_name	hire_date	salary
1003	갈릴레이	2021-02-10	NULL
1002	뉴턴	2021-02-01	NULL
1008	맥스웰	2021-04-05	3300
1018	맥스웰	2021-04-05	100
1001	아인슈타인	2021-01-01	1000
1005	퀴리	2021-03-01	4000
1004	파인먼	2021-01-10	3000
1007	패러데이	2021-04-01	2200
1009	플랑크	2021-04-05	4400
1019	플랑크	2021-04-05	100
1006	호킹	2021-03-05	5000
NULL	NULL	NULL	NULL

직전에 모든 데이터를 삭제했으므로 코드 10-25에서는 INSERT 문장으로 emp_delete 테이블에 emp_test 테이블의 데이터를 복제해서 다시 넣고 있습니다. emp_delete 테이블을 보면 emp_name 칼럼에 값이 플랑크와 맥스웰인 건이 각각 2건씩 존재합니다.

실수로 플랑크와 맥스웰 사원을 두 번 입력했다고 가정해 보죠. 그럼 중복으로 입력된 건에서 한 건은 삭제해야 합니다. 가령 맥스웰 사원 데이터를 삭제한다고 해 봅시다. 그럼 DELETE 문에서 WHERE 절에 사원명이 맥스웰인 건을 조건으로 줘서 삭제하면 되겠죠. 하지만 사원명이 맥스웰인 건이 2건(1008과 1018)이므로 2건 모두 삭제됩니다. 우리는 나중에 입력된 건(사원 1018 건)만 삭제하길 원합니다. 이럴 때는 다음과 같이 DELETE 문을 작성합니다.

코드 10-26
```sql
DELETE FROM emp_delete
 WHERE emp_name = '맥스웰'
```

```sql
ORDER BY emp_no DESC
LIMIT 1;

SELECT *
  FROM emp_delete
 WHERE emp_name = '맥스웰';
```

실행결과

emp_no	emp_name	hire_date	salary
1008	맥스웰	2021-04-05	3300
NULL	NULL	NULL	NULL

코드를 보면 WHERE 절의 조건으로 사원명(emp_name)이 맥스웰인 건을 기술합니다. 그리고 DELETE 문에 ORDER BY 절을 사용하면 삭제되는 건의 순서를 제어할 수 있는데, 여기서는 ORDER BY emp_no DESC라고 명시해 사번이 높은 건부터 삭제합니다. 추가로 LIMIT 1을 명시해 1건만 삭제가 됩니다. 따라서 DELETE 문은 사원명인 맥스웰인 사번 1008, 1018 건 중 사번이 높은 1018 건만 삭제합니다. 삭제한 결과를 보면 사번 1008 건만 남았습니다.

이렇게 DELETE 문에 ORDER BY와 LIMIT 절을 사용하면 삭제되는 순서를 제어하면서 조건에 맞는 일부 데이터만 삭제할 수 있습니다.

10.3.2 다중 테이블 데이터 삭제하기

DELETE 문으로 한 번에 여러 테이블에 있는 데이터를 삭제할 수도 있습니다. 두 가지 형태가 있는데, 첫 번째 형태의 구문부터 살펴보죠.

구문 10-8

```sql
DELETE 테이블별칭1, 테이블별칭2, ...
  FROM 테이블1 테이블별칭1, 테이블2 테이블별칭2, ...
 WHERE 조건;
```

다중 테이블 DELETE 문은 DELETE 다음에 삭제할 테이블의 별칭을 콤마로 구분해 명시합니다. 그리고 FROM 다음에는 테이블명과 별칭을 콤마로 구분해 명시하고, WHERE 절에 삭제 조건을 기술합니다. 여기서 중요한 점은 **DELETE와 FROM 사이에 기술하는 별칭에 해당되는 테이블만 삭제된다**는 것입니다. 가령 FROM 절에는 3개 테이블을 기술했는데 DELETE 다음에는 2개 테이블만 명시했다면, 명시한 2개 테이블의 데이터만 삭제됩니다. WHERE 절에는 삭제 조건을 기술하는데, FROM 절에 명시한 테이블 간의 조인 조건이나 필터 조건도 기술할 수 있습니다.

먼저 실습을 위해 추가로 테이블을 만듭니다.

코드 10-27
```
CREATE TABLE emp_delete2 AS
SELECT *
  FROM emp_test;

ALTER TABLE emp_delete2
  ADD CONSTRAINT PRIMARY KEY (emp_no);

SELECT *
  FROM emp_delete2;
```

실행결과

emp_no	emp_name	hire_date	salary
1001	아인슈타인	2021-01-01	1000
1002	뉴턴	2021-02-01	NULL
1003	갈릴레이	2021-02-10	NULL
1004	파인먼	2021-01-10	3000
1005	퀴리	2021-03-01	4000
1006	호킹	2021-03-05	5000
1007	패러데이	2021-04-01	2200
1008	맥스웰	2021-04-05	3300
1009	플랑크	2021-04-05	4400
1018	맥스웰	2021-04-05	100
1019	플랑크	2021-04-05	100
NULL	NULL	NULL	NULL

emp_delete와 마찬가지로 emp_test 테이블을 복사해 emp_delete2 테이블을 만들었습니다.

이제 emp_delete와 emp_delete2 테이블의 데이터를 한 번에 삭제하는 문장을 작성해 보겠습니다.

코드 10-28
```sql
DELETE a, b
  FROM emp_delete a, emp_delete2 b
 WHERE a.emp_no = b.emp_no;

SELECT *
  FROM emp_delete;

SELECT *
  FROM emp_delete2;
```

실행결과

emp_delete 테이블 조회

emp_no	emp_name	hire_date	salary
NULL	NULL	NULL	NULL

emp_delete2 테이블 조회

emp_no	emp_name	hire_date	salary
1018	맥스웰	2021-04-05	100
NULL	NULL	NULL	NULL

코드를 보면 DELETE 다음에 a, b를 명시합니다. 이는 삭제할 테이블의 별칭입니다. 별칭 대신 테이블명을 직접 명시해도 되지만, 별칭을 사용하는 것이 간편하죠. 그리고 FROM 다음에 emp_delete a, emp_delete2 b라고 테이블명과 별칭을 명시합니다. 여기서 DELETE 다음의 a는 emp_delete를, b는 emp_delete2 테이블을 가리킵니다. 그리고 WHERE 절에서 두 테이블의 기본 키 칼럼인 emp_no 값이 같은 조인 조건을 기술합니다. 따라서 이 문장은 두 테이블에서 emp_no 칼럼 값이 같은 건을 찾아 모두 지웁니다.

삭제한 후 두 테이블을 조회해 보면 emp_delete 테이블은 모든 데이터가 삭제됐고 emp_delete2에는 사번 1018인 건만 남았습니다. 코드 10-26의 DELETE 문을 실행해 emp_delete 테이블에서 이미 2건의 맥스웰 사원 중 나중에 입력된 건(사번이 1018인 건)을 삭제했지만, emp_test 테이블을 복제한 emp_delete2에는 이 건이 남아 있어서 조인 조건에 맞지 않아 삭제되지 않았습니다. 이처럼 DELETE와 FROM 사이에 여러 테이블을 명시하면 조건에 맞는 테이블의 데이터가 삭제됩니다.

그리고 FROM emp_delete a, emp_delete2 b 부분을 FROM emp_delete a INNER JOIN emp_delete2 b라고 명시해도 됩니다. 조인을 배울 때 INNER JOIN 구문을 사용하면 조인 조건을 ON 절에 기술한다고 했습니다. 그런데 DELETE 문에서는 ON이 아닌 WHERE 절에 기술하기 때문에 혼동을 줄 수 있어서 여기서는 INNER JOIN 구문을 사용하지 않았습니다.

두 번째 형태의 구문을 알아봅시다.

> **구문 10-9**
> ```
> DELETE FROM 테이블별칭1, 테이블별칭2, ...
>   USING 테이블1 테이블별칭1, 테이블2 테이블별칭2, ...
>   WHERE 조건;
> ```

이 구문은 이전 구문과 조금 다른데, DELETE FROM 다음에 삭제할 테이블 별칭을 기술하고 USING 다음에 테이블명과 별칭을 기술합니다. 그리고 삭제할 조건은 WHERE 절에 기술합니다.

구문을 예제에 적용해 보기 전에, 앞에서 emp_delete와 emp_delete2 테이블의 데이터를 삭제했으니 다시 삭제 전 상태로 만듭니다.

코드 10-29
```
DELETE FROM emp_delete2;

INSERT INTO emp_delete
SELECT *
  FROM emp_test
 WHERE emp_no <> 1018;

INSERT INTO emp_delete2
SELECT *
  FROM emp_test;

SELECT *
  FROM emp_delete;

SELECT *
  FROM emp_delete2;
```

실행결과

emp_delete 테이블 조회

emp_no	emp_name	hire_date	salary
1001	아인슈타인	2021-01-01	1000
1002	뉴턴	2021-02-01	NULL
1003	갈릴레이	2021-02-10	NULL
1004	파인먼	2021-01-10	3000
1005	퀴리	2021-03-01	4000
1006	호킹	2021-03-05	5000
1007	패러데이	2021-04-01	2200
1008	맥스웰	2021-04-05	3300
1009	플랑크	2021-04-05	4400
1019	플랑크	2021-04-05	100
NULL	NULL	NULL	NULL

emp_delete2 테이블 조회

emp_no	emp_name	hire_date	salary
1001	아인슈타인	2021-01-01	1000
1002	뉴턴	2021-02-01	NULL
1003	갈릴레이	2021-02-10	NULL
1004	파인먼	2021-01-10	3000
1005	퀴리	2021-03-01	4000
1006	호킹	2021-03-05	5000
1007	패러데이	2021-04-01	2200
1008	맥스웰	2021-04-05	3300
1009	플랑크	2021-04-05	4400
1018	맥스웰	2021-04-05	100
1019	플랑크	2021-04-05	100
NULL	NULL	NULL	NULL

코드 10-29는 emp_delete, emp_delete2 테이블을 삭제 전 상태로 만드는 코드입니다. INSERT 문에서 다룬 내용이므로 자세한 설명은 생략합니다. 현재 emp_delete 테이블에는 사번 1018인 맥스웰 사원의 정보가 없는 상태입니다.

두 번째 형태의 다중 테이블 DELETE 문을 사용해 예제를 작성해 봅시다.

코드 10-30
```sql
DELETE FROM b
 USING emp_delete a, emp_delete2 b
 WHERE a.emp_no = b.emp_no;

SELECT *
  FROM emp_delete;
```

```sql
SELECT *
  FROM emp_delete2;
```

실행결과

emp_delete 테이블 조회

emp_no	emp_name	hire_date	salary
1001	아인슈타인	2021-01-01	1000
1002	뉴턴	2021-02-01	NULL
1003	갈릴레이	2021-02-10	NULL
1004	파인먼	2021-01-10	3000
1005	퀴리	2021-03-01	4000
1006	호킹	2021-03-05	5000
1007	패러데이	2021-04-01	2200
1008	맥스웰	2021-04-05	3300
1009	플랑크	2021-04-05	4400
1019	플랑크	2021-04-05	100
NULL	NULL	NULL	NULL

emp_delete2 테이블 조회

emp_no	emp_name	hire_date	salary
1018	맥스웰	2021-04-05	100
NULL	NULL	NULL	NULL

코드 10-30에서는 DELETE FROM 다음에 b만 명시해서 한 개 테이블에서 데이터를 삭제합니다. USING emp_delete a, emp_delete2 b라고 했으니 삭제할 테이블은 emp_delete2 테이블이죠. 그리고 WHERE 절에 두 테이블의 emp_no 칼럼 값이 같은 건을 삭제하라고 기술합니다. 따라서 DELETE 문은 두 테이블을 비교해 emp_no 값이 같은 건을 emp_delete2 테이블에서 삭제합니다.

삭제한 후에 두 테이블을 조회해 보면 emp_delete 테이블은 삭제되지 않았고, emp_delete2 테이블은 조인 조건에 맞지 않은 사번 1018인 맥스웰 건만 남기고 나머지 데이터는 모두 삭제됐습니다.

여기서 만약 DELTE FROM 다음에 a만 기술했다면 emp_delete 테이블 데이터만 삭제되며, a와 b 모두 기술했다면 두 테이블의 데이터가 모두 삭제됩니다. 또한 이전과 마찬가지로 USING emp_delete a, emp_delete2 b 부분을 USING emp_delete a INNER JOIN emp_delete2 b로 바꿔 써도 동일한 데이터가 삭제됩니다.

두 가지 형태의 다중 테이블 DELETE 문 중 어느 것을 사용하든지 상관없습니다. DELETE 문을 작성하면서 좀 더 익숙해지고 이해하기 쉬운 구문을 골라 사용하면 됩니다.

1분 퀴즈 3

emp_delete 테이블에서 사원명이 플랑크인 데이터를 삭제하는데, 이번에는 사번이 빠른 건 1개만 삭제하는 쿼리를 작성해 보세요.

정답 및 해설: 해설 노트 512쪽

10.4 트랜잭션 처리하기

1장에서 관계형 데이터베이스 시스템의 특징 중 하나가 트랜잭션 처리라고 했죠. 이 절에서는 실제로 트랜잭션 처리를 어떻게 하는지 알아보겠습니다.

10.4.1 트랜잭션 처리

기억을 되살리기 위해 1장에서 소개했던 트랜잭션 개념도를 다시 살펴보겠습니다.

그림 10-3 트랜잭션의 개념

오류 발생 시 거래 차제를 없던 것으로 처리
입금 계좌에 입금이 확인되면 거래 성사

트랜잭션(transaction)은 '거래'를 뜻한다고 했죠. 은행 거래를 예로 들어, A 은행 계좌에서 10만 원을 B 은행 계좌로 이체합니다. 이체 과정 중에 오류로 A 은행 계좌에서는 10만 원이 빠져나갔는데, B 은행 계좌로 10만 원이 입금되지 않았습니다. 이때 B 은행 계좌에 10만 원이 들어온 것이 확인되면 거래를 성사시키고, 그렇지 않으면 거래 자체를 없었던 것으로 취소하면 된다고 했습니다.

테이블 관점에서 보면 계좌에 대한 입금과 출금을 테이블 데이터에 대한 입력, 수정, 삭제라고 보면 됩니다. 예를 들어 INSERT 문으로 emp_delete 테이블에 데이터를 신규로 입력하거나 UPDATE 문으로 데이터를 수정하거나 DELETE 문으로 데이터를 삭제할 때, 잘못된 입력, 수정, 삭제 작업을 했다면 해당 작업을 취소하고 데이터를 원 상태로 복원할 수 있습니다. 물론 정상적으로 작업했다면 그대로 진행하면 됩니다.

MySQL에서는 이런 트랜잭션 처리를 SQL 문 중에서 트랜잭션 제어어(TCL)로 처리합니다. TCL에는 대표적으로 COMMIT과 ROLLBACK 문이 있습니다. **COMMIT** 문은 데이터를 입력, 수정, 삭제한 후 이 작업을 영구적으로 테이블에 반영할 때 사용합니다. **ROLLBACK** 문을 실행하면 입력, 수정, 삭제하기 이전 상태로 돌아갈 수 있습니다. 한마디로 거래 성공은 COMMIT, 거래 실패 후 원 상태로 복귀하려면 ROLLBACK 문을 실행하면 됩니다. 두 문장은 DML 중 INSERT, UPDATE, DELETE 문으로 테이블에 있는 데이터를 직접 처리할 때만 적용됩니다.

10.4.2 자동커밋 속성

지금까지 INSERT, UPDATE, DELETE 문으로 여러 테이블의 데이터를 조작했지만, 한 번도 COMMIT 문을 사용한 적이 없었습니다. 그런데도 테이블에서 데이터가 정상적으로 입력, 수정, 삭제됐습니다. COMMIT 문을 명시적으로 실행하지 않았는데 어떻게 정상적으로 처리됐을까요?

MySQL은 내부적으로 수많은 옵션 값이 있고, 이 값을 조정해 MySQL의 작동을 제어할 수 있습니다. 아직까지 이 책에서는 이런 옵션 값을 소개한 적이 없습니다. MySQL을 설치하면 이런 수많은 옵션이 모두 기본값으로 자동 설정됩니다. 이 중에서 autocommit이라는 옵션이 있는데, 이는 자동커밋을 조정하는 값입니다.

자동커밋이란 COMMIT 문을 명시적으로 실행하지 않아도 입력, 수정, 삭제된 데이터가 테이블에 반영되는 것입니다. 따라서 지금까지 INSERT, UPDATE, DELETE 문을 실행했을 때 테이블에 데이터가 정상적으로 반영된 것은 자동커밋 모드가 활성화되어 있기 때문입니다. 자동커밋은 **autocommit 옵션이 기본값 1로 설정되면 활성화**됩니다. 만약 자동커밋 모드를 **비활성화**하면, 즉 **autocommit 값을 0으로 설정**하면 명시적으로 COMMIT 문을 실행해야 테이블에 데이터가 반영됩니다.

코드 10-31

```sql
-- autocommit 확인
SELECT @@AUTOCOMMIT;
-- autocommit 비활성화
SET autocommit = 0;
-- autocommit 변경 확인
SELECT @@AUTOCOMMIT;
```

실행결과

수정 전 autocommit 값

@@AUTOCOMMIT
1

수정 후 autocommit 값

@@AUTOCOMMIT
0

코드 10-31에서 현재 설정된 autocommit 옵션 값을 확인하니 자동커밋 모드임을 알 수 있습니다. 그리고 이 값을 0으로 설정해 비활성화한 후 제대로 값이 변경됐는지 확인합니다. 이제 자동커밋은 비활성화된 상태입니다.

autocommit은 세션 단위로 설정됩니다. 따라서 MySQL 접속을 해제하고 다시 로그인하면 기본값인 1로 복원됩니다. 설정을 변경하려면 MySQL Workbench의 **Edit → Preferences** 메뉴를 선택합니다. 팝업 창이 뜨면 **SQL Execution**에서 **New connections use auto commit mode** 항목을 체크하거나 체크를 해제하면 됩니다. 체크하면 autocommit이 활성화되고, 해제하면 비활성화됩니다.

그림 10-4 MySQL Workbench에서 autocommit 설정

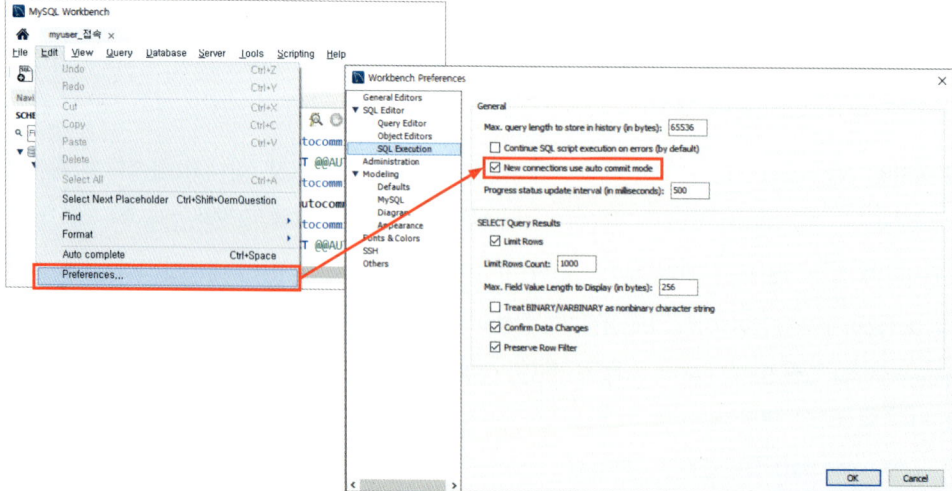

10.4.3 자동커밋 비활성화 상태에서 트랜잭션 처리하기

자동커밋을 비활성화한 상태에서 트랜잭션 처리하는 방법을 알아보겠습니다. 먼저 트랜잭션 처리가 됐는지 확인하기 위한 샘플 테이블을 만듭니다.

코드 10-32
```sql
CREATE TABLE emp_tran1 AS
SELECT *
  FROM emp_test;

ALTER TABLE emp_tran1
  ADD CONSTRAINT PRIMARY KEY (emp_no);

CREATE TABLE emp_tran2 AS
SELECT *
  FROM emp_test;

ALTER TABLE emp_tran2
  ADD CONSTRAINT PRIMARY KEY (emp_no);
```

실행결과

#	Time	Action	Message	Duration / Fetch
1	09:56:45	CREATE TABLE emp_tran1 AS SELECT * FROM emp_test	11 row(s) affected Records: 11 Duplicates: 0 Warnings: 0	0.047 sec
2	09:56:45	ALTER TABLE emp_tran1 ADD CONSTRAINT PRIMARY ...	0 row(s) affected Records: 0 Duplicates: 0 Warnings: 0	0.047 sec
3	09:56:45	CREATE TABLE emp_tran2 AS SELECT * FROM emp_test	11 row(s) affected Records: 11 Duplicates: 0 Warnings: 0	0.047 sec
4	09:56:45	ALTER TABLE emp_tran2 ADD CONSTRAINT PRIMARY ...	0 row(s) affected Records: 0 Duplicates: 0 Warnings: 0	0.047 sec

emp_test 테이블을 복제해 emp_tran1, emp_tran2 테이블을 생성했습니다. CREATE TABLE AS 구문을 사용하면 데이터까지 복제할 수 있는데, 자동커밋이 비활성화 상태더라도 이 문장은 DDL에 속해서 COMMIT이나 ROLLBACK 문을 사용할 필요가 없습니다. 트랜잭션 처리는 DML인 INSERT, UPDATE, DELETE 문에만 적용됩니다.

예제 테이블을 만들었으니 이제 트랜잭션 처리를 해 봅시다.

코드 10-33
```sql
-- emp_tran1 삭제
DELETE FROM emp_tran1;

-- emp_tran2 삭제
DELETE FROM emp_tran2;
```

```sql
-- 삭제 취소
ROLLBACK;

-- 데이터 확인
SELECT *
  FROM emp_tran1;

SELECT *
  FROM emp_tran2;
```

실행결과

#	Time	Action	Message	Duration / Fetch
1	09:57:13	DELETE FROM emp_tran1	11 row(s) affected	0.000 sec
2	09:57:13	DELETE FROM emp_tran2	11 row(s) affected	0.000 sec
3	09:57:13	ROLLBACK	0 row(s) affected	0.000 sec

emp_tran1 테이블 조회

emp_no	emp_name	hire_date	salary
1001	아인슈타인	2021-01-01	1000
1002	뉴턴	2021-02-01	NULL
1003	갈릴레이	2021-02-10	NULL
1004	파인먼	2021-01-10	3000
1005	퀴리	2021-03-01	4000
1006	호킹	2021-03-05	5000
1007	패러데이	2021-04-01	2200
1008	맥스웰	2021-04-05	3300
1009	플랑크	2021-04-05	4400
1018	맥스웰	2021-04-05	100
1019	플랑크	2021-04-05	100
NULL	NULL	NULL	NULL

emp_tran2 테이블 조회

emp_no	emp_name	hire_date	salary
1001	아인슈타인	2021-01-01	1000
1002	뉴턴	2021-02-01	NULL
1003	갈릴레이	2021-02-10	NULL
1004	파인먼	2021-01-10	3000
1005	퀴리	2021-03-01	4000
1006	호킹	2021-03-05	5000
1007	패러데이	2021-04-01	2200
1008	맥스웰	2021-04-05	3300
1009	플랑크	2021-04-05	4400
1018	맥스웰	2021-04-05	100
1019	플랑크	2021-04-05	100
NULL	NULL	NULL	NULL

코드 10-33에서는 emp_tran1과 emp_tran2 테이블의 데이터를 모두 삭제한 뒤 ROLLBACK 문을 실행했습니다. ROLLBACK은 트랜잭션을 취소하는 역할을 하므로 삭제된 두 테이블의 데이터는 삭제 전 상태로 되돌아갑니다 이때 두 테이블을 삭제한 2개의 DELETE 문이 하나의 트랜잭션이 되고 이 트랜잭션을 ROLLBACK 문으로 취소합니다.

코드 10-34

```sql
-- emp_tran1 삭제
DELETE FROM emp_tran1;

-- 삭제 반영
COMMIT;

-- emp_tran2 삭제
DELETE FROM emp_tran2;

-- 삭제 취소
ROLLBACK;

-- 데이터 확인
SELECT *
  FROM emp_tran1;

SELECT *
  FROM emp_tran2;
```

실행결과

#	Time	Action	Message	Duration / Fetch
1	10:01:08	DELETE FROM emp_tran1	11 row(s) affected	0.000 sec
2	10:01:08	COMMIT	0 row(s) affected	0.016 sec
3	10:01:08	DELETE FROM emp_tran2	11 row(s) affected	0.000 sec
4	10:01:08	ROLLBACK	0 row(s) affected	0.000 sec

emp_tran1 테이블 조회

emp_no	emp_name	hire_date	salary
NULL	NULL	NULL	NULL

emp_tran2 테이블 조회

emp_no	emp_name	hire_date	salary
1001	아인슈타인	2021-01-01	1000
1002	뉴턴	2021-02-01	NULL
1003	갈릴레이	2021-02-10	NULL
1004	파인먼	2021-01-10	3000
1005	퀴리	2021-03-01	4000
1006	호킹	2021-03-05	5000
1007	패러데이	2021-04-01	2200
1008	맥스웰	2021-04-05	3300
1009	플랑크	2021-04-05	4400
1018	맥스웰	2021-04-05	100
1019	플랑크	2021-04-05	100
NULL	NULL	NULL	NULL

코드 10-34에서는 emp_tran1 테이블의 데이터를 삭제한 후 COMMIT 문을 실행하므로 emp_tran1 테이블에는 데이터가 남아 있지 않습니다. 그다음 emp_trans2 테이블의 데이터를 삭제하는데, 이번에는 ROLLBACK 문을 실행합니다. **COMMIT이나 ROLLBACK 문을 실행하면 해당 트랜잭션은 종료**됩니다. 따라서 emp_tran1 테이블의 데이터를 삭제한 후 COMMIT을 해서 트랜잭션이 종료됐습니다. 그리고 emp_trans2 테이블의 데이터를 삭제한 후 ROLLBACK 문을 실행하면 새로운 트랜잭션인 emp_tran2 테이블을 삭제한 DELETE 문만 취소되어 emp_tran2 테이블만 데이터를 삭제하기 전 상태로 되돌아갑니다. 결과를 보면 emp_tran1 테이블의 데이터는 모두 삭제됐지만, emp_tran2 테이블의 데이터는 그대로 남아 있습니다.

코드 10-33과 코드 10-34에서 이뤄진 트랜잭션 처리를 정리하면 다음과 같습니다.

그림 10-5 자동커밋 비활성화 상태의 트랜잭션 처리

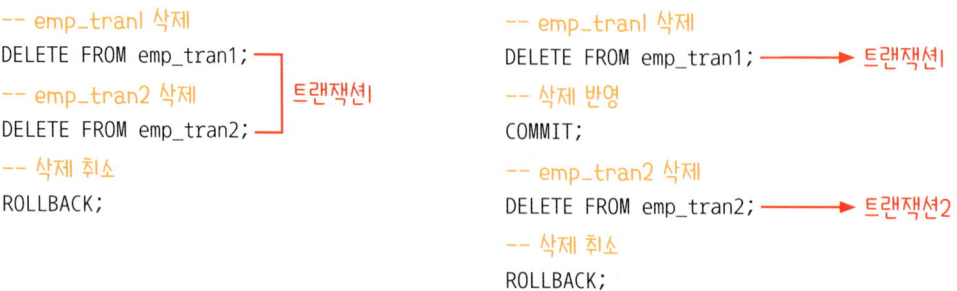

전자는 2개의 DELETE 문이 하나의 트랜잭션을 이루고 ROLLBACK 문은 이 트랜잭션을 취소합니다. 후자는 DELETE 문이 각각 하나의 트랜잭션을 이루어 COMMIT 문은 첫 번째 트랜잭션을, ROLLBACK 문은 두 번째 트랜잭션을 처리합니다.

10.4.4 자동커밋 활성화 상태에서 수동으로 트랜잭션 처리하기

앞에서 설명했듯이 MySQL에서는 기본으로 자동커밋이 활성화되어 있습니다. 이 상태에서 실수로 데이터를 입력, 수정, 삭제하면 이전 상태로 되돌릴 방법이 없습니다. 그런데 자동커밋이 활성화된 상태에서 수동으로 트랜잭션 처리를 하는 방법이 있습니다. DML 문장에 대한 트랜잭션을 명시적으로 선언하면 됩니다. 어떻게 하는지 알아봅시다.

START TRANSACTION 문

먼저 자동커밋을 다시 활성화해서 기존과 뭐가 다른지 확인해 보겠습니다.

코드 10-35
```sql
-- autocommit 활성화
SET autocommit = 1;

-- 데이터 입력
INSERT INTO emp_tran1
SELECT *
  FROM emp_test;

-- 입력 취소 처리
ROLLBACK;

-- emp_tranl 조회
SELECT *
  FROM emp_tran1;
```

실행결과

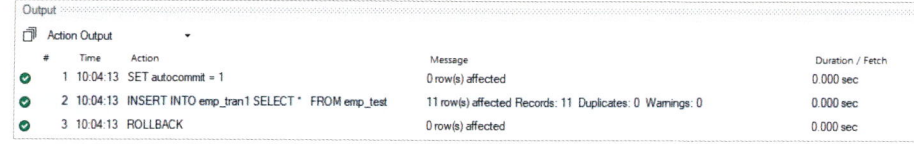

emp_tran1 테이블 조회

emp_no	emp_name	hire_date	salary
1001	아인슈타인	2021-01-01	1000
1002	뉴턴	2021-02-01	NULL
1003	갈릴레이	2021-02-10	NULL
1004	파인먼	2021-01-10	3000
1005	퀴리	2021-03-01	4000
1006	호킹	2021-03-05	5000
1007	패러데이	2021-04-01	2200
1008	맥스웰	2021-04-05	3300
1009	플랑크	2021-04-05	4400
1018	맥스웰	2021-04-05	100
1019	플랑크	2021-04-05	100
NULL	NULL	NULL	NULL

자동커밋을 다시 활성화한 후 emp_test 테이블에서 데이터를 읽어 들여 emp_tran1 테이블에 입력합니다. 그러고 나서 이를 취소하는 ROLLBACK 문을 실행하죠. 하지만 자동커밋 모드가 활성화되어 있어서 INSERT 문이 실행됨과 동시에 COMMIT이 이루어져 트랜잭션 처리가 완료됩니다. 따라서 ROLLBACK 문을 실행하더라도 처리할 트랜잭션이 남아 있지 않아 아무런 변화가 없습니다. emp_trans1 테이블을 조회해 보면 데이터 입력이 취소되지 않고 그대로 남아 있는 것을 확인할 수 있습니다.

이렇게 자동커밋이 활성화된 상태에서 수동으로 트랜잭션 처리를 하고 싶을 때, 즉 내가 원할 때 트랜잭션 처리가 이뤄지게 하려면 START TRANSACTION 문으로 트랜잭션을 선언하면 됩니다. 어떻게 지정하는지 구문을 살펴보죠.

구문 10-10

```
START TRANSACTION;
INSERT 문;
UPDATE 문;
DELETE 문;
...
COMMIT(또는 ROLLBACK);
```

자동커밋이 활성화된 상태에서 START TRANSACTION 문을 사용하면 일시적으로 자동커밋이 비활성화되고 COMMIT이나 ROLLBACK 문을 만나 트랜잭션이 종료되면 다시 활성화됩니다. 따라서 START TRANSACTION 문으로 트랜잭션 처리를 제어할 수 있습니다. 예제를 봅시다.

코드 10-36

```sql
START TRANSACTION;

-- 데이터 삭제
DELETE FROM emp_tran1
 WHERE emp_no >= 1006;

-- 데이터 수정
UPDATE emp_tran1
   SET salary = 0
 WHERE salary IS NULL;

-- 취소 처리
ROLLBACK;

SELECT *
  FROM emp_tran1;
```

실행결과

#	Time	Action	Message	Duration / Fetch
1	10:06:06	START TRANSACTION	0 row(s) affected	0.000 sec
2	10:06:06	DELETE FROM emp_tran1 WHERE emp_no >= 1006	6 row(s) affected	0.000 sec
3	10:06:06	UPDATE emp_tran1 SET salary = 0 WHERE salary IS N...	2 row(s) affected Rows matched: 2 Changed: 2 Warnings: 0	0.000 sec
4	10:06:06	ROLLBACK	0 row(s) affected	0.000 sec

emp_tran1 테이블 조회

emp_no	emp_name	hire_date	salary
1001	아인슈타인	2021-01-01	1000
1002	뉴턴	2021-02-01	NULL
1003	갈릴레이	2021-02-10	NULL
1004	파인먼	2021-01-10	3000
1005	퀴리	2021-03-01	4000
1006	호킹	2021-03-05	5000
1007	패러데이	2021-04-01	2200
1008	맥스웰	2021-04-05	3300
1009	플랑크	2021-04-05	4400
1018	맥스웰	2021-04-05	100
1019	플랑크	2021-04-05	100
NULL	NULL	NULL	NULL

코드를 보면 먼저 START TRANSACTION 문으로 트랜잭션을 선언합니다. 그런 다음 emp_tran1 테이블에서 사번이 1006보다 큰 건을 삭제하고, salary 값이 NULL인 건을 0으로 수정합니다. 두 DML 문장을 수행하면 emp_tran1 테이블에는 사번이 1001~1005인 5건이 남고, 이 중에서 salary 값이 NULL인 2건의 salary 칼럼 값은 0으로 변경됩니다. 하지만 마지막에 ROLLBACK 문을 실행해 두 문장이 수행한 작업을 취소합니다.

결과를 보면 테이블이 DELETE와 UPDATE 문을 실행하기 이전 상태임을 알 수 있습니다. 만약 START TRANSACTION 문으로 트랜잭션을 명시적으로 선언하지 않았다면 자동커밋 때문에 ROLLBACK과 상관없이 DELETE, UPDATE 문을 실행한 결과가 반영됐을 겁니다.

SAVEPOINT 문

START TRANSACTION 문으로 트랜잭션을 선언해 시작하면 COMMIT이나 ROLLBACK 문을 만날 때까지 작성한 모든 문장은 하나의 트랜잭션으로 묶여 한배를 탄 운명에 처해집니다. 가령 트랜잭션 안에서 DELETE, INSERT, UPDATE 3개의 문장을 사용했다면 세 문장 때문에 변경된 데이터는 COMMIT, ROLLBACK 문의 사용 여부에 따라 모두 적용되거나 모두 취소됩니다.

그런데 이 중에서 DELETE, INSERT 문이 처리한 내역은 테이블에 반영(커밋)하고 마지막 UPDATE 문이 처리한 내역만 취소할 수도 있습니다. SAVEPOINT 문을 사용하는 방법인데, SAVEPOINT는 트랜잭션 안에서 특정 지점을 정해 해당 지점부터 수행된 DML 문장이 처리한 작업을 모두 취소합니다.

SAVEPOINT 문의 구문은 다음과 같습니다.

구문 10-11

```
SAVEPOINT 식별자;

INSERT(또는 UPDATE/DELETE) 문
ROLLBACK TO SAVEPOINT 식별자;
```

START TRANSACTION 문을 실행한 후 특정 지점에 SAVEPOINT 식별자 형태의 문장을 사용합니다. 그리고 나서 DML 문장을 실행하고 마지막으로 ROLLBACK TO SAVEPOINT 식별자 문장을 실행하면 해당 식별자 위치로 가서 그 이후 실행된 문장이 처리한 작업을 모두 취소합니다. 여기서 식별자는 해당 지점의 이름 또는 지표 역할을 합니다.

SAVEPOINT 문의 작동 방식을 예제로 알아보죠.

코드 10-37

```sql
START TRANSACTION;

-- savepoint A 설정
SAVEPOINT A;

-- 삭제1
DELETE FROM emp_tran1
 WHERE salary IS NULL;

-- savepoint B 설정
SAVEPOINT B;

-- 삭제2
DELETE FROM emp_tran1
 WHERE emp_name = '맥스웰'
 ORDER BY emp_no
 LIMIT 1;

-- savepoint B 이후 작업 취소
ROLLBACK TO SAVEPOINT B;

-- 반영
COMMIT;

SELECT *
  FROM emp_tran1;
```

실행결과

#	Time	Action	Message	Duration / Fetch
1	10:09:42	START TRANSACTION	0 row(s) affected	0.000 sec
2	10:09:42	SAVEPOINT A	0 row(s) affected	0.000 sec
3	10:09:42	DELETE FROM emp_tran1 WHERE salary IS NULL	2 row(s) affected	0.000 sec
4	10:09:42	SAVEPOINT B	0 row(s) affected	0.000 sec
5	10:09:42	DELETE FROM emp_tran1 WHERE emp_name = '맥스웰'...	1 row(s) affected	0.000 sec
6	10:09:42	ROLLBACK TO SAVEPOINT B	0 row(s) affected	0.000 sec
7	10:09:42	COMMIT	0 row(s) affected	0.000 sec

emp_tran1 테이블 조회

emp_no	emp_name	hire_date	salary
1001	아인슈타인	2021-01-01	1000
1004	파인먼	2021-01-10	3000
1005	퀴리	2021-03-01	4000
1006	호킹	2021-03-05	5000
1007	패러데이	2021-04-01	2200
1008	맥스웰	2021-04-05	3300
1009	플랑크	2021-04-05	4400
1018	맥스웰	2021-04-05	100
1019	플랑크	2021-04-05	100
NULL	NULL	NULL	NULL

먼저 START TRANSACTION 문을 사용해 명시적으로 트랜잭션을 선언합니다. 그리고 SAVEPOINT A를 실행해 트랜잭션 안에 A 지점을 설정합니다. 그다음 emp_tran1 테이블에서 salary 칼럼 값이 NULL인 건을 삭제합니다. 다시 SAVEPOINT B를 실행해 B 지점을 설정한 뒤, ORDER BY와 LIMIT 절로 2건의 맥스웰 사원 데이터 중에서 나중에 입력된 건을 삭제합니다. 그런 뒤에 ROLLBACK TO SAVEPOINT B 문장을 실행하는데, 이는 B 지점 이후로 실행한 DML 문장의 처리를 ROLLBACK, 즉 취소하라는 의미입니다. 따라서 두 번째 DELETE 문으로 삭제된 작업이 취소됩니다. ROLLBACK TO SAVEPOINT 문은 현재 트랜잭션을 종료하지 않습니다. 따라서 삭제한 맥스웰 건이 삭제되기 전 상태로 되돌아가고, 마지막으로 COMMIT 문을 실행해 해당 트랜잭션을 끝냅니다.

이렇게 하면 두 DELETE 문에서 첫 번째 DELETE 문은 적용되고 두 번째 DELETE 문은 취소됩니다. 따라서 salary 칼럼 값이 NULL인 건은 삭제되지만, 맥스웰 건은 삭제되지 않아서 emp_tran1 테이블을 조회해 보면 데이터가 총 9건 있음을 확인할 수 있습니다.

지금까지 트랜잭션 처리 방법을 알아봤습니다. MySQL에서는 기본으로 자동커밋 모드가 활성화된 상태이므로 수동으로 트랜잭션 처리를 하려면 START TRANSACTION 문을 사용해 명시적으로 트랜잭션을 선언한 후 데이터를 조작하는 것이 좋습니다. 특히 UPDATE, DELETE 문을 실행할 때, 실수로 WHERE 절을 누락하거나 잘못된 조건을 명시하면 소중한 데이터가 사라지거나 변경될 수 있습니다. 이렇게 되면 다시 원상태로 되돌려야 하므로 테이블에 있는 데이터를 조작할 때는 항상 수동으로 트랜잭션 처리를 해야 합니다.

1분 퀴즈 4

수동으로 트랜잭션 처리를 하던 중, emp_tran2 테이블에서 salary 칼럼 값이 1000인 건을 삭제하려고 DELETE 문을 실행했습니다. 그런데 실수로 1000이 아닌 100인 건을 삭제했습니다. 그래서 삭제 전 상태로 데이터를 되돌렸습니다. 일련의 과정을 SQL 문으로 작성해 보세요.

정답 및 해설: 해설 노트 512쪽

10 마무리

이 장에서 배운 내용을 정리해 보겠습니다.

1 데이터 입력하기

① 테이블에 신규로 데이터를 입력할 때는 INSERT 문을 사용합니다.

② INSERT 문에는 기본형 INSERT, 기본형을 변형한 INSERT, SELECT 문과 결합한 INSERT 문이 있습니다.

③ 기본형 INSERT 문은 INSERT 문을 한 번 실행할 때 하나의 로우가 입력됩니다.

④ INSERT 문을 작성할 때는 테이블에 입력할 칼럼과 값의 개수, 순서, 데이터 타입을 모두 맞춰야 합니다.

⑤ INSERT 문에 칼럼을 명시하지 않으면 해당 테이블의 전체 칼럼에 데이터를 입력한다는 뜻이며, 테이블을 정의할 때 명시한 칼럼 순서대로 입력할 값을 명시해야 합니다.

⑥ 데이터를 입력할 때 NOT NULL 칼럼에는 반드시 값을 입력해야 합니다.

⑦ 기본 키 칼럼에 중복 값을 입력하면 오류가 발생해 INSERT 작업이 취소됩니다.

⑧ 변형 INSERT 문은 INSERT 문을 한 번 실행할 때 여러 건의 데이터를 한 번에 입력할 수 있습니다. 이때 VALUES 절에 여러 개의 입력 값을 괄호로 묶어 입력합니다.

⑨ SELECT 문이 결합된 INSERT 문은 SELECT 문이 반환하는 결과 집합이 테이블에 입력되고, 반환된 결과 집합의 건수에 따라 한 번에 여러 건을 입력할 수 있습니다.

2 데이터 수정하기

① 테이블에 저장된 데이터를 수정할 때는 UPDATE 문을 사용하는데, 단일 테이블 또는 한 번에 여러 개의 테이블의 데이터를 수정할 수 있습니다.

② 단일 테이블 UPDATE 문은 한 번에 한 테이블의 데이터를 수정합니다. 수정할 칼럼과 그 값은 SET 절에, 조건에 맞는 데이터만 수정할 때는 WEHRE 절에 해당 조건을 기술합니다.

③ ORDER BY와 LIMIT 절로 수정되는 건의 순서를 제어할 수 있는데, 단일 테이블 UPDATE 문에서만 사용할 수 있습니다.

④ 다중 테이블 UPDATE 문은 한 번에 2개 이상의 테이블에서 데이터를 수정할 수 있습니다.

⑤ UPDATE 다음에 2개 테이블을 명시하면 두 테이블의 특정 칼럼 값을 모두 수정할 수도 있고, 한 테이블의 칼럼 값을 다른 한 테이블의 칼럼 값을 이용해 수정할 수도 있습니다.

⑥ INSERT... ON DUPLICATE KEY UPDATE 문을 사용하면 테이블에 신규로 데이터를 입력함과 동시에 이미 테이블에 저장된 기존 칼럼 값을 수정할 수 있습니다. 특히 신규 데이터를 입력할 때 기본 키 값에 중복 값을 입력하는 경우, 이 문장을 사용하면 입력이 아닌 ON DUPLICATE KEY UPDATE 다음에 명시한 칼럼의 값이 수정됩니다.

3 데이터 삭제하기

① 데이터를 삭제할 때는 DELETE 문을 사용하는데, DELETE 문도 단일 테이블 또는 한 번에 여러 개의 테이블의 데이터를 삭제할 수 있습니다.

② 단일 테이블 DELETE 문은 WHERE 절에 조건을 명시해 삭제될 데이터를 걸러 낼 수 있고, ORDER BY와 LIMIT 절로 삭제되는 건의 순서를 제어할 수 있습니다.

③ 다중 테이블 DELETE 문은 한 번에 2개 이상의 테이블 데이터를 삭제할 수 있으며 WHERE 절로 삭제되는 건을 제어합니다.

④ ORDER BY와 LIMIT 절은 단일 테이블 DELETE 문에서만 사용할 수 있습니다.

4 트랜잭션 처리하기

① MySQL은 기본으로 자동커밋 모드가 활성화되어 있어서 INSERT, UPDATE, DELETE 문을 실행하면 바로 테이블에 데이터가 반영되며, 세션별로 자동커밋 모드를 비활성화할 수 있습니다.

② START TRANSACTION 문으로 트랜잭션 처리를 수동으로 할 수 있습니다. START TRANSACTION 문 이후 사용된 여러 개의 INSERT, UPDATE, DELETE 문이 하나의 트랜잭션이 되며 COMMIT이나 ROLLBACK 문을 만나면 해당 트랜잭션은 종료됩니다.

③ 하나의 트랜잭션 안에서 SAVEPOINT 문으로 여러 개의 트랜잭션 지점을 설정할 수 있으며 ROLLBACK TO SAVEPOINT 문을 사용하면 특정 지점 이후의 데이터 조작을 취소할 수 있습니다.

Self Check

1. 코드 10-13의 INSERT 문은 기본 키 충돌 문제로 오류가 발생해 데이터가 입력되지 않았습니다. 중복 값인 사번 1004번 건을 제외하고 나머지 데이터를 emp_test2 입력하도록 쿼리를 수정해 보세요.

   힌트 SELECT 문에서 emp_test 테이블을 조회할 때 emp_test2 테이블에 없는 건만 조회되도록 하면 되는데, 이때 세미조인을 사용해 보세요.

2. box_office 테이블을 참조해 이 테이블의 제작연도, 순위, 영화명, 개봉일, 매출액, 관객수 칼럼과 추가로 last_year_audi_num이라는 이름의 INT 형 칼럼을 가진 box_office_copy 테이블을 만듭니다. 그리고 box_office 테이블에서 2019년 개봉 영화 중 관객수가 800만 명 이상인 데이터를 box_office_copy 테이블에 넣는 INSERT 문을 작성하세요.

3. 2번 문제에서 만든 box_office_copy 테이블의 last_year_audi_num 칼럼 값을 box_office 테이블의 2018년 개봉 영화와 순위(ranks)가 같은 건의 관객수(audience_num) 값으로 변경하는 UPDATE 문을 작성해 보세요.

4. 사원의 부서 할당 정보가 들어 있는 dept_emp 테이블에서 현재 기준이 아닌 과거 기준으로 데이터를 삭제하는 DELETE 문을 작성해 보세요.

5. box_office_copy 테이블을 복제한 box_office_copy2 테이블을 만들고 box_office_copy2 테이블의 데이터를 모두 삭제합니다. 그리고 box_office 테이블에서 2017년 개봉 영화 중 1~10위 영화를 선택해 box_office_copy2 테이블에 데이터를 넣고, 맨 마지막에 모든 작업을 취소하는 문장을 작성하세요. 마지막으로 box_office_copy2에는 어떤 데이터가 있는지 설명해 보세요.

정답 및 해설: 해설 노트 513쪽

Let's Get IT

Part 3

SQL로 데이터 분석하기

Part 3

11장 데이터 분석에 유용한 분석 쿼리 사용하기

12장 SQL을 이용한 데이터 분석 프로젝트

데이터 분석에 유용한 분석 쿼리 사용하기

지금까지 배운 SELECT 문, 집계 쿼리, UNION, 조인, 서브쿼리 등을 활용하면 테이블에 있는 데이터를 원하는 형태로 조회하고 추출할 수 있습니다. 그럼 이 장에서는 SQL로 좀 더 간단하면서 유용한 형태의 데이터를 추출하는 방법을 알아보겠습니다. 그리고 추가로 뷰(view)라는 데이터베이스 객체도 살펴봅니다.

11.1 개선된 서브쿼리 CTE 사용하기

여러 테이블에 흩어져 있는 데이터를 모아 의미 있는 정보를 추출하는 대표적인 방법으로 조인과 서브쿼리가 있습니다. 조인은 두 개 이상의 테이블을 연결해 데이터를 조회할 때 사용하고, 서브쿼리는 두 단계 이상에 걸쳐 데이터를 추출할 때 사용합니다. 이 절에서 소개할 CTE는 서브쿼리의 확장판으로 원하는 데이터를 좀 더 쉽게 추출하고자 할 때 사용할 수 있습니다. 먼저 CTE가 무엇인지부터 알아봅시다.

11.1.1 CTE란

CTE는 Common Table Expression의 약자로, 우리말로 **공통 테이블 표현식**이라고 합니다. CTE라고도 하고 **WITH 절**이라고도 하는데, 이유는 CTE 구문이 WITH로 시작되기 때문입니다. CTE 기본 구문은 다음과 같습니다.

구문 11-1
```
WITH cte1 AS (SELECT ... FROM ...),
     cte2 AS (SELECT ... FROM ...),
     ...
SELECT ...
  FROM cte1, cte2, ...
  WHERE ...
```

구문을 보면 WITH 다음에 소괄호로 둘러싸인 서브쿼리가 여러 개 있고 그 아래 SELECT 문이 있습니다. cte1 AS (SELECT ... FROM ...)에서 cte1은 AS 다음에 오는 서브쿼리에 대한 별칭이고, cte2도 마찬가지입니다. 이런 식으로 WITH 절을 맨 처음 기술하고 **별칭 AS 서브쿼리** 형태로 여러 개의 서브쿼리를 정의합니다. 그리고 메인쿼리인 마지막 SELECT 문의 FROM 절에서 서브쿼리를 사용하는 형태입니다.

메인쿼리에서는 다른 테이블을 참조할 수도 있고, CTE로 정의한 서브쿼리와 조인할 수도 있습니다. 이런 점은 서브쿼리 중 파생 테이블과 비슷합니다. 그런데 파생 테이블은 메인쿼리의 FROM 절에 서브쿼리 전체를 정의하지만, CTE는 메인쿼리 앞에 WITH 절과 함께 서브쿼리를 정의한 후 메인쿼리에서 각 서브쿼리의 별칭을 명시해 사용합니다.

간단한 쿼리를 만들어 보면서 CTE의 작동 방법을 알아보죠.

코드 11-1
```sql
USE mywork;

WITH mng AS
(SELECT b.dept_no, b.emp_no, c.first_name, c.last_name
   FROM dept_manager b, employees c
  WHERE b.emp_no = c.emp_no
    AND SYSDATE() BETWEEN b.from_date AND b.to_date
)
SELECT a.dept_no, a.dept_name, b.emp_no, b.first_name, b.last_name
  FROM departments a, mng b
 WHERE a.dept_no = b.dept_no
 ORDER BY 1;
```

실행결과

dept_no	dept_name	emp_no	first_name	last_name
d001	Marketing	110039	Vishwani	Minakawa
d002	Finance	110114	Isamu	Legleitner
d003	Human Resources	110228	Karsten	Sigstam
d004	Production	110420	Oscar	Ghazalie
d005	Development	110567	Leon	DasSarma
d006	Quality Management	110854	Dung	Pesch
d007	Sales	111133	Hauke	Zhang
d008	Research	111534	Hilary	Kambil
d009	Customer Service	111939	Yuchang	Weedman

코드 11-1은 파생 테이블을 사용한 코드 9-10을 CTE 구문으로 변환한 쿼리입니다. 코드 9-10에서는 mng라는 별칭이 붙은 서브쿼리를 메인쿼리의 FROM 절에 기술했는데, CTE는

WITH mng AS 다음에 서브쿼리를 정의하고 메인쿼리에서 departemnts 테이블과 mng 서브쿼리를 조인해 부서 기본 정보와 현재 기준으로 부서 관리자의 사번과 이름을 조회합니다.

이렇게 파생 테이블 대신 CTE를 사용하면 **쿼리 작성이 간편**해집니다. 파생 테이블은 메인쿼리의 FROM 절에 기술하므로 SELECT 절에서 파생 테이블의 칼럼을 참조하려면 밑으로 내려가 확인하고 다시 위로 올라와야 합니다. 특히 서브쿼리 구문이 길어질수록 쿼리 작성이 더 어렵습니다. 하지만 CTE는 서브쿼리를 먼저 정의하고 메인쿼리가 마지막에 있어서 위에서 아래의 순서대로 쿼리를 작성할 수 있습니다. 필요한 서브쿼리가 많아지면 이러한 효과는 더욱 두드러집니다.

동일한 결과 집합을 반환하는 쿼리를 파생 테이블과 CTE로 작성해 비교하면 다음과 같습니다.

그림 11-1 파생 테이블과 CTE 사용 쿼리 비교

파생 테이블
```
SELECT a.dept_no, a.dept_name,
       mng.emp_no, mng.first_name, mng.last_name
  FROM departments a,
       (SELECT b.dept_no, b.emp_no,
               c.first_name, c.last_name
          FROM dept_manager b, employees c
         WHERE b.emp_no = c.emp_no
           AND SYSDATE() BETWEEN b.from_date
                             AND b.to_date
       ) mng
 WHERE a.dept_no = mng.dept_no
 ORDER BY 1;
```

CTE
```
WITH mng AS
(SELECT b.dept_no, b.emp_no,
        c.first_name, c.last_name
   FROM dept_manager b, employees c
  WHERE b.emp_no = c.emp_no
    AND SYSDATE() BETWEEN b.from_date
                      AND b.to_date
)
SELECT a.dept_no, a.dept_name,
       b.emp_no, b.first_name, b.last_name
  FROM departments a, mng b
 WHERE a.dept_no = b.dept_no
 ORDER BY 1;
```

11.1.2 CTE로 또 다른 서브쿼리 참조하기

CTE를 사용하면 서브쿼리 안에서 또 다른 서브쿼리를 참조할 수 있습니다. 다음 쿼리를 살펴봅시다.

코드 11-2
```
SELECT a.dept_no, a.dept_name, sal.emp_no, sal.salary
  FROM departments a,
       (SELECT emp_no, dept_no
          FROM dept_manager
```

```
            WHERE SYSDATE() BETWEEN from_date AND to_date
        ) dept_mgr,
        (SELECT a.emp_no, a.salary, b.dept_no
           FROM salaries a, dept_mgr b
          WHERE SYSDATE() BETWEEN a.from_date AND a.to_date
            AND a.emp_no = b.emp_no
        ) sal
  WHERE a.dept_no = sal.dept_no;
```

실행결과

Error Code: 1146. Table 'mywork.dept_mgr' doesn't exist

2개의 파생 테이블을 사용한 쿼리입니다. 이 쿼리는 부서 번호와 부서명, 현 시점 기준 부서 관리자의 사번과 급여를 조회합니다. 첫 번째 서브쿼리인 dept_mgr은 부서 관리자의 정보를 가져오고 두 번째 서브쿼리인 sal은 부서 관리자의 급여를 가져옵니다. 그런데 쿼리를 실행하니 오류가 발생합니다. 왜 오류가 났을까요?

오류 메시지를 보면 "Table 'mywork.dept_mgr' doesn't exist"라고 나와 있습니다. dept_mgr이 존재하지 않는다는 뜻이죠. dept_mgr이라는 서브쿼리를 파생 테이블로 분명히 만들었는데 왜 존재하지 않는다고 할까요? 이유는 dept_mgr이라는 파생 테이블을 또 다른 파생 테이블인 sal 서브쿼리 내부에서 참조하기 때문입니다.

여러 개의 파생 테이블을 사용할 때 각 파생 테이블을 메인쿼리에서는 참조할 수 있지만, **하나의 파생 테이블을 또 다른 파생 테이블의 서브쿼리에서는 참조할 수 없습니다.** 하지만 CTE는 다릅니다.

코드 11-3
```
WITH dept_mgr AS
(SELECT emp_no, dept_no
   FROM dept_manager
  WHERE SYSDATE() BETWEEN from_date AND to_date
),
sal AS
(SELECT a.emp_no, a.salary, b.dept_no
   FROM salaries a, dept_mgr b
  WHERE SYSDATE() BETWEEN a.from_date AND a.to_date
    AND a.emp_no = b.emp_no
```

```
)
SELECT a.dept_no, a.dept_name, sal.emp_no, sal.salary
  FROM departments a, sal
 WHERE a.dept_no = sal.dept_no;
```

실행결과

dept_no	dept_name	emp_no	salary
d002	Finance	110114	83457
d003	Human Resources	110228	65400
d004	Production	110420	56654
d005	Development	110567	74510
d006	Quality Management	110854	72876
d007	Sales	111133	101987
d008	Research	111534	79393
d009	Customer Service	111939	58745

코드 11-3은 오류가 난 코드 11-2를 CTE로 변환한 쿼리입니다. 실행해 보니 오류 없이 원하는 데이터가 조회됐습니다. 이 쿼리에서도 dept_mgr과 sal이라는 2개의 서브쿼리를 사용하는데, 특히 sal 서브쿼리의 FROM 절에서 다른 서브쿼리인 dept_mgr을 참조해 사용합니다. 그리고 메인쿼리에서 departments 테이블과 sal 서브쿼리를 조인해 데이터를 조회합니다.

이처럼 **CTE를 사용하면 한 서브쿼리 안에서 또 다른 서브쿼리를 참조**할 수 있습니다. 서브쿼리끼리 상호 참조할 수 있는 점이 바로 CTE의 대표적인 특징입니다.

또한, 서브쿼리를 먼저 정의하고 메인쿼리를 나중에 작성하기 때문에 여러 테이블에서 데이터를 수집해 원하는 정보를 추출할 때 매우 유용하게 사용할 수 있습니다.

코드 11-4
```
WITH tmp AS
(SELECT a.dept_no, a.dept_name, COUNT(*) cnt, SUM(c.salary) salary
   FROM departments a, dept_emp b, salaries c
  WHERE a.dept_no = b.dept_no
    AND b.emp_no  = c.emp_no
    AND SYSDATE() BETWEEN b.from_date AND b.to_date
    AND SYSDATE() BETWEEN c.from_date AND c.to_date
  GROUP BY a.dept_no, a.dept_name
),
dept_avg AS
(SELECT AVG(salary) avg_sal
```

```
      FROM tmp
)
SELECT dept_no, dept_name, salary, avg_sal
  FROM tmp, dept_avg;
```

실행결과

dept_no	dept_name	salary	avg_sal
d005	Development	417938911	193044765.5556
d007	Sales	337739000	193044765.5556
d004	Production	363769710	193044765.5556
d003	Human Resources	83923331	193044765.5556
d008	Research	104975247	193044765.5556
d006	Quality Management	95551597	193044765.5556
d001	Marketing	117771754	193044765.5556
d009	Customer Service	117194206	193044765.5556
d002	Finance	98539134	193044765.5556

코드 11-4의 첫 번째 서브쿼리인 tmp는 코드 9-13 쿼리에서 사용한 파생 테이블 서브쿼리를 그대로 옮겨온 것으로, 부서별 사원들의 총 급여를 구하는 쿼리입니다. 9장에서는 이 서브쿼리에서 구한 총 급여에 AVG() 함수로 부서 전체의 평균 급여를 구했는데, 여기서는 부서 전체의 평균 급여를 dept_avg란 이름의 서브쿼리로 만들었습니다. 그리고 마지막에 있는 메인 쿼리에서 tmp와 dept_avg를 카티전 곱으로 조회해 부서별 총 급여와 부서 전체의 평균 급여를 함께 보여 줍니다. 부서별 총 급여와 부서 전체의 평균 급여를 같이 조회하면 두 값을 비교할 수 있어서 어느 부서가 평균보다 위인지 아래인지 파악할 수 있습니다.

이처럼 CTE를 사용하면 복잡한 쿼리를 좀 더 간단히 작성해서 원하는 정보를 조회할 수 있습니다.

11.1.3 CTE로 재귀 쿼리 만들기

CTE의 또 다른 특징은 재귀 쿼리를 만들 수 있다는 점입니다. **재귀**(recursive) **쿼리**란 서브쿼리 안에서 다시 자신을 참조하는 **순환 참조 기능**으로, 최종 결과 집합을 반환할 때까지 하위 집합을 반복적으로 반환하는 쿼리를 말합니다. 말로 설명하면 어려우니 일단 기본 구문부터 살펴보죠.

구문 11-2

```sql
WITH RECURSIVE cte1 AS
(SELECT ... FROM ...
  UNION ALL
 SELECT ... FROM cte1 ...
),
...
SELECT ...
  FROM cte1, cte2, ...
```

이전 CTE 구문과 다르게 WITH 다음에 **RECURSIVE**를 명시합니다. 그리고 cte1 서브쿼리 안에서 두 개의 SELECT 문을 UNION으로 연결합니다. 여기서 첫 번째 SELECT 문은 초기 쿼리, 두 번째 SELECT 문은 재귀 쿼리를 담당하며, 두 번째 SELECT 문의 FROM 절에서 자기 자신인 cte1을 참조할 수 있습니다.

재귀 CTE는 주로 연속적인 로우를 만들 때와 계층형 쿼리를 작성할 때 사용하는데, 하나씩 살펴보죠.

연속적인 로우 생성하기

연속적인 로우를 생성한다는 것은 테이블에 새로운 데이터를 넣는다는 의미가 아니라 쿼리를 수행해 반환되는 결과 집합이 연속적인 로우가 생성된 것처럼 조회된다는 뜻입니다. 다음 코드를 봅시다.

코드 11-5

```sql
WITH RECURSIVE cte AS
(SELECT 1 AS n
  UNION ALL
 SELECT n + 1 FROM cte WHERE n < 5
)
SELECT * FROM cte;
```

실행결과

n
1
2
3
4
5

재귀 쿼리이므로 WITH 다음에 RECURSIVE를 명시하고 cte란 서브쿼리를 정의합니다. 그리고 메인쿼리인 마지막 SELECT 문에서는 cte 서브쿼리를 조회합니다. 이 쿼리에서 중요한 부분은 cte 서브쿼리를 정의한, 소괄호 안에 있는 내용인데 한 부분씩 자세히 살펴보죠.

```
SELECT 1 AS n
```

초기 쿼리 또는 시작 쿼리로, 순환 구조에서 **초기 로우를 정의하는 부분**입니다. 이 쿼리만 단독으로 실행하면 칼럼 값이 1인 n이라는 1개의 로우가 조회되고, 여기서부터 순환 참조가 시작됩니다.

```
SELECT n + 1 FROM cte WHERE n < 5
```

FROM 절에 명시한 cte(자기 자신)를 참조하면서 반복적으로 추가 로우를 만드는 부분입니다. n 값에 1을 더해(n + 1) 새로운 로우를 생성하는데, WHERE 절의 조건에 따라 n이 5보다 작을 때까지 계속해서 n에 1을 더하며 로우를 생성합니다.

첫 번째 SELECT 문이 시작 지점이므로 여기서 n 칼럼 값으로 1이 반환되고, 두 번째 SELECT 문에서는 n에 1을 더해 2를 반환합니다. n이 5보다 작다는 조건이 있으므로 계속해서 n에 1을 더해 반환하다가 n이 4일 때까지 수행하고 종료합니다. 첫 번째 SELECT 문은 1, 두 번째 SELECT 문은 2, 3, 4, 5(n이 4일 때가 마지막이므로 4 + 1 = 5) 값의 로우를 만듭니다. 그리고 이 두 문장을 UNION ALL로 연결했으므로 최종 결과 집합에는 1, 2, 3, 4, 5를 반환하는 5개 로우가 조회됩니다.

쿼리가 수행되면서 어떤 값을 반환하는지 다음 그림에 나와 있습니다.

그림 11-2 재귀 CTE 순환 참조의 예

	n	n + 1	n < 5 ?	반환값
시작	1		예	1
순환	1	2	예	2
	2	3	예	3
	3	4	예	4
	4	5	예	5
	~~5~~	~~6~~	~~아니요~~	~~6~~

다른 예를 봅시다.

코드 11-6
```sql
SELECT DATE(release_date) dates, COUNT(*) cnt
  FROM box_office
 WHERE EXTRACT(YEAR_MONTH FROM release_date) = 201901
 GROUP BY 1
 ORDER BY 1;
```

실행결과

dates	cnt
2019-01-01	2
2019-01-03	13
2019-01-04	15
2019-01-05	1
2019-01-07	10
2019-01-08	2
2019-01-09	6
2019-01-10	12
2019-01-11	10
2019-01-⌇⌇	13
2019-01-26	1
2019-01-27	1
2019-01-28	1
2019-01-29	7
2019-01-30	12
2019-01-31	7

코드 11-6은 box_office 테이블에서 2019년 1월에 날짜별로 몇 편의 영화가 개봉됐는지 조회합니다. 결과를 보면 1월 1일은 2편, 1월 3일은 13편이 개봉됐습니다. 1월은 31일까지 있지만, 1월 2일이나 1월 6일처럼 개봉한 영화가 없는 날은 결과에 나타나지 않으므로 31건이 아닌 24건만 조회됐습니다.

그런데 31건이 나오도록 조회하면 어떨까요? 1월 1일부터 1월 31일까지 31건을 조회하고 1월 2일이나 6일은 개봉된 영화가 없을 때는 cnt 칼럼에 0을 표시하면 날짜별 개봉 영화 편수를 파악하기 더 좋지 않을까요?

이런 경우 재귀 CTE로 1월 2일이나 6일처럼 box_office 테이블에 데이터가 없는 건에 대해 로우를 만들어내면 됩니다.

코드 11-7

```sql
WITH RECURSIVE cte1 AS
(SELECT MIN(DATE(release_date)) dates
   FROM box_office
  WHERE EXTRACT(YEAR_MONTH FROM release_date) = 201901
  UNION ALL
 SELECT ADDDATE(dates, 1)
   FROM cte1
  WHERE ADDDATE(dates, 1) <= '2019-01-31'
)
SELECT a.dates, COUNT(b.movie_name) cnt
  FROM cte1 a
  LEFT JOIN box_office b
    ON a.dates = b.release_date
 GROUP BY 1
 ORDER BY 1;
```

실행결과

dates	cnt
2019-01-01	2
2019-01-02	0
2019-01-03	13
2019-01-04	15
2019-01-05	1
2019-01-06	0
2019-01-07	10
2019-01-08	2
2019-01-09	6
2019-01-10	13
2019-01-26	1
2019-01-27	1
2019-01-28	1
2019-01-29	7
2019-01-30	12
2019-01-31	7

서브쿼리의 첫 번째 SELECT 문은 재귀 CTE에서 초기 쿼리로, 반복 순환의 시작점이 되는 문장입니다. MIN() 함수로 box_office 테이블에서 2019년 1월 개봉 영화 중 개봉일자의 최솟값을 구하는데, 이 문장이 반환하는 값은 2019-01-01입니다.

UNION ALL로 연결된 두 번째 SELECT 문은 재귀 쿼리로, 반복되는 부분입니다. FROM 절에 자기 자신인 cte1을 명시하고, 초기 쿼리가 반환하는 칼럼명인 dates에 ADDDATE() 함수로 1일씩 더합니다. 1월은 31일까지 있으므로 WHERE 절에서 더해진 날짜가 2019년 1월 31일보다 작거나 같다는 조건을 줍니다. 따라서 2019년 1월 1일부터 1월 31일까지 31개의 로우가 반환됩니다.

SELECT 절에서는 dates 칼럼과 COUNT() 함수로 날짜별 건수(개봉편수)를 구합니다. 그리고 cte1 서브쿼리와 box_office 테이블을 외부 조인하며 개봉일자가 같다는 조인 조건을 줍니다. 결국 cte1이 반환하는 31개 날짜와 같은 날에 개봉한 영화 건수가 조회되고, 해당 날짜에 개봉된 영화가 없다면 0이 조회되죠. 결과를 보면 개봉 영화가 없는 1월 2일이나 1월 6일은 개봉 건수가 0으로 조회됩니다.

이처럼 재귀 CTE의 반복 순환을 이용하면 연속적인 로우를 생성하는 효과를 낼 수 있습니다.

계층형 쿼리 구현하기

재귀 CTE는 계층형 쿼리를 구현할 때도 사용할 수 있습니다. **계층형**(hierarchical) **쿼리**란 계층 구조로 데이터가 조회되는 쿼리로, 트리 구조라고도 합니다. 예제를 보며 작동 방식을 알아보겠습니다. 먼저 실습을 위해 다음과 같이 테이블을 만들고 데이터를 입력합니다.

코드 11-8
```sql
CREATE TABLE emp_hierarchy
(
        employee_id     INT,
        emp_name        VARCHAR(80),
        manager_id      INT,
        salary          INT,
        dept_name       VARCHAR(80)
);

INSERT INTO emp_hierarchy VALUES
(200, 'Jennifer Whalen', 101, 4400, 'Administration'),
(203, 'Susan Mavris', 101, 6500, 'Human Resources'),
(103, 'Alexander Hunold', 102, 9000, 'IT'),
(104, 'Bruce Ernst', 103, 6000, 'IT'),
(105, 'David Austin', 103, 4800, 'IT'),
(107, 'Diana Lorentz', 103, 4200, 'IT'),
(106, 'Valli Pataballa', 103, 4800, 'IT'),
```

```sql
(204, 'Hermann Baer', 101, 10000, 'Public Relations'),
(100, 'Steven King', null, 24000, 'Executive'),
(101, 'Neena Kochhar', 100, 17000, 'Executive'),
(102, 'Lex De Haan', 100, 17000, 'Executive'),
(113, 'Luis Popp', 108, 6900, 'Finance'),
(112, 'Jose Manuel Urman', 108, 7800, 'Finance'),
(111, 'Ismael Sciarra', 108, 7700, 'Finance'),
(110, 'John Chen', 108, 8200, 'Finance'),
(108, 'Nancy Greenberg', 101, 12008, 'Finance'),
(109, 'Daniel Faviet', 108, 9000, 'Finance'),
(205, 'Shelley Higgins', 101, 12008, 'Accounting'),
(206, 'William Gietz', 205, 8300, 'Accounting');

SELECT *
  FROM emp_hierarchy;
```

실행결과

employee_id	emp_name	manager_id	salary	dept_name
200	Jennifer Whalen	101	4400	Administration
203	Susan Mavris	101	6500	Human Resources
103	Alexander Hunold	102	9000	IT
104	Bruce Ernst	103	6000	IT
105	David Austin	103	4800	IT
107	Diana Lorentz	103	4200	IT
106	Valli Pataballa	103	4800	IT
204	Hermann Baer	101	10000	Public Relations
100	Steven King	NULL	24000	Executive
101	Neena Kochhar	100	17000	Executive
102	Lex De Haan	100	17000	Executive
113	Luis Popp	108	6900	Finance
112	Jose Manuel Urman	108	7800	Finance
111	Ismael Sciarra	108	7700	Finance
110	John Chen	108	8200	Finance
108	Nancy Greenberg	101	12008	Finance
109	Daniel Faviet	108	9000	Finance
205	Shelley Higgins	101	12008	Accounting
206	William Gietz	205	8300	Accounting

emp_hierarchy란 테이블을 만들어 19건의 데이터를 입력하고 이 테이블을 조회합니다. emp_hierarchy 테이블의 칼럼인 employee_id, emp_name, manager_id, salary, dept_name은 각각 사번, 사원명, 관리자 사번, 급여, 부서명을 의미합니다. 특히 manager_id 칼럼의 값은 해당 사원의 관리자 사번(employee_id)을 나타냅니다.

결과를 보면 사번이 100번인 Steven King은 manager_id 값이 NULL인데, 회사의 사장이어서 관리자가 없기 때문입니다. 그리고 101번인 Neena Kochhar는 manager_id 값이 100이므로 관리자가 사장인 Steven King이고, 사번이 108번인 Nancy Greenberg의 관리자는 101인 Neena Kochhar입니다. 100, 101, 108번 3명만 놓고 보면 100번이 1레벨로 최고 관리자고, 101번은 2레벨, 108번은 3레벨이 되겠죠.

이처럼 데이터를 레벨별로 구분할 수 있으면 단순히 사번별로 조회하는 것이 아니라 관리자 계층별로 조회할 수 있는데, 이때 사용하는 것이 계층형 쿼리입니다. 계층형 쿼리는 재귀 CTE로 만들 수 있습니다.

코드 11-9

```sql
WITH RECURSIVE cte1 AS (
SELECT 1 level, employee_id, emp_name, CAST(employee_id AS CHAR(200)) path
  FROM emp_hierarchy
  WHERE manager_id IS NULL
 UNION ALL
SELECT level + 1, b.employee_id, b.emp_name, CONCAT(a.path, ',', b.employee_id)
  FROM cte1 a
  INNER JOIN emp_hierarchy b
     ON a.employee_id = b.manager_id
)
SELECT employee_id, emp_name, level, path,
       CONCAT(LPAD('', 2 * level, ' '), emp_name) hier_name
  FROM cte1
 ORDER BY path;
```

① ② ③

실행결과

employee_id	emp_name	level	path	hier_name
100	Steven King	1	100	Steven King
101	Neena Kochhar	2	100,101	Neena Kochhar
108	Nancy Greenberg	3	100,101,108	Nancy Greenberg
109	Daniel Faviet	4	100,101,108,109	Daniel Faviet
110	John Chen	4	100,101,108,110	John Chen
111	Ismael Sciarra	4	100,101,108,111	Ismael Sciarra
112	Jose Manuel Urman	4	100,101,108,112	Jose Manuel Urman
113	Luis Popp	4	100,101,108,113	Luis Popp
200	Jennifer Whalen	3	100,101,200	Jennifer Whalen
203	Susan Mavris	3	100,101,203	Susan Mavris
204	Hermann Baer	3	100,101,204	Hermann Baer
205	Shelley Higgins	3	100,101,205	Shelley Higgins
206	William Gietz	4	100,101,205,206	William Gietz
102	Lex De Haan	2	100,102	Lex De Haan
103	Alexander Hunold	3	100,102,103	Alexander Hunold
104	Bruce Ernst	4	100,102,103,104	Bruce Ernst
105	David Austin	4	100,102,103,105	David Austin
106	Valli Pataballa	4	100,102,103,106	Valli Pataballa
107	Diana Lorentz	4	100,102,103,107	Diana Lorentz

쿼리 내용을 살펴보기 전에 결과를 먼저 보겠습니다. 사번, 사원명, 관리자 정보에 따라 level 칼럼은 1~4까지 조회됐습니다. 사장인 100번 Steven King이 1레벨, 바로 밑에 있는 Neena Kochhar가 2레벨, 그 밑에 있는 108번 Nancy Greenberg가 3레벨입니다. 결과에서 path 칼럼은 1레벨부터 해당 사원까지 계층 정보의 경로를 사번으로 나타냅니다. 마지막 hier_name 칼럼은 사원명을 레벨별(계층별)로 들여쓰기해 조회한 것으로, 이 칼럼의 값만 봐도 계층 구조를 한눈에 파악할 수 있습니다.

그럼 쿼리를 살펴보죠. 코드 11-9는 다음처럼 크게 세 부분으로 나눌 수 있습니다.

① **초기 쿼리**

```
SELECT 1 level, employee_id, emp_name, CAST(employee_id AS CHAR(200)) path
  FROM emp_hierarchy
 WHERE manager_id IS NULL
```

서브쿼리 안의 첫 번째 문장은 반복 순환의 시작을 의미하죠. emp_hierarchy 테이블에서 최상위 관리자부터 계층별로 풀어 나가야 하므로 가장 상위에 있는 사원인 100번 Steven King을 조회하기 위해 manager_id 칼럼의 값이 NULL인 조건을 WHERE 절에 기술합니다.

그리고 SELECT 절에 사번, 사원명, 칼럼과 함께 1 level을 명시합니다. 이는 쿼리 수행 결과가 칼럼처럼 보이는 가상 칼럼으로, 최상위 사원을 의미하는 1에 별칭으로 level을 붙인 표현식입니다. 마지막으로 path 가상 칼럼은 계층 정보의 경로를 의미하는데, 사번을 기준으로 경로를 파악하기 위해 employee_id를 명시합니다. 여기서는 CAST() 함수를 써서 CHAR(200) 자리로 만듭니다. 하위 사원은 100, 101, 108, 110처럼 경로가 콤마로 구분되어 레벨이 낮아질수록 반환값이 늘어나므로 넉넉하게 만듭니다.

② 반복 쿼리

```
SELECT level + 1, b.employee_id, b.emp_name, CONCAT(a.path, ',', b.employee_id)
  FROM cte1 a
 INNER JOIN emp_hierarchy b
    ON a.employee_id = b.manager_id
```

계층형 쿼리는 최상위 로우를 시작점으로 해서 최상위 로우의 자식 로우를 찾고, 자식의 자식 로우를 찾는 과정을 자식 로우가 없을 때까지 반복합니다. 따라서 서브쿼리의 두 번째 SELECT 문은 자식 로우를 찾는 과정을 반복 수행합니다.

FROM 절에 자기 자신인 cte1을 명시하고 emp_hierarchy 테이블과 내부 조인하면서 a.employee_id = b.manager_id라는 조인 조건을 줍니다. 이는 순환하면서 **해당 사원의 manager_id 값과 cte1의 employee_id 값이 같은 건**을 반복적으로 가져오게 합니다. 그리고 SELECT 절이 반복되면서 level에 1을 더해 레벨을 계산하고, CONCAT() 함수로 기존 path 값에 콤마(,)와 해당 사원의 사번을 붙입니다.

결과로 설명하면, 계층의 꼭대기에 있는 100번은 초기 쿼리에서 이미 조회됐습니다. 그다음으로 manager_id가 100번인 사원을 찾는데, 101번 사원이 해당됩니다. 이 사원의 레벨은 level + 1을 해서 2가 되고, path는 100에 콤마와 자신의 사번을 더한 100, 101이 됩니다. 그리고 나서 manager_id가 101인 건을 찾는데, 이는 108번이 해당되고 이 사원은 2레벨에 1을 더한 3레벨, path는 100, 101에 자신의 사번을 붙인 101, 101, 108이 됩니다. 이런 식으로 조인 조건인 a.employee_id = b.manager_id를 만족하는 건을 찾아 계속 순환합니다.

③ 메인쿼리

```
SELECT employee_id, emp_name, level, path,
       CONCAT(LPAD('', 2 * level, ' '), emp_name) hier_name
  FROM cte1
 ORDER BY path;
```

마지막 SELECT 문인 메인쿼리에서는 서브쿼리 cte1의 사번, 사원명, 레벨, 경로 정보를 조회합니다. CONCAT(LPAD('', 2 * level, ' '), emp_name)은 LPAD() 함수를 사용해 레벨별로 왼쪽에 공백을 추가하고 이를 emp_name 칼럼과 결합해서 레벨별로 들여쓰기 효과를 냅니다. 100번은 1레벨이므로 2 × 1 = 2가 되어 공백 2칸과 emp_name 값이 붙어 조회됩니다. 101번은 2레벨이므로 2 × 2 = 4가 되어 공백 4칸과 이름이 붙어 조회되고요. 마지막으로 ORDER BY 절에서 path를 명시해 최종 결과를 계층 구조로 보게 됩니다.

재귀 CTE는 앞에 나온 쿼리들보다 좀 어렵지만, 첫 번째 SELECT 문에서 반복을 시작하고 두 번째 SELECT 문의 FROM 절에서 서브쿼리 자신을 참조 순환하며 반복해서 처리한다는 점을 기억하면 됩니다.

마지막으로 재귀 CTE를 사용할 때 제한 사항이 있는데, 서브쿼리 안의 반복 쿼리인 두 번째 SELECT 문에서는 집계 함수와 GROUP BY, ORDER BY 절을 사용할 수 없습니다.

1분 퀴즈 1

2021년 1월 1일부터 2021년 12월 31일까지 날짜별로 365개의 로우를 반환하는 쿼리를 CTE로 작성해 보세요.

정답 및 해설: 해설 노트 516쪽

11.2 윈도우 함수로 다양한 집계 값 산출하기

다른 DBMS에서는 윈도우 함수를 분석 함수라고 합니다. 윈도우 함수를 사용하면 좀 더 세밀한 분석을 할 수 있는 형태로 결과 집합을 조회할 수 있기 때문이죠. 그래서 이 절에서는 데이터 분석에 유용한 윈도우 함수를 자세히 알아보겠습니다.

11.2.1 윈도우 함수란

특정 칼럼 값을 기준으로 로우를 그룹으로 지정할 수 있는데, SQL에서는 이런 **로우의 그룹**을 가리켜 **윈도우**(window)라고 합니다. 그리고 윈도우를 대상으로 연산하는 함수를 **윈도우 함수**라고 합니다. 그룹을 지어 조회할 때는 GROUP BY 절과 집계 함수를 사용한 집계 쿼리를 사용한다고 했습니다. 그런데 집계 쿼리는 반환 결과 집합이 그룹화하는 칼럼 값에 따라 로우 수가 줄어듭니다. 하지만 윈도우와 윈도우 함수를 사용하면 로우 수는 그대로 유지하면서 집계 값이나 윈도우 함수 결괏값을 볼 수 있습니다. 예제 쿼리를 봅시다.

코드 11-10
```sql
SELECT YEAR(release_date) years, SUM(sale_amt) sum_amt,
       AVG(sale_amt) avg_amt
  FROM box_office
 WHERE YEAR(release_date) >= 2018
   AND ranks <= 10
 GROUP BY 1
 ORDER BY 1;
```

실행결과

years	sum_amt	avg_amt
2018	572301391914	63589043546
2019	864306256605	86430625660.5

코드 11-10은 box_office 테이블에서 2018년 이후 개봉된 영화 중에서 매출 10위 안에 든 영화들의 총 매출액과 평균 매출액을 연도별로 구하는 쿼리입니다. 2018년과 2019년에 개봉한 영화 중에서 1~10위의 영화는 총 19편(years 칼럼 값 기준으로 2018년 5위 영화의 개봉일, 즉 release_date가 2017년 12월 20일이어서 총 20편이 아닌 19편이 조회됐습니다)이 있습니다. 이를 연도별로 집계하므로 결과 집합은 연도별로 1건씩 조회됩니다.

이 결과를 1~10위 영화의 개별 순위, 매출액과 같이 볼 수 있다면 더 좋지 않을까요? 즉, 10위까지 영화 정보도 보고 추가로 연도별 개봉 영화의 총 매출액과 평균 매출액을 볼 수 있다면 좀 더 의미 있을 것 같습니다. 쿼리를 한번 작성해 보죠.

코드 11-11

```sql
WITH summary AS
(SELECT YEAR(release_date) years,
        SUM(sale_amt) sum_amt, AVG(sale_amt) avg_amt
   FROM box_office
  WHERE YEAR(release_date) >= 2018
    AND ranks <= 10
  GROUP BY 1
)
SELECT b.years, a.ranks, a.movie_name, a.sale_amt, b.sum_amt, b.avg_amt
  FROM box_office a
 INNER JOIN summary b
    ON YEAR(a.release_date) = b.years
 WHERE a.ranks <= 10
 ORDER BY 1, 2;
```

실행결과

years	ranks	movie_name	sale_amt	sum_amt	avg_amt
2018	1	신과함께: 인과 연	102666146909	572301391914	63589043546
2018	2	어벤져스: 인피니티 워	99926399769	572301391914	63589043546
2018	3	보헤미안 랩소디	80010440345	572301391914	63589043546
2018	4	미션 임파서블: 폴아웃	55888375112	572301391914	63589043546
2018	6	쥬라기 월드: 폴른 킹덤	49770711037	572301391914	63589043546
2018	7	앤트맨과 와스프	47468053685	572301391914	63589043546
2018	8	안시성	46335334026	572301391914	63589043546
2018	9	블랙 팬서	45885123957	572301391914	63589043546
2018	10	완벽한 타인	44350807074	572301391914	63589043546
2019	1	극한직업	139651845516	864306256605	86430625660.5
2019	2	어벤져스: 엔드게임	122182694160	864306256605	86430625660.5
2019	3	겨울왕국 2	111596248720	864306256605	86430625660.5
2019	4	알라딘	106955138359	864306256605	86430625660.5
2019	5	기생충	85883963645	864306256605	86430625660.5
2019	6	엑시트	79232012162	864306256605	86430625660.5
2019	7	스파이더맨: 파 프롬 홈	69010000100	864306256605	86430625660.5
2019	8	백두산	52905789770	864306256605	86430625660.5
2019	9	캡틴 마블	51507488723	864306256605	86430625660.5
2019	10	조커	45381075450	864306256605	86430625660.5

코드 11-11은 앞 절에서 배운 CTE로 연도별 총 매출액과 평균 매출액을 서브쿼리로 만들고 마지막 SELECT 문에서 box_office 테이블과 서브쿼리를 조인해 각 영화의 상세 정보와 함께 조회합니다. 이렇게 조회하면 개별 영화의 매출액과 연도별 집계 값을 비교할 수 있어서 각 영화가 총 매출액 기준으로 어느 정도 위치를 차지하는지 좀 더 쉽게 파악할 수 있습니다.

결과는 만족스럽지만, 쿼리가 좀 복잡하죠. 이럴 때 다음과 같이 윈도우 함수를 사용하면 동일한 결과를 얻으면서 훨씬 간단하게 쿼리를 작성할 수 있습니다.

코드 11-12
```sql
SELECT YEAR(release_date) years, ranks, movie_name, sale_amt,
       SUM(sale_amt) OVER (PARTITION BY YEAR(release_date)) sum_amt,
       AVG(sale_amt) OVER (PARTITION BY YEAR(release_date)) avg_amt
  FROM box_office
 WHERE YEAR(release_date) >= 2018
   AND ranks <= 10
 ORDER BY 1, 2;
```

실행결과

years	ranks	movie_name	sale_amt	sum_amt	avg_amt
2018	1	신과함께: 인과 연	102666146909	572301391914	63589043546
2018	2	어벤져스: 인피니티 워	99926399769	572301391914	63589043546
2018	3	보헤미안 랩소디	80010440345	572301391914	63589043546
2018	4	미션 임파서블: 폴아웃	55888375112	572301391914	63589043546
2018	6	쥬라기 월드: 폴른 킹덤	49770711037	572301391914	63589043546
2018	7	앤트맨과 와스프	47468053685	572301391914	63589043546
2018	8	안시성	46335334026	572301391914	63589043546
2018	9	블랙 팬서	45885123957	572301391914	63589043546
2018	10	완벽한 타인	44350807074	572301391914	63589043546
2019	1	극한직업	139651845516	864306256605	86430625660.5
2019	2	어벤져스: 엔드게임	122182694160	864306256605	86430625660.5
2019	3	겨울왕국 2	111596248720	864306256605	86430625660.5
2019	4	알라딘	106955138359	864306256605	86430625660.5
2019	5	기생충	85883963645	864306256605	86430625660.5
2019	6	엑시트	79232012162	864306256605	86430625660.5
2019	7	스파이더맨: 파 프롬 홈	69010000100	864306256605	86430625660.5
2019	8	백두산	52905789770	864306256605	86430625660.5
2019	9	캡틴 마블	51507488723	864306256605	86430625660.5
2019	10	조커	45381075450	864306256605	86430625660.5

코드 11-11을 실행해 보면 결과는 동일한데, 쿼리는 매우 간단해졌습니다. 코드 11-10에서는 2018년 이후 1~10위 영화를 조회하는 부분을 메인쿼리로 두고 서브쿼리에서 연도별 집계 값을 산출하지만, 코드 11-11에서는 윈도우 함수 덕분에 서브쿼리를 사용하지 않고도 간단하게 연도별 총액과 평균을 조회합니다.

연도별 총액을 가져온 부분에서 SUM(sale_amt)는 매출액 합계를 구하고, OVER (PARTITION BY YEAR(release_date))는 연도별로 그룹을 짓는다는 의미입니다. 따라서 이 구문은 연도별로 매출액 합계를 계산한 결과를 반환합니다. 그다음 줄에서 평균 매출액도 같은 방식으로 계산합니다.

이제 윈도우와 윈도우 함수를 어떻게 사용하는지 구문을 보죠.

구문 11-3

```
함수부 OVER (PARTITION BY 칼럼1, 칼럼2, ...
              ORDER BY ...)
```

구문은 함수부과 OVER 절로 구성됩니다. OVER 절은 다시 PARTITION BY와 ORDER BY 절로 나뉘는데, 여기서 PARTITION BY 절이 로우의 그룹인 윈도우를 지정하는 역할을 합니다. 그리고 ORDER BY 절은 그룹으로 지정된 로우의 순서를 지정합니다.

윈도우를 대상으로 연산할 수 있는 함수는 **집계 함수**와 **윈도우 함수** 두 가지입니다. 따라서 구문의 함수부에는 집계 함수를 사용할 수도 있고 윈도우 함수를 사용할 수도 있습니다. 그런데 굳이 윈도우 함수라고 한 이유는 윈도우 함수는 반드시 윈도우를 지정하는 OVER 절과 함께 사용하기 때문입니다.

이 구문에서 가장 중요한 부분은 로우의 그룹인 윈도우를 지정하는 PARTITION BY 절입니다. 그룹을 지정할 때 집계 쿼리에서 GROUP BY 절을 사용했죠. GROUP BY 절을 사용하면 쿼리 결과 집합의 로우가 묶어져 로우 수가 줄어듭니다. 하지만 PARTITION BY 절은 집계 함수나 윈도우 함수가 계산할 대상이 되는 로우의 그룹을 지정할 뿐, **최종 결과 집합의 로우 수를 줄이지 않습니다.** 이렇게 PARTITION BY 절로 지정된 그룹을 **파티션**이라고 합니다.

파티션 때문에 코드 11-12의 SELECT 절에서 sale_amt와 SUM(sale_amt)를 같이 사용해 개별 영화의 매출액과 연도별 총 매출액을 함께 볼 수 있습니다. 즉, 윈도우 함수를 사용하면 로우 수를 줄이지 않으면서도 집계 값을 계산할 수 있죠. 따라서 코드 11-12의 SUM(sale_amt) OVER (PARTITION BY YEAR(release_date))는 YEAR(release_date)가 반환하는 연도별로 파티션을 지정해 파티션별로 매출액을 모두 더한다는 뜻입니다. 따라서 sum_amt 값으로 2018년과 2019년의 총 매출액이 반환됩니다.

11.2.2 윈도우 함수 사용하기

그럼 윈도우 함수에는 어떤 것들이 있는지 알아봅시다. MySQL에서 제공하는 윈도우 함수는 다음과 같습니다.

표 11-1 윈도우 함수의 종류

함수	설명(반환값)	함수	설명(반환값)
ROW_NUMBER()	로우의 순번	CUME_DIST()	누적 분포 값
RANK()	순위	NTILE()	분할 버킷 수
DENSE_RANK()	누적 순위	FIRST_VALUE()	지정된 범위에서 첫 번째 로우의 값
PERCENT_RANK()	비율 순위	LAST_VALUE()	지정된 범위에서 마지막 로우의 값
LAG()	현재 로우의 바로 앞 로우 값	NTH_VALUE()	지정된 범위에서 N번째 로우의 값
LEAD()	현재 로우의 다음 로우 값		

하나씩 살펴보죠.

ROW_NUMBER()

ROW_NUMBER() 함수는 쿼리를 수행해 반환된 결과 집합의 로우 순번을 반환하며, 매개변수 없이 사용합니다. PARTITION BY 절로 지정된 파티션별로 ORDER BY 절 다음에 명시하는 칼럼(표현식) 값의 순서에 따라 순번이 매겨집니다. 예제로 자세한 사용법을 알아보겠습니다.

코드 11-13
```sql
SELECT employee_id, emp_name, dept_name, salary,
       ROW_NUMBER() OVER (PARTITION BY dept_name
                          ORDER BY salary DESC
                         ) seq
  FROM emp_hierarchy
 ORDER BY 3, 4 DESC;
```

실행결과

employee_id	emp_name	dept_name	salary	seq
205	Shelley Higgins	Accounting	12008	1
206	William Gietz	Accounting	8300	2
200	Jennifer Whalen	Administration	4400	1
100	Steven King	Executive	24000	1
101	Neena Kochhar	Executive	17000	2
102	Lex De Haan	Executive	17000	3
108	Nancy Greenberg	Finance	12008	1
109	Daniel Faviet	Finance	9000	2
110	John Chen	Finance	8200	3
112	Jose Manuel Urman	Finance	7800	4
111	Ismael Sciarra	Finance	7700	5
113	Luis Popp	Finance	6900	6
203	Susan Mavris	Human Reso…	6500	1
103	Alexander Hunold	IT	9000	1
104	Bruce Ernst	IT	6000	2
105	David Austin	IT	4800	3
106	Valli Pataballa	IT	4800	4
107	Diana Lorentz	IT	4200	5
204	Hermann Baer	Public Relations	10000	1

코드 11-13은 emp_hierarchy 테이블을 조회하는데, SELECT 절 마지막에 ROW_NUMBER() 함수를 사용합니다. PARTITION BY dept_name은 부서별로 파티션을 지정한다는 뜻이고, ORDER BY salary DESC는 급여가 많은 순서대로 정렬한다는 뜻입니다. 즉, 부서별로 급여가 많은 순서대로 순번을 매긴다는 뜻입니다.

결과를 보면 Executive 부서에는 총 3명이 속해 있는데 seq 칼럼 값을 보면 salary 값이 큰 순서대로 1부터 3까지 순번이 매겨졌고, Finance 부서 역시 급여가 많은 순서대로 1부터 6까지 순번이 매겨졌습니다.

정리하면 ROW_NUMBER() 함수는 로우의 순번을 반환하고, 어떻게 순번을 계산하는지는 PARTITION BY와 ORDER BY 뒤에 명시하는 칼럼(표현식)에 따라 달라집니다. 그리고 PARTITION BY는 파티션(대상 범위)을, ORDER BY는 순서를 지정합니다.

RANK(), DENSE_RANK(), PERCENT_RANK()

다음은 순위를 반환하는 함수입니다. RANK() 함수는 **순위**, DENSE_RANK() 함수는 **누적 순위**, PERCENT_RANK() 함수는 **비율에 따른 순위**를 반환합니다. 세 함수의 반환값과 차이점을 예제로 살펴봅시다.

코드 11-14
```sql
SELECT employee_id, emp_name, dept_name, salary,
       RANK() OVER (PARTITION BY dept_name
                    ORDER BY salary DESC
                   ) ranks,
       DENSE_RANK() OVER (PARTITION BY dept_name
                          ORDER BY salary DESC
                         ) dense_ranks,
       PERCENT_RANK() OVER (PARTITION BY dept_name
                            ORDER BY salary DESC
                           ) percent_ranks
  FROM emp_hierarchy
 ORDER BY 3, 4 DESC;
```

실행결과

employee_id	emp_name	dept_name	salary	ranks	dense_ranks	percent_ranks
205	Shelley Higgins	Accounting	12008	1	1	0
206	William Gietz	Accounting	8300	2	2	1
200	Jennifer Whalen	Administration	4400	1	1	0
100	Steven King	Executive	24000	1	1	0
101	Neena Kochhar	Executive	17000	2	2	0.5
102	Lex De Haan	Executive	17000	2	2	0.5
108	Nancy Greenberg	Finance	12008	1	1	0
109	Daniel Faviet	Finance	9000	2	2	0.2
110	John Chen	Finance	8200	3	3	0.4
112	Jose Manuel Urman	Finance	7800	4	4	0.6
111	Ismael Sciarra	Finance	7700	5	5	0.8
113	Luis Popp	Finance	6900	6	6	1
203	Susan Mavris	Human Reso…	6500	1	1	0
103	Alexander Hunold	IT	9000	1	1	0
104	Bruce Ernst	IT	6000	2	2	0.25
105	David Austin	IT	4800	3	3	0.5
106	Valli Pataballa	IT	4800	3	3	0.5
107	Diana Lorentz	IT	4200	5	4	1
204	Hermann Baer	Public Relations	10000	1	1	0

코드 11-14에서도 emp_hierarchy 테이블을 조회하고, 순위를 반환하는 세 함수를 사용합니다. 세 함수의 PARTITION BY와 ORDER BY 절은 ROW_NUMBER() 함수를 사용했을 때와 같습니다. 부서별로 파티션을 설정하고 급여가 많은 순으로 정렬하죠.

먼저 RANK() 함수는 함수 이름대로 순위를 반환합니다. 결과에서 IT 부서를 보면, RANK() 함수가 반환하는 ranks의 값은 급여가 많은 순서대로 1, 2, 3, 3, 5를 반환했습니다. 여기서 105와 106번 사원의 급여는 4800으로 동일하므로 순위가 3위로 같습니다. 급여가 4200인 107번 사원은 3위가 2명이므로 4위는 건너뛰고 5위가 됩니다.

DENSE_RANK() 함수는 누적 순위를 반환합니다. RANK() 함수와 기본적으로 같은 값을 반환하지만, 동점인 105, 106번은 3위로, 107번은 4위가 됩니다. 3위가 2명이라도 누적 순위라서 5위가 아닌 4위가 됩니다.

마지막으로 PERCENT_RANK() 함수는 비율에 따른 순위로 0에서 1까지의 값을 반환합니다. PERCENT_RANK() 함수의 반환값 계산 식은 **(rank - 1) / (rows -1)**입니다. 여기서 rank는 RANK() 함수의 반환값이며 rows는 PARTITION BY 절로 지정된 범위의 총 로우 수를 의미합니다. 예를 들어, IT 부서의 103번 사원은 rank가 1이고 rows는 5(IT 부서 인원 5명)이므로 (1 - 1) / (5 - 1) = 0이 됩니다. 104번 사원은 (2 - 1) / (5 - 1) = 0.25이고 105와 106번 사원은 (3 − 1) / (5 − 1) = 0.5가 됩니다. 급여를 기준으로 급여가 가장 많은 103번 사원은 상위 0%에 속하고 104번 사원은 상위 25%, 105와 106번은 상위 50%에 속하는 거죠.

ROW_NUMBER() 함수는 지정된 범위에서 정렬해 로우의 순번을 반환하지만, RANK()와 DENSE_RANK(), PERCENT_RANK() 함수는 순번이 아닌 순위를 반환한다는 점을 기억하세요.

LAG(expr, n, default_value), LEAD(expr, n, default_value)

LAG()는 현재 로우의 바로 앞 로우의 값을, LEAD()는 현재 로우의 다음 로우의 값을 반환하는 함수입니다. 참고로 lag는 지연, lead는 선두란 뜻이죠. 두 함수는 3개의 매개변수가 있습니다. 첫 번째 매개변수인 expr은 값을 반환할 칼럼(표현식), n은 몇 번째 로우의 값을 가져오는지를 나타내는 숫자, default_value는 반환값이 NULL일 때 NULL을 대체하는 값입니다. 이때 n과 default_value는 생략할 수 있습니다. 생략하면 n은 1, default_value는 NULL이 적용됩니다.

두 함수 역시 예제로 작동 방식을 알아봅시다.

코드 11-15
```sql
SELECT employee_id, emp_name, dept_name, salary,
       LAG(salary) OVER (PARTITION BY dept_name
                         ORDER BY salary DESC
                        ) lag_previous,
       LEAD(salary) OVER (PARTITION BY dept_name
                          ORDER BY salary DESC
                         ) lead_next
  FROM emp_hierarchy
 ORDER BY 3, 4 DESC;
```

실행결과

employee_id	emp_name	dept_name	salary	lag_previous	lead_next
205	Shelley Higgins	Accounting	12008	NULL	8300
206	William Gietz	Accounting	8300	12008	NULL
200	Jennifer Whalen	Administration	4400	NULL	NULL
100	Steven King	Executive	24000	NULL	17000
101	Neena Kochhar	Executive	17000	24000	17000
102	Lex De Haan	Executive	17000	17000	NULL
108	Nancy Greenberg	Finance	12008	NULL	9000
109	Daniel Faviet	Finance	9000	12008	8200
110	John Chen	Finance	8200	9000	7800
112	Jose Manuel Urman	Finance	7800	8200	7700
111	Ismael Sciarra	Finance	7700	7800	6900
113	Luis Popp	Finance	6900	7700	NULL
203	Susan Mavris	Human Reso…	6500	NULL	NULL
103	Alexander Hunold	IT	9000	NULL	6000
104	Bruce Ernst	IT	6000	9000	4800
105	David Austin	IT	4800	6000	4800
106	Valli Pataballa	IT	4800	4800	4200
107	Diana Lorentz	IT	4200	4800	NULL
204	Hermann Baer	Public Relations	10000	NULL	NULL

LAG( ) 함수부터 살펴봅시다. 매개변수로 salary를 명시했고 나머지 매개변수는 생략했으니 n 은 1, default_value는 NULL이 적용됩니다. 따라서 현재 로우를 기준으로 바로 앞(n이 1이 므로 1 - 1) 로우의 salary 값을 가져오라는 것이죠.

결과를 보면 IT 부서의 103번 사원은 lag_previous 값으로 NULL이 반환됐는데, 지정된 파 티션(IT 부서)과 정렬 순서(급여의 내림차순)를 기준으로 볼 때 앞 로우가 없어서 그렇습니다. 104번은 급여가 6000이고, 앞 로우는 103번이므로 lag_previous 값으로 9000을 반환했습 니다. 이런 방식으로 LAG( ) 함수는 현재 로우를 기준으로 지정된 파티션과 순서에 따라 앞 로 우의 값을 반환합니다.

이와 반대로 LEAD( ) 함수는 현재 로우를 기준으로 다음 로우의 값을 반환합니다. 결과의 lead_next 값을 보면 103번은 다음 로우인 104번의 급여 6000을, 104번은 105번의 급여인 4800을 반환했고, 마지막 107번은 범위 안에 다음 로우가 없으므로 NULL을 반환했습니다.

다른 예를 볼까요?

코드 11-16
```sql
SELECT employee_id, emp_name, dept_name, salary,
       LAG(salary, 1, 0) OVER (PARTITION BY dept_name
                               ORDER BY salary DESC
                              ) lag_previous,
       LEAD(salary, 1, 0) OVER (PARTITION BY dept_name
                                ORDER BY salary DESC
                               ) lead_next
  FROM emp_hierarchy
 ORDER BY 3, 4 DESC;
```

실행결과

employee_id	emp_name	dept_name	salary	lag_previous	lead_next
205	Shelley Higgins	Accounting	12008	0	8300
206	William Gietz	Accounting	8300	12008	0
200	Jennifer Whalen	Administration	4400	0	0
100	Steven King	Executive	24000	0	17000
101	Neena Kochhar	Executive	17000	24000	17000
102	Lex De Haan	Executive	17000	17000	0
108	Nancy Greenberg	Finance	12008	0	9000
109	Daniel Faviet	Finance	9000	12008	8200
110	John Chen	Finance	8200	9000	7800
112	Jose Manuel Urman	Finance	7800	8200	7700
111	Ismael Sciarra	Finance	7700	7800	6900
113	Luis Popp	Finance	6900	7700	0
203	Susan Mavris	Human Reso…	6500	0	0
103	Alexander Hunold	IT	9000	0	6000
104	Bruce Ernst	IT	6000	9000	4800
105	David Austin	IT	4800	6000	4800
106	Valli Pataballa	IT	4800	4800	4200
107	Diana Lorentz	IT	4200	4800	0
204	Hermann Baer	Public Relations	10000	0	0

코드 11-16은 코드 11-15에서 LAG()와 LEAD() 함수의 매개변수 3개를 모두 입력합니다. LAG(salary, 1, 0)에서 두 번째 매개변수는 현재 로우를 기준으로 몇 번째 앞 로우를 찾을 것인지를 나타냅니다. 1을 명시하므로 바로 앞 로우의 salary 값을 찾습니다. 그리고 세 번째 매개변수로는 0을 명시하므로 반환값이 NULL이면 0을, 그렇지 않으면 salary 값을 읽어 오죠. 따라서 코드 11-15에서 103번 사원은 앞 로우가 없어서 NULL을 반환했지만, 이번에는 0을 반환했습니다. LEAD() 함수도 마찬가지입니다. 107번 사원은 다음 로우가 없어 NULL 대신 0을 반환했습니다.

그럼 매개변수를 한번 바꿔 보죠.

코드 11-17
```sql
SELECT employee_id, emp_name, dept_name, salary,
       LAG(salary, 2, 0) OVER (PARTITION BY dept_name
                               ORDER BY salary DESC
                              ) lag_previous,
       LEAD(salary, 2, 0) OVER (PARTITION BY dept_name
                                ORDER BY salary DESC
                               ) lead_next
  FROM emp_hierarchy
 ORDER BY 3, 4 DESC;
```

실행결과

employee_id	emp_name	dept_name	salary	lag_previous	lead_next
205	Shelley Higgins	Accounting	12008	0	0
206	William Gietz	Accounting	8300	0	0
200	Jennifer Whalen	Administration	4400	0	0
100	Steven King	Executive	24000	0	17000
101	Neena Kochhar	Executive	17000	0	0
102	Lex De Haan	Executive	17000	24000	0
108	Nancy Greenberg	Finance	12008	0	8200
109	Daniel Faviet	Finance	9000	0	7800
110	John Chen	Finance	8200	12008	7700
112	Jose Manuel Urman	Finance	7800	9000	6900
111	Ismael Sciarra	Finance	7700	8200	0
113	Luis Popp	Finance	6900	7800	0
203	Susan Mavris	Human Reso…	6500	0	0
103	Alexander Hunold	IT	9000	0	4800
104	Bruce Ernst	IT	6000	0	4800
105	David Austin	IT	4800	9000	4200
106	Valli Pataballa	IT	4800	6000	0
107	Diana Lorentz	IT	4200	4800	0
204	Hermann Baer	Public Relations	10000	0	0

이번에는 두 함수의 두 번째 매개변수로 2를 입력합니다. 따라서 현재 로우를 기준으로 두 번째 앞 로우와 두 번째 뒤 로우를 찾습니다. LAG() 함수의 반환값을 보면 104번은 0을 반환했는데, 이는 두 번째 앞에 해당하는 로우가 없기 때문입니다. 105번은 두 번째 앞 로우가 103번이므로 9000을 반환했습니다. LEAD() 함수도 마찬가지로 두 번째 뒤 로우를 참조하므로 105번은 107번의 급여인 4200을 반환했고, 106번은 두 번째 뒤 로우가 없으므로 0을 반환했습니다.

LAG()와 LEAD()는 매우 유용한 함수입니다. SQL 문은 일반적으로 로우 단위로 처리되는데, 특정 그룹별로 앞뒤 로우의 값을 가져올 수 있으니 매우 획기적인 기능입니다. 가령 전년 대비 매출 증감률을 구한다고 해 보죠. 매출 증감률은 (올해 매출 – 전년 매출) / 전년 매출 × 100 으로 계산할 수 있습니다. 이를 SQL 문으로 구하려면 올해와 전년 매출이 필요한데, 보통은 연도와 매출이 한 로우에 담겨 있습니다. 2018년 매출은 1000, 2019년 매출은 2000, 이런 식이죠. 2019년을 기준으로 2018년 매출인 1000이란 값을 가져오려면 아주 복잡한 SELECT 문을 작성해야 하지만, LAG()와 LEAD() 함수 덕분에 쉽게 계산할 수 있습니다.

코드 11-18

```sql
WITH basis AS
(SELECT YEAR(release_date) years, sale_amt,
        LAG(sale_amt, 1, 0) OVER (ORDER BY YEAR(release_date)) lastyear_sale_amt
   FROM box_office
  WHERE ranks = 1
)
SELECT years, sale_amt, lastyear_sale_amt,
       ROUND((sale_amt - lastyear_sale_amt) / lastyear_sale_amt * 100, 2) rates
  FROM basis
 ORDER BY 1 DESC ;
```

실행결과

years	sale_amt	lastyear_sale_amt	rates
2019	139651845516	102666146909	36.03
2018	102666146909	95853645649	7.11
2017	95853645649	93178283048	2.87
2016	93178283048	105168155250	-11.4
2015	105168155250	135748398910	-22.53
2014	135748398910	91431914670	48.47
2013	91431914670	93664808500	-2.38
2012	93664808500	74840681500	25.15
2011	74840681500	81455728000	-8.12
2009	81025004000	43747552000	85.21
2009	81455728000	81025004000	0.53
2008	43747552000	49339934700	-11.33
2007	49339934700	66715713300	-26.04
2006	66715713300	40328508500	65.43
2005	40328508500	15687180500	157.08
2004	15687180500	0	NULL

코드 11-18은 box_office 테이블에서 연도별 1위 영화를 조회하는데, LAG() 함수로 전년 1위 매출액을 가져와 전년 대비 매출 증감률을 구합니다. 먼저 CTE 서브쿼리인 basis에서는 1위 영화를 조회하면서 LAG() 함수로 전년 1위 매출액을 lastyear_sale_amt라는 이름으로 가져옵니다. box_office 테이블에서 연도별 1위는 하나의 로우를 이루고 있으므로 여기서는 PARTITON BY 절로 파티션을 지정하지 않고 ORDER BY 절만 추가해 개봉연도로 오름차순 정렬합니다. 오름차순 정렬한 후 앞 로우 값을 가져오므로 전년 1위 매출액을 가져올 수 있습니다. 그리고 마지막 SELECT 문에서 **(올해 1위 매출액 - 전년 1위 매출액) / 전년 매출액 × 100**을 계산한 다음, ROUND() 함수로 소수점 아래 둘째 자리까지 표시합니다.

결과를 보면, 2019년은 1위 매출액은 대략 1,396억, 전년인 2018년 1위 매출은 1,026억 정도이고, 증감률은 36.03%입니다. 따라서 2019년 1위 영화는 2018년 1위 영화와 비교해 매출액이 36% 정도 증가한 것을 알 수 있습니다.

CUME_DIST()

CUME_DIST()는 0에서 1까지의 **누적 분포** 값을 반환하는 함수로, 매개변수 없이 사용합니다. 누적 분포 함수는 확률 통계에서 사용하는 개념으로, 원래 정의는 확률 변수가 특정 값보다 작거나 같을 확률을 나타내는 함수입니다. 그러나 MySQL에서는 **현재 로우에 있는 값보다 작거나 같은 로우의 수를 전체 로우의 수로 나눈 값을 반환**합니다.

여기서 작거나 같다는 것은 ORDER BY 절에 명시한 칼럼 순서대로 정렬한 다음, 현재 로우 기준으로 앞 로우의 수와 ORDER BY 절에 명시한 칼럼 값이 같은 로우의 수를 더한 결과를 전체 로우 수로 나눈 값을 반환합니다. 즉, **(앞 로우 수 + 현재 로우 수 + 현재 로우의 칼럼 값과 같은 로우 수) / 전체 로우 수**를 반환합니다. 설명만으로는 어려우니 예제를 봅시다.

코드 11-19
```sql
SELECT employee_id, emp_name, dept_name, salary,
       CUME_DIST() OVER (PARTITION BY dept_name
                         ORDER BY salary DESC
                        ) rates
  FROM emp_hierarchy
 ORDER BY 3, 4 DESC;
```

실행결과

employee_id	emp_name	dept_name	salary	rates
205	Shelley Higgins	Accounting	12008	0.5
206	William Gietz	Accounting	8300	1
200	Jennifer Whalen	Administration	4400	1
100	Steven King	Executive	24000	0.3333333333333333
101	Neena Kochhar	Executive	17000	1
102	Lex De Haan	Executive	17000	1
108	Nancy Greenberg	Finance	12008	0.16666666666666666
109	Daniel Faviet	Finance	9000	0.3333333333333333
110	John Chen	Finance	8200	0.5
112	Jose Manuel Urman	Finance	7800	0.6666666666666666
111	Ismael Sciarra	Finance	7700	0.8333333333333334
113	Luis Popp	Finance	6900	1
203	Susan Mavris	Human Reso…	6500	1
103	Alexander Hunold	IT	9000	0.2
104	Bruce Ernst	IT	6000	0.4
105	David Austin	IT	4800	0.8
106	Valli Pataballa	IT	4800	0.8
107	Diana Lorentz	IT	4200	1
204	Hermann Baer	Public Relations	10000	1

CUME_DIST() 함수가 IT 부서에 대해 반환한 값을 하나씩 살펴보죠.

- **103번** 현재 로우 수는 1이므로 1 / 5 = 0.2
- **104번** 현재 로우와 앞 로우 수를 더하면 2이므로 2 / 5 = 0.4
- **105번** 현재와 앞 로우 수를 더하면 3인데, 현재 로우의 급여인 4800과 같은 값을 가진 로우가 106번 1개 더 있으므로 (2 + 1 + 1) / 5 = 0.8
- **106번** 105번과 동일
- **107번** 현재와 앞 로우를 더하면 5이므로 5 / 5 = 1

CUME_DIST() 함수는 주어진 그룹(PATITION BY)에서 특정 값의 상대적 위치를 계산합니다. 결과를 보면 IT 부서의 상위 40% 급여가 6000임을 알 수 있습니다. 어떤 대기업의 평균 연봉이 1억이 넘는다는 기사를 가끔 볼 수 있는데, 이는 말 그대로 평균입니다. 대기업은 임원들의 임금이 아주 높기 때문에 평균만으로는 실제 해당 기업의 직급별 임직원의 급여를 정확히 파악하기가 어렵습니다. 이때 CUME_DIST() 함수를 사용하면 직급별 급여 분포를 좀 더 정확히 파악할 수 있죠.

NTILE(n)

NTILE() 함수는 PARTITION BY 절로 지정된 파티션과 ORDER BY 절로 지정된 값을 기준으로 매개변수 n개의 버킷(bucket)에 분할한 결과를 반환합니다. bucket은 우리말로 양동이라는 뜻인데, 비유하면 각 로우를 양동이 n개에 나눠 담을 때 해당 로우가 몇 번째 양동이에 담길지를 반환합니다.

코드 11-20
```sql
SELECT employee_id, emp_name, dept_name, salary,
       NTILE(3) OVER (PARTITION BY dept_name
                      ORDER BY salary DESC
                     ) ntiles
  FROM emp_hierarchy
 ORDER BY 3, 4 DESC;
```

실행결과

employee_id	emp_name	dept_name	salary	ntiles
205	Shelley Higgins	Accounting	12008	1
206	William Gietz	Accounting	8300	2
200	Jennifer Whalen	Administration	4400	1
100	Steven King	Executive	24000	1
101	Neena Kochhar	Executive	17000	2
102	Lex De Haan	Executive	17000	3
108	Nancy Greenberg	Finance	12008	1
109	Daniel Faviet	Finance	9000	1
110	John Chen	Finance	8200	2
112	Jose Manuel Urman	Finance	7800	2
111	Ismael Sciarra	Finance	7700	3
113	Luis Popp	Finance	6900	3
203	Susan Mavris	Human Reso…	6500	1
103	Alexander Hunold	IT	9000	1
104	Bruce Ernst	IT	6000	1
105	David Austin	IT	4800	2
106	Valli Pataballa	IT	4800	2
107	Diana Lorentz	IT	4200	3
204	Hermann Baer	Public Relations	10000	1

코드를 보면 NTILE() 함수의 매개변수로 3을 지정합니다. 부서별 급여가 높은 순으로 3개의 양동이에 담는다면 각 사원은 몇 번째 양동이에 담길지를 보는 것이죠. IT 부서를 보면 급여가 6,000 이상인 두 사원이 1번, 4800인 두 사원이 2번, 4200인 사원이 마지막 3번 항아리에 담깁니다.

좀 더 많은 양동이 또는 적은 양동이에 담으려면 매개변수 n을 조절하면 됩니다. 회사 직원들의 급여를 기준으로 등급을 매길 때 NITLE() 함수를 사용하면 그 결과를 쉽게 알 수 있겠죠?

지금까지 FIRST_VALUE(), LAST_VALUE(), NTH_VALUE() 함수를 제외한 윈도우 함수를 알아봤습니다. 세 함수는 하나를 더 배운 후 살펴보겠습니다.

11.2.3 프레임 절로 집계 범위 조정하기

윈도우 함수를 사용할 때 빠질 수 없는 부분이 OVER 절입니다. OVER 절은 PARTITION BY와 ORDER BY 절로 구성되는데, 여기에 추가로 프레임 절을 사용할 수 있습니다. PARTITION BY로 지정된 파티션을 다시 하위 집합으로 나눌 수 있는데, 이때 하위 집합을 **프레임**(frame)이라고 합니다.

프레임 절의 구문은 다음과 같습니다.

> **구문 11-4**
>
> ROWS 또는 RANGE BETWEEN frame_start AND frame_end

프레임 절은 몇 개 항목으로 구성되며, 각 항목은 다음과 같습니다.

- **ROWS** 현재 로우를 기준으로 로우 단위로 대상 프레임 지정
- **RANGE** 현재 로우를 기준으로 값의 범위 단위로 대상 프레임 지정
- **BETWEEN frame_start AND frame_end** frame_start와 frame_end 사이에 있는 로우 지정

frame_start와 frame_end에 사용 가능한 옵션 값은 다음과 같습니다.

- **CURRENT ROW** 현재 로우
- **UNBOUNDED PRECEDING** 파티션의 첫 번째 로우
- **UNBOUNDED FOLLOWING** 파티션의 마지막 로우
- **n PRECEDING**
  - ROWS 사용: 현재 로우 기준 n번째 앞 로우
  - RANGE 사용: 현재 로우의 값에서 n을 뺀 값을 가진 로우

- n FOLLOWING
  - ROWS 사용: 현재 로우 기준 n번째 뒤 로우
  - RANGE 사용: 현재 로우의 값에서 n을 더한 값을 가진 로우

이 항목들을 조합해 파티션의 하위 집합인 프레임을 지정하는데, 맨 앞에는 항상 ROWS나 RANGE를 명시합니다. ROWS는 무조건 로우 단위로 프레임을 나누고, RANGE는 로우 단위로 나누기는 하는데 값의 범위까지 확인해 프레임을 나눕니다.

프레임 절을 구성하는 몇 가지 조합은 다음 표와 같습니다.

표 11-2 프레임 절 조합 예시

조합 예	파티션 로우 범위
UNBOUNDED PRECEDING	파티션의 첫 번째 로우부터 현재 로우까지
BETWEEN UNBOUNDED PRECEDING AND CURRENT ROW	파티션의 첫 번째 로우부터 현재 로우까지
BETWEEN 2 PRECEDING AND CURRENT ROW	현재 로우 기준 두 번째 앞 로우부터 현재 로우까지
BETWEEN 2 PRECEDING AND 2 FOLLOWING	현재 로우 기준 두 번째 앞 로우부터 두 번째 뒤 로우까지
BETWEEN 2 PRECEDING AND UNBOUNDED FOLLOWING	현재 로우 기준 두 번째 앞 로우부터 파티션의 마지막 로우까지

하나의 파티션을 기준으로 프레임을 구성하는 각 요소와 로우 범위를 나타내면 다음과 같습니다.

그림 11-3 프레임 범위

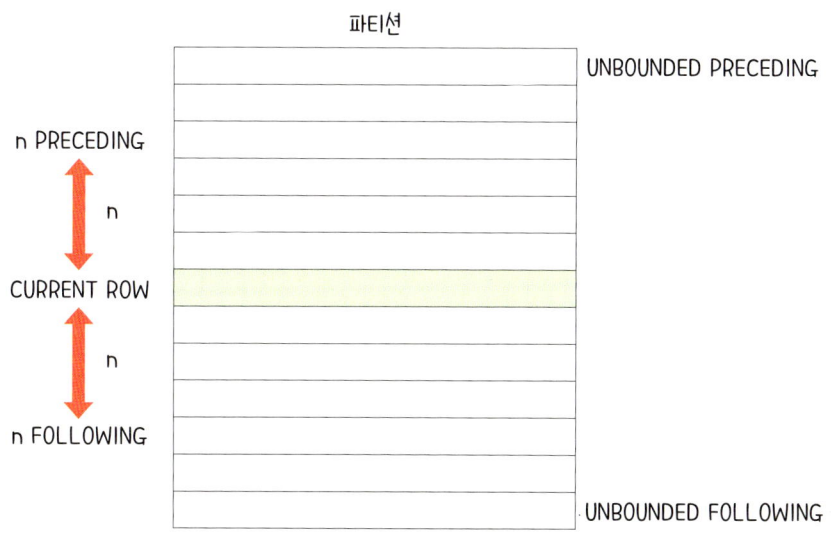

그럼 실제 쿼리를 작성해 프레임 절의 구성에 따라 결과가 어떻게 달라지는지 봅시다.

코드 11-21
```sql
SELECT employee_id, emp_name, dept_name, salary,
       SUM(salary) OVER (PARTITION BY dept_name
                         ORDER BY salary DESC
                         ROWS BETWEEN UNBOUNDED PRECEDING AND CURRENT ROW
       ) rows_value,
       SUM(salary) OVER (PARTITION BY dept_name
                         ORDER BY salary DESC
                         RANGE BETWEEN UNBOUNDED PRECEDING AND CURRENT ROW
       ) range_value
  FROM emp_hierarchy
 WHERE dept_name IN ('IT', 'Finance')
 ORDER BY 3, 4 DESC;
```

실행결과

employee_id	emp_name	dept_name	salary	rows_value	range_value
108	Nancy Greenberg	Finance	12008	12008	12008
109	Daniel Faviet	Finance	9000	21008	21008
110	John Chen	Finance	8200	29208	29208
112	Jose Manuel Urman	Finance	7800	37008	37008
111	Ismael Sciarra	Finance	7700	44708	44708
113	Luis Popp	Finance	6900	51608	51608
103	Alexander Hunold	IT	9000	9000	9000
104	Bruce Ernst	IT	6000	15000	15000
105	David Austin	IT	4800	19800	24600
106	Valli Pataballa	IT	4800	24600	24600
107	Diana Lorentz	IT	4200	28800	28800

코드 11-21의 프레임 절을 보면 파티션의 첫 번째 로우부터 현재 로우까지 범위를 지정합니다(BETWEEN UNBOUNDED PRECEDING AND CURRENT ROW). 하나는 ROWS를, 다른 하나는 RANGE를 사용하고 SUM 함수로 급여의 합을 구합니다. ROWS는 무조건 로우 단위이므로 파티션 첫 번째 로우부터 현재 로우까지 급여를 합한 값을 반환합니다. 따라서 IT 부서에서 103번은 9000, 104번은 103과 104의 급여를 더한 15000, 105번은 103, 104, 105번 급여를 더한 19800을 반환합니다.

RANGE는 ROWS와 기본적인 연산 방식은 같습니다. 다만, 105번은 rows_value와 range_value 값이 다릅니다. 먼저 ROWS는 로우 단위로 프레임을 지정하므로 파티션 첫 번째 로우에서 현재 로우까지 급여 합을 구합니다. 따라서 105번은 19800을, 106번은 103, 104, 105, 106번 급여를 더한 24600을 반환합니다.

RANGE는 값의 범위 단위로 프레임 지정합니다. 105번과 106번 사원의 급여가 4800으로 같아서 이 둘은 같은 프레임에 속하게 됩니다. 따라서 105번은 103, 104, 105번의 급여에 106번의 급여도 더한 24600을 반환합니다. 106번 사원도 마찬가지로 같은 값을 반환합니다.

코드 11-22
```sql
SELECT employee_id, emp_name, dept_name, salary,
       SUM(salary) OVER (PARTITION BY dept_name
                         ORDER BY salary DESC
                         ROWS BETWEEN 1 PRECEDING AND 1 FOLLOWING
                        ) rows_value,
       SUM(salary) OVER (PARTITION BY dept_name
                         ORDER BY salary DESC
                         RANGE BETWEEN 1000 PRECEDING AND 1000 FOLLOWING
                        ) range_value
  FROM emp_hierarchy
 WHERE dept_name IN ('IT', 'Finance')
 ORDER BY 3, 4 DESC;
```

실행결과

employee_id	emp_name	dept_name	salary	rows_value	range_value
108	Nancy Greenberg	Finance	12008	21008	12008
109	Daniel Faviet	Finance	9000	29208	17200
110	John Chen	Finance	8200	25000	32700
112	Jose Manuel Urman	Finance	7800	23700	30600
111	Ismael Sciarra	Finance	7700	22400	30600
113	Luis Popp	Finance	6900	14600	22400
103	Alexander Hunold	IT	9000	15000	9000
104	Bruce Ernst	IT	6000	19800	6000
105	David Austin	IT	4800	15600	13800
106	Valli Pataballa	IT	4800	13800	13800
107	Diana Lorentz	IT	4200	9000	13800

코드 11-22의 ROWS BETWEEN 1 PRECEDING AND 1 FOLLOWING은 현재 로우의 앞 로우부터 뒤 로우까지가 대상입니다. 따라서 **앞 로우 + 현재 로우 + 뒤 로우의 값을 합한 값**을 반환합니다. IT 부서의 rows_value 값을 보면 103번은 앞 로우가 없고, 현재 로우와 뒤 로우가 대상이므로 103과 104번의 급여를 더한 15000(9000 + 6000)이 반환됐습니다. 104번은 103, 104,

105번 급여를 합한 19800(9000 + 6000 + 4800)이 반환됐죠. 마지막 107번은 뒤 로우가 없으므로 9000(4800 + 4200)이 반환됐습니다.

그리고 RANGE BETWEEN 1000 PRECEDING AND 1000 FOLLOWING은 RANGE를 사용하므로 1000은 **로우 수가 아닌 값**으로 여기서는 급여를 의미합니다. 1000 PRECEDING은 (현재 로우의 값 – 1000)을 의미하고 1000 FOLLOWING은 (현재 로우 값 + 1000)을 의미합니다. 예를 들어 105번의 현재 로우 값이 4800이므로 3800(4000 – 1000)에서 5800(4000 + 1000) 사이의 값을 가진 로우가 SUM(salary)의 대상이 됩니다. 이 범위에 속한 건은 105, 106, 107번이므로 이 3건의 급여를 더한 13800(4800 + 4800 + 4200)을 반환했고, 106, 107번도 같은 값을 반환했습니다.

이렇게 프레임 절은 ROWS와 RANGE를 사용했을 때 계산 대상 로우를 선정하는 방식이 다르며 프레임의 시작과 끝을 지정하는 방식에 따라서도 최종 반환값이 달라져서 좀 복잡합니다. 하지만 계산 원리를 이해하면 그리 어렵지 않게 사용할 수 있을 겁니다.

11.2.4 프레임 절과 윈도우 함수 함께 사용하기

윈도우 함수 중 FIRST_VALUE(), LAST_VALUE(), NTH_VALUE() 함수는 앞에서 다루지 않았는데, 세 함수는 프레임 절과 함께 사용하기 때문입니다. 세 함수를 제외한 나머지 윈도우 함수도 프레임 절과 함께 사용할 수는 있지만, 계산 결과에 아무 영향도 주지 않아서 프레임 절을 사용하든 사용하지 않든 반환값은 동일합니다. 그럼 세 함수의 사용법을 알아봅시다.

FIRST_VALUE(), LAST_VALUE()

FIRST_VALUE()와 LAST_VALUE() 함수는 주어진 프레임의 첫 번째 로우의 값과 마지막 로우의 값을 반환합니다. 두 함수 역시 프레임 절에서 ROWS를 사용했을 때와 RANGE를 사용했을 때의 반환값이 다릅니다. 예제로 알아보죠.

코드 11-23
```sql
SELECT employee_id, emp_name, dept_name, salary,
       FIRST_VALUE(salary) OVER ( PARTITION BY dept_name
                                  ORDER BY salary DESC
                                  ROWS BETWEEN 1 PRECEDING AND 1 FOLLOWING
```

```sql
                    ) firstvalue,
      LAST_VALUE(salary) OVER ( PARTITION BY dept_name
                                ORDER BY salary DESC
                                ROWS BETWEEN 1 PRECEDING AND 1 FOLLOWING
                    ) lastvalue
  FROM emp_hierarchy
 WHERE dept_name IN ('IT', 'Finance')
 ORDER BY 3, 4 DESC;
```

실행결과

employee_id	emp_name	dept_name	salary	firstvalue	lastvalue
108	Nancy Greenberg	Finance	12008	12008	9000
109	Daniel Faviet	Finance	9000	12008	8200
110	John Chen	Finance	8200	9000	7800
112	Jose Manuel Urman	Finance	7800	8200	7700
111	Ismael Sciarra	Finance	7700	7800	6900
113	Luis Popp	Finance	6900	7700	6900
103	Alexander Hunold	IT	9000	9000	6000
104	Bruce Ernst	IT	6000	9000	4800
105	David Austin	IT	4800	6000	4800
106	Valli Pataballa	IT	4800	4800	4200
107	Diana Lorentz	IT	4200	4800	4200

코드 11-23에서는 FIRST_VALUE(), LAST_VALUE() 함수와 프레임 절을 함께 사용합니다. 105번은 범위가 104, 105, 106번 로우이므로 FIRST_VALUE() 함수의 반환값은 104번의 급여인 6000, LAST_VALUE() 함수 반환값은 106번의 급여인 4800입니다. 마찬가지로 106번은 105번부터 107번까지가 범위이므로 FIRST_VALUE() 함수는 4800, LAST_VALUE() 함수는 4200을 반환했습니다.

코드 11-24
```sql
SELECT employee_id, emp_name, dept_name, salary,
       FIRST_VALUE(salary) OVER (PARTITION BY dept_name
                                 ORDER BY salary DESC
                                 RANGE BETWEEN 1000 PRECEDING AND 1000 FOLLOWING
                    ) firstvalue,
      LAST_VALUE(salary) OVER (PARTITION BY dept_name
                                ORDER BY salary DESC
                                RANGE BETWEEN 1000 PRECEDING AND 1000 FOLLOWING
                    ) lastvalue
```

```
  FROM emp_hierarchy
 WHERE dept_name IN ('IT', 'Finance')
 ORDER BY 3, 4 DESC;
```

실행결과

employee_id	emp_name	dept_name	salary	firstvalue	lastvalue
108	Nancy Greenberg	Finance	12008	12008	12008
109	Daniel Faviet	Finance	9000	9000	8200
110	John Chen	Finance	8200	9000	7700
112	Jose Manuel Urman	Finance	7800	8200	6900
111	Ismael Sciarra	Finance	7700	8200	6900
113	Luis Popp	Finance	6900	7800	6900
103	Alexander Hunold	IT	9000	9000	9000
104	Bruce Ernst	IT	6000	6000	6000
105	David Austin	IT	4800	4800	4200
106	Valli Pataballa	IT	4800	4800	4200
107	Diana Lorentz	IT	4200	4800	4200

코드 11-24는 코드 11-23의 프레임 절에 ROWS 대신 RANGE를 사용합니다. 105번의 범위는 3800(4800 - 1000)에서 5800(4800 + 1000) 사이의 값을 가진 로우이므로 대상은 105, 106, 107번입니다. 따라서 FIRST_VALUE() 함수는 105번의 급여인 4800, LAST_VALUE() 함수는 107번의 급여인 4200을 반환했습니다.

이처럼 ROWS와 RANGE 사용에 따라 달라지는 프레임 구간에서 FIRST_VALUE() 함수는 첫 번째 값을 LAST_VALUE() 함수는 마지막 값을 반환합니다.

NTH_VALUE(expr, n)

NTH_VALUE()는 주어진 프레임에서 매개변수 expr의 n번째 로우에 있는 값을 반환하는 함수입니다. 예제를 보죠.

코드 11-25
```
SELECT employee_id, emp_name, dept_name, salary,
       NTH_VALUE(salary, 2) OVER (PARTITION BY dept_name
                                    ORDER BY salary DESC
                                  ROWS BETWEEN 1 PRECEDING AND 1 FOLLOWING
                                 ) rows_value,
       NTH_VALUE(salary, 3) OVER (PARTITION BY dept_name
                                    ORDER BY salary DESC
```

```sql
                            RANGE BETWEEN 1000 PRECEDING AND 1000 FOLLOWING
                          ) range_value
    FROM emp_hierarchy
    WHERE dept_name IN ('IT', 'Finance')
    ORDER BY 3, 4 DESC;
```

실행결과

employee_id	emp_name	dept_name	salary	rows_value	range_value
108	Nancy Greenberg	Finance	12008	9000	NULL
109	Daniel Faviet	Finance	9000	9000	NULL
110	John Chen	Finance	8200	8200	7800
112	Jose Manuel Urman	Finance	7800	7800	7700
111	Ismael Sciarra	Finance	7700	7700	7700
113	Luis Popp	Finance	6900	6900	6900
103	Alexander Hunold	IT	9000	6000	NULL
104	Bruce Ernst	IT	6000	6000	NULL
105	David Austin	IT	4800	4800	4200
106	Valli Pataballa	IT	4800	4800	4200
107	Diana Lorentz	IT	4200	4200	4200

NTH_VALUE(salary, 2)는 해당 프레임에서 두 번째 로우의 salary 값을 반환하라는 의미입니다. 프레임 절에 ROWS BETWEEN 1 PRECEDING AND 1 FOLLOWING이라고 기술하므로 앞 로우부터 뒤 로우까지가 범위입니다. 따라서 105번은 104~106번이 범위이고, 두 번째 로우는 105번이므로 4800을 반환했습니다. 103번은 103~104번인데 두 번째 로우 값이므로 6000을 반환했습니다.

NTH_VALUE(salary, 3)은 해당 범위에서 세 번째 로우의 salary 값을 반환합니다. 그리고 프레임 절에 RANGE를 사용합니다. 따라서 103번은 값의 범위가 8000(9000 - 1000) ~10000(9000 + 1000)이고, 이에 해당하는 건은 9000인 자기 자신 1건밖에 없습니다. 세 번째 로우에 해당하는 건이 없으므로 NULL을 반환했습니다. 106번은 값의 범위가 3800~5800이므로 대상이 105, 106, 107번입니다. 따라서 세 번째 로우 값으로 107번의 급여인 4200을 반환했습니다.

11.2.5 윈도우 별칭 사용하기

윈도우에도 일종의 별칭을 붙여 사용할 수도 있습니다. 이를 **Named Window**라고 합니다. 우리말로 옮기면 명명된 윈도우인데, 이 책에서는 **윈도우 별칭**이란 용어를 사용하겠습니다(윈도우 별칭은 정식 용어는 아니고 필자가 이 책에서만 사용하는 이름이니 참고하세요).

테이블이나 칼럼에 대한 별칭을 만들듯이 윈도우도 별칭을 지정하고 이 별칭을 OVER 절에서 사용합니다. 다음 예제는 코드 11-23의 쿼리를 윈도우 별칭을 사용한 형태로 변경한 것입니다.

코드 11-26
```sql
SELECT employee_id, emp_name, dept_name, salary,
       FIRST_VALUE(salary) OVER wa firstvalue,
       LAST_VALUE(salary) OVER wa lastvalue
  FROM emp_hierarchy
 WHERE dept_name IN ('IT', 'Finance')
WINDOW wa AS (PARTITION BY dept_name
                  ORDER BY salary DESC
                  ROWS BETWEEN 1 PRECEDING AND 1 FOLLOWING
             )
 ORDER BY 3, 4 DESC;
```

실행결과

employee_id	emp_name	dept_name	salary	firstvalue	lastvalue
108	Nancy Greenberg	Finance	12008	12008	9000
109	Daniel Faviet	Finance	9000	12008	8200
110	John Chen	Finance	8200	9000	7800
112	Jose Manuel Urman	Finance	7800	8200	7700
111	Ismael Sciarra	Finance	7700	7800	6900
113	Luis Popp	Finance	6900	7700	6900
103	Alexander Hunold	IT	9000	9000	6000
104	Bruce Ernst	IT	6000	9000	4800
105	David Austin	IT	4800	6000	4800
106	Valli Pataballa	IT	4800	4800	4200
107	Diana Lorentz	IT	4200	4800	4200

코드 11-26에서 하단의 WINDOW wa AS (...)가 윈도우의 별칭을 부여하는 부분입니다. wa라는 윈도우의 상세 내역을 소괄호 안에 정의하고, FIRST_VALUE(), LAST_VALUE() 함수를 사용한 부분에서는 간단히 OVER 다음에 윈도우 별칭인 wa를 명시합니다. 이렇게 하면 wa를 정의한 소괄호 안의 PARTITION BY, ORDER BY 절과 프레임 절에 정의한 내용이 SELECT 절에서 사용한 윈도우 함수에 적용되는 원리입니다. 따라서 코드 11-26의 FIRST_VALUE(), LAST_VALUE() 함수는 코드 11-23에서 사용한 두 함수의 결괏값과 같은 값을 반환합니다.

SELECT 절에서 여러 개의 윈도우 함수를 사용하면 PARTITION BY, ORDER BY 절 때문에 쿼리가 복잡해지는데, 이럴 때는 윈도우 별칭을 지정해서 상대적으로 간단하고 편리하게 쿼리를 작성할 수 있습니다.

1분 퀴즈 2

box_office 테이블에서 2019년 개봉한 영화 상위 10편의 영화 순위와 제목, 매출액, 총매출액을 매출액이 많은 순서대로 누적 분포 값을 구하는 쿼리를 작성하세요.

정답 및 해설: 해설 노트 517쪽

11.3 뷰로 복잡한 쿼리 간단하게 사용하기

이 절에서는 테이블과 비슷한 뷰(view)라는 데이터베이스 객체를 알아보겠습니다. SQL 문으로 쿼리를 작성할 때 그 대상은 데이터가 저장된 테이블인데, 뷰도 테이블처럼 사용할 수 있습니다. 즉, 뷰에서 데이터를 조회할 수 있습니다.

11.3.1 뷰 생성하고 사용하기

뷰(view)는 하나 이상의 테이블을 조회한 결과 집합을 볼 수 있는 독립적인 데이터베이스 객체입니다. 테이블처럼 로우와 칼럼으로 구성되고 SELECT 문의 FROM 절에 기술합니다. 하지만 뷰는 테이블과는 다르게 데이터를 저장하지 않고 **하나의 SELECT 문을 저장**합니다. 그래서 뷰를 조회하면 뷰에 저장된 SELECT 문이 실행되어 결과 집합을 볼 수 있습니다. SELECT 문을 실행해 반환되는 결과 집합도 로우와 칼럼 형태이므로 마치 테이블처럼 뷰를 사용할 수 있습니다. 데이터를 저장하지 않지만, 원하는 데이터를 볼 수 있기 때문에 뷰라고 합니다(view는 우리말로 본다는 뜻이죠).

먼저 뷰를 생성하는 방법부터 알아보죠. 뷰도 데이터베이스 객체이므로 생성할 때 CREATE 문을 사용합니다.

> **구문 11-5**
> ```
> CREATE [OR REPLACE] VIEW 뷰명 AS
> SELECT ...;
> ```

CREATE VIEW 다음에 생성할 뷰의 이름, AS 다음에 뷰를 통해 조회하려는 SELECT 문을 기술하면 됩니다. CREATE 다음에 오는 OR REPLACE에 생략 가능 표시가 있습니다. 이는 생성하려는 이름의 뷰가 없으면 신규로 생성하고, 이미 있다면 해당 뷰를 수정한다는 뜻입니다.

그럼 실제로 뷰를 만들어 사용해 봅시다.

코드 11-27
```sql
SELECT *
  FROM dept_emp
 WHERE SYSDATE() BETWEEN from_date AND to_date;
```

실행결과

emp_no	dept_no	from_date	to_date
10001	d005	1986-06-26	9999-01-01
10002	d007	1996-08-03	9999-01-01
10003	d004	1995-12-03	9999-01-01
10004	d004	1986-12-01	9999-01-01
10005	d003	1989-09-12	9999-01-01
10006	d005	1990-08-05	9999-01-01
10007	d008	1989-02-10	9999-01-01
10009	d006	1985-02-18	9999-01-01
10010	d006	2000-06-26	9999-01-01

dept_emp 테이블을 조회한 쿼리입니다. 현재 기준으로 부서에 할당된 사원 정보를 조회하려면 WHERE 절에 SYSDATE() BETWEEN from_date AND to_date란 조건을 주어 현재 일자가 from_date와 to_date 사이에 있는지 항상 확인해야 합니다. 어려운 쿼리는 아니지만, 조회할 때마다 항상 날짜를 확인해야 하므로 쿼리 작성이 번거롭습니다.

이럴 때 다음과 같이 뷰로 만들면 매우 편리합니다.

코드 11-28
```sql
CREATE OR REPLACE VIEW dept_emp_v AS
SELECT emp_no, dept_no
  FROM dept_emp
 WHERE SYSDATE() BETWEEN from_date AND to_date;

SELECT *
  FROM dept_emp_v;
```

실행결과

emp_no	dept_no
10001	d005
10002	d007
10003	d004
10004	d004
10005	d003
10006	d005
10007	d008
10009	d006
10010	d006
10012	d005

CREATE OR REPLACE VIEW 다음에 생성할 뷰의 이름인 dept_emp_v를 명시하고, AS 다음에 코드 11-27의 SELECT 문을 넣어 dept_emp_v란 뷰를 만듭니다. 그런 다음 SELECT 문의 FROM 절에 dept_emp_v 뷰를 명시해 쿼리를 실행하면 현재 기준으로 각 부서에 할당된 사번이 조회됩니다.

현재 기준으로 부서 할당 사원 정보를 조회하려면 코드 11-27에서 사용했던 WHERE 절의 조건이 필요합니다. 하지만 dept_emp_v 같은 뷰를 만들어 놓으면 뷰 안에 이미 해당 조건절이 포함된 SELECT 문이 저장되어 있고, 이 뷰를 조회하면 저장된 SELECT 문이 실행되어 결과 집합을 반환합니다. 따라서 현재 기준 부서 할당 정보를 조회할 때마다 일일이 WHERE 절의 조건을 기술할 필요 없이 간단히 뷰만 조회하면 원하는 정보를 얻을 수 있습니다.

그런데 dept_emp_v 뷰를 생성할 때 사용한 문장의 SELECT 절에서 emp_no, dept_no 칼럼만 명시해서 두 칼럼만 조회됩니다. dept_emp 테이블에는 from_date와 to_date 칼럼도 있지만, 두 칼럼은 현재 시점의 부서 할당 사원 정보를 확인하는 용도입니다. 따라서 두 칼럼의 값은 필요 없어서 SELECT 절에서 뺐습니다. 이처럼 뷰를 생성할 때 필요한 칼럼만 선택할 수도 있습니다.

뷰를 생성하면서 뷰의 이름을 정할 때 맨 끝에 v를 붙이는데, 이렇게 해야 한다는 규칙이 있는 것은 아닙니다. 다만, 테이블과 뷰 모두 SELECT 문의 FROM 절에서 사용하므로 이런 식으로 이름을 지으면 현재 사용하는 것이 테이블인지 뷰인지 쉽게 식별할 수 있습니다.

다른 예제를 봅시다.

코드 11-29

```sql
CREATE OR REPLACE VIEW dept_sal_v AS
WITH tmp AS
(SELECT a.dept_no, a.dept_name, COUNT(*) cnt, SUM(c.salary) salary
   FROM departments a, dept_emp_v b, salaries c
  WHERE a.dept_no = b.dept_no
    AND b.emp_no  = c.emp_no
    AND SYSDATE() BETWEEN c.from_date AND c.to_date
  GROUP BY a.dept_no, a.dept_name
),
dept_avg AS
(SELECT AVG(salary) avg_sal
   FROM tmp
)
SELECT dept_no, dept_name, salary, avg_sal
  FROM tmp, dept_avg;


SELECT *
  FROM dept_sal_v;
```

실행결과

dept_no	dept_name	SALARY	avg_sal
d005	Development	417938911	193044765.5556
d007	Sales	337739000	193044765.5556
d004	Production	363769710	193044765.5556
d003	Human Resources	83923331	193044765.5556
d008	Research	104975247	193044765.5556
d006	Quality Management	95551597	193044765.5556
d001	Marketing	117771754	193044765.5556
d009	Customer Service	117194206	193044765.5556
d002	Finance	98539134	193044765.5556

이번에는 부서별 사원의 총 급여와 평균을 구했던 코드 11-4를 사용해 dept_sal_v 뷰를 생성합니다. 코드 11-4는 CTE를 사용하고 여러 테이블이 조인된 복잡한 쿼리지만, 이렇게 뷰로 만들어 놓으면 데이터를 조회하는 입장에서는 간단히 SELECT 문의 FROM 절에 dept_sal_v만 명시해 원하는 정보를 조회할 수 있습니다.

그런데 dept_sal_v의 생성 쿼리에서 CTE인 tmp의 서브쿼리를 보면 dept_emp_v란 뷰를 사용하고 있습니다. 이처럼 일반 테이블뿐만 아니라 또 다른 뷰를 참조해 뷰를 생성할 수도 있습니다. 뷰도 테이블처럼 FROM 절에 기술해 동일한 방식으로 사용할 수 있기 때문이죠. 또한, dept_emp_v 뷰에는 이미 현재 기준의 부서 사원 할당 정보를 확인하는 로직이 포함되어 있어서 dept_sal_v 뷰를 생성할 때는 이 로직이 필요 없습니다. 코드 11-4에서는 SYSDATE() BETWEEN b.from_date AND b.to_date 조건이 필요했지만, 여기에서는 필요 없습니다.

이처럼 뷰를 만들어 사용하면 복잡한 쿼리를 일일이 다시 작성할 필요가 없습니다. 예를 들어 여러분이 아주 복잡한 100줄짜리 쿼리를 작성했는데, 실수로 이 쿼리를 저장해 놓은 파일을 삭제했거나 찾지 못한다면 다시 쿼리를 작성해야 합니다. 하지만 이렇게 뷰로 만들어 놓으면 언제든지 필요할 때마다 사용할 수 있습니다. 또한, 여러분뿐만 아니라 동료들도 필요할 때마다 사용할 수 있다는 장점이 있습니다.

11.3.2 뷰 수정하고 삭제하기

뷰는 데이터베이스 객체이므로 수정할 때는 ALTER VIEW 문을 사용합니다.

구문 11-6
```
ALTER VIEW 뷰명 AS
SELECT ...;
```

뷰를 수정한다는 것은 뷰를 생성할 때 사용한 SELECT 문을 수정하는 뜻입니다. 따라서 ALTER VIEW 다음에 수정할 뷰의 이름과 AS를 명시하고 수정된 SELECT 문을 기술합니다. 예를 볼까요?

코드 11-30
```
ALTER VIEW dept_emp_v AS
SELECT emp_no, dept_no, from_date
  FROM dept_emp
 WHERE SYSDATE() BETWEEN from_date AND to_date;

SELECT *
  FROM dept_emp_v;
```

실행결과

emp_no	dept_no	from_date
10001	d005	1986-06-26
10002	d007	1996-08-03
10003	d004	1995-12-03
10004	d004	1986-12-01
10005	d003	1989-09-12
10006	d005	1990-08-05
10007	d008	1989-02-10
10009	d006	1985-02-18
10010	d006	2000-06-26
10012	d005	1992-12-18

ALTER VIEW 문으로 dept_emp_v 뷰를 수정합니다. 여기서는 SELECT 절에 from_date 칼럼을 추가합니다. 따라서 수정된 dept_emp_v를 조회하면 from_date 칼럼이 추가로 조회됩니다.

뷰를 수정할 때 ALTER VIEW 문을 사용할 수도 있지만, 뷰를 생성할 때 사용한 CREATE OR REPLCE VIEW 구문을 사용해도 됩니다. CREATE OR REPLACE는 생성하거나 대체하라는 의미이니 생성과 수정을 동시에 할 수 있습니다.

코드 11-31

```sql
CREATE OR REPLACE VIEW dept_emp_v AS
SELECT emp_no, dept_no, from_date, to_date
  FROM dept_emp
 WHERE SYSDATE() BETWEEN from_date AND to_date;

SELECT *
  FROM dept_emp_v;
```

실행결과

emp_no	dept_no	from_date	to_date
10001	d005	1986-06-26	9999-01-01
10002	d007	1996-08-03	9999-01-01
10003	d004	1995-12-03	9999-01-01
10004	d004	1986-12-01	9999-01-01
10005	d003	1989-09-12	9999-01-01
10006	d005	1990-08-05	9999-01-01
10007	d008	1989-02-10	9999-01-01
10009	d006	1985-02-18	9999-01-01
10010	d006	2000-06-26	9999-01-01
10012	d005	1992-12-18	9999-01-01

코드 11-31은 CREATE OR REPLACE VIEW 구문으로 뷰를 수정합니다. dept_emp 테이블의 to_date 칼럼까지 SELECT 절에 추가해 dept_emp_v를 조회하면 총 4개의 칼럼이 조회됩니다.

마지막으로 뷰를 삭제해 보겠습니다. 뷰를 삭제할 때는 DROP VIEW 문을 사용합니다.

> **구문 11-7**
> ```
> DROP VIEW 뷰명;
> ```

DROP VIEW 다음에 삭제할 뷰의 이름을 기술하고 실행하면 뷰가 삭제됩니다. 뷰는 SELECT 문을 저장하고 있어서 뷰를 조회하면 뷰에 저장된 SELECT 문이 실행되어 결과 집합이 반환됩니다. 따라서 뷰를 생성하거나 수정할 때는 뷰를 구성하는 SELECT 문을 추가하거나 수정해야 하지만, 삭제할 때는 SELECT 문이 필요 없으므로 간단히 DROP VIEW 문으로 삭제합니다.

코드 11-32
```
DROP VIEW dept_sal_v;

SELECT *
  FROM dept_sal_v;
```

코드 11-32에서 DROP VIEW 문으로 dept_sal_v 뷰를 삭제하고 이 뷰를 다시 조회합니다. 결과를 보니 오류가 발생했습니다. 이미 삭제된 뷰를 조회하니 당연히 해당 뷰를 참조할 수 없다는 오류가 나겠죠?

마지막으로 뷰는 데이터를 저장하지 않으므로 주로 SELECT 문에서 사용되지만, 뷰를 대상으로 값을 입력하거나 수정 또는 삭제할 수도 있습니다. 모든 뷰에서 입력과 수정할 수 있는 것은 아니고, 뷰를 생성하는 SELECT 문을 어떻게 만드냐에 따라 다릅니다. 하지만 입력과 수정이 가능한 뷰가 있더라도 실제 입력과 수정은 뷰가 참조하는 테이블에 있는 데이터에서 이뤄집니다. 따라서 이 책에서는 입력과 수정이 가능한 뷰에 관한 설명은 생략하겠습니다. 데이터를 관리하는 입장에서도 데이터의 입력, 수정, 삭제는 해당 테이블을 대상으로 처리하는 게 맞습니다.

1분 퀴즈 3

departments, dept_emp, employees 테이블을 참조해 부서명, 현재 기준으로 부서에 속한 사번, 사원명을 볼 수 있는 dept_emp_info_v라는 뷰를 만들어 보세요.

정답 및 해설: 해설 노트 518쪽

11 마무리

이 장에서 배운 내용을 정리해 보겠습니다.

1 CTE

① CTE는 WITH으로 시작되는 SELECT 문으로, 서브쿼리를 먼저 정의하고 메인쿼리가 맨 끝에 위치합니다.

② CTE는 파생 테이블과 달리 하나의 서브쿼리 안에서 다른 서브쿼리를 참조할 수 있습니다.

③ CTE는 서브쿼리를 먼저 정의하고 메인쿼리를 작성하므로 쿼리를 작성하기가 쉽습니다.

④ CTE를 사용하면 재귀 쿼리를 만들 수 있는데, 서브쿼리에서 자신을 참조하는 순환 구조로 작동합니다.

⑤ 계층형 쿼리를 작성할 때는 CTE를 사용한 재귀 쿼리를 작성하면 됩니다.

2 윈도우 함수

① 윈도우는 로우의 그룹으로, OVER 절에 정의하며 PARTITION BY와 ORDER BY 절이 이에 속합니다.

② 집계 쿼리에서도 GROUP BY 절로 로우의 그룹을 지정할 수 있지만 그룹화하는 칼럼 값에 따라 로우 수가 줄어듭니다. 하지만 윈도우를 사용하면 로우 수를 유지하면서도 집계 값을 계산할 수 있습니다.

③ OVER 절은 PARTITION BY와 ORDER BY 절로 구성되는데, PARTITION BY는 로우의 그룹인 파티션을 지정하고 ORDER BY 절은 로우의 순서를 지정합니다.

④ OVER 절과 함께 집계 함수나 윈도우 함수를 사용할 수 있습니다.

⑤ 윈도우 함수로는 ROW_NUMBER(), RANK(), DENSE_RANK(), PERCENT_RANK(), LAG(), LEAD(), NTILE(), FIRST_VALUE(), LAST_VALUE(), NTH_VALUE() 등이 있습니다.

⑥ 윈도우를 정의할 때 프레임 절을 추가해 하나의 파티션에 대한 하위 그룹을 추가로 지정할 수 있습니다.

⑦ 윈도우 함수인 FIRST_VALUE( ), LAST_VALUE( ), NTH_VALUE( )는 프레임 절과 함께 사용할 수 있고, 나머지 윈도우 함수는 프레임 절과 관계없이 값을 반환합니다.

⑧ 윈도우의 별칭을 지정하면 집계 함수나 윈도우 함수의 OVER 절에서 별칭을 사용할 수 있습니다.

3 뷰

① 뷰는 테이블과 유사한 독립적인 데이터베이스 객체지만 실제 데이터를 저장하지 않습니다.

② 자주 사용되는 복잡한 쿼리를 뷰로 만들면 편리하게 사용할 수 있습니다.

Self Check

1. 1분 퀴즈 3번 문제에서 만든 dept_emp_info_v 뷰를 참조해 현재 기준으로 부서명, 사번, 사원명, 사원의 급여를 조회할 수 있는 dept_emp_sal_v라는 뷰를 만들어 보세요.

2. dept_emp_sal_v 뷰를 참조해 부서별로 급여 기준 상위 3명을 조회하는 쿼리를 작성하세요.

3. dept_emp_sal_v 뷰를 참조해 부서별로 급여 기준 상위 10명을 1, 2, 3등급으로 나눠 조회하는 쿼리를 작성하세요.

4. box_office 테이블에서 2019년 개봉 영화의 월별 총 매출액과 전월 대비 증감률을 구하는 쿼리를 작성하세요.

정답 및 해설: 해설 노트 518쪽

SQL을 이용한 데이터 분석 프로젝트

마지막으로 이 책에서 배운 내용을 활용해 데이터 분석 프로젝트를 진행해 보겠습니다. 지금까지 기본적인 SELECT 문부터 연산자, 함수, 집계 쿼리, 조인, 서브쿼리, 윈도우 함수 등 여러 내용을 배웠는데, 실무에서 SQL을 이용해 유의미한 데이터를 추출하려면 이 모든 내용을 조합해 쿼리를 작성해야 합니다. 이 장을 통해 여러분의 SQL 실력을 단단히 다지길 바랍니다.

12.1 코로나 데이터 분석하기

전 세계가 코로나 때문에 암울한 상황을 겪고 있죠. 그래서 첫 번째로 실습할 대상은 코로나 데이터입니다(보통 '코로나'라고 하지만 공식 명칭은 COVID-19고, 한글 표현은 코로나19(일구)입니다). 국가별 코로나 확진자와 사망자 등의 데이터를 분석해 상황을 확인해 보겠습니다. 일반적인 데이터 분석 과정은 크게 **데이터 수집 → 데이터 정제 → 데이터 분석** 3단계로 나누며 여기서도 이 단계를 밟겠습니다.

12.1.1 데이터 수집하기

우리가 사용할 코로나 데이터는 OWID(Our World In Data)에서 제공하는 데이터입니다. 데이터는 https://github.com/owid/covid-19-data/tree/master/public/data에서 구할 수 있고, XLSX(엑셀), CSV(쉼표로 구분된 데이터), JSON 형식으로 파일을 내려받을 수 있습니다. 이 중에서 owid-covid-data.csv 파일을 기준으로 실습 데이터를 제공합니다. 이 책에서는 원본 파일 데이터를 그대로 사용하지 않고 covid19_country와 covid19_data라는 2개 테이블로 분리하고 일부 항목만 사용합니다. 분리 작업은 상당히 복잡하고 범위를 벗어나므로 자세한 설명은 생략하겠습니다. 여기서는 2020년 1월 1일부터 2021년 2월 28일까지의 데이터를 대상으로 분석합니다.

먼저 MySQL Workbench 프로그램을 실행해 다음과 같이 2개의 테이블을 만듭니다.

코드 12-1
```sql
USE mywork;

-- 국가 정보 테이블
CREATE TABLE covid19_country
(
  countrycode                 VARCHAR(10) NOT NULL,
  countryname                 VARCHAR(80) NOT NULL,
  continent                   VARCHAR(50),
  population                  DOUBLE,
  population_density          DOUBLE,
  median_age                  DOUBLE,
  aged_65_older               DOUBLE,
  aged_70_older               DOUBLE,
  hospital_beds_per_thousand  INT,
  PRIMARY KEY (countrycode)
);

-- 코로나 데이터 테이블
CREATE TABLE covid19_data
(
  countrycode            VARCHAR(10) NOT NULL,
  issue_date             DATE        NOT NULL,
  cases                  INT,
  new_cases_per_million  DOUBLE,
  deaths                 INT,
  icu_patients           INT,
  hosp_patients          INT,
  tests                  INT,
  reproduction_rate      DOUBLE,
  new_vaccinations       INT,
  stringency_index       DOUBLE,
  PRIMARY KEY (countrycode, issue_date)
);
```

실행결과

#	Time	Action	Message	Duration / Fetch
1	16:45:58	USE mywork	0 row(s) affected	0.000 sec
2	16:45:58	CREATE TABLE covid19_country (countrycode VARCHA...	0 row(s) affected	0.031 sec
3	16:45:58	CREATE TABLE covid19_data (countrycode VARCHAR(...	0 row(s) affected	0.031 sec

CREATE TABLE 문으로 테이블 2개를 생성합니다. covid19_country는 국가 정보를, covid19_data는 2020년 1월 1일부터 2021년 2월 28일까지 코로나 데이터를 담을 테이블입니다. 두 테이블의 상세 내역은 다음 표와 같습니다.

표 12-1 covid19_country 테이블 항목

칼럼명	데이터 타입	칼럼 설명
countrycode	VARCHAR(10)	국가 코드(기본 키)
countryname	VARCHAR(80)	국가명
continent	VARCHAR(50)	대륙명
population	DOUBLE	인구
population_density	DOUBLE	인구 밀도
median_age	DOUBLE	평균 연령
aged_65_older	DOUBLE	65세 이상 인구 비율
aged_70_older	DOUBLE	70세 이상 인구 비율
hospital_beds_per_thousand	INT	1000명당 병실 침대 수

표 12-2 covid19_data 테이블 항목

칼럼명	데이터 타입	칼럼 설명
countrycode	VARCHAR(10)	국가 코드(기본 키)
issue_date	DATE	발생일(기본 키)
cases	INT	확진자 수
new_cases_per_million	DOUBLE	100만 명당 확진자 수
deaths	INT	사망자 수
icu_patients	INT	중환자 수
hosp_patients	INT	병원 입원 환자 수
tests	INT	검사자 수
reproduction_rate	DOUBLE	감염재생산지수
new_vaccinations	INT	백신 접종자 수
stringency_index	DOUBLE	방역 지수로, 0에서 100까지의 값이 저장되어 있고 100이 가장 높음

covid19_country 테이블에는 국가 정보가 들어 있으므로 기본 키 칼럼은 국가 코드인 countrycode입니다. covid19_data 테이블은 날짜별, 국가별 코로나 데이터를 담고 있으므로 기본 키 칼럼은 국가 코드인 countrycode와 날짜인 issue_date입니다. 두 칼럼을 조합하면 covid19_data 테이블에서 유일한 값이 됩니다. 그리고 covid19_country와 covid19_data 테이블은 countrycode 칼럼을 이용해 조인할 수 있습니다.

테이블을 만들었으니 데이터를 입력해 보죠. 먼저 covid19_country 테이블의 데이터는 이 책의 자료실에서 받은 스크립트 파일에 들어 있습니다. ch12 폴더로 가서 01.covid19_country_insert.sql 파일을 열고 안에 있는 모든 내용을 복사합니다. 그런 다음 MySQL Workbench 프로그램의 SQL 입력창에 있는 내용을 모두 지우고 복사한 내용을 붙여 넣습니다. 전체 문장을 실행해야 하므로 Ctrl + Shift + Enter 키를 눌러 실행합니다.

코드 12-2 01.covid19_country_insert.sql(일부)

```sql
-- covid19_country INSERT
INSERT INTO covid19_country VALUES
('AFG', 'Afghanistan', 'Asia', 38928341, 54.422, 18.6, 2.581, 1.337, 0.5),
('AGO', 'Angola', 'Africa', 32866268, 23.89, 16.8, 2.405, 1.362, null),
('AIA', 'Anguilla', 'North America', 15002, null, null, null, null, null),
('ALB', 'Albania', 'Europe', 2877800, 104.871, 38, 13.188, 8.643, 2.9),
('AND', 'Andorra', 'Europe', 77265, 163.755, null, null, null, null),
('ARE', 'United Arab Emirates', 'Asia', 9890400, 112.442, 34, 1.144, 0.526, 1.2),
('ARG', 'Argentina', 'South America', 45195777, 16.177, 31.9, 11.198, 7.441, 5),
('ARM', 'Armenia', 'Asia', 2963234, 102.931, 35.7, 11.232, 7.571, 4.2),
('ATG', 'Antigua and Barbuda', 'North America', 97928, 231.845, 32.1, 6.933, 4.631, 3.8),
('AUS', 'Australia', 'Oceania', 25499881, 3.202, 37.9, 15.504, 10.129, 3.8),
('AUT', 'Austria', 'Europe', 9006400, 106.749, 44.4, 19.202, 13.748, 7.4),
('AZE', 'Azerbaijan', 'Asia', 10139175, 119.309, 32.4, 6.018, 3.871, 4.7),
('BDI', 'Burundi', 'Africa', 11890781, 423.062, 17.5, 2.562, 1.504, 0.8),
...
```

실행결과

#	Time	Action	Message	Duration / Fetch
1	18:12:47	INSERT INTO covid19_country VALUES ('AFG','Afghanistan','Asia',3...	215 row(s) affected Records: 215 Duplicates: 0 Warnings: 0	0.032 sec
2	18:12:47	COMMIT	0 row(s) affected	0.000 sec

이번에는 02.covid19_data_insert.sql 파일을 열고 안에 있는 모든 내용을 복사합니다. SQL 입력창에 있는 내용을 모두 지우고 복사한 내용을 붙여 넣습니다. 그리고 Ctrl + Shift + Enter 키를 눌러 실행합니다.

코드 12-3 02.covid19_data_insert.sql(일부)

```sql
-- covid19_data INSERT
INSERT INTO covid19_data VALUES
('ALB', '2020-04-11', 17, 5.907, 0, null, null, '259', 0.94, null, 84.26),
('ALB', '2020-04-12', 13, 4.517, 0, null, null, '233', 0.96, null, 84.26),
('ALB', '2020-04-13', 21, 7.297, 0, null, null, '193', 1, null, 84.26),
('ALB', '2020-04-14', 8, 2.78, 1, null, null, '236', 1.01, null, 84.26),
('ALB', '2020-04-15', 19, 6.602, 1, null, null, '252', 1.06, null, 84.26),
('ALB', '2020-04-16', 24, 8.34, 1, null, null, '269', 1.09, null, 84.26),
('ALB', '2020-04-17', 21, 7.297, 0, null, null, '253', 1.08, null, 84.26),
('ALB', '2020-04-18', 9, 3.127, 0, null, null, '231', 1.06, null, 89.81),
...
```

실행결과

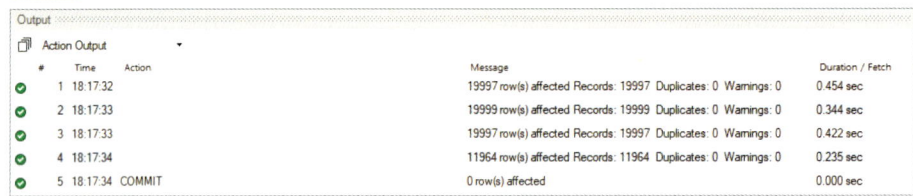

두 테이블 데이터 입력이 끝나면 COUNT() 함수로 두 테이블에 입력된 데이터 건수를 확인합니다.

코드 12-4

```sql
SELECT COUNT(*)
  FROM covid19_country;

SELECT COUNT(*)
  FROM covid19_data;
```

실행결과

covid19_country 테이블 데이터 건수

COUNT(*)
215

covid19_data 테이블 데이터 건수

COUNT(*)
71957

covid19_country 테이블은 215건, covid19_data 테이블은 71957건이 입력됐습니다.

12.1.2 데이터 정제하기

두 테이블에 데이터를 넣었으니 이제 데이터 정제 작업을 해야 합니다. **데이터 정제**는 **데이터 클렌징**(cleansing)이라고도 하는데, 데이터를 분석하기 쉽도록 데이터 수집과 입력 과정에서 발생한 오류로 생긴, 정확하지 않은 데이터를 걸러서 분석 결과에 왜곡 발생을 줄이는 작업을 말합니다.

숫자형 칼럼에 NULL이 들어간 경우 이를 0으로 치환하거나 일관성이 없는 데이터를 보정하는 작업 등이 이에 속합니다. 예를 들어 광역시와 도 정보를 저장한 칼럼에 어떤 건은 서울특별시, 어떤 건은 서울시 또는 서울로 데이터를 저장했습니다. 이럴 때 해당 칼럼 값을 서울특별시로 통일하는 것이 일종의 정제 작업입니다.

우리가 사용할 코로나 데이터는 이미 어느 정도 정제된 데이터라서 작업할 내용은 많지 않고 몇 가지만 처리하면 됩니다.

불필요한 데이터 삭제하기

covid19_country와 covid19_data 테이블에는 국가 코드가 OWID로 시작하는 데이터가 있습니다. 일단 해당 건을 조회해 보죠.

코드 12-5
```
SELECT countrycode, countryname
  FROM covid19_country
 WHERE countrycode LIKE 'OWID%'
 ORDER BY 1;
```

실행결과

countrycode	countryname
OWID_AFR	Africa
OWID_ASI	Asia
OWID_EUN	European Union
OWID_EUR	Europe
OWID_INT	International
OWID_KOS	Kosovo
OWID_NAM	North America
OWID_NCY	Northern Cyprus
OWID_OCE	Oceania
OWID_SAM	South America
OWID_WRL	World
NULL	NULL

국가 코드가 OWID로 시작하는 데이터는 국가별 데이터를 각 국가가 속한 대륙별로 다시 집계한 데이터입니다. 예를 들어 OWID_ASI는 아시아에 속한 국가들의 집계 데이터로 OWID에서 별도로 집계한 건이죠. 우리는 원천 데이터를 대상으로 분석하므로 추가로 집계된 데이터는 필요 없습니다. 게다가 특정 일자의 전체 국가 확진자 수를 구할 때 해당 데이터 때문에 확진자 수가 2배로 집계될 수 있습니다. 따라서 covid19_country와 covid19_data 테이블에서 해당 건들을 삭제하겠습니다.

코드 12-6

```sql
DELETE FROM covid19_country
 WHERE countrycode LIKE 'OWID%';

DELETE FROM covid19_data
 WHERE countrycode LIKE 'OWID%';
```

실행결과

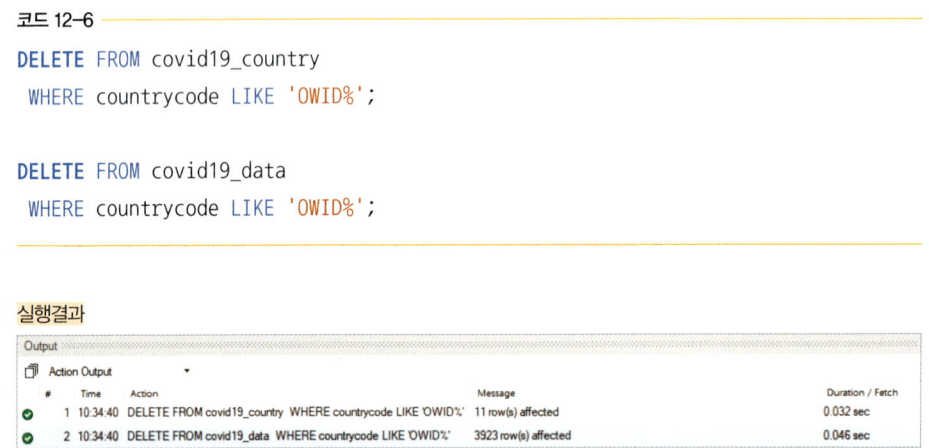

DELETE 문으로 국가 코드가 OWID로 시작되는 건을 삭제합니다. covid19_country 테이블에서는 11건, covid19_data 테이블에서는 3923건이 삭제됐습니다.

숫자형 칼럼 값 NULL 처리하기

두 테이블의 숫자형 칼럼에 NULL이 있는 건이 있습니다. NULL과 사칙연산을 하면 결과가 NULL이 나오므로 이 건들은 0으로 변경하는 것이 좋습니다. 물론 연산할 때 SQL 문에서 IFNULL() 함수로 NULL을 0으로 대체해 반환하게 할 수도 있지만, 쿼리를 작성할 때마다 IFNULL() 함수를 사용하는 것도 번거로우니 아예 데이터에서 NULL을 0으로 변경하겠습니다.

covid19_country 테이블에는 숫자형 칼럼이 6개가 있고, covid19_data 테이블에는 9개가 있습니다. 이 칼럼 값을 다음과 같이 UPDATE 문을 사용해 0으로 변경합니다.

코드 12-7

```sql
UPDATE covid19_country
    SET population                = IFNULL(population, 0),
        population_density        = IFNULL(population_density, 0),
        median_age                = IFNULL(median_age, 0),
        aged_65_older             = IFNULL(aged_65_older, 0),
        aged_70_older             = IFNULL(aged_70_older, 0),
        hospital_beds_per_thousand = IFNULL(hospital_beds_per_thousand, 0);

UPDATE covid19_data
    SET cases                 = IFNULL(cases, 0),
        new_cases_per_million = IFNULL(new_cases_per_million, 0),
        deaths                = IFNULL(deaths, 0),
        icu_patients          = IFNULL(icu_patients, 0),
        hosp_patients         = IFNULL(hosp_patients, 0),
        tests                 = IFNULL(tests, 0),
        reproduction_rate     = IFNULL(reproduction_rate, 0),
        new_vaccinations      = IFNULL(new_vaccinations, 0),
        stringency_index      = IFNULL(stringency_index, 0);
```

실행결과

#	Time	Action	Message	Duration / Fetch
1	10:50:46	use mywork	0 row(s) affected	0.000 sec
2	10:50:46	UPDATE covid19_country SET population = IFNULL(popul...	46 row(s) affected Rows matched: 204 Changed: 46 Warnings: 0	0.000 sec
3	10:50:46	UPDATE covid19_data SET cases = IFNULL(cases, 0)	67204 row(s) affected Rows matched: 68034 Changed: 67204 Warnin...	2.172 sec

NULL을 특정 값으로 변경할 때 해당 칼럼에 NULL이 들어간 건을 찾아 0으로 수정하는 방법을 떠올릴 수 있죠. 예를 들어 covid19_country 테이블의 population 칼럼을 대상으로

한다면 UPDATE 문에서 SET population = 0을 기술하고 WHERE 절에서 population IS NULL이란 조건을 주면 됩니다.

또 다른 방법으로는 코드 12-7처럼 대상 칼럼들을 자기 자신의 값으로 변경하는데, IFNULL() 함수로 NULL을 0으로 수정할 수도 있습니다. 이 경우에는 WHERE 절이 필요 없지만, NULL이 아닌 칼럼 값도 다시 자신의 값으로 변경되는 불필요한 작업이 수반됩니다.

두 가지 방법 중 어느 것이 좋은지는 상황에 따라 다릅니다. 예를 들어 테이블에 데이터가 아주 많다면 UPDATE 문장은 많지만 NULL인 건만 골라 수정하는 첫 번째 방법이 성능상 좋을 수 있습니다. 여기에서는 데이터가 상대적으로 많지 않아 두 번째 방법으로 처리했습니다.

그럼 NULL이 0으로 제대로 수정됐는지 확인해 보죠. 어떤 쿼리를 사용하면 NULL이 있는지 없는지 알 수 있을까요? 첫 번째는 SUM() 함수로 해당 칼럼에 있는 값을 모두 더하는 방법입니다. 하지만 SUM() 함수는 NULL이 있는 건을 무시하고 모두 더한 결과를 반환하므로 NULL의 존재 여부를 알 수 없습니다. 그럼 어떻게 확인하면 좋을까요? 다음 코드를 봅시다.

코드 12-8
```sql
WITH null_check1 AS
(SELECT population + population_density + median_age + aged_65_older +
        aged_70_older + hospital_beds_per_thousand AS plus_col
   FROM covid19_country
),
null_check2 AS
(SELECT CASE WHEN plus_col IS NULL THEN 'NULL'
             ELSE 'NOT NULL'
        END chk
   FROM null_check1
)
SELECT chk, COUNT(*)
  FROM null_check2
 GROUP BY chk;
```

실행결과

chk	COUNT(*)
NOT NULL	204

코드를 보면, 첫 번째로 null_check1 CTE에서는 covid19_country 테이블에서 NULL을 0으로 수정한 모든 칼럼을 더합니다. SUM() 함수를 사용하면 NULL을 확인하지 못하지만, 사칙연산을 하면 NULL 값이 포함된 경우 NULL이 반환되므로 해당 숫자 칼럼들을 모두 더합니다. 두 번째로 null_check2에서는 CASE 연산자로 숫자 칼럼을 모두 더한 값인 plus_col 값이 NULL이면 'NULL'이란 문자를, NULL이 아니면 'NOT NULL' 문자를 chk라는 가상 칼럼으로 반환하게 합니다. 마지막으로 메인쿼리에서는 null_check2 서브쿼리를 조회해 chk 칼럼별로 집계합니다.

결과를 보면 계산한 값이 NOT NULL인 건이 204개입니다. 따라서 모두 NULL이 아님을 확인할 수 있습니다.

이처럼 데이터 정제 작업을 하고 나면 제대로 처리됐는지 반드시 확인해야 합니다. covid19_data 테이블에서도 같은 방식으로 확인할 수 있습니다.

12.1.3 데이터 분석하기

데이터 정제 작업까지 마쳤으니 이제 본격적으로 SQL로 코로나 데이터를 분석해 보겠습니다.

2020년 사망자 수 상위 10개국 조회하기

가장 먼저 2020년 코로나로 인한 사망자 수가 많은 상위 10개국을 조회하는 쿼리를 작성해 보겠습니다. 상위 10건 또는 하위 10건을 조회하는 방법은 두 가지입니다. 하나는 ORDER BY와 LIMIT 절을 사용하는 방법이고, 다른 하나는 윈도우 함수인 RANK()를 사용하는 방법입니다.

코드 12-9
```sql
SELECT b.countryname, SUM(a.deaths) death_num, SUM(a.cases) case_num
  FROM covid19_data a
  INNER JOIN covid19_country b
    ON a.countrycode = b.countrycode
 WHERE YEAR(a.issue_date) = 2020
 GROUP BY b.countryname
 ORDER BY 2 DESC
 LIMIT 10;
```

실행결과

countryname	death_num	case_num
United States	351817	20061902
Brazil	194949	7675973
India	148738	10266674
Mexico	125807	1426094
Italy	74159	2107166
United Kingdom	73622	2496235
France	64759	2677666
Russia	56271	3127347
Iran	55223	1225142
Spain	50837	1928265

covid19_data와 covid19_country 테이블을 countrycode 칼럼으로 조인합니다. 그리고 WHERE 절에서 YEAR() 함수로 2020년 데이터를 조회하는 조건을 주고, 국가명인 countryname 칼럼을 GROUP BY 절에 추가합니다. 사망자 수는 deaths, 확진자 수는 cases 칼럼에 있으므로 두 칼럼에 대해 SUM() 함수를 사용합니다. 마지막으로 집계한 사망자 수 기준으로 내림차순 정렬하고 LIMIT 10을 명시해 상위 10개 국가를 조회합니다.

결과를 보면, 2020년 1월 1일부터 12월 31일까지 가장 많은 사망자가 발생한 국가는 미국, 브라질, 인도, 멕시코, 이탈리아, 영국, 프랑스, 러시아, 이란, 스페인 순입니다. 미국은 35만 명 이상 사망했는데, 확진자 수도 2천만 명이 넘었네요. 그리고 전반적으로 확진자 수가 많으면 사망자 수도 많은 것을 확인할 수 있습니다.

2020년 인구 대비 확진자 수와 사망자 수 비율 조회하기

미국은 인구가 많으니 확진자와 사망자가 많이 나온 것이 이상한 일은 아닙니다. 하지만 사망자 수가 가장 많다는 것은 좀 이상한 일이죠. 미국보다 인구가 많은 국가도 있기 때문입니다. 그럼 이번에는 인구 대비 확진자 수와 사망자 수의 비율을 구해 봅시다.

코드 12-10

```
SELECT countryname, death_num, case_num, population, population_density,
       ROUND(death_num / population * 100, 5) death_popul_rate,
       ROUND(case_num / population * 100, 5) case_popul_rate
  FROM (SELECT b.countryname, b.population, b.population_density,
               SUM(a.deaths) death_num, SUM(a.cases) case_num
          FROM covid19_data a
         INNER JOIN covid19_country b
```

```
            ON a.countrycode = b.countrycode
        WHERE YEAR(a.issue_date) = 2020
        GROUP BY 1, 2, 3
        ORDER BY 4 DESC
        LIMIT 10
    ) t
ORDER BY 6 DESC, 7 DESC;
```

실행결과

countryname	death_num	case_num	population	population_density	death_popul_rate	case_popul_rate
Italy	74159	2107166	60461828	205.859	0.12265	3.48512
Spain	50837	1928265	46754783	93.105	0.10873	4.12421
United Kingdom	73622	2496235	67886004	272.898	0.10845	3.6771
United States	351817	20061902	331002647	35.608	0.10629	6.06095
France	64759	2677666	65273512	122.578	0.09921	4.10222
Mexico	125807	1426094	128932753	66.444	0.09758	1.10608
Brazil	194949	7675973	212559409	25.04	0.09172	3.61121
Iran	55223	1225142	83992953	49.831	0.06575	1.45862
Russia	56271	3127347	145934460	8.823	0.03856	2.14298
India	148738	10266674	1380004385	450.419	0.01078	0.74396

코드 12-10은 코드 12-9에 인구수와 인구 밀도인 population, population_density 칼럼을 추가하고 파생 테이블로 만듭니다. 그리고 메인쿼리에서 사망자 수와 확진자 수를 인구수로 나눠 비율을 구합니다. 또한, 사망자 수보다 인구수가 많으므로 ROUND() 함수로 반올림해 소수점 아래 다섯째 자리까지 보여 줍니다.

결과를 보면, 인구수 대비 사망률이 높은 나라는 이탈리아, 스페인, 영국, 미국, 프랑스 순입니다. 이탈리아는 미국보다 사망자 수가 상당히 적지만, 인구수도 적어서 인구 대비 사망자 비율은 약 0.12%로 가장 높습니다.

그러나 인구 대비 확진자 수 비율인 case_popul_rate 값을 보면 미국이 역시 가장 높게 나왔습니다. 더구나 이탈리아, 영국, 프랑스는 인구 밀도(population_density)가 높은 편인 데 비해 미국은 인구 밀도가 낮은데도 확진자 수나 사망자 수가 많습니다. 왜 이런 결과가 나왔는지는 우리가 실습하는 데이터만으로는 파악할 수 없습니다.

우리나라의 월별 확진자 수와 사망자 수 조회하기

이번에는 전체 대상 기간(2020.01~2021.02) 동안 우리나라의 확진자 수와 사망자 수를 월별로 조회해 보겠습니다.

코드 12-11
```sql
SELECT EXTRACT(YEAR_MONTH FROM issue_date) months,
       SUM(cases) case_num, SUM(deaths) death_num
  FROM covid19_data
 WHERE countrycode = 'KOR'
 GROUP BY 1
 ORDER BY 1;
```

실행결과

months	case_num	death_num
202001	10	0
202002	3139	16
202003	6636	146
202004	988	86
202005	729	23
202006	1347	11
202007	1486	19
202008	5846	23
202009	3707	91
202010	2746	51
202011	8017	60
202012	27117	391
202101	16739	508
202102	11523	180

WHERE 절에 countrycode 값이 'KOR'과 같은 건을 조회하라는 조건을 줘서 우리나라 데이터만 조회합니다. 여기서는 우리나라의 국가 코드가 KOR임을 알고 있다고 가정해 covid19_country 테이블과는 조인하지 않았습니다. 그리고 SELECT 절에서 EXTRACT() 함수로 날짜에서 연월을 추출해 그룹을 만들어서 월별로 확진자 수와 사망자 수의 합계를 구합니다.

다음 쿼리를 실행해 보죠.

코드 12-12
```sql
SELECT EXTRACT(YEAR_MONTH FROM issue_date) months,
       SUM(cases) case_num, SUM(deaths) death_num
  FROM covid19_data
 WHERE countrycode = 'KOR'
 GROUP BY 1 WITH ROLLUP
 ORDER BY 1;
```

실행결과

months	case_num	death_num
NULL	90030	1605
202001	10	0
202002	3139	16
202003	6636	146
202004	988	86
202005	729	23
202006	1347	11
202007	1486	19
202008	5846	23
202009	3707	91
202010	2746	51
202011	8017	60
202012	27117	391
202101	16739	508
202102	11523	180

코드 12-12는 코드 12-11의 GROUP BY 절에 WITH ROLLUP 구문을 추가해 소계를 구합니다. 결과를 보면 2020년 1월부터 2021년 2월까지 누적 확진자 수는 90,030명, 누적 사망자 수는 1,605명입니다. 이렇게 월이 로우 형태로 나오게 할 수도 있지만, 칼럼 형태로도 만들 수 있습니다.

그럼 2020년 1월부터 2021년 2월까지 월별 확진자 수를 칼럼 형태로 조회해 봅시다.

코드 12-13
```sql
WITH raw_data1 AS
(SELECT EXTRACT(YEAR_MONTH FROM issue_date) months,
        SUM(cases) case_num
   FROM covid19_data
  WHERE countrycode = 'KOR'
  GROUP BY 1
)
SELECT CASE WHEN months = 202001 THEN case_num ELSE 0 END "202001",
       CASE WHEN months = 202002 THEN case_num ELSE 0 END "202002",
       CASE WHEN months = 202003 THEN case_num ELSE 0 END "202003",
       CASE WHEN months = 202004 THEN case_num ELSE 0 END "202004",
       CASE WHEN months = 202005 THEN case_num ELSE 0 END "202005",
       CASE WHEN months = 202006 THEN case_num ELSE 0 END "202006",
       CASE WHEN months = 202007 THEN case_num ELSE 0 END "202007",
       CASE WHEN months = 202008 THEN case_num ELSE 0 END "202008",
```

```
       CASE WHEN months = 202009 THEN case_num ELSE 0 END "202009",
       CASE WHEN months = 202010 THEN case_num ELSE 0 END "202010",
       CASE WHEN months = 202011 THEN case_num ELSE 0 END "202011",
       CASE WHEN months = 202012 THEN case_num ELSE 0 END "202012",
       CASE WHEN months = 202101 THEN case_num ELSE 0 END "202101",
       CASE WHEN months = 202102 THEN case_num ELSE 0 END "202102"
  FROM raw_data1;
```

실행결과

202001	202002	202003	202004	202005	202006	202007	202008	202009	202010	202011	202012	202101	202102
10	0	0	0	0	0	0	0	0	0	0	0	0	0
0	3139	0	0	0	0	0	0	0	0	0	0	0	0
0	0	6636	0	0	0	0	0	0	0	0	0	0	0
0	0	0	988	0	0	0	0	0	0	0	0	0	0
0	0	0	0	729	0	0	0	0	0	0	0	0	0
0	0	0	0	0	1347	0	0	0	0	0	0	0	0
0	0	0	0	0	0	1486	0	0	0	0	0	0	0
0	0	0	0	0	0	0	5846	0	0	0	0	0	0
0	0	0	0	0	0	0	0	3707	0	0	0	0	0
0	0	0	0	0	0	0	0	0	2746	0	0	0	0
0	0	0	0	0	0	0	0	0	0	8017	0	0	0
0	0	0	0	0	0	0	0	0	0	0	27117	0	0
0	0	0	0	0	0	0	0	0	0	0	0	16739	0
0	0	0	0	0	0	0	0	0	0	0	0	0	11523

코드 12-13에서는 코드 12-11을 raw_data1이라는 CTE 서브쿼리로 만들고 메인쿼리에서 참조합니다. SELECT 절을 보면 연월을 담은 months 칼럼 값이 202001인지 CASE 연산자로 확인해 맞으면 확진자 수인 case_num을, 아니면 0을 반환합니다. 202001부터 202102까지 같은 방식으로 작성합니다.

결과를 보면 마치 내려가는 계단 모양으로 데이터가 조회됩니다. 대상 기간은 2020년 1월부터 2021년 2월까지 14개월이므로 조회된 로우는 총 14건이며, 월마다 확진자 수를 가져오니 이처럼 보입니다.

그런데 원래 의도했던 형태는 이런 형태가 아닙니다. 결과에서 0을 없애고 한 건으로 보여 줘야 합니다. SUM() 함수로 각 월의 칼럼 데이터를 모두 더하면 마치 0을 없앤 효과를 줄 수 있습니다. 다음을 실행해 봅시다.

코드 12-14
```
WITH raw_data1 AS
(SELECT EXTRACT(YEAR_MONTH FROM issue_date) months,
        SUM(cases) case_num
   FROM covid19_data
  WHERE countrycode = 'KOR'
```

```
        GROUP BY 1
)
SELECT SUM(CASE WHEN months = 202001 THEN case_num ELSE 0 END) "202001",
       SUM(CASE WHEN months = 202002 THEN case_num ELSE 0 END) "202002",
       SUM(CASE WHEN months = 202003 THEN case_num ELSE 0 END) "202003",
       SUM(CASE WHEN months = 202004 THEN case_num ELSE 0 END) "202004",
       SUM(CASE WHEN months = 202005 THEN case_num ELSE 0 END) "202005",
       SUM(CASE WHEN months = 202006 THEN case_num ELSE 0 END) "202006",
       SUM(CASE WHEN months = 202007 THEN case_num ELSE 0 END) "202007",
       SUM(CASE WHEN months = 202008 THEN case_num ELSE 0 END) "202008",
       SUM(CASE WHEN months = 202009 THEN case_num ELSE 0 END) "202009",
       SUM(CASE WHEN months = 202010 THEN case_num ELSE 0 END) "202010",
       SUM(CASE WHEN months = 202011 THEN case_num ELSE 0 END) "202011",
       SUM(CASE WHEN months = 202012 THEN case_num ELSE 0 END) "202012",
       SUM(CASE WHEN months = 202101 THEN case_num ELSE 0 END) "202101",
       SUM(CASE WHEN months = 202102 THEN case_num ELSE 0 END) "202102"
  FROM raw_data1;
```

실행결과

202001	202002	202003	202004	202005	202006	202007	202008	202009	202010	202011	202012	202101	202102
10	3139	6636	988	729	1347	1486	5846	3707	2746	8017	27117	16739	11523

코드 12-14는 코드 12-13의 메인쿼리에 있는 SELECT 절의 CASE 연산자로 만든 표현식을 SUM() 함수의 매개변수로 넘겨 칼럼 값을 모두 더합니다. 이렇게 하면 0이 모두 사라지고 결과처럼 데이터가 한 건으로 줄어 조회됩니다. 원하던 대로 2020년 1월부터 2021년 2월까지 월별 확진자 수를 칼럼 형태로 볼 수 있습니다. 이렇게 로우를 칼럼 형태로 변경하면 데이터를 좀 더 쉽게 파악할 수 있습니다.

국가별, 월별 확진자 수와 사망자 수 조회하기

앞에서는 우리나라의 코로나 확진자 수를 월별 칼럼 형태로 볼 수 있는 쿼리를 작성했습니다. 이번에는 국가별 확진자 수와 사망자 수까지 조회하는 쿼리를 작성해 보죠. 국가별로 조회해야 하므로 covid19_country 테이블과 조인해 국가명을 가져오고 사망자 수도 추가해야 합니다.

코드 12-15
```
WITH raw_data1 AS
(SELECT b.countryname,
        EXTRACT(YEAR_MONTH FROM a.issue_date) months,
```

```sql
              SUM(a.cases) case_num, SUM(a.deaths) death_num
       FROM covid19_data a
      INNER JOIN covid19_country b
         ON a.countrycode = b.countrycode
      GROUP BY 1, 2
)
SELECT countryname,
       '1.확진' gubun,
       SUM(CASE WHEN months = 202001 THEN case_num ELSE 0 END) "202001",
       SUM(CASE WHEN months = 202002 THEN case_num ELSE 0 END) "202002",
       SUM(CASE WHEN months = 202003 THEN case_num ELSE 0 END) "202003",
       SUM(CASE WHEN months = 202004 THEN case_num ELSE 0 END) "202004",
       SUM(CASE WHEN months = 202005 THEN case_num ELSE 0 END) "202005",
       SUM(CASE WHEN months = 202006 THEN case_num ELSE 0 END) "202006",
       SUM(CASE WHEN months = 202007 THEN case_num ELSE 0 END) "202007",
       SUM(CASE WHEN months = 202008 THEN case_num ELSE 0 END) "202008",
       SUM(CASE WHEN months = 202009 THEN case_num ELSE 0 END) "202009",
       SUM(CASE WHEN months = 202010 THEN case_num ELSE 0 END) "202010",
       SUM(CASE WHEN months = 202011 THEN case_num ELSE 0 END) "202011",
       SUM(CASE WHEN months = 202012 THEN case_num ELSE 0 END) "202012",
       SUM(CASE WHEN months = 202101 THEN case_num ELSE 0 END) "202101",
       SUM(CASE WHEN months = 202102 THEN case_num ELSE 0 END) "202102"
  FROM raw_data1
 GROUP BY 1, 2
 UNION ALL
SELECT countryname,
       '2.사망' gubun,
       SUM(CASE WHEN months = 202001 THEN death_num ELSE 0 END) "202001",
       SUM(CASE WHEN months = 202002 THEN death_num ELSE 0 END) "202002",
       SUM(CASE WHEN months = 202003 THEN death_num ELSE 0 END) "202003",
       SUM(CASE WHEN months = 202004 THEN death_num ELSE 0 END) "202004",
       SUM(CASE WHEN months = 202005 THEN death_num ELSE 0 END) "202005",
       SUM(CASE WHEN months = 202006 THEN death_num ELSE 0 END) "202006",
       SUM(CASE WHEN months = 202007 THEN death_num ELSE 0 END) "202007",
       SUM(CASE WHEN months = 202008 THEN death_num ELSE 0 END) "202008",
       SUM(CASE WHEN months = 202009 THEN death_num ELSE 0 END) "202009",
       SUM(CASE WHEN months = 202010 THEN death_num ELSE 0 END) "202010",
       SUM(CASE WHEN months = 202011 THEN death_num ELSE 0 END) "202011",
       SUM(CASE WHEN months = 202012 THEN death_num ELSE 0 END) "202012",
       SUM(CASE WHEN months = 202101 THEN death_num ELSE 0 END) "202101",
```

```sql
            SUM(CASE WHEN months = 202102 THEN death_num ELSE 0 END) "202102"
  FROM raw_data1
  GROUP BY 1, 2
  ORDER BY 1, 2;
```

실행결과

countryname	gubun	202001	202002	202003	202004	202005	202006	202007	202008	202009	202010	202011	202012	202101	202102
Afghanistan	1.확진	0	1	174	1952	13081	16299	5158	1494	1109	2157	4849	5252	3497	691
Afghanistan	2.사망	0	0	4	60	194	494	532	119	57	78	257	396	209	43
Albania	1.확진	0	0	243	530	364	1398	2741	4237	4136	7226	17307	20134	19811	29040
Albania	2.사망	0	0	15	16	2	29	95	127	103	122	301	371	199	416
Algeria	1.확진	0	1	715	3290	5388	4513	16487	14100	7036	6412	25257	16411	7729	5753
Algeria	2.사망	0	0	44	406	203	259	298	300	226	228	467	325	135	92
Andorra	1.확진	0	0	376	369	19	91	70	251	874	2706	1989	1304	1888	929
Andorra	2.사망	0	0	12	30	9	1	0	1	0	22	1	8	17	9
Angola	1.확진	0	0	7	20	59	198	864	1506	2318	5833	4334	2414	2243	1011
Angola	2.사망	0	0	2	0	2	9	39	56	75	101	64	57	61	42
Anguilla	1.확진	0	0	0	0	0	0	0	0	0	0	0	0	0	0
Anguilla	2.사망	0	0	0	0	0	0	0	0	0	0	0	0	0	0
Antigua and...	1.확진	0	0	7	17	2	43	22	3	7	27	13	18	75	496
Antigua and...	2.사망	0	0	0	3	0	0	0	0	0	0	1	1	2	7

쿼리가 꽤 복잡합니다. 코드 12-15는 코드 12-14와 거의 같으니 변경된 부분 위주로 살펴보죠.

첫째, raw_data1 서브쿼리에서 covid19_country 테이블과 조인해 국가명인 countryname 칼럼을 추가하고 GROUP BY 절에는 국가명과 연월을 명시합니다. 모든 국가를 조회하므로 기존에 있던 WHERE 절은 삭제합니다.

둘째, 사망자 수를 추가해야 하므로 메인쿼리에서 사망자 수인 death_num을 사용한 SELECT 문을 추가해 확진자 수인 case_num을 사용한 SELECT 문과 UNION ALL로 연결합니다.

셋째, 국가별로 확진자 수와 사망자 수를 보여 줘야 하므로 2개의 SELECT 문에 countryname과 gubun이라는 가상 칼럼을 추가하고 GROUP BY 절에 이 둘을 추가합니다. 여기서 gubun은 첫 번째 SELECT 문에서는 확진자 수이므로 '1.확진', 두 번째 SELECT 문에서는 사망자 수이므로 '2.사망'이라고 명시합니다.

쿼리를 실행하면 결과처럼 국가별로 확진자 수와 사망자 수를 2020년 1월부터 2021년 2월까지 월별로 볼 수 있습니다. 쿼리가 복잡하지만, 결과는 한눈에 보기 편합니다.

그런데 여기서 특정 국가의 데이터만 보고 싶다면 어떻게 해야 할까요? 코드 12-14처럼 raw_data1 서브쿼리의 WHERE 절에 조건을 추가해도 되지만, 매번 긴 쿼리를 수정해야 하므로 좀 불편합니다. 이럴 때 쿼리를 다음과 같이 뷰로 만들면 훨씬 간편하게 사용할 수 있습니다.

코드 12-16

```sql
CREATE OR REPLACE VIEW covid19_summary1_v AS
WITH raw_data1 AS
(SELECT b.countryname,
        EXTRACT(YEAR_MONTH FROM a.issue_date) months,
        SUM(a.cases) case_num, SUM(a.deaths) death_num
   FROM covid19_data a
  INNER JOIN covid19_country b
     ON a.countrycode = b.countrycode
  GROUP BY 1, 2
)
SELECT countryname,
       '1.확진' gubun,
       SUM(CASE WHEN months = 202001 THEN case_num ELSE 0 END) "202001",
       SUM(CASE WHEN months = 202002 THEN case_num ELSE 0 END) "202002",
       SUM(CASE WHEN months = 202003 THEN case_num ELSE 0 END) "202003",
       SUM(CASE WHEN months = 202004 THEN case_num ELSE 0 END) "202004",
       SUM(CASE WHEN months = 202005 THEN case_num ELSE 0 END) "202005",
       SUM(CASE WHEN months = 202006 THEN case_num ELSE 0 END) "202006",
       SUM(CASE WHEN months = 202007 THEN case_num ELSE 0 END) "202007",
       SUM(CASE WHEN months = 202008 THEN case_num ELSE 0 END) "202008",
       SUM(CASE WHEN months = 202009 THEN case_num ELSE 0 END) "202009",
       SUM(CASE WHEN months = 202010 THEN case_num ELSE 0 END) "202010",
       SUM(CASE WHEN months = 202011 THEN case_num ELSE 0 END) "202011",
       SUM(CASE WHEN months = 202012 THEN case_num ELSE 0 END) "202012",
       SUM(CASE WHEN months = 202101 THEN case_num ELSE 0 END) "202101",
       SUM(CASE WHEN months = 202102 THEN case_num ELSE 0 END) "202102"
  FROM raw_data1
 GROUP BY 1, 2
 UNION ALL
SELECT countryname,
       '2.사망' gubun,
       SUM(CASE WHEN months = 202001 THEN death_num ELSE 0 END) "202001",
       SUM(CASE WHEN months = 202002 THEN death_num ELSE 0 END) "202002",
       SUM(CASE WHEN months = 202003 THEN death_num ELSE 0 END) "202003",
       SUM(CASE WHEN months = 202004 THEN death_num ELSE 0 END) "202004",
       SUM(CASE WHEN months = 202005 THEN death_num ELSE 0 END) "202005",
       SUM(CASE WHEN months = 202006 THEN death_num ELSE 0 END) "202006",
       SUM(CASE WHEN months = 202007 THEN death_num ELSE 0 END) "202007",
       SUM(CASE WHEN months = 202008 THEN death_num ELSE 0 END) "202008",
```

```
            SUM(CASE WHEN months = 202009 THEN death_num ELSE 0 END) "202009",
            SUM(CASE WHEN months = 202010 THEN death_num ELSE 0 END) "202010",
            SUM(CASE WHEN months = 202011 THEN death_num ELSE 0 END) "202011",
            SUM(CASE WHEN months = 202012 THEN death_num ELSE 0 END) "202012",
            SUM(CASE WHEN months = 202101 THEN death_num ELSE 0 END) "202101",
            SUM(CASE WHEN months = 202102 THEN death_num ELSE 0 END) "202102"
  FROM raw_data1
 GROUP BY 1, 2
 ORDER BY 1, 2;

-- 미국 현황 조회
SELECT *
  FROM covid19_summary1_v
 WHERE countryname = 'United States';
```

실행결과

countryname	gubun	202001	202002	202003	202004	202005	202006	202007	202008	202009	202010	202011	202012	202101	202102
United States	1.확진	7	17	192276	888718	717694	843368	1924850	1458662	1206239	1926939	4496449	6406683	6125132	2391465
United States	2.사망	0	1	5369	60859	41593	19760	26514	29623	23371	24508	39229	80990	96746	64728

코드 12-16은 CREATE OR REPLACE VIEW 구문으로 코드 12-15를 covid19_summary1_v라는 뷰로 만듭니다. 그다음 covid19_summary1_v 뷰를 조회해 미국의 코로나 확진자 수와 사망자 수를 조회합니다.

이렇게 자주 사용하는 복잡한 쿼리를 뷰로 만들어 놓으면 필요할 때마다 편리하게 사용할 수 있습니다.

우리나라의 월별 누적 확진자 수와 사망자 수 조회하기

이번에는 우리나라의 월별 누적 확진자 수와 사망자 수를 조회해 보겠습니다. 예를 들어 2020년 1월에 10명, 2월에 20명이 확진됐다면 누적 확진자 수는 202001에는 10명, 202002에는 30(10 + 20)명이 되겠죠. 월별로 확진자 수를 더하면 됩니다. 이는 윈도우로 처리할 수 있습니다.

코드 12-17

```
WITH raw_data1 AS
(SELECT EXTRACT(YEAR_MONTH FROM issue_date) months,
        SUM(cases) case_num, SUM(deaths) death_num
   FROM covid19_data
```

```sql
    WHERE countrycode = 'KOR'
    GROUP BY 1
)
SELECT months, case_num, death_num,
       SUM(case_num) OVER (ORDER BY months) cum_case_num,
       SUM(death_num) OVER (ORDER BY months) cum_death_num
  FROM raw_data1
 ORDER BY 1;
```

실행결과

months	case_num	death_num	cum_case_num	cum_death_num
202001	10	0	10	0
202002	3139	16	3149	16
202003	6636	146	9785	162
202004	988	86	10773	248
202005	729	23	11502	271
202006	1347	11	12849	282
202007	1486	19	14335	301
202008	5846	23	20181	324
202009	3707	91	23888	415
202010	2746	51	26634	466
202011	8017	60	34651	526
202012	27117	391	61768	917
202101	16739	508	78507	1425
202102	11523	180	90030	1605

raw_data1 서브쿼리는 코드 12-13의 서브쿼리와 같고, 나머지 부분을 메인쿼리에서 처리합니다. 누적 합계를 구해야 하므로 집계 함수인 SUM()을 사용하고, OVER 다음에 ORDER BY 절을 추가합니다. 월별 누적이므로 ORDER BY months라고 명시해야 월이 바뀌면서 누적 합계를 구할 수 있습니다. 여기서 PARTITION BY 절을 사용하지 않은 이유는, raw_data1 서브쿼리가 반환하는 결과 집합은 1개 로우가 하나의 월을 나타내므로 추가로 파티션 그룹을 지정할 필요가 없기 때문입니다.

결과를 보면 cum_case_num은 누적 확진자 수, cum_death_num은 누적 사망자 수를 보여 줍니다. 따라서 마지막 로우인 202102건의 누적 합계는 각각 전체 대상 기간의 누적 확진자 수와 누적 사망자 수를 나타냅니다.

대륙별 사망자 수 상위 3개국 조회하기

전 기간을 대상으로 대륙별로 사망자가 가장 많은 3개 국가와 해당 국가의 누적 사망자 수를 조회해 보겠습니다.

코드 12-18

```sql
WITH raw_data1 AS
(SELECT b.continent, b.countryname,
        SUM(a.deaths) death_num, SUM(a.cases) case_num
   FROM covid19_data a
   INNER JOIN covid19_country b
     ON a.countrycode = b.countrycode
   GROUP BY 1, 2
),
raw_data2 AS
(SELECT continent, countryname, death_num,
        RANK() OVER (PARTITION BY continent
                     ORDER BY death_num DESC) ranks
   FROM raw_data1
)
SELECT *
  FROM raw_data2
 WHERE ranks <= 3;
```

실행결과

continent	countryname	death_num	ranks
Africa	South Africa	49993	1
Africa	Egypt	10688	2
Africa	Morocco	8623	3
Asia	India	157157	1
Asia	Iran	60073	2
Asia	Indonesia	36166	3
Europe	United Kingdom	123083	1
Europe	Italy	97699	2
Europe	France	86580	3
North America	United States	513291	1
North America	Mexico	185715	2
North America	Canada	21990	3
Oceania	Australia	909	1
Oceania	New Zealand	26	2
Oceania	Papua New Gu…	12	3
South America	Brazil	254942	1
South America	Colombia	59766	2
South America	Argentina	51965	3

raw_data1 서브쿼리에서 covid19_data와 covid19_country 테이블을 조인해 대륙명과 국가명을 가져옵니다. 그리고 raw_data2 서브쿼리에서 RANK() 윈도우 함수로 사망자 수 순위를 구합니다. 대륙별 순위이므로 PARTITION BY 절에 대륙명(continent)을 명시해 파티션을 지정하고, ORDER BY 절에서는 사망자 수로 내림차순 정렬합니다. 이렇게 하면 대륙별로 사망자가 많은 순서대로 순위가 매겨지죠. 마지막으로 메인쿼리에서는 raw_data1 서브쿼리를 조회하는데, 3위까지만 가져오므로 WHERE 조건에 순위에 대한 가상 칼럼인 ranks 값이 3보다 작거나 같다는 조건을 주었습니다.

결과를 보면 대륙별로 사망자가 많은 3개 국가가 순서대로 조회됐습니다.

> **1분 퀴즈** 1
>
> 월별로 우리나라의 코로나 검사 수 대비 확진자 수의 비율을 구하는 쿼리를 작성하세요.
>
> 정답 및 해설: 해설 노트 522쪽

12.2 타이타닉 데이터 분석하기

데이터 분석 책이나 데이터 분석 대회를 보면 예제로 타이타닉 데이터를 많이 사용합니다. 이 책에서도 SQL로 타이타닉 데이터를 분석해 보겠습니다.

12.2.1 데이터 수집하기

실습할 타이타닉 데이터는 캐글(Kaggle, 데이터 과학자들과 머신러닝 학습자들의 온라인 커뮤니티)에서 얻을 수 있습니다. 이 책에서는 실습에 맞게 데이터를 가공하고 수정해 사용합니다.

먼저 타이타닉 데이터를 담을 테이블을 만들어 봅시다.

코드 12-19
```sql
CREATE TABLE titanic_data
(
  passengerid    INT,
  survived       INT,
  pclass         INT,
  name           VARCHAR(100),
  gender         VARCHAR(50),
  age            DOUBLE,
  sibsp          INT,
  parch          INT,
  ticket         VARCHAR(80),
  fare           DOUBLE,
  cabin          VARCHAR(50) ,
  embarked       VARCHAR(20),
  PRIMARY KEY (passengerid)
);
```

실행결과

```
Output
Action Output
   #   Time      Action                                                                                      Message              Duration / Fetch
● 1  14:46:06  CREATE TABLE titanic_data ( passengerid  INT, survived  INT, pclass  INT, name ...  0 row(s) affected   0.125 sec
```

CREATE TABLE 문으로 titanic_data라는 테이블을 생성했습니다. 테이블의 상세 내역은 다음 표와 같습니다.

표 12-3 titanic_data 테이블

칼럼명	데이터 타입	칼럼 설명
passengerid	INT	승객 아이디(기본 키)
survived	INT	생존 여부(0: 사망, 1: 생존)
pclass	INT	객실 등급(1, 2, 3)
name	VARCHAR(100)	이름
gender	VARCHAR(50)	성별(male: 남성, female: 여성)
age	DOUBLE	나이
sibsp	INT	동반한 형제 및 배우자 수
parch	INT	동반한 부모 및 자녀 수
ticket	VARCHAR(80)	티켓 번호
fare	DOUBLE	요금
cabin	VARCHAR(50)	객실 번호
embarked	VARCHAR(20)	탑승 항구(C: 프랑스 셰르부르, Q: 아일랜드 퀸즈타운, S: 영국 사우샘프턴)

이제 데이터를 입력해 보죠. 코로나 데이터와 마찬가지로 미리 만들어 놓은 스크립트를 활용합니다. ch12 폴더에서 03.titanic_data_insert.sql 파일을 열고 안에 있는 모든 내용을 복사합니다. 그런 다음 MySQL Workbench 프로그램의 SQL 입력창에 있는 내용을 모두 지운 후, 복사한 내용을 붙여 넣고 Ctrl + Shift + Enter 를 눌러 실행합니다.

코드 12-20 03.titanic_data_insert.sql(일부)

```sql
-- titanic_data 입력
INSERT INTO titanic_data VALUES
(205, 1, 3, 'Cohen, Mr. Gurshon "Gus"', 'male', 18, 0, 0, 'A/5 3540', 8.05, null, 'S'),
(206, 0, 3, 'Strom, Miss. Telma Matilda', 'female', 2, 0, 1, '347054', 10.4625, 'G6', 'S'),
```

```
(207, 0, 3, 'Backstrom, Mr. Karl Alfred', 'male', 32, 1, 0, '3101278', 15.85, null, 'S'),
(208, 1, 3, 'Albimona, Mr. Nassef Cassem', 'male', 26, 0, 0, '2699', 18.7875, null, 'C'),
(209, 1, 3, 'Carr, Miss. Helen "Ellen"', 'female', 16, 0, 0, '367231', 7.75, null, 'Q'),
(210, 1, 1, 'Blank, Mr. Henry', 'male', 40, 0, 0, '112277', 31, 'A31', 'C'),
(211, 0, 3, 'Ali, Mr. Ahmed', 'male', 24, 0, 0, 'SOTON/O.Q. 3101311', 7.05, null, 'S'),
(212, 1, 2, 'Cameron, Miss. Clear Annie', 'female', 35, 0, 0, 'F.C.C. 13528', 21, null, 'S'),
(213, 0, 3, 'Perkin, Mr. John Henry', 'male', 22, 0, 0, 'A/5 21174', 7.25, null, 'S'),
(214, 0, 2, 'Givard, Mr. Hans Kristensen', 'male', 30, 0, 0, '250646', 13, null, 'S'),
(215, 0, 3, 'Kiernan, Mr. Philip', 'male', null, 1, 0, '367229', 7.75, null, 'Q'),
(216, 1, 1, 'Newell, Miss. Madeleine', 'female', 31, 1, 0, '35273', 113.275, 'D36', 'C'),
...
```

실행결과

#	Time	Action	Message	Duration / Fetch
3	15:06:57		1309 row(s) affected Records: 1309 ...	0.062 sec
4	15:06:57	COMMIT	0 row(s) affected	0.000 sec

결과를 보면 총 1309건의 데이터가 성공적으로 입력됐습니다.

12.2.2 데이터 정제하기

앞에서 생성한 titanic_data 테이블을 조회해 보겠습니다.

코드 12-21
```sql
SELECT *
  FROM titanic_data;
```

실행결과

결과를 보면 데이터 정제가 필요한 대상이 몇 개 보입니다. 먼저 survived 칼럼은 생존 여부를 나타내는데 0은 사망, 1은 생존을 뜻하죠. 따라서 데이터를 분석하기 쉽게 0과 1 대신 사망과 생존으로 변경하겠습니다. gender 칼럼도 영문으로 되어 있으니 남성과 여성으로 변경합니다. embarked 칼럼은 타이타닉호의 탑승 항구를 의미하는데, 알파벳이니 이 칼럼도 표 12-3을 참조해 우리말로 변경합니다.

데이터 정제 대상을 정리하면 다음과 같습니다.

표 12-4 titanic_data 테이블의 데이터 정제 내역

대상 칼럼	변경 값
survived	0 → 사망 1 → 생존
gender	Male → 남성 female → 여성
embarked	C → 프랑스 셰르부르 Q → 아일랜드 퀸즈타운 S → 영국 사우샘프턴

UPDATE 문으로 직접 titanic_data 테이블의 데이터를 수정할 수도 있지만, 이번에는 CREATE TABLE AS 구문을 사용해 변경된 값을 담은 titanic이라는 테이블을 새로 만들겠습니다.

코드 12-22
```sql
CREATE TABLE titanic AS
SELECT passengerid,
       CASE WHEN survived = 0 THEN '사망'
            ELSE '생존'
       END survived, pclass, name,
       CASE WHEN gender = 'male' THEN '남성'
            ELSE '여성'
       END gender, age, sibsp, parch, ticket, fare, cabin,
       CASE embarked WHEN 'C' THEN '프랑스 셰르부르'
                     WHEN 'Q' THEN '아일랜드 퀸즈타운'
                     ELSE '영국 사우샘프턴'
       END embarked
  FROM titanic_data;

SELECT *
  FROM titanic;
```

실행결과

passengerid	survived	pclass	name	gender	age	sibsp	parch	ticket	fare	cabin	embarked
1	사망	3	Braund, Mr. Owen Harris	남성	22	1	0	A/5 21171	7.25	NULL	영국 사우샘프턴
2	생존	1	Cumings, Mrs. John Bradley (Florence Briggs Th...	여성	38	1	0	PC 17599	71.2833	C85	프랑스 셰르부르
3	생존	3	Heikkinen, Miss. Laina	여성	26	0	0	STON/O2. 3101282	7.925	NULL	영국 사우샘프턴
4	생존	1	Futrelle, Mrs. Jacques Heath (Lily May Peel)	여성	35	1	0	113803	53.1	C123	영국 사우샘프턴
5	사망	3	Allen, Mr. William Henry	남성	35	0	0	373450	8.05	NULL	영국 사우샘프턴
6	사망	3	Moran, Mr. James	남성	NULL	0	0	330877	8.4583	NULL	아일랜드 퀸즈타운
7	사망	1	McCarthy, Mr. Timothy J	남성	54	0	0	17463	51.8625	E46	영국 사우샘프턴
8	사망	3	Palsson, Master. Gosta Leonard	남성	2	3	1	349909	21.075	NULL	영국 사우샘프턴
9	생존	3	Johnson, Mrs. Oscar W (Elisabeth Vilhelmina Berg)	여성	27	0	2	347742	11.1333	NULL	영국 사우샘프턴
10	생존	2	Nasser, Mrs. Nicholas (Adele Achem)	여성	14	1	0	237736	30.0708	NULL	프랑스 셰르부르

CREATE TABLE AS 구문으로 titanic이라는 테이블을 만듭니다. 그리고 SELECT 문에서 titanic_data 테이블을 읽어 CASE 연산자로 survived, gender, embarked 세 칼럼을 표 12-4에 정리한 내용대로 데이터를 정제합니다. 테이블을 생성하고 나서 titanic 테이블을 조회하면 해당 칼럼의 값이 모두 바뀐 것을 확인할 수 있습니다. 이제 본격적으로 타이타닉 데이터를 분석해 봅시다.

12.2.3 데이터 분석하기

여기서 데이터를 분석할 대상은 원천 데이터가 들어 있는 titanic_data 테이블이 아니라 데이터 정제 과정을 거친 titanic 테이블입니다.

성별 생존자 수와 사망자 수의 비율 조회하기

먼저 타이타닉 탑승자의 성별로 생존자 수와 사망자 수를 구해 봅시다. 성별은 gender, 생존과 사망 여부는 survived 칼럼을 참조하면 됩니다. 그렇다면 생존자 수와 사망자 수는 어떻게 가져올까요? titanic 테이블에는 1개 로우에 탑승자 1명의 정보가 저장되어 있습니다. 따라서 인원수는 로우 수입니다. titanic 테이블의 총 로우 수는 1,309건이므로 1,309명이 탑승했다는 뜻입니다. 쿼리를 작성해 봅시다.

코드 12-23
```sql
SELECT gender, survived, COUNT(*)
  FROM titanic
 GROUP BY gender, survived
 ORDER BY gender, survived ;
```

실행결과

gender	survived	COUNT(*)
남성	사망	734
남성	생존	109
여성	사망	81
여성	생존	385

이번 쿼리는 그리 어렵지 않습니다. gender, survived 두 칼럼을 GROUP BY 절과 SELECT 절에 명시하고 COUNT() 함수를 사용하면 성별 생존자 수와 사망자 수를 구할 수 있습니다. 결과를 보니 여성보다 남성이 더 많이 사망했습니다.

이번에는 성별 비율을 구해 볼까요?

코드 12-24
```sql
SELECT gender, survived, cnt,
       ROUND(cnt / SUM(cnt) OVER (PARTITION BY gender
                                  ORDER BY gender), 2) rates
  FROM (SELECT gender, survived, COUNT(*) cnt
          FROM titanic
         GROUP BY gender, survived
       ) t;
```

실행결과

gender	survived	cnt	rates
남성	사망	734	0.87
남성	생존	109	0.13
여성	생존	385	0.83
여성	사망	81	0.17

코드 12-24는 코드 12-23에서 사용한 쿼리를 서브쿼리(파생 테이블)로 만들면서 인원수를 구하는 COUNT() 함수 결과에 cnt라는 별칭을 붙였습니다. 그리고 메인쿼리에서 윈도우를 사용해 각 로우에 있는 인원수를 성별 파티션을 대상으로 더한 인원수로 나누었습니다. 예를 들어 남성 사망자 수인 734를 전체 남성 수 843(734 + 109)로 나누니 약 0.87이 나왔습니다. 다시 말해, 남성의 약 87%가 사망했음을 알 수 있습니다. 생존자 수와 사망자 수를 원래 숫자로 보는 것보다는 비율로 보면 데이터를 파악하기가 더 쉬워집니다.

연령대별 생존자 수와 사망자 수의 비율 조회하기

이번에는 연령대별로 생존자 수와 사망자 수를 조회해 봅시다. 탑승자의 연령은 age란 칼럼에 입력되어 있죠. 나이를 기준으로 10대 이하, 10대, 20대 순으로 60대까지 그리고 70대 이상으로 연령대를 나누어 생존자 수와 사망자 수를 조회하겠습니다.

코드 12-25
```sql
SELECT CASE WHEN age BETWEEN  1 AND  9 THEN '1.10대이하'
            WHEN age BETWEEN 10 AND 19 THEN '2.10대'
            WHEN age BETWEEN 20 AND 29 THEN '3.20대'
            WHEN age BETWEEN 30 AND 39 THEN '4.30대'
            WHEN age BETWEEN 40 AND 49 THEN '5.40대'
            WHEN age BETWEEN 50 AND 59 THEN '6.50대'
            WHEN age BETWEEN 60 AND 69 THEN '7.60대'
            ELSE '8.70대 이상'
       END ages, survived, COUNT(*) cnt
  FROM titanic
 GROUP BY 1, 2
 ORDER BY 1, 2;
```

실행결과

ages	survived	cnt
1.10대이하	사망	32
1.10대이하	생존	38
2.10대	사망	83
2.10대	생존	60
3.20대	사망	224
3.20대	생존	120
4.30대	사망	133
4.30대	생존	99
5.40대	사망	87
5.40대	생존	48
6.50대	사망	41
6.50대	생존	29
7.60대	사망	20
7.60대	생존	12
8.70대 이상	사망	195
8.70대 이상	생존	88

CASE 연산자로 age 칼럼을 10대 이하부터 70대 이상까지 구분해 연령대별 생존자 수와 사망자 수를 구했습니다.

결과를 보면 20대와 70대 이상 사망자가 많습니다. 좀 이상하지 않나요? 일반적인 상황에서는 연령이 높을수록 사망자가 많죠. 고령층은 지병이나 노화 때문에 젊은 층보다 사망률이 높다고 추측할 수 있죠. 하지만 타이타닉호는 사고로 침몰했습니다. 사고로 인한 사망자가 연령대가 높다고 해서 많을 수 있을까요? 또한 결과에서 70대 이상 탑승 인원이 다른 연령대보다 많은 편인데, 타이타닉호 사고는 1912년에 발생했습니다. 20세기 초는 평균 수명이 지금보다 현저히 낮았을 텐데 70대 이상이 다른 연령층보다 많다는 것도 좀 이해되지 않습니다.

다음 쿼리를 한번 실행해 보죠.

코드 12-26
```sql
SELECT age, COUNT(*)
  FROM titanic
 GROUP BY age
 ORDER BY 1;
```

실행결과

age	COUNT(*)
NULL	263
0.17	1
0.33	1
0.42	1
0.67	1
0.75	3
0.83	3
0.92	2
1	10
2	12

나이 칼럼인 age 값의 종류를 보기 위해 age별로 집계 쿼리를 작성했습니다. 결과를 보니 두 가지 문제점이 눈에 띄네요.

첫 번째, NULL이 들어간 데이터가 많습니다. 코드 12-25에서는 별도의 NULL 처리를 하지 않았습니다. 그래서 NULL인 건이 모두 70대 이상에 포함되어 70대 이상 사망자나 생존자 수가 많게 나왔습니다.

두 번째, 나이가 0과 1 사이 값으로 들어간 데이터가 있습니다. 코드 12-25에서는 10대 이하를 1~9세 사이로 계산했기 때문에 0.42 같은 건 10대 이하로 들어가지 않고 70대 이상에 포함됐습니다. 그런데 어떻게 나이가 0.42로 입력됐을까요? 잘못 입력된 값일까요?

원천 데이터가 잘못됐을 수 있습니다. 타이타닉 사고가 발생했을 때는 지금처럼 컴퓨터도 없었고 사람이 직접 탑승자 데이터를 수집했을 테니 이 과정에서 실수가 있을 수 있습니다. 하지만 제 생각에는 0.42는 잘못된 값이 아닙니다. 우리는 태어나는 순간 무조건 1살로 치지만 외국에서는 그렇지 않죠. 따라서 0.42라는 나이는 돌이 지나지 않은 아이의 나이로 보입니다.

문제점을 발견했으니 이제 쿼리를 수정해야 합니다. 먼저 NULL 처리를 해야겠죠. age도 숫자형 칼럼이니 NULL을 0으로 변경하면 될 것 같습니다. 그런데 여기서 잠깐! 모두 0으로 변경하는 것이 맞을까요? 다시 말하지만, 사고가 발생한 1912년에는 탑승자 명단을 정확히 파악하기가 어려웠을 겁니다. 따라서 여기서 NULL이 들어간 데이터는 탑승자의 나이를 파악하지 못한 건일 확률이 높습니다. 따라서 NULL을 0으로 변경할 것이 아니라 NULL을 '알수없음'이라는 별도의 항목으로 빼는 것이 더 좋을 것 같군요.

그럼 쿼리를 다시 작성해 봅시다.

코드 12-27

```sql
SELECT CASE WHEN age BETWEEN  0 AND  9 THEN '1.10대이하'
            WHEN age BETWEEN 10 AND 19 THEN '2.10대'
            WHEN age BETWEEN 20 AND 29 THEN '3.20대'
            WHEN age BETWEEN 30 AND 39 THEN '4.30대'
            WHEN age BETWEEN 40 AND 49 THEN '5.40대'
            WHEN age BETWEEN 50 AND 59 THEN '6.50대'
            WHEN age BETWEEN 60 AND 69 THEN '7.60대'
            WHEN age IS NULL          THEN '9.알수없음'
            ELSE '8.70대 이상'
       END ages, survived, COUNT(*) cnt
  FROM titanic
 GROUP BY 1, 2
 ORDER BY 1, 2;
```

실행결과

ages	survived	cnt
1.10대이하	사망	35
1.10대이하	생존	47
2.10대	사망	83
2.10대	생존	60
3.20대	사망	224
3.20대	생존	120
4.30대	사망	133
4.30대	생존	99
5.40대	사망	87
5.40대	생존	48
6.50대	사망	41
6.50대	생존	29
7.60대	사망	20
7.60대	생존	12
8.70대 이상	사망	6
8.70대 이상	생존	2
9.알수없음	사망	186
9.알수없음	생존	77

10대 이하 구간의 시작 나이를 1에서 0으로 변경합니다. NULL인 건을 처리하기 위해 age 칼럼 값이 NULL인 경우는 '알수없음'으로, 나머지는 70대 이상으로 처리하고요.

결과를 보니 10대 이하 생존자 수와 사망자 수가 변했고, 70대 이상 인원이 많았는데, 대부분이 알수없음 구간으로 빠졌습니다. 결국 70대 이상 사망자 수와 생존자 수는 각각 6명과 2명뿐이군요. 이 수치는 이해 가능한 범위 안에 있다고 볼 수 있습니다.

연령대별, 객실 등급별 생존자 수와 사망자 수 조회하기

이번에는 연령대에 객실 등급까지 추가해 생존자 수와 사망자 수를 조회해 보죠. 객실 등급은 1, 2, 3등급이 있는데 당연히 1등급이 높은 등급입니다. 비행기로 따지면 퍼스트, 비즈니스, 이코노미 클래스와 같다고 보면 됩니다. 쿼리를 작성해 보죠.

코드 12-28

```
SELECT CASE WHEN age BETWEEN  0 AND  9 THEN '1.10대이하'
            WHEN age BETWEEN 10 AND 19 THEN '2.10대'
            WHEN age BETWEEN 20 AND 29 THEN '3.20대'
            WHEN age BETWEEN 30 AND 39 THEN '4.30대'
            WHEN age BETWEEN 40 AND 49 THEN '5.40대'
            WHEN age BETWEEN 50 AND 59 THEN '6.50대'
```

```
            WHEN age BETWEEN 60 AND 69 THEN '7.60대'
            WHEN age IS NULL           THEN '9.알수없음'
            ELSE '8.70대 이상'
       END ages, pclass, survived, COUNT(*) cnt
  FROM titanic
 GROUP BY 1, 2, 3
 ORDER BY 1, 2, 3;
```

실행결과

ages	pclass	survived	cnt
1.10대이하	1	사망	2
1.10대이하	1	생존	2
1.10대이하	2	사망	2
1.10대이하	2	생존	20
1.10대이하	3	사망	31
1.10대이하	3	생존	25
2.10대	1	사망	5
2.10대	1	생존	17
2.10대	2	사망	15
2.10대	2	생존	14

코드 12-28은 코드 12-27에 객실 등급 칼럼인 pclass를 SELECT와 GROUP BY 절에 추가합니다. 결과를 보면 연령대와 객실 등급에 따라 생존자 수와 사망자 수가 조회됐습니다.

그런데 객실 등급을 추가하니 로우가 너무 많아져 한눈에 보기가 어렵습니다. 연령대는 그대로 두고 객실 등급을 칼럼 형태로 전환해 보면 데이터 파악이 좀 더 쉽지 않을까요? 작성해 봅시다.

코드 12-29

```
WITH raw_data AS
(SELECT CASE WHEN age BETWEEN  0 AND  9 THEN '1.10대이하'
             WHEN age BETWEEN 10 AND 19 THEN '2.10대'
             WHEN age BETWEEN 20 AND 29 THEN '3.20대'
             WHEN age BETWEEN 30 AND 39 THEN '4.30대'
             WHEN age BETWEEN 40 AND 49 THEN '5.40대'
             WHEN age BETWEEN 50 AND 59 THEN '6.50대'
             WHEN age BETWEEN 60 AND 69 THEN '7.60대'
             WHEN age IS NULL           THEN '9.알수없음'
             ELSE '8.70대 이상'
        END ages, pclass, survived, COUNT(*) cnt
```

```sql
    FROM titanic
  GROUP BY 1, 2, 3
)
SELECT ages, survived,
       SUM(CASE WHEN pclass = 1 THEN cnt ELSE 0 END) first_class,
       SUM(CASE WHEN pclass = 2 THEN cnt ELSE 0 END) business_class,
       SUM(CASE WHEN pclass = 3 THEN cnt ELSE 0 END) economy_class
  FROM raw_data
 GROUP BY 1, 2
 ORDER BY 1, 2;
```

실행결과

ages	survived	first_class	business_class	economy_class
1. 10대이하	사망	2	2	31
1. 10대이하	생존	2	20	25
2. 10대	사망	5	15	63
2. 10대	생존	17	14	29
3. 20대	사망	17	55	152
3. 20대	생존	35	35	50
4. 30대	사망	22	40	71
4. 30대	생존	50	24	25
5. 40대	사망	31	19	37
5. 40대	생존	31	12	5
6. 50대	사망	22	12	7
6. 50대	생존	24	5	0
7. 60대	사망	12	5	3
7. 60대	생존	9	2	1
8. 70대 이상	사망	3	1	2
8. 70대 이상	생존	2	0	0
9. 알수없음	사망	23	11	152
9. 알수없음	생존	16	5	56

코드 12-29에서 코드 12-28을 raw_data라는 CTE 서브쿼리로 만듭니다. 그리고 메인쿼리에서 객실 등급에 따른 인원수를 CASE 연산자로 first_class, business_class, economy_class라는 가상 칼럼으로 만들고요.

결과를 보면 3등급 객실에서 사망자 수가 높게 나옵니다. 아마도 3등급 객실이 인원 대비 장소가 협소해 탈출하는 데 어려움을 겪지 않았나 추측할 수 있습니다.

가족 동반과 미동반 시 생존자 수와 사망자 수의 비율 조회하기

이번에는 가족과 함께 탑승한 사람들과 혼자 탑승한 사람들의 생존 비율을 알아보죠. titanic 테이블에서 탑승자의 동반 배우자와 형제나 자매 수는 sibsp, 동반 부모나 자녀 수는 parch 칼럼에 저장되어 있습니다.

코드 12-30
```sql
WITH raw_data AS
(SELECT CASE WHEN sibsp + parch > 0 THEN 'family'
             ELSE 'alone'
         END gubun, survived, COUNT(*) cnt
   FROM titanic
  GROUP BY 1, 2
)
SELECT gubun, survived, cnt,
       cnt / SUM(cnt) OVER (PARTITION BY gubun) gubun_rates,
       cnt / SUM(cnt) OVER () total_rates
  FROM raw_data
 ORDER BY 1, 2;
```

실행결과

gubun	survived	cnt	gubun_rates	total_rates
alone	사망	559	0.7076	0.4270
alone	생존	231	0.2924	0.1765
family	사망	256	0.4933	0.1956
family	생존	263	0.5067	0.2009

코드 12-30에서는 raw_data라는 CTE 서브쿼리에서 CASE 연산자로 gubun이라는 가상 칼럼을 만들어 가족과 함께 탑승했는지를 확인합니다. sibsp와 parch를 더한 값이 0보다 크면 family로 구분하는데, 이는 동반 형제, 자매와 배우자, 부모, 자식 수를 모두 더한 값이 0보다 크면 가족과 함께 탑승한 것으로 간주한다는 뜻입니다.

메인쿼리에서는 gubun 가상 칼럼과 생존 여부를 기준으로 비율을 구합니다. gubun_rates는 gubun 값을 파티션으로 지정한 비율이고, total_rates는 전체를 대상으로 계산한 비율입니다. total_rates는 전체가 대상이므로 OVER 다음에 PARTITION BY 절 없이 소괄호만 명시합니다.

결과를 보면 혼자 탑승했을 때 사망률은 혼자 탑승한 인원 기준으로 70%, 전체 인원 기준으로 42% 정도 됩니다. 결국 가족과 함께 탑승한 사람들의 생존율이 더 높은 것을 알 수 있습니다.

종합적으로 보면 여성, 가족 동반 탑승자, 1등급 객실 승객의 생존율이 전반적으로 높다고 할 수 있습니다.

> **1분 퀴즈 2**
>
> 탑승 항구별로 생존자 수와 사망자 수를 구하는 쿼리를 작성하세요.
>
> **정답 및 해설:** 해설 노트 522쪽

12 마무리

이 장에서 배운 내용을 정리해 보겠습니다.

1. 일반적인 데이터 분석 과정은 데이터 수집 → 데이터 정제 → 데이터 분석의 3단계로 나눌 수 있습니다.

2. 데이터 정제 작업은 데이터 수집과 입력 과정에서 발생한 오류로 생긴 정확하지 않은 데이터를 걸러 내는 작업을 말합니다. 이 과정을 거쳐야 데이터를 좀 더 정확하게 분석할 수 있습니다.

3. 데이터 분석에는 SQL 기능 중 조인, 집계 쿼리, 서브쿼리, 윈도우 함수가 자주 사용됩니다.

Self Check

1. 코드 12-8을 참조해 covid19_data 테이블에도 숫자형 칼럼에 NULL이 존재하는지를 확인하는 쿼리를 작성하세요.

2. 타이타닉의 탑승 항구별로 생존자 수와 사망자 수의 비율을 구하는 쿼리를 작성하세요.

3. covid19_data 테이블의 new_vaccinations 칼럼에 코로나 백신 접종자 수가 저장되어 있습니다. 백신 접종은 2020년 12월에 시작됐는데, 백신 접종자 수가 많은 상위 10개 국가에서 2020년 10월부터 2021년 2월까지 월별로 코로나 확진자 수와 백신 접종자 수를 비교해 백신 접종 후 확진자 수가 감소했는지를 분석해 보세요.

정답 및 해설: 해설 노트 522쪽

해설 노트

1장

1분 퀴즈

1 정답 ② 중복 데이터가 입력되지 않게 한다.

해설 RDBMS는 데이터의 중복 입력을 완전히 막는 것이 아니라 중복 데이터 입력을 최소화합니다. 테이블에 데이터를 넣을 때 데이터의 성격에 맞게 데이터를 분할해 넣음으로써 데이터의 중복 저장을 최소화할 수 있습니다.

2 정답 ②, ③

해설

① MySQL은 상용으로 사용할 때는 유료 버전을 사용해야 합니다.

④ root 외에도 사용자 계정을 여러 개 만들 수 있습니다.

⑤ MySQL을 개인 PC에 설치할 때, 해당 PC에서 설치된 MySQL에 접속하므로 별도의 컴퓨터나 PC가 꼭 필요한 것은 아닙니다.

3 정답 ③, ⑤

해설

③ TRUNCATE TABLE 문이 아니라 DELETE 문입니다. TRUNCATE TABLE 문을 실행하면 테이블의 데이터가 모두 삭제되고 ROLLBACK 문을 실행해도 데이터 삭제 전으로 되돌릴 수 없습니다.

⑤ 테이블을 삭제할 때는 DDL인 DROP 문을 사용해야 합니다. DELETE 문은 DML로, 테이블에 있는 데이터를 삭제할 때 사용하는 문장입니다.

Self Check

1 정답 ①

해설 최초의 DBMS는 탐색형 DBMS이며, RDBMS는 1970년대 초에 개념이 소개됐고 1970년대에 상용 제품이 출시됐습니다.

2 **정답** ②

해설 테이블의 생성, 수정 삭제는 DDL 문을 사용해야 하는데, 그중에서 생성된 테이블 내용을 수정하려면 ALTER 문을 사용합니다.

3 **정답** ③

해설 테이블에 이미 저장된 데이터를 수정할 때는 UPDATE 문을 사용합니다. MODIFY는 문장이 아닌 구문에 속하며 데이터를 수정할 때는 사용하지 않습니다.

3장

1분 퀴즈

1 **정답** ③

해설 SQL은 같은 조건에 맞는 여러 칼럼이 아닌 여러 로우를 한 번에 처리합니다.

2 **정답** ③

해설 숫자형 선언 시 UNSIGNED 옵션을 추가할 수 있는데, 이 옵션을 추가하면 음수를 제외한 0과 양수만 입력할 수 있습니다.

Self Check

1 **정답** ④

해설 INT와 INTEGER는 같은 타입이라서 INT라고 써도 되고 INTEGER라고 써도 됩니다. 따라서 INTEGER가 INT보다 저장 범위가 넓은 것은 아닙니다.

2 **정답** ②

해설 원 달러 대비 환율은 소수점이 들어 있는 실수입니다. 따라서 정수형인 BIGINT를 사용하면 정확한 값을 입력할 수 없습니다. 그 대신 DECIMAL을 사용하면 됩니다.

3 **정답** ①

해설 MySQL 설치 시 자동으로 설치된 예제 데이터베이스는 sakila와 world 2개입니다. sys 데이터베이스는 MySQL 내부 관리용 데이터베이스 객체들이 들어 있는 데이터베이스입니다.

4장

1분 퀴즈

1 정답

```sql
CREATE TABLE highschool_students2
(
    student_no      VARCHAR(20),
    student_name    VARCHAR(100),
    grade           TINYINT,
    class           VARCHAR(50),
    gender          VARCHAR(20),
    age             SMALLINT,
    enter_date      DATE,
    graduate_date   DATE
);
```

해설 highschool_students2 테이블은 highschool_students와 거의 같지만, 졸업일자인 graduate_date 칼럼이 하나 더 있습니다. 따라서 highschool_students 테이블 생성 문장에서 칼럼 명시 부분에 graduate_date DATE를 추가합니다. 졸업일자 칼럼은 입학일자와 마찬가지로 값이 날짜이므로 데이터 타입을 DATE로 했습니다.

2 정답 ④

해설 NOT NULL이 설정된 칼럼에는 반드시 값을 입력해야 하고, 입력하지 않으면 오류가 발생하며 입력 작업이 취소됩니다. 즉, 다른 칼럼에도 값이 입력되지 않습니다.

3 정답 ④

해설 기본 키를 삭제할 때 해당 테이블을 삭제(DROP)하면 기본 키가 삭제되기는 하지만, 꼭 테이블을 삭제할 필요는 없습니다. 테이블을 삭제하지 않고도 다음 문장으로 기본 키만 삭제할 수 있습니다.

```sql
ALTER TABLE 테이블명
DROP PRIMARY KEY;
```

Self Check

1 정답

항목	칼럼명	칼럼 설명	데이터 타입
사번	employee_id	숫자 1에서 300까지 할당	SMALLINT
이름	employee_name	문자	VARCHAR(100)
급여	salary	사원의 급여	INT
입사일	hire_date	날짜	DATE

해설

- **사번** 1에서 300까지의 숫자이므로 정수형인 SMALLINT를 사용합니다. 물론 SMALLINT보다 더 큰 MEDIUMINT나 INT를 사용해도 됩니다. 중요한 점은 1에서 300까지의 숫자를 담을 수 있는 데이터 타입을 선택하는 것이죠.
- **이름** 문자이므로 VARCHAR를 사용하고, 크기는 넉넉하게 100자리로 정합니다.
- **급여** 급여는 숫자(정수형)이며 이 역시 넉넉하게 INT로 설정합니다.
- **입사일** 날짜이므로 DATE를 사용합니다. DATETIME을 사용해도 됩니다.

2 정답

```sql
CREATE TABLE my_first_table
(
    employee_id     SMALLINT,
    employee_name   VARCHAR(100),
    salary          INT,
    hire_date       DATE
);
```

해설 CREATE TABLE 다음에 테이블명을 넣고 각 칼럼명과 칼럼의 데이터 타입을 명시합니다.

3 정답

```sql
DROP TABLE my_first_table;
```

해설 테이블을 삭제할 때는 DROP TABLE 다음에 삭제할 테이블명을 명시하면 됩니다.

4 정답

```sql
CREATE TABLE my_first_table
(
    employee_id     SMALLINT    NOT NULL,
    employee_name   VARCHAR(100),
    salary          INT,
    hire_date       DATE,
    PRIMARY KEY (employee_id)
);
```

해설 사번 칼럼인 employee_id를 기본 키로 설정하므로 NOT NULL을 추가합니다. 그리고 기본 키로 지정하려면 칼럼을 정의한 마지막 부분에 PRIMARY KEY (employee_id)라고 작성하면 됩니다. 여기에서는 기본 키 생성 방법 중 두 번째 방법을 사용했습니다.

5장

1분 퀴즈

1 정답

```sql
DESC countrylanguage;

SELECT language, isofficial, percentage
  FROM countrylanguage;
```

해설 countrylanguage 테이블을 조회하므로 FROM 절에 countrylanguage를 기술합니다. 이 테이블에는 countrycode, language, isofficial, percentage, 총 4개의 칼럼이 있고, 이 중에서 countrycode 칼럼을 제외한 language, isofficial, percentage 칼럼을 SELECT 절에 명시합니다.

2 정답

```sql
SELECT *
  FROM box_office
 WHERE years = 2012
   AND release_date >= '2019-01-01'
   AND release_date <= '2019-12-31';
```

해설 2012년 제작됐지만, 2019년에 개봉된 영화를 조회하므로 2개의 조회 조건이 필요합니다. 먼저 제작연도가 2012년이므로 제작연도 칼럼인 years 값이 2012와 같은지를 확인하는 조건이 있어야겠죠. 그리고 두 번째 조건은 2019년에 개봉된 영화이므로 개봉일(release_date)이 2019년 1월 1일에서 2019년 12월 31일까지인 건을 확인합니다. 조건을 모두 만족해야 하므로 각 조건을 논리 연산자 AND로 연결합니다.

3 정답

```sql
SELECT *
  FROM city
 WHERE countrycode = 'KOR'
 ORDER BY name, population DESC;
```

해설 city 테이블에서 우리나라의 도시를 조회하므로 WHERE 절에 countrycode 값이 KOR인 건을 확인하는 조건이 있어야 합니다. 그리고 도시명, 인구순으로 정렬해야 하므로 ORDER BY 다음에 도시명인 name과 인구인 population을 기술합니다. 인구는 내림차순이므로 population 다음에 DESC를 명시합니다.

4 정답

```sql
SELECT *
  FROM city
 WHERE countrycode = 'KOR'
 ORDER BY name, population DESC
 LIMIT 5;
```

해설 1분 퀴즈 3번과 거의 같고, 조회 결과만 5건으로 제한하므로 ORDER BY 절 다음에 LIMIT 5를 명시합니다.

Self Check

1 정답

```sql
SELECT *
  FROM countrylanguage
 WHERE percentage >= 99
 ORDER BY countrycode;
```

실행결과

CountryCode	Language	IsOfficial	Percentage
BIH	Serbo-Croatian	T	99.2
BMU	English	T	100.0
COL	Spanish	T	99.0
CPV	Crioulo	F	100.0
CUB	Spanish	T	100.0
DMA	Creole English	F	100.0
ESH	Arabic	T	100.0
FRO	Faroese	T	100.0

해설 FROM 절에 국가별 사용 언어 데이터가 들어 있는 countrylanguage 테이블을 명시합니다. 언어 사용 비율인 percentage가 99% 이상이므로 WHERE 절에는 >= 연산자로 조회 조건을 기술합니다. 그리고 국가순으로 조회하므로 국가 코드인 countrycode를 ORDER BY 절에 기술합니다.

2 정답

```sql
SELECT *
  FROM mywork.box_office
 WHERE years = 2019
   AND ranks BETWEEN 1 AND 10
 ORDER BY ranks;
```

실행결과

seq_no	years	ranks	movie_name	release_date	sale_amt	share_rate	audience_num
20256	2019	1	극한직업	2019-01-23 00:00:00	139651845516	0.073	16265618
20257	2019	2	어벤져스: 엔드게임	2019-04-24 00:00:00	122182694160	0.064	13934592
20258	2019	3	겨울왕국 2	2019-11-21 00:00:00	111596248720	0.058	13369064
20259	2019	4	알라딘	2019-05-23 00:00:00	106955138359	0.056	12552283
20260	2019	5	기생충	2019-05-30 00:00:00	85883963645	0.045	10085275
20261	2019	6	엑시트	2019-07-31 00:00:00	79232012162	0.041	9426011
20262	2019	7	스파이더맨: 파 프롬 홈	2019-07-02 00:00:00	69010000100	0.036	8021145
20263	2019	8	백두산	2019-12-19 00:00:00	52905789770	0.028	6290502
28734	2019	9	캡틴 마블	2019-03-06 00:00:00	51507488723	0.027	5802810
20264	2019	10	조커	2019-10-02 00:00:00	45381075450	0.024	5247874
NULL	NULL	NULL	NULL	NULL	NULL	NULL	NULL

해설 world 데이터베이스에 접속된 상태에서 mywork 데이터베이스의 box_office 테이블을 조회하려면 FROM 다음에 데이터베이스명.테이블명 형식으로 box_office 테이블을 명시해야 합니다. 현재 접속된 데이터베이스의 테이블을 참조할 때는 테이블명만 써도 되지만, 다른 데이터베이스에 있는 테이블일 때는 데이터베이스명까지 같이 기술해야 합니다. 2019년 제작한 영화 중 1~10위 영화를 조회하므로 ranks 값 1에서 10까지를 BETWEEN... AND 연산자를 사용해 비교하고 years 값이 2019인 건과 AND 연산자로 연결합니다. 그리고 조회한 결과를 순위별로 정렬하므로 ORDER BY 다음에 ranks를 명시합니다.

3 정답

```sql
USE mywork;

SELECT *
  FROM box_office
 WHERE years = 2019
   AND movie_type NOT IN ('장편', '기타')
 ORDER BY ranks;
```

실행결과

seq_no	years	ranks	movie_name	release_date	sale_amt	share_rate	audience_num
21110	2019	229	BIFAN2019 판타스틱 단편 걸작선 1	NULL	150000000	0	25000
21773	2019	430	나만 없어 고양이	2019-08-22 00:00:00	41537030	0	5038
29978	2019	497	한낮의 피크닉	2019-07-04 00:00:00	20630310	0	2788
22020	2019	537	메이트	2019-01-17 00:00:00	18270150	0	2204
22024	2019	541	마더	2009-05-28 00:00:00	18104200	0	2148
22206	2019	570	우리 지금 만나	2019-05-29 00:00:00	13261600	0	1850
22229	2019	599	내가 사는 세상	2019-03-07 00:00:00	10872550	0	1659
22435	2019	652	(2019최강애니전) 감성의 온도	NULL	6492500	0	1397
22445	2019	665	메밀꽃, 운수 좋은 날, 그리고 봄봄	2014-08-21 00:00:00	2836000	0	1343
22448	2019	667	(2019최강애니전) 환상의 언어	NULL	6469000	0	1337

해설 제작연도가 2019년인 조건은 years 칼럼으로 확인합니다. 영화 유형 칼럼은 movie_type인데 칼럼 값이 장편과 기타가 아닌 건을 걸러내야 하므로 두 번째 조회 조건에서는 장편과 기타를 소괄호로 묶어 NOT과 IN 연산자를 결합한 NOT IN 연산자로 비교합니다. 이렇게 하면 movie_type 칼럼이 장편도 기타도 아닌 건을 조회합니다. 마지막으로 순위인 ranks 칼럼을 기준으로 오름차순 정렬합니다.

4 **정답**

```sql
SELECT *
  FROM box_office
 WHERE years = 2019
 ORDER BY screen_num DESC
 LIMIT 10;
```

실행결과

seq_no	years	ranks	movie_name	release_date	sale_amt	share_rate	audience_num
20257	2019	2	어벤져스: 엔드게임	2019-04-24 00:00:00	122182694160	0.064	13934592
20258	2019	3	겨울왕국 2	2019-11-21 00:00:00	111596248720	0.058	13369064
20262	2019	7	스파이더맨: 파 프롬 홈	2019-07-02 00:00:00	69010000100	0.036	8021145
28734	2019	9	캡틴 마블	2019-03-06 00:00:00	51507488723	0.027	5802810
20256	2019	1	극한직업	2019-01-23 00:00:00	139651845516	0.073	16265618
20263	2019	8	백두산	2019-12-19 00:00:00	52905789770	0.028	6290502
20260	2019	5	기생충	2019-05-30 00:00:00	85883963645	0.045	10085275
20266	2019	12	라이온 킹	2019-07-17 00:00:00	41519457430	0.022	4743264
20261	2019	6	엑시트	2019-07-31 00:00:00	79232012162	0.041	9426011
20275	2019	22	시동	2019-12-18 00:00:00	21236477800	0.011	2525986
NULL	NULL	NULL	NULL	NULL	NULL	NULL	NULL

해설 2019년에 제작한 영화에서 스크린수(screen_num) 기준으로 상위 10개를 조회하므로 일단 ORDER BY 다음에 screen_num DESC를 명시해 내림차순으로 정렬합니다. 그리고 LIMIT 절로 이 중에서 10건만 조회하도록 작성합니다.

6장

1분 퀴즈

1 **정답** SQL 함수는 보통 처리하는 데이터의 타입에 따라 나누며, 크게 숫자형, 문자형, 날짜형, 형 변환 함수가 있습니다.

2 **정답** 0 또는 1

해설 RAND() 함수는 0보다 크거나 같고 1보다 작은 난수를 반환하는데 이 값을 다시 ROUND() 함수의 매개변수로 넘겼고 두 번째 매개변수는 생략되어 0이 적용되므로 실행할 때마다 0 또는 1이 반환됩니다.

3 **정답**

```
SELECT REPLACE('산토끼 토끼야', '토끼', '거북이');
```

해설 REPLACE() 함수를 사용합니다. 두 번째 매개변수에 토끼를, 세 번째 매개변수에 거북이를 명시하면 첫 번째 매개변수로 들어온 문자열에서 토끼를 거북이로 바꿔서 반환합니다.

4 **정답**

```
SELECT DAYNAME(LAST_DAY(CURDATE()));
```

해설 현재 날짜는 CURDATE() 함수로 구할 수 있습니다. 그리고 특정 날짜가 속한 월의 마지막 날짜는 LAST_DAY() 함수로 구하죠. 따라서 LAST_DAY() 함수의 매개변수로 CURDATE() 함수의 반환값을 넣으면 현재 월의 마지막 날짜를 구할 수 있습니다. 마지막으로, 요일을 구하려면 DAYNAME() 함수를 사용합니다.

5 **정답**

```
USE world;

SELECT name, IFNULL(indepyear, '없음')
  FROM country;
```

해설 독립연도가 없는 경우 데이터에는 NULL이 들어 있습니다. 따라서 indepyear 칼럼 값이 NULL이면 '없음', NULL이 아니면 입력된 값을 조회하면 되는데, 이때 사용할 수 있는 함수는 IFNULL()입니다. IFNULL(indepyear, '없음')은 기본적으로 indepyear 칼럼 값을 조회하고, 만약 칼럼 값이 NULL이면 두 번째 매개변수로 전달한 '없음'이 반환됩니다.

Self Check

1 정답

```sql
SELECT ADDDATE('20210512', 100) 100일,
       ADDDATE('20210512', 500) 500일,
       ADDDATE('20210512', 1000) 1000일;
```

실행결과

100일	500일	1000일
2021-08-20	2022-09-24	2024-02-06

해설 특정 날짜를 기준으로 며칠 후를 구할 때는 ADDDATE() 함수를 사용합니다. 첫 번째 매개변수로 기준일을, 두 번째 매개변수로 더할 일수를 넘기면 되죠. 따라서 2021년 5월 12일을 기준으로 100, 500, 1,000일 후는 각각 2021년 8월 20일, 2022년 9월 24일, 2024년 2월 6일이 됩니다.

2 정답

```sql
USE mywork;

SELECT movie_name, release_date
  FROM box_office
 WHERE EXTRACT(YEAR_MONTH FROM release_date) = '201912';
```

실행결과

movie_name	release_date
이태원	2019-12-05 00:00:00
아이 엠 브리딩	2019-12-19 00:00:00
라 파미에	2019-12-12 00:00:00
은지: 돌이킬 수 없는 그녀	2019-12-19 00:00:00
백두산	2019-12-19 00:00:00
시동	2019-12-18 00:00:00
본 투 드라이브	2019-12-12 00:00:00
이태원	2019-12-05 00:00:00
쥬만지: 넥스트 레벨	2019-12-11 00:00:00
천문: 하늘에 묻는다	2019-12-26 00:00:00

해설 2019년 12월에 개봉 영화를 조회하려면 개봉일 칼럼인 release_date가 2019년 12월에 속한 건을 찾으면 됩니다. 그런데 release_date에는 연, 월, 일 데이터가 있으므로 WHERE 절에 날짜형 함수 EXTRACT( )로 release_date에서 연도와 월만 추출해 그 값이 '201912'과 같은지를 확인하는 조건을 넣으면 됩니다. 연도와 월만 추출하므로 EXTRACT( ) 함수의 매개변수에서 YEAR_MONTH를 사용합니다.

3 정답

```sql
SELECT movie_name, REPLACE(director, ',', '/') directors
  FROM box_office
```

실행결과

movie_name	directors
아웃 오브 타임	칼 프랭클린
퍼니셔	조나단 헨스라이
카우 삼총사	윌 핀/존 샌포드
내겐 너무 아찔한 그녀	루크 그린필드
천년여우	곤 사토시
날으는 돼지 - 해적 마테오	송근식
러브 인 아프리카	까롤리네 링크
붙어야 산다	바비 패럴리/피터 패럴리
더 블루스:소울 오브 맨	빔 벤더스
호텔 비너스	다카하타 히데타

해설 예를 들어, 2019년 개봉된 〈백두산〉이라는 영화의 감독은 2명으로, director 칼럼에 '이해준, 김병서'라는 데이터가 저장되어 있습니다. 여기서 콤마를 '/'로 변경해야 하는데, 매개변수로 입력된 문자열에서 특정 문자를 다른 문자로 대체하려면 문자형 함수 REPLACE( )를 사용합니다. 따라서 REPLACE(director, ',', '/')는 director 칼럼 값에서 콤마(,)를 '/'로 변환합니다. 물론 나머지 문자 값은 저장된 그대로 조회되죠. 또한 콤마가 없는 경우에도 변환을 수행하지 않으므로 저장된 값이 그대로 조회됩니다.

4 정답

```sql
SELECT movie_name, release_date
  FROM box_office
 WHERE YEAR(release_date) = 2019
   AND INSTR(movie_name, ':') > 0;
```

실행결과

movie_name	release_date
논:픽션	2019-05-16 00:00:00
발리: 천상의 울림	2019-04-15 00:00:00
접전: 갑을 전쟁	2019-11-21 00:00:00
디아블로: 분노의 질주	2019-11-13 00:00:00
은지: 돌이킬 수 없는 그녀	2019-12-19 00:00:00
사이코패스 시너스 오브 더 시스템 케이스2: 퍼...	2019-10-26 00:00:00
사이코패스 시너스 오브 더 시스템 케이스1: 죄...	2019-10-26 00:00:00
어벤져스: 엔드게임	2019-04-24 00:00:00
스파이더맨: 파 프롬 홈	2019-07-02 00:00:00
나쁜 녀석들: 더 무비	2019-09-11 00:00:00

해설 2019년에 개봉한 영화를 조회하려면 YEAR() 함수를 사용해 WHERE 절의 조건을 YEAR(release_date) = 2019라고 주면 됩니다. 그리고 영화 제목에 ':'이 들어간 영화를 찾아야 하는데, 이는 문자열에서 특정 문자를 찾는 문자형 함수 INSTR()을 사용하면 됩니다. WHERE 절의 두 번째 조건에 기술된 INSTR(movie_name, ':')은 movie_name 칼럼 값에서 ':' 문자의 시작 위치를 반환합니다. 만약 해당 문자를 찾으면 위치가 숫자로 반환되고, 찾지 못하면 0을 반환하겠죠. 따라서 INSTR(movie_name, ':')이 반환하는 값이 0보다 크다는 것은 해당 문자가 있다는 의미이므로 영화 제목에 ':' 문자가 들어간 건을 검색하는 조건이 됩니다.

7장

1분 퀴즈

1 정답

```
USE world;

SELECT countrycode, COUNT(*)
  FROM city
 GROUP BY countrycode;
```

해설 국가 코드별로 도시 수를 구하므로 OO별에 해당하는 항목은 국가 코드입니다. city

테이블에서 국가 코드는 countrycode 칼럼에 있으므로 countrycode 칼럼을 GROUP BY 와 SELECT 절에 기술합니다. 그리고 city 테이블에서 로우 1개는 도시 1곳을 나타내므로 도시 수는 COUNT() 함수로 구합니다.

2 정답

```
USE world;

SELECT continent, COUNT(*)
  FROM country
 GROUP BY continent WITH ROLLUP;
```

해설 대륙별 국가 수를 구해야 하므로 SELECT 절과 GROUP BY 절에 대륙 칼럼인 continent 를 넣습니다. 그리고 국가 수는 COUNT() 함수로 구할 수 있습니다. 또한, 전체 국가 수까지 추가로 구해야 하므로 GROUP BY 절에 WITH ROLLUP 구문을 추가합니다.

Self Check

1 정답

```
USE world;

SELECT continent, SUM(surfacearea), SUM(population), COUNT(*)
  FROM country
 GROUP BY continent
 ORDER BY 2 DESC, 3 DESC;
```

실행결과

continent	SUM(surfacearea)	SUM(population)	COUNT(*)
Asia	31881005.00	3705025700	51
Africa	30250377.00	784475000	58
North America	24214470.00	482993000	37
Europe	23049133.90	730074600	46
South America	17864926.00	345780000	14
Antarctica	13132101.00	0	5
Oceania	8564294.00	30401150	28

해설 대륙별 집계이므로 GROUP BY 절과 SELECT 절에 continent를 명시합니다. 그리고 면적이 가장 크고 인구가 가장 많은 값을 구해야 하는데, 일단 SUM() 함수로 면적과 인구의 합계를 각각 계산합니다. 이렇게 하면 대륙별 면적과 인구가 조회됩니다. 그다음 COUNT() 함수를 사용하면 해당 대륙에 몇 개 국가가 있는지도 알 수 있습니다. 조회 결과를 내림차순으로 정렬하면 가장 면적이 크고 인구가 많은 대륙을 알 수 있습니다. 쿼리를 실행하면 아시아가 면적이 가장 넓고 인구도 가장 많음을 알 수 있습니다.

2 정답

```sql
USE mywork;

SELECT CASE WHEN ranks BETWEEN 1 AND 10 THEN '상위10'
            ELSE '나머지'
       END 순위별, SUM(sale_amt)
  FROM box_office
 WHERE YEAR(release_date) = 2019
 GROUP BY 1;
```

실행결과

순위별	SUM(sale_amt)
나머지	1006477906583
상위10	864306256605

해설 먼저 2019년 개봉 영화를 조회하기 위해 WHERE 절에 YEAR() 함수의 매개변수로 개봉일 칼럼인 release_date를 사용한 조건을 넣습니다. 그리고 1~10위 영화와 나머지 영화는 ranks 칼럼 값으로 구분하면 되는데, 이때 CASE 연산자를 사용합니다. ranks 값이 1에서 10 사이에 있으면 '상위10', 그 외는 ELSE 절에서 '나머지'를 반환하게 합니다. 또한 CASE 연산자 자체를 GROUP BY 절에 기술해야 하는데, CASE 연산자를 직접 기술해도 되고, 별칭인 '순위별'을 기술해도 됩니다. 여기에서는 순번인 1을 명시했습니다. 1은 SELECT 절에서 첫 번째 표현식인 CASE 연산자 부분을 의미합니다. 이처럼 GROUP BY 절에는 표현식의 순번도 명시할 수 있습니다.

3 정답

```sql
SELECT rep_country, SUM(audience_num)
  FROM box_office
 WHERE YEAR(release_date) = 2019
 GROUP BY rep_country WITH ROLLUP
HAVING SUM(audience_num) >= 500000;
```

실행결과

rep_country	SUM(audience_num)
미국	101674382
일본	1745628
프랑스	588190
한국	114519809
NULL	221256971

해설 2번과 마찬가지로 WHERE 절에 YEAR() 함수의 매개변수로 개봉일 칼럼인 release_date를 사용한 조건을 넣습니다. 국가별 관객수를 구하는데, 국가는 rep_country, 관객수는 audience_num 칼럼에 있습니다. 따라서 GROUP BY 절과 SELECT 절에 rep_country를 명시하고, SUM() 함수의 매개변수로 audience_num을 사용합니다. 전체 국가에 대한 관객수 합계도 구해야 하므로 GROUP BY 절 맨 끝에 WITH ROLLUP을 명시합니다. 마지막으로 국가별 관객수가 50만 명 이상인 건은 HAVING 절에 SUM() 함수의 반환값이 50만 이상인 조건을 기술하면 조회됩니다.

4 정답

```sql
SELECT YEAR(release_date), director, SUM(audience_num), COUNT(*)
  FROM box_office
 WHERE YEAR(release_date) >= 2015
   AND audience_num >= 1000000
 GROUP BY 1, 2
HAVING COUNT(*) > 1
 ORDER BY 1, 2;
```

실행결과

YEAR(release_date)	director	SUM(audience_num)	COUNT(*)
2015	우민호	8980052	2
2015	이석훈	7759761	2
2016	데이미언 셔젤	3570395	2
2016	조의석	7150586	2
2017	김용화	14411502	2
2017	장준환	7232387	2
2018	제임스 완	5038154	2

해설 2015년 이후 개봉 영화를 조회하므로 WHERE 절에 조건 YEAR(release_date) >= 2015를 주면 됩니다. 그리고 관객수 100만 명을 넘긴 영화는 audience_num 값이 100만보다 크거나 같은 조건을 주면 되죠. 연도별, 감독별 관객수를 구하므로 YEAR(release_date)와 director를 SELECT 절에 기술하고 GROUP BY 절에는 둘의 순번인 1, 2를 명시합니다. 마지막으로 연도별로 2번 이상 100만을 넘긴 영화를 걸러내야 하므로 HAVING 절에 COUNT(*)가 1보다 큰 건을 조회하도록 조건을 명시합니다.

8장

1분 퀴즈

1 **정답** country 테이블과 countrylanguage 테이블은 조인할 수 있습니다.

   해설 country와 countrylanguage는 각각 code와 countrycode라는 칼럼에 국가 코드 값이 저장되어 있는데, 이 칼럼들이 조인 칼럼입니다. 이 칼럼들의 값이 같은 것을 찾는 방식으로 조인할 수 있습니다.

2 **정답**

```sql
SELECT a.name, COUNT(*)
  FROM country a
 INNER JOIN city b
    ON a.code = b.countrycode
 GROUP BY a.name WITH ROLLUP;
```

해설 FROM 절에 country 테이블을, INNER JOIN 다음에 city 테이블을 명시합니다. ON 절에는 조인 칼럼인 code와 countrycode 값이 같다는 조인 조건을 기술합니다. 국가명은 country 테이블의 name 칼럼에 있고 추가로 국가별 도시 개수를 구해야 하므로 GROUP BY와 SELECT 절에 a.name을 명시합니다. 도시 개수는 COUNT() 함수로 구하고, 전체 도시 개수까지 구해야 하므로 GROUP BY 절에 WITH ROLLUP 구문을 추가합니다.

3 **정답**

```
SELECT a.name, COUNT(b.language)
  FROM country a
  LEFT JOIN countrylanguage b
    ON a.code = b.countrycode
 WHERE a.continent = 'Africa'
 GROUP BY a.name
HAVING COUNT(b.language) = 0;
```

해설 FROM 절에 country, LEFT JOIN 다음에 countrylanguage 테이블을 명시하고, ON 절에 조인 칼럼인 code와 countrycode의 값이 같은 조인 조건을 기술합니다. 그리고 아프리카(Africa) 대륙에 속한 국가만 조회하므로 WHERE 절에 조회 조건을 줘서 continent 값이 'Africa'인 건을 걸러냅니다. 그리고 GROUP BY 절에 a.name을 명시해 국가명별로 그룹화하고, SELECT 절에서 COUNT(b.language)로 각 국가에서 사용하는 언어의 수를 구합니다. 이때 사용 언어가 없는 국가만 조회해야 하므로 HAVING 절에 COUNT(b.language)가 반환하는 값이 0인 값을 넣어 골라 냅니다. 쿼리를 실행하면 사용 언어가 없는 아프리카 대륙의 국가로 'British Indian Ocean Territory'가 조회됩니다.

4 **정답**

```
SELECT a.continent, COUNT(*) 전체건수, COUNT(b.name) 도시건수
  FROM country a
 CROSS JOIN city b
 GROUP BY a.continent ;
```

해설 INNER JOIN 대신 CROSS JOIN 구문을 사용해 카티전 곱을 수행해야 하므로 조회 조건을 기술하는 ON 절은 붙이지 않습니다.

5 정답

```sql
SELECT * FROM tbl1
 UNION ALL
SELECT * FROM tbl2
 WHERE col1 = 1;
```

해설 먼저 tbl1 테이블 전체를 조회하는 SELECT 문을 하나 작성합니다. 그리고 tbl2 테이블의 col1 값이 1인 건만 조회하므로 두 번째 SELECT 문에서는 WHERE 절에서 col1 값이 1인 건만 조회하는 조건을 기술하고, 이 두 문장을 UNION ALL로 연결하면 원하는 값을 얻을 수 있습니다.

Self Check

1 정답

```sql
SELECT a.emp_no, CONCAT(a.first_name, ' ', a.last_name) emp_name,
       c.dept_name
  FROM employees a,
       dept_emp b,
       departments c
 WHERE a.emp_no = b.emp_no
   AND b.dept_no = c.dept_no
 ORDER BY a.emp_no;
```

실행결과

emp_no	emp_name	dept_name
10001	Georgi Facello	Development
10002	Bezalel Simmel	Sales
10003	Parto Bamford	Production
10004	Chirstian Koblick	Production
10005	Kyoichi Maliniak	Human Resources
10006	Anneke Preusig	Development
10007	Tzvetan Zielinski	Research
10008	Saniya Kalloufi	Development
10009	Sumant Peac	Quality Management
10010	Duangkaew Piveteau	Production

해설 INNER JOIN 절을 사용하지 않고 내부 조인을 하려면 FROM 절에 연결할 모든 테이블을 기술하고, 각 테이블은 콤마로 구분해야 합니다. 조인 조건은 WHERE 절에 기술하는데, WHERE 절에는 조인 조건뿐만 아니라 일반 조회 조건도 넣을 수 있습니다.

2 정답

```sql
SELECT b.dept_name, a.emp_no, CONCAT(c.first_name, ' ', c.last_name) emp_name,
       a.from_date ,a.to_date
  FROM dept_manager a
 RIGHT JOIN departments b
    ON a.dept_no = b.dept_no
  LEFT JOIN employees c
    ON a.emp_no = c.emp_no
 WHERE SYSDATE() BETWEEN IFNULL(a.from_date, SYSDATE())
                     AND IFNULL(a.to_date, SYSDATE());
```

실행결과

dept_name	emp_no	emp_name	from_date	to_date
Customer Service	111939	Yuchang Weedman	1996-01-03	9999-01-01
Development	110567	Leon DasSarma	1992-04-25	9999-01-01
Finance	110114	Isamu Legleitner	1989-12-17	9999-01-01
Human Resources	110228	Karsten Sigstam	1992-03-21	9999-01-01
IT	NULL	NULL	NULL	NULL
Marketing	110039	Vishwani Minakawa	1991-10-01	9999-01-01
Production	110420	Oscar Ghazalie	1996-08-30	9999-01-01
Quality Management	110854	Dung Pesch	1994-06-28	9999-01-01
Research	111534	Hilary Kambil	1991-04-08	9999-01-01
Sales	111133	Hauke Zhang	1991-03-07	9999-01-01

해설 관리자 이름을 가져오려면 employees 테이블과 조인해야 합니다. 그런데 IT 부서는 할당된 관리자가 없으므로 SELECT 절의 a.emp_no 칼럼이 반환하는 값은 NULL입니다. 따라서 employees 테이블과 외부 조인을 해야 합니다. 이때 dept_manager 테이블에 데이터가 없으므로 LEFT 조인을 사용합니다. 여기서도 관리자 이름은 CONCAT() 함수로 이름과 성을 연결해 조회했습니다.

3 정답

```sql
SELECT a.emp_no, a.first_name, a.last_name, a.birth_date, c.dept_name
```

```
  FROM employees a
NATURAL JOIN dept_emp b
NATURAL JOIN departments c
 WHERE EXTRACT(YEAR_MONTH FROM a.birth_date) >= '196502';
```

실행결과

	emp_no	first_name	last_name	birth_date	dept_name
▶	11157	Mario	Cochrane	1965-02-01	Development
	33293	Adamantios	Vanwelkenhuysen	1965-02-01	Development
	37592	Berni	Stranks	1965-02-01	Development

해설 사번, 이름, 생일 정보는 employees 테이블에 있고, 부서명은 departments 테이블에 있죠. 사원의 부서 할당 정보는 dept_emp에 있으므로 일단 employees와 dept_emp, dept_emp와 departments 테이블을 조인합니다. NATURAL 조인을 하려면 두 테이블의 조인 칼럼명이 같아야 합니다. employees와 dept_emp는 emp_no, dept_emp와 departments는 dept_no로 조인 칼럼명이 같으므로 NATURAL JOIN 구문으로 조인할 수 있습니다. 마지막으로, 1965년 2월 이후 출생한 사원을 확인해야 하므로 WHERE 절에서 EXTRACT() 함수로 employees 테이블의 birth_date 칼럼이 '196502'보다 크거나 같은 건을 확인합니다.

4 정답

```
SELECT '관리자' gubun, a.emp_no, b.salary
  FROM dept_manager a
 INNER JOIN salaries b
    ON a.emp_no = b.emp_no
 WHERE a.dept_no = 'd007'
   AND SYSDATE() BETWEEN a.from_date AND a.to_date
   AND SYSDATE() BETWEEN b.from_date AND b.to_date
UNION ALL
SELECT '사원', a.emp_no, b.salary
  FROM dept_emp a
 INNER JOIN salaries b
    ON a.emp_no = b.emp_no
 WHERE a.dept_no = 'd007'
   AND SYSDATE() BETWEEN a.from_date AND a.to_date
   AND SYSDATE() BETWEEN b.from_date AND b.to_date;
```

실행결과

gubun	emp_no	salary
관리자	111133	101987
사원	10002	72527
사원	10016	77935
사원	10041	81705
사원	10050	97830
사원	10053	78478
사원	10061	97338
사원	10068	113229
사원	10089	77955
사원	10093	82715

해설 Sales 부서의 관리자 정보는 dept_manager 테이블에 있고, 급여는 salaries 테이블에 있습니다. 따라서 두 테이블을 emp_no 칼럼을 이용해 내부 조인합니다. 그리고 WHERE 절에서 부서 코드가 'd007'인 건을 확인하고 다시 SYSDATE() 함수로 dept_manager 테이블의 from_date와 to_date 사이에 있는지를 확인합니다. 또한, salaries 테이블에도 from_date와 to_date 칼럼이 있으므로 이 역시 같은 조건으로 확인합니다. 마지막으로 SELECT 절에 사번(a.emp_no)과 급여(b.salary)를 명시하는데, 관리자를 구분하기 위해 '관리자' gubun이라는 가상 칼럼을 맨 앞에 명시합니다.

두 번째로 Sales 부서에 속한 사원의 급여를 조회해야 합니다. 부서별 사원 정보는 dept_emp 테이블에 있으므로 이 테이블과 salaries 테이블을 내부 조인합니다. 나머지 조건은 첫 번째 SELECT 문과 같습니다. 마지막으로 '사원'이라는 가상 칼럼을 SELECT 문의 첫 번째에 명시해 사원을 구분합니다. 그리고 이 두 SELECT 문을 UNION ALL로 연결합니다. (UNION을 사용해도 결과는 동일합니다).

9장

1분 퀴즈

1 **정답** ②, ④, ⑤

   해설

   ② 서브쿼리는 SELECT 문뿐만 아니라 INSERT, UPDATE, DELETE 문에서도 사용할 수 있습니다.

④ 서브쿼리는 메인쿼리와 조인해 연관성 있는 서브쿼리가 될 수 있습니다.

⑤ 세미콜론은 모든 SQL 문장이 종료됨을 의미합니다. 따라서 세미콜론은 서브쿼리가 끝나는 부분이 아니라 메인쿼리가 끝나는 부분에 붙여야 합니다.

2 정답

```sql
SELECT a.name, a.district, a.population, a.countrycode,
       (SELECT CONCAT(b.name, ' / ', b.continent)
          FROM country b
         WHERE a.countrycode = b.code
       ) countryname
  FROM city a;
```

해설 코드 9-5에서는 서브쿼리의 SELECT 절에서 국가명과 대륙명, 2개 칼럼을 사용해 오류가 났습니다. 하지만 두 칼럼을 CONCAT() 함수로 결합해 하나의 표현식으로 만들면 서브쿼리가 반환하는 값이 1개가 되어 오류가 나지 않습니다.

3 정답

```sql
SELECT ranks, movie_name, director
  FROM box_office a
 WHERE YEAR(release_date) = 2019
   AND EXISTS (SELECT 1
                 FROM box_office b
                WHERE YEAR(release_date) = 2018
                  AND a.movie_name = b.movie_name
                  AND a.director = b.director);
```

해설 메인쿼리의 WHERE 절에서 EXISTS 연산자를 사용해 2019년과 2018년 개봉 영화의 제목과 감독이 같은 건을 조회해야 합니다. 따라서 조건 서브쿼리의 WHERE 절에 메인쿼리 테이블(별칭 a)과 서브쿼리 테이블(별칭 b)의 영화 제목(movie_name)과 감독(director) 칼럼 값이 같다는 2개의 조인 조건을 기술하면 됩니다.

Self Check

1 정답

```sql
SELECT YEAR(a.release_date), a.movie_name, a.sale_amt
  FROM box_office a,
       (SELECT AVG(sale_amt) avg_amt
          FROM box_office
         WHERE ranks = 1
       ) b
 WHERE a.ranks = 1
   AND a.sale_amt > b.avg_amt
 ORDER BY 1;
```

실행결과

YEAR(a.release_date)	movie_name	sale_amt
2012	도둑들	93664808500
2013	7번방의 선물	91431914670
2014	명량	135748398910
2015	베테랑	105168155250
2016	부산행	93178283048
2017	택시운전사	95853645649
2018	신과함께:인과 연	102666146909
2019	극한직업	139651845516

해설 코드 9-1을 메인쿼리로 하고 연도별 1위 영화의 전체 매출액 평균을 구하는 코드 9-3을 파생 테이블로 만들어 b라는 별칭을 줍니다. 그런 다음 메인쿼리에서 box_office 테이블의 매출액이 파생 테이블에서 반환되는 매출액 평균(avg_amt)보다 크다는 조건을 추가로 기술합니다. 이렇게 하면 해당 연도에 매출액이 연도별 1위 영화의 매출액 평균보다 큰 영화만 조회할 수 있습니다.

2 정답

```sql
SELECT k.dept_no, a.emp_no, a.salary, k.sal
  FROM salaries a,
       (SELECT b.dept_no, MAX(c.salary) sal
          FROM dept_emp b
         INNER JOIN salaries c
```

```sql
            ON b.emp_no = c.emp_no
        WHERE SYSDATE() BETWEEN c.from_date AND c.to_date
        GROUP BY 1
       ) k
 WHERE a.salary = k.sal
 ORDER BY 1;
```

실행결과

dept_no	emp_no	salary	sal
d001	20305	133516	133516
d002	28124	134662	134662
d003	26351	113318	113318
d004	18425	126182	126182
d005	13386	144434	144434
d006	34821	119397	119397
d007	37558	149440	149440
d008	34947	124181	124181
d009	18006	144866	144866

해설 부서 소속 사원은 dept_emp에, 급여는 salaries 테이블에 있으므로 이 둘을 조인해 조회합니다. 먼저 급여인 salary 칼럼을 MAX() 함수의 매개변수로 넣고 부서 번호를 GROUP BY 절에 넣으면 부서별로 최대 급여액을 구할 수 있습니다. 이렇게 작성한 쿼리를 파생 테이블로 만든 다음, 메인쿼리에서는 salaries 테이블을 명시해 salaries 테이블의 급여액과 파생 테이블에서 구한 최대 급여액이 같은 건을 조회하면 부서별 최대 급여를 받는 사원 번호를 알 수 있습니다.

3 정답

```sql
SELECT years 연도,
       SUM(CASE WHEN months BETWEEN  1 AND  3 THEN sal_amt ELSE 0 END) 1분기,
       SUM(CASE WHEN months BETWEEN  4 AND  6 THEN sal_amt ELSE 0 END) 2분기,
       SUM(CASE WHEN months BETWEEN  7 AND  9 THEN sal_amt ELSE 0 END) 3분기,
       SUM(CASE WHEN months BETWEEN 10 AND 12 THEN sal_amt ELSE 0 END) 4분기
  FROM
      (SELECT YEAR(release_date) years,
              MONTH(release_date) months,
              SUM(sale_amt) sal_amt
         FROM box_office
        WHERE YEAR(release_date) IN (2018, 2019)
```

```
        GROUP BY 1, 2
    ) a
 GROUP BY 1
 ORDER BY 1;
```

실행결과

연도	1분기	2분기	3분기	4분기
2018	342938316151	386576979377	538954726849	466402187954
2019	448801333715	499027844273	465802548725	457152436475

해설 먼저 box_office 테이블에서 2018년과 2019년 개봉 영화를 조회하는데, YEAR()와 MONTH() 함수로 개봉연도와 월을 구합니다. 그리고 이를 GROUP BY 절에 명시한 후 SUM() 함수로 매출액 합계를 구합니다. 이렇게 하면 연도별, 월별로 매출액 합계가 조회됩니다. 그런 다음 이 쿼리를 파생 테이블로 만듭니다. 메인쿼리에서는 파생 테이블에서 연도인 years를 추출하고, CASE와 BETWEEN... AND 연산자로 월을 나타내는 months 값이 각 분기에 속한 월이면 매출액 합계인 sal_amt를, 아니면 0을 반환하도록 작성합니다. 4분기까지 있으므로 CASE 연산자가 들어간 표현식을 4개 작성합니다. 마지막으로 years를 GROUP BY 절에 명시하고 각 CASE 연산자가 포함된 표현식 전체를 SUM() 함수의 매개변수로 넘기면 연도별로 각 분기의 매출액을 구할 수 있습니다.

4 정답

```
SELECT COUNT(*)
  FROM employees a
 WHERE NOT EXISTS (SELECT 1
                     FROM dept_emp b
                    WHERE SYSDATE() BETWEEN b.from_date AND b.to_date
                      AND a.emp_no = b.emp_no);
```

실행결과

COUNT(*)
5888

해설 부서에 속한 사원 정보는 dept_emp 테이블에 있고, 현재 시점 기준으로 구하려면 현재 날짜를 반환하는 SYSDATE() 값이 from_date와 to_date 사이에 있는 건을 조

회하면 됩니다. 이를 조건 서브쿼리로 만들고, 메인쿼리에는 모든 사원 정보가 들어 있는 employees 테이블을 명시합니다. 부서에 속하지 않은 사원을 구해야 하니 WHERE 절에서 NOT EXISTS 연산자를 사용합니다. 서브쿼리의 WHERE 절에는 두 테이블(employees와 dept_emp)의 emp_no 칼럼 값이 같다는 조건을 줍니다. 그리고 메인쿼리의 SELECT 절에 COUNT() 함수를 사용하면 dept_emp 테이블에는 없지만, employees 테이블에는 있는 총 사원 수를 구할 수 있습니다.

10장

1분 퀴즈

1 정답

```sql
INSERT INTO emp_test VALUES
(2001, '장영실', '2020-01-01', 1500),
(2002, '최무선', '2020-01-31', NULL);
```

해설 1개의 INSERT 문을 실행해 2건의 데이터를 입력해야 하므로 변형 INSERT 문을 작성합니다. 입력할 2건의 데이터를 VALUES 다음에 소괄호로 각각 묶어 기술합니다. 이때 각 소괄호 앞에 ROW를 넣어도 되고 생략해도 됩니다.

2 정답

```sql
UPDATE emp_update2 a,
       emp_update1 b
   SET a.emp_name = b.emp_name
 WHERE a.emp_no = b.emp_no
   AND a.emp_no IN (1001, 1002);
```

해설 emp_update2 테이블의 emp_no 칼럼 값을 변경하는데, 이때 emp_update1 테이블과 사번이 같은 건을 조회해 해당 사원명으로 값을 변경해야 합니다. 따라서 UPDATE 다음에 2개 테이블을 명시하고 SET 절에 수정할 칼럼과 값을 명시합니다. 여기서는

a.emp_name 값을 b.emp_name 값으로 변경해야겠죠. 그리고 두 테이블간 조인 조건, 즉 emp_update1과 emp_update2 테이블의 사번이 같은 건을 WHERE 절에 기술합니다. 그리고 사번이 1001, 1002인 두 건에만 적용하므로 이 조건도 WHERE 절에 추가합니다.

3 정답

```
DELETE FROM emp_delete
 WHERE emp_name = '플랑크'
 ORDER BY emp_no
 LIMIT 1;
```

해설 emp_delete 테이블에는 사원명이 플랑크인 건이 2건(1009와 1019) 있습니다. 여기서 사번이 빠른 1009 건만 삭제해야 하므로 WHERE 절에 사원명이 플랑크인 건을 검색하는 조건을 주고 ORDER BY 절에 emp_no와 LIMIT 1을 추가합니다. 이렇게 하면 사번이 빠른 건부터 삭제하되 1건만 삭제됩니다. 결과적으로 사번이 1009이고 사원명이 플랑크인 건만 삭제되고 1019인 건은 삭제되지 않습니다.

4 정답

```
START TRANSACTION;

-- 잘못 삭제한 DELETE 문
DELETE FROM emp_tran2
 WHERE salary = 100;

-- 데이터 확인
SELECT *
  FROM emp_tran2;

-- 삭제 작업 취소
ROLLBACK;
```

해설 트랜잭션 처리를 위해 먼저 START TRANSACTION 문을 실행합니다. 그리고 emp_trans2 테이블에서 salary 칼럼 값이 100인 건을 삭제하는 DELETE 문을 실행합니다. 그 다음 SELECT 문으로 데이터를 확인했더니 salary 값이 1000인 건을 삭제해야 하는데

100인 건을 삭제했음을 알았습니다. 따라서 마지막에 ROLLBACK 문을 실행해 삭제한 작업을 취소합니다.

Self Check

1 정답

코드3
```sql
INSERT INTO emp_test2 (emp_no, emp_name, hire_date, salary)
SELECT emp_no, emp_name, hire_date, salary
  FROM emp_test a
 WHERE emp_no >= 1004
   AND NOT EXISTS (SELECT 1
                     FROM emp_test2 b
                    WHERE a.emp_no = b.emp_no);
```

해설 emp_test 테이블에서 emp_no 칼럼 값이 1004 이상인 건을 읽어 emp_test2 테이블에 넣는 SELECT 문이 결합된 INSERT 문을 작성하면 됩니다. 그런데 1004번 사원은 이미 emp_test2 테이블에 데이터가 있어서 중복 값을 입력하게 되므로 오류가 발생합니다. 따라서 emp_test 테이블을 조회하는 SELECT 문의 WHERE 절에서 emp_no 값이 1004보다 크거나 같은 조건을 줍니다. 그리고 서브쿼리로 emp_test2 테이블과 emp_test 테이블을 세미조인하는데, NOT EXISTS 연산자를 사용하면 1004 이상인 건 중 두 테이블의 조인 조건에 맞는 1004건은 제외하고 나머지 건이 입력됩니다.

2 정답

```sql
CREATE TABLE box_office_copy AS
SELECT years, ranks, movie_name, release_date, sale_amt, audience_num,
       0 last_year_audi_num
  FROM box_office
 WHERE 1 = 2;

INSERT INTO box_office_copy
SELECT years, ranks, movie_name, release_date, sale_amt, audience_num, 0
  FROM box_office
 WHERE YEAR(release_date) = 2019
```

```
          AND audience_num >= 8000000;
```

해설 먼저 CREATE TABLE AS 문으로 box_office 테이블에서 제작연도, 순위, 영화명, 개봉일, 매출액, 관객수를 나타내는 years, ranks, movie_name, release_date, sale_amt, audience_num 칼럼을 조회해 box_office_copy 테이블을 복제 생성합니다. 이때 추가 칼럼인 last_year_audi_num는 box_office 테이블에 없는 칼럼이므로 SELECT 절 마지막에 `0 last_year_audi_num`을 명시합니다. 이렇게 하면 SELECT 문이 반환하는 결과 집합에서 last_year_audi_num 칼럼명으로 0 값이 반환됩니다.

그런데 주어진 문제에서 데이터를 입력하는 부분은 별도의 INSERT 문을 만들어 처리하라고 되어 있으므로 SELECT 문의 WHERE 절에 1 = 2라는 조건을 줍니다. 1과 2는 같지 않으므로 이 조건은 거짓(FALSE)이 되어 SELECT 문이 반환하는 결과는 0건입니다. 따라서 CREATE TABLE AS 문은 box_office 테이블의 데이터를 복제하지 않고 box_office 테이블의 6개 칼럼과 SELECT 절에서 추가한 last_year_audi_num 칼럼까지 총 7개 칼럼이 있는 텅 빈 box_office_copy 테이블을 생성합니다.

두 번째로 2019년 개봉 영화 중 관객수가 800만 명 이상인 데이터를 넣는 INSERT 문을 작성해야 하므로 SELECT 문이 결합된 INSERT 문을 사용합니다. 여기서 SELECT 문의 WHERE 절에 2019년 개봉 영화와 800만 명 이상인 두 가지 조건을 주면 해당 조건에 맞는 데이터가 box_office_copy 테이블에 입력됩니다. 여기서도 SELECT 절 마지막에 0을 명시합니다. 이는 box_office_copy 테이블의 마지막 칼럼인 last_year_audi_num에 데이터를 0으로 입력한다는 의미입니다.

3 정답

```
UPDATE box_office_copy a, box_office b
   SET a.last_year_audi_num = b.audience_num
 WHERE a.ranks = b.ranks
   AND YEAR(b.release_date) = 2018;
```

해설 box_office 테이블에 있는 audience_num 값을 box_office_copy 테이블의 last_year_audi_num 값으로 변경해야 하므로 다중 테이블 UPDATE 문을 사용합니다. UPDATE 다음에 두 테이블을 별칭과 함께 콤마로 구분해 명시합니다. 그리고 SET 절에 수정할 칼럼과 값을 명시하는데, a.last_year_audi_num = b.audience_num이라고 기술하면 box_office_copy 테이블의 last_year_audi_num 칼럼 값을 box_office 테이블의 audience_num 칼럼 값으로 수정합니다. 또한, 순위가 같은 건만 변경해야 하므로 WHERE 절에 a.ranks = b.ranks라는 조회 조건도 기술합니다. 이때 수정할 값이 box_office 테이블에서 2018년 개봉 영화의 순위이므로 YEAR(b.release_date) = 2018이라는 조건을 추가합니다.

4 정답

```
DELETE FROM dept_emp
 WHERE SYSDATE() NOT BETWEEN from_date AND to_date ;
```

해설 dept_emp 테이블은 사번(emp_no), 부서 번호(dept_no), 시작 일자(from_date), 종료 일자(to_date) 4 개의 칼럼으로 구성되어 있습니다. 여기서 시작일자와 종료일자는 해당 사원이 해당 부서에 소속된 기간을 나타냅니다. 따라서 현재 시점을 기준으로 사원의 부서 할당 데이터만 조회할 때, SELECT 문의 WHERE 절에서 현재 날짜를 반환하는 SYSDATE() 함수가 이 두 일자(from_date와 to_date) 사이에 있는 건인지 확인하는 조건을 주면 됩니다. 이럴 때 BETWEEN... AND 연산자를 주로 사용했죠. 그런데 문제는 과거 기준 데이터를 삭제하는 DELETE 문장을 작성하는 것이니 DELETE FROM 다음에 테이블 이름을 명시하고 WHERE 조건에서 SYSDATE() NOT BETWEEN... AND로 조건을 확인하면 과거에 할당된 내역만 삭제할 수 있습니다.

5 정답

```
-- 1. 트랜잭션 시작
START TRANSACTION;

-- 2. box_office_copy2 테이블 복제
CREATE TABLE box_office_copy2 AS
SELECT *
  FROM box_office_copy;

-- 3. box_office_copy2 테이블 데이터 전체 삭제
DELETE FROM box_office_copy2;
```

```sql
-- 4. 2017년 1~10위 데이터 선택해 INSERT
INSERT INTO box_office_copy2
SELECT years, ranks, movie_name, release_date, sale_amt, audience_num, 0
  FROM box_office
 WHERE YEAR(release_date) = 2017
   AND ranks BETWEEN 1 AND 10;

-- 5. 모든 작업 취소
ROLLBACK;
```

해설 마지막에 모든 작업을 취소해야 하므로 트랜잭션 처리를 수동으로 해야 합니다. 먼저 START TRANSACTION 문을 실행합니다. 그다음 CREATE TABLE AS 구문으로 box_office_copy 테이블을 복제해 box_office_copy2 테이블을 생성합니다. 세 번째, DELETE 문으로 전체 데이터를 지웁니다. 네 번째, SELECT 문이 결합된 INSERT 문으로 2017년 개봉 영화 중 1~10위 영화를 box_office 테이블에서 읽어 와서 box_office_copy 테이블에 입력합니다. 여기서 last_year_audi_num 칼럼은 box_office 테이블에 없으므로 SELECT 절에 0을 명시합니다. 마지막으로 ROLLBACK 문을 사용하면 모든 작업이 취소됩니다.

그럼 이 시점에 box_office_copy2 테이블에는 어떤 데이터가 있을까요? 모두 취소했으므로 데이터가 하나도 남아 있지 않을까요? 아닙니다. box_office_copy2 테이블에는 box_office_copy 테이블과 동일한 데이터가 남아 있습니다. ROLLBACK 문으로 모든 트랜잭션을 취소해 DELETE, INSERT 문의 작업을 취소했지만, CREATE TABLE AS 구문으로 box_office_copy 테이블을 복제한 데이터는 남아 있습니다. 왜냐하면 이 문장은 DDL이며, 트랜잭션은 DML 문에만 적용됩니다.

11장

1분 퀴즈

1 정답

```sql
WITH RECURSIVE cte AS
```

```
(SELECT '2021-01-01' dates
  UNION ALL
 SELECT ADDDATE(dates, 1)
   FROM cte
  WHERE dates <= '2021-12-31'
)
SELECT * FROM cte;
```

해설 2021년 1월 1일부터 시작하므로 재귀 CTE 서브쿼리의 첫 번째 SELECT 문에는 SELECT '2021-01-01' dates라고 기술합니다. 그리고 두 번째 SELECT 문에서는 ADDDATE() 함수로 dates 칼럼에 하루씩 더하고, WHERE 절에 dates 칼럼 값이 2021년 12월 31일과 같거나 작다는 조건을 주면 2021년 1월 1일에서 12월 31일까지 총 365건의 데이터가 조회됩니다.

2 **정답**

```
SELECT ranks, movie_name, sale_amt,
       SUM(sale_amt) OVER () sum_amt,
       CUME_DIST() OVER (ORDER BY sale_amt DESC) dist_amt
  FROM box_office
 WHERE YEAR(release_date) = 2019
   AND ranks <= 10
 ORDER BY ranks;
```

해설 WHERE 절에 개봉일이 2019년인 조건과 순위가 10위 이하인 조건을 기술하고 SELECT 절에서는 순위, 영화 제목, 매출액을 명시합니다. 연도별 총 매출액은 SUM() 함수로 구하는데, 2019년만 구하므로 PARTITION BY 절은 필요 없습니다. 조회되는 결과 집합 자체가 하나의 파티션이기 때문입니다. SUM() 함수는 전체 합계를 구하니 ORDER BY 절도 필요 없습니다. 전체 합은 오름차순이든 내림차순이든 모두 더하면 되기 때문이죠. 그러나 누적 분포 값을 구하는 CUME_DIST 함수는 매출액으로 내림차순 정렬해야 매출액이 큰 영화 순으로 누적 분포 값을 얻을 수 있습니다.

3 정답

```sql
CREATE OR REPLACE VIEW dept_emp_info_v AS
SELECT a.dept_name, b.emp_no, c.first_name, c.last_name
  FROM departments a, dept_emp b, employees c
 WHERE a.dept_no = b.dept_no
   AND SYSDATE() BETWEEN b.from_date AND b.to_date
   AND b.emp_no = c.emp_no;
```

해설 CREATE OR REPLACE VIEW 구문으로 dept_emp_info_v 뷰를 생성합니다. 이때 departments와 dept_emp 테이블을 조인해 부서에 속한 사번을 가져오는데, 현재 기준이므로 SYSDATE() BETWEEN b.from_date AND b.to_date라는 조건을 추가합니다. 그리고 dept_emp와 employees 테이블을 조인합니다.

Self Check

1 정답

```sql
CREATE OR REPLACE VIEW dept_emp_sal_v AS
SELECT a.dept_name, b.emp_no, c.first_name, c.last_name, d.salary
  FROM departments a, dept_emp b, employees c, salaries d
 WHERE a.dept_no = b.dept_no
   AND SYSDATE() BETWEEN b.from_date AND b.to_date
   AND b.emp_no = c.emp_no
   AND c.emp_no = d.emp_no
   AND SYSDATE() BETWEEN d.from_date AND d.to_date;
```

해설 dept_emp_info_v 뷰를 만든 쿼리에 salaries 테이블과의 조인을 추가합니다. 이때 employees 테이블의 emp_no 칼럼과 salaries 테이블의 emp_no 칼럼 값이 같은 조건을 줍니다. salaries 테이블에도 from_date와 to_date 칼럼이 있으므로 SYSDATE() 함수로 현재 기준 급여를 확인하는 조건을 추가합니다. 마지막으로 CREATE OR REPLACE VIEW 구문에서 생성하는 뷰 이름을 dept_emp_sal_v로 지정합니다.

2 **정답**

```sql
WITH basis AS
(SELECT dept_name, emp_no, first_name, last_name, salary,
        RANK() OVER (PARTITION BY dept_name
                        ORDER BY salary DESC) ranks
    FROM dept_emp_sal_v
)
SELECT *
  FROM basis
 WHERE ranks <= 3
 ORDER BY 1, 6;
```

실행결과

dept_name	emp_no	first_name	last_name	salary	ranks
Customer Service	18006	Vidya	Hanabata	144866	1
Customer Service	28337	George	Erdmenger	138788	2
Customer Service	18581	Mitsuyuki	Ranai	131692	3
Development	13386	Khosrow	Sgarro	144434	1
Development	16887	Bernardo	Sinitsyn	129036	2
Development	25243	Abdelwaheb	Koblitz	122237	3
Finance	28124	Adhemar	Eiter	134662	1
Finance	23397	Shen	Oaver	133559	2
Finance	35367	Deniz	Comyn	130651	3
Human Resources	26351	Supot	Hiyoshi	113318	1

해설 CTE로 basis라는 서브쿼리를 작성합니다. 서브쿼리에서는 dept_emp_sal_v 뷰를 조회하면서 RANK() 함수로 부서별 급여가 많은 순서대로 순위를 구하는 ranks라는 가상 칼럼을 추가합니다. RANK() 함수의 PARTITION BY 절에는 부서명인 dept_name, ORDER BY 절에는 salary DESC를 기술합니다. 이렇게 하면 부서별로 급여가 많은 순서대로 1, 2, 3...처럼 순위가 부여됩니다. 마지막으로 메인쿼리에서 basis라는 CTE 서브쿼리를 참조하는데, WHERE 절 조건에 ranks 값이 3보다 작거나 같다는 조건을 주면 부서별로 급여가 많은 순서대로 1~3위까지 명단을 조회할 수 있습니다.

3 **정답**

```sql
WITH basis AS
(SELECT dept_name, emp_no, first_name, last_name, salary,
```

```sql
             RANK() OVER (PARTITION BY dept_name
                              ORDER BY salary DESC) ranks
      FROM dept_emp_sal_v
),
top10 AS
(SELECT *
    FROM basis
  WHERE ranks <= 10
)
SELECT dept_name, emp_no, first_name, last_name, salary,
       NTILE(3) OVER (PARTITION BY dept_name
                           ORDER BY salary DESC) grade
  FROM top10
 ORDER BY 1, 6;
```

실행결과

dept_name	emp_no	first_name	last_name	salary	grade
Customer Service	18006	Vidya	Hanabata	144866	1
Customer Service	28337	George	Erdmenger	138788	1
Customer Service	18581	Mitsuyuki	Ranai	131692	1
Customer Service	12438	Yongmao	Mondadori	128659	1
Customer Service	29642	Gopalakrishnan	Conta	127472	2
Customer Service	19612	Chenxi	Erdmenger	125983	2
Customer Service	13056	Arvind	Zirintsis	125872	2
Customer Service	22783	Takahiro	Beerel	125032	3
Customer Service	15391	Cedric	Bonifati	122943	3
Customer Service	16822	Shen	Spell	122243	3
Development	13386	Khosrow	Sgarro	144434	1
Development	16887	Bernardo	Sinitsyn	129036	1
Development	25243	Abdelwaheb	Koblitz	122237	1
Development	37330	Tze	Trelles	120417	1
Development	16025	Doowon	Luce	120033	2
Development	31654	Adib	Wallrath	118966	2

해설 문제 2번과 같이 basis라는 CTE 서브쿼리를 만들고, basis를 다시 조회해 순위가 10위 이하인 건을 조회하는 top10이란 CTE 서브쿼리를 하나 더 작성합니다. 그리고 메인쿼리에서 top10 CTE를 조회하는데, 3등급으로 구분해야 하므로 NTILE() 함수의 매개변수로 3을 입력해 부서별 상위 10명을 1, 2, 3등급으로 나눕니다.

4 정답

```sql
WITH basis AS
(SELECT MONTH(release_date) months, SUM(sale_amt) tot_amt
   FROM box_office
  WHERE YEAR(release_date) = 2019
  GROUP BY 1
),
finals AS
(SELECT months, tot_amt,
        LAG(tot_amt) OVER (ORDER BY months) pre_month_amt
   FROM basis
)
SELECT months, tot_amt,
       ROUND((tot_amt - pre_month_amt) / pre_month_amt * 100, 2) rates
  FROM finals
 ORDER BY 1;
```

실행결과

months	tot_amt	rates
1	249062289859	NULL
2	87018794108	-65.06
3	112720249748	29.54
4	158654904166	40.75
5	267068114106	68.33
6	73304826001	-72.55
7	237038461194	223.36
8	122912927067	-48.15
9	105851160464	-13.88
10	158987013132	50.2
11	168018940133	5.68
12	130146483210	-22.54

해설 먼저 box_office 테이블에서 2019년 개봉 영화의 월별 총 매출액을 구하는 부분을 집계 쿼리로 작성하고 이를 basis란 CTE 서브쿼리로 만듭니다. 두 번째로 basis를 참조해 이전 월의 총 매출액을 가져오도록 LAG() 함수로 pre_month_amt라는 가상 칼럼을 계산하는 두 번째 CTE 서브쿼리를 finals라는 이름으로 만듭니다. 마지막으로 메인쿼리에서 finals를 조회하는데, 전월 대비 증감률을 (당월 매출 - 전월 매출) / 전월 매출 × 100으로 구합니다. 이때 ROUND() 함수로 소수점 아래 둘째 자리까지 보이도록 반올림합니다.

12장

1분 퀴즈

1 정답

```sql
SELECT EXTRACT(YEAR_MONTH FROM issue_date) months,
       SUM(cases) / SUM(tests) * 100 test_num
  FROM covid19_data
 WHERE countrycode = 'KOR'
 GROUP BY 1
 ORDER BY 1;
```

해설 covid19_data 테이블에서 countrycode 값이 KOR인 조건을 주고 EXTRACT() 함수를 사용해 월별로 집계합니다. 확진자 수는 cases, 검사 수는 tests에 있으므로 SUM() 함수로 각각의 월별 합계를 구하고 확진자 수를 검사 수로 나누면 검사 수 대비 확진자 수의 비율을 구할 수 있습니다.

2 정답

```sql
SELECT embarked, survived, COUNT(*) cnt
  FROM titanic
 GROUP BY 1, 2
 ORDER BY 1, 2;
```

해설 탑승 항구는 embarked 칼럼에 있으므로 SELECT 절에 embarked, survived 칼럼을 명시하고, COUNT() 함수로 탑승 항구와 생존 여부에 따른 인원수를 구합니다. GROUP BY 절에서 1과 2는 각각 SELECT 절에 있는 embarked와 survived 칼럼을 의미합니다.

Self Check

1 정답

```sql
WITH null_check1 AS
```

```sql
(SELECT cases + new_cases_per_million + deaths + icu_patients +
        hosp_patients + tests + reproduction_rate +
        new_vaccinations + stringency_index AS plus_col
   FROM covid19_data
),
null_check2 AS
(SELECT CASE WHEN plus_col IS NULL THEN 'NULL'
             ELSE 'NOT NULL'
        END chk
   FROM null_check1
)
SELECT chk, COUNT(*)
  FROM null_check2
 GROUP BY chk;
```

실행결과

chk	COUNT(*)
NOT NULL	68034

해설 코드 12-8처럼 null_check1 CTE 서브쿼리의 covid19_data 테이블에서 NULL을 0으로 수정한 모든 칼럼을 더하고 plus_col이란 별칭을 붙입니다. null_check2에서는 CASE 연산자로 plus_col이 NULL인지를 확인합니다. 마지막으로 메인쿼리에서 null_check2를 조회해 확인합니다.

2 **정답**

```sql
SELECT embarked, survived, COUNT(*) cnt,
       COUNT(*) / SUM(COUNT(*)) OVER (PARTITION BY embarked) rates
  FROM titanic
 GROUP BY 1, 2
 ORDER BY 1, 2;
```

실행결과

embarked	survived	cnt	rates
아일랜드 퀸즈타운	사망	69	0.5610
아일랜드 퀸즈타운	생존	54	0.4390
영국 사우샘프턴	사망	609	0.6648
영국 사우샘프턴	생존	307	0.3352
프랑스 셰르부르	사망	137	0.5074
프랑스 셰르부르	생존	133	0.4926

해설 1분 퀴즈 2에서 탑승 항구별로 생존자 수와 사망자 수를 구하는 쿼리를 작성했으므로 여기에 탑승 항구별 생존자 수와 사망자 수의 비율을 구하는 부분만 추가하면 됩니다. 탑승 항구별 비율은 COUNT() 함수로 구한 인원수를 탑승 항구별 전체 인원으로 나눠 구합니다. 따라서 인원수인 COUNT(*)를 SUM 함수의 매개변수로 넘기고 PARTITON BY 절에 탑승 항구인 embarked를 명시해 탑승 항구별 전체 인원수를 구하고, 이 수로 각 로우의 인원수를 나누면 탑승 항구별 생존자 수와 사망자 수의 비율을 구할 수 있습니다.

3 정답

```sql
SELECT b.countryname,
       DATE_FORMAT(a.issue_date, '%Y/%m') months,
       SUM(a.cases) case_num,
       SUM(a.new_vaccinations) vaccine_num
  FROM covid19_data a
 INNER JOIN covid19_country b
    ON a.countrycode = b.countrycode
 WHERE a.issue_date >= '2020-10-01'
   AND EXISTS (SELECT 1
                 FROM (SELECT countrycode,
                              SUM(new_vaccinations)
                         FROM covid19_data c
                        WHERE new_vaccinations > 0
                        GROUP BY 1
                        ORDER BY 2 DESC
                        LIMIT 10
                      ) c
                WHERE a.countrycode = c.countrycode
              )
 GROUP BY 1, 2;
```

실행결과

countryname	months	case_num	vaccine_num
United States	2020/10	1926939	0
United States	2020/11	4496449	0
United States	2020/12	6406683	57909
United States	2021/01	6125132	20832540
United States	2021/02	2391465	41776696
United Kingdom	2020/10	558947	0
United Kingdom	2020/11	618941	0
United Kingdom	2020/12	862499	0
United Kingdom	2021/01	1331952	7112605
United Kingdom	2021/02	360640	11300691
India	2020/10	1871498	0
India	2020/11	1278727	0
India	2020/12	803865	0
India	2021/01	490936	3758843

해설 첫 번째 서브쿼리에서 new_vaccinations 값이 0보다 큰 건에 대해 국가별로 이 칼럼의 전체 합계를 구하고, LIMIT 절을 사용해 백신 접종자 수 전체 합계가 많은 상위 10개 국가를 구합니다. 그리고 이 쿼리를 다시 서브쿼리로 만들어 메인쿼리의 covid19_data 테이블과 countrycode가 같은 건만 조회하도록 EXISTS 연산자를 사용합니다. 그리고 메인쿼리에서는 국가별, 월별, 확진자 수와 백신 접종자 수를 구합니다.

결과를 보면 백신 접종이 시작된 2020년 12월부터 일부 국가에서 확진자 수가 줄어드는 경향이 있습니다. 하지만 그렇지 않은 국가도 있죠. 이때는 백신 접종이 초기 단계였고 2차 접종을 한 후 일정 기간이 지나야 효과를 알 수 있기 때문이죠. 따라서 전반적으로 백신 접종으로 확진자 수가 줄어드는 경향이 있어 보이지만, 2021년 2월까지 데이터로는 이를 확신할 수 없습니다. 최신 데이터로 업데이트해서 직접 쿼리를 작성해 보면 좋은 연습이 될 겁니다.

찾아보기

A

ABS 176
ADDDATE 200
ADD PRIMARY KEY 122
ALL 326
ALTER TABLE 121
ALTER VIEW 438
AND 148
ANY 324
ASC 160
autocommit 373
AVG 234

B

BETWEEN... AND 153
BIGINT 089
BLOB 087

C

CASE 216
CAST 212
CEIL 182
CEILING 182
CHAR 086
CHARACTER_LENGTH 188
CHAR_LENGTH 188
COMMIT 373
CONCAT 188
CONCAT_WS 188
CONVERT 213
COUNT 233

CREATE DATABASE 105
CREATE OR REPLACE VIEW 436
CREATE TABLE 110
CREATE TABLE AS 351
CREATE VIEW 435
CROSS JOIN 283
CTE 392
CUME_DIST 421
CURDATE 197
CURRENT_DATE 197
CURRENT ROW 424
CURRENT_TIME 198
CURRENT_TIMESTAMP 198
CURTIME 198

D

DATABASE 218
DATE 091, 110, 200
DATE_ADD 200
DATEDIFF 203
DATE_FORMAT 204
DATE_SUB 202
DATETIME 091
DAY 198
DAYNAME 198, 199
DAYOFMONTH 198
DAYOFWEEK 198
DAYOFYEAR 199
DBMS 025
DCL 041
DDL 039
DEC 090

DECIMAL 090

DELETE 040, 361

DENSE_RANK 414

DESC 112, 160

DESCRIBE 112

DISTINCT 231

DIV 180

DML 040

DOUBLE 090

DROP DATABASE 106

DROP PRIMARY KEY 122

DROP TABLE 113

DROP VIEW 440

E

ENUM 088

ERD 257

EXISTS 330

EXTRACT 203

F

FIRST_VALUE 428

FIXED 090

FLOOR 182

FOLLOWING 425

FORMAT 189

FROM 136

G

GROUP BY 절 226

GROUPING 244

H

HAVING 절 246

hierarchical 402

I

IF 214

IF NOT EXISTS 104

IFNULL 215

IN 151, 327

INNER JOIN 261

INSERT 338

INSTR 189

INT 089

integrity 027

L

LAG 416

LAST_DAY 199

LAST_VALUE 428

LATERAL 파생 테이블 319

LCASE 190

LEAD 416

LEFT 192

LEFT OUTER JOIN 272

LENGTH 177, 188

LIKE 연산자 146

LIMIT 166

LN 182

LOCATE 189

LOG 182

LOG10 183

LONGBLOB 087

LONGTEXT 087

LOWER 190

LPAD 191
LTRIM 191

M

MAKEDATE 206
MAX 234
MEDIUMBLOB 087
MEDIUMINT 089
MEDIUMTEXT 087
MID 193
MIN 234
MOD 180, 183
MONTH 199
mywork 데이터베이스 105

N

Named Window 432
NATURAL 279
NOT 149
NOT NULL 114, 341
NOW 198
NTH_VALUE 430
NTILE 423
NULL 114
NULLIF 215
NUMERIC 090

O

ON 261
ON DUPLICATE KEY UPDATE 359
OR 149
ORDER BY 160, 411
OVER 411

P

PARTITION BY 411
PERCENT_RANK 414
POSITION 189
POWER 183
PRECEDING 424
PRIMARY KEY 119

Q

QUARTER 199

R

RAND 185
RANGE 424
RANK 414
RECURSIVE 398
REPEAT 192
REPLACE 192
REVERSE 192
RIGHT 192
RIGHT [OUTER] JOIN 275
ROLLBACK 373
ROLLBACK TO SAVEPOINT 382
root 032, 057, 069
ROUND 184
ROW 343
ROW_NUMBER 413
ROWS 424
RPAD 191
RTRIM 191

S

Safe Updates 352
SAVEPOINT 382
SCHEMA 218
SELECT 136
SET 350
SIGN 183
SLEEP 218
SMALLINT 089, 109
SOME 326
SQL 036
START TRANSACTION 379
STD 236
STDDEV 236
STDDEV_POP 235
STRCMP 194
STR_TO_DATE 206
SUBDATE 202
SUBSTR 193
SUBSTRING 193
SUM 235
SYSDATE 207

T

table 026
TCL 040, 373
TEXT 087
TIME 091, 200
TINYBLOB 087
TINYINT 089, 109
TINYTEXT 087
TRIM 194
TRUNCATE 185
TRUNCATE TABLE 040

U

UCASE 190
UNBOUNDED FOLLOWING 424
UNBOUNDED PRECEDING 424
UNION ALL 284
UNION DISTINCT 284
UNSIGNED 088
UPDATE 350
UPPER 190
USE 107
USER 218
USING 368

V

VALUES 340
VARCHAR 087, 109
VARIANCE 236
VAR_POP 235
view 434

W

WEEK 208
WEEKOFYEAR 199
WHERE 143
window 408
WINDOW 433
WITH ROLLUP 241
WITH 절 392

Y

YEAR 091, 199
YEARWEEK 210

Z

ZEROFILL 088

ㄱ

계정 032
계층형 쿼리 402
공통 테이블 표현식 392
관계형 DBMS 026
기본 키 117, 342

ㄴ

내림차순 160
내부 조인 260
논리 연산자 148

ㄷ

데이터 무결성 027, 115
데이터베이스 033
데이터베이스 관리 시스템 025
데이터 정의어 039
데이터 정제 451
데이터 제어어 041
데이터 조작어 040
동등 연산자 144

ㅁ

메인쿼리 302

ㅂ

별칭 158
부등호 연산자 152
부모-자식 관계 258
뷰 434
비교 연산자 145

ㅅ

사용자 032
세미조인 332
수식 연산자 179
스칼라 서브쿼리 307
스키마 033
식별자 112

ㅇ

안티조인 332
연관성 없는 서브쿼리 306
연관성 있는 서브쿼리 306
연산자 145
오름차순 160
외래 키 258, 355
외부 조인 270
외부쿼리 302
윈도우 408
윈도우 별칭 432
윈도우 함수 408

ㅈ

자동커밋 373
자연 조인 279
재귀 쿼리 397
제약조건 114
조건 서브쿼리 322
조인 084
조인 조건 256
조인 칼럼 254
조회 조건 143
주석 119
집계 함수 233

ㅋ

카티전 곱 281

크로스 조인 283

ㅌ

테이블 026, 078

테이블 설계 108

트랜잭션 027, 372

트랜잭션 제어어 040

ㅍ

파생 테이블 312

파티션 412

프레임 424

기호

! 151

* 180

/ 180

&& 149

% 180

|| 149